Schuldrechtliche Tarifverträge und außertarifliche Sozialpartner-Vereinbarungen

Recht der Arbeit und der sozialen Sicherheit

Herausgegeben von Wolfgang Däubler, Hagen Lichtenberg, Ursula Rust, Roderich Wahsner

Band 22

PETER LANG
Frankfurt am Main · Berlin · Bern · Bruxelles · New York · Oxford · Wien

Timo Karsten

Schuldrechtliche Tarifverträge und außertarifliche Sozialpartner-Vereinbarungen

Eine Untersuchung am Beispiel von Vereinbarungen der Tarifparteien der Chemischen Industrie

PETER LANG
Europäischer Verlag der Wissenschaften

Bibliografische Information Der Deutschen Bibliothek
Die Deutsche Bibliothek verzeichnet diese Publikation in der Deutschen Nationalbibliografie; detaillierte bibliografische Daten sind im Internet über <http://dnb.ddb.de> abrufbar.

Zugl.: Bonn, Univ., Diss., 2003

D 5
ISSN 0178-4285
ISBN 3-631-52192-8

www.peterlang.de

Für Natalie

Für meine Familie

Vorwort

Gegenstand der Untersuchung sind zwei Gestaltungsinstrumente der Tarifvertragsparteien, die sich deutlich von den sonst üblichen Tarifverträgen mit Normwirkung unterscheiden: So haben die Tarifvertragsparteien der Chemischen Industrie eine Reihe von Abkommen geschaffen, die von den Koalitionen selbst nicht als tarifliche Vereinbarungen, sondern als außertarifliche Sozialpartner-Vereinbarungen angesehen werden. Schuldrechtliche Tarifverträge hingegen nehmen für sich in Anspruch, Tarifverträge zu sein, auch wenn sie keinen normativen Teil haben. Beide Regelungsformen bezeugen, daß sich die Tarifvertragsparteien nicht auf den Abschluß normativ wirkender Tarifverträge beschränken und stets auch neue Wege der Gestaltung beschreiten. Bei der Auseinandersetzung mit diesem Themenkomplex war als zentrale Frage zu klären, anhand welcher Merkmale tarifliche und außertarifliche Vereinbarungen voneinander abzugrenzen sind. Hierfür war der Begriff „Tarifvertrag" zu definieren. Berücksichtigung fanden im Rahmen der Arbeit die bis zum Jahr 2000 geschaffenen „außertariflichen Sozialpartner-Vereinbarungen".

Bei der Anfertigung meiner von der Rechts- und Staatswissenschaftlichen Fakultät der Rheinischen Friedrich-Wilhelms-Universität Bonn im Jahr 2003 als Dissertation angenommen Arbeit wurde ich von vielen Seiten unterstützt. Für die Anregung zu diesem Thema und die Erstellung des Erstgutachtens gilt mein Dank meinem Doktorvater Prof. Dr. Meinhard Heinze, der leider im Sommer 2003 überraschend verstorben ist. Herrn Prof. Dr. Markus Stoffels danke ich für die Erstellung des Zweitgutachtens und Herrn Prof. Dr. Wolfgang Däubler für die Aufnahme meiner Arbeit in diese Schriftenreihe.

Ich danke auch den Vertretern des Arbeitgeberverbandes der Chemischen Industrie und der Industriegewerkschaft BCE sowie Herrn Prof. Dr. Harro Plander für die Gespräche und die zur Verfügung gestellten Unterlagen. Dank gebührt auch Herrn Günther Bott, Richter am BAG, für seine Anregungen.

Herrn Josef Echternach vom Dekanat der juristischen Fakultät der Universität Bonn danke ich für seine organisatorische Hilfe.

Besonderer Dank gilt auch meinen Eltern, meinem Onkel Jens Karsten sowie meiner Freundin Natalie Westphal für Ihre vielfältige Unterstützung. Ihnen ist diese Arbeit gewidmet.

Köln, im Februar 2004

Timo Karsten

Inhaltsübersicht

Inhaltsverzeichnis

Schuldrechtliche Tarifverträge und außertarifliche Sozialpartner-Vereinbarungen

- Eine Untersuchung am Beispiel von Vereinbarungen der Tarifparteien der Chemischen Industrie -

A. Einleitung

I. Elemente des Tarifvertrages

Ein Tarifvertrag im Sinne des Tarifvertragsgesetzes läßt sich anhand seiner möglichen Inhalte als ein schriftlicher Vertrag zwischen einer Gewerkschaft und einzelnen Arbeitgebern oder ihren Verbänden beschreiben, der gewisse Ansprüche zwischen den Vertragsparteien begründen sowie unmittelbar und zwingend wirkende Rechtsnormen für die tarifgebundenen Arbeitnehmer und Arbeitgeber setzen soll[1].

Ein Tarifvertrag besteht in der Regel aus zwei Teilen, einem normativen Teil zur Regelung von Inhalt, Abschluß und Beendigung von Arbeitsverhältnissen und zur Ordnung von betrieblichen und betriebsverfassungsrechtlichen Fragen sowie einem schuldrechtlichen Teil zur Regelung von Rechten und Pflichten der Vertragsschließenden, der auch obligatorischer Teil genannt wird.

1) Der normative Teil des Tarifvertrages

Der normative Teil erfaßt in seinem Geltungsbereich die Arbeitsverhältnisse der Mitglieder der Tarifvertragsparteien unmittelbar und gestaltet sie entsprechend seinen Bestimmungen. Das heißt, daß die Koalitionen in Tarifverträgen Rechtsnormen mit bindender Wirkung für ihre Mitglieder vereinbaren können. Es handelt sich bei dieser Normsetzung durch die Tarifvertragsparteien um Gesetzgebung im materiellen Sinne, die Normen im rechtstechnischen Sinne erzeugt[2]. Dadurch entfaltet der normative Teil des Tarifvertrages Geltungsanspruch gegenüber Dritten, die selbst nicht Partner des regelaufstellenden Vertrages sind[3]. Dritte in diesem Sinne sind zunächst die tarifgebundenen Mitglieder der Verbände, und sofern ein Tarifvertrag gemäß § 5 TVG für allgemeinverbindlich erklärt wurde, auch nicht im Verband organisierte Arbeitnehmer und Arbeitgeber, die sogenannten Außenseiter.

---

1 Siehe Hueck/Nipperdey, II/1, S. 207 f.; Koberski/Clasen/Menzel, TVG, § 1 Rn. 1.
2 BVerfG, Beschluß v. 24.05.1977 - BvL 11/74, BVerfGE 44, 322, 341.
3 Loritz in: Zöllner/Loritz, Arbeitsrecht, S. 366.

a) Historische Entwicklung

Vor 1918 war eine normative Wirkung tariflicher Bestimmungen nicht bekannt. Dazu bedurfte es erst einer gesetzlichen Grundlage, die am 23. Dezember 1918 mit der "Verordnung über Tarifverträge, Arbeiter- und Angestelltenausschüsse und Schlichtung von Arbeitsstreitigkeiten"[4] (TV VO) und in Fortsetzung daran am 9. April 1949 mit § 1 Abs. 1 TVG als ermächtigender Norm geschaffen wurde[5].

Davor konnten tarifliche Vereinbarungen nicht als unmittelbar zwingendes Recht für die Verbandsmitglieder erlassen werden. Statt dessen hatten Tarifverträge nur die Wirkung einer gegenseitigen schuldrechtlichen Verpflichtung, also rechtsgeschäftlichen Charakter[6]. Von daher konnte auch die Tarifbindung nur rechtsgeschäftlichen Charakter haben[7]. Dabei war zwischen den Vertretern der sogenannten "Vertretungstheorie" und den Vertretern der sogenannten "Verbandstheorie" umstritten, wer aus dem Tarifvertrag verpflichtet sein sollte. Die "Vertretungstheorie" versuchte die Verbindlichkeit des Tarifvertrages für die Arbeitsvertragsparteien mit dem bürgerlich-rechtlichen Institut der Stellvertretung zu erklären, wobei man die Verbände als Bevollmächtigte ihrer Mitglieder sah[8].

Dagegen sah die "Verbandstheorie" in Tarifverträgen kollektive Schuldverträge, bei denen nicht die durch die Verbände vertretenen Mitglieder die Vertragsparteien des Tarifvertrages sein sollten, sondern - ungeachtet der fehlenden Rechtsfähigkeit der als nicht rechtsfähige Vereine organisierten Gewerkschaften - die Verbände selbst. Die Vereinbarungung des tarifvertraglichen Inhalts für die Individualarbeitsverhältnisse wurde wiederum durch schlüssiges Verhalten der Arbeitsvertragsparteien erklärt[9]. Ansonsten waren die Verbandsmitglieder nur gegenüber dem eigenen Verband verpflichtet, der im Wege der

---

4 RGBl. 1918, S. 1456.

5 Gesetz v. 22.4.1949, WiGBl 1949, Nr. 11 - datiert v. 9.4.1949 -, S. 55; Materialien zur Entstehung des Tarifvertragsgesetzes vom 9.4.1949 veröffentlicht in ZfA 1973, 129 ff.; siehe dazu auch Herschel, ZfA 1973, S. 183 ff.; Buchner in: AR-Blattei [D] Tarifvertrag I B Übersicht II und Tarifvertrag V Inhalt A I.; Stein, Tarifvertragsrecht, Rn. 12.

6 Buchner in: AR-Blattei [D] Tarifvertrag V Inhalt A.I.

7 Buchner in: AR-Blattei (D) Tarifvertrag I B Übersicht I.2.a).

8 Begründet von Lotmar, Der Arbeitsvertrag, S. 755 f.; Buchner in: AR-Blattei [D] Tarifvertrag I B Übersicht I.2.a).

9 Jacobi, Grundlehren des Arbeitsrechts, S. 272 ff.; Sinzheimer, Der korporative Arbeitsnormenvertrag, S. 63 ff.; vgl. zur historischen Entwicklung auch Stein, Tarifvertragsrecht, Rn. 13.

Einwirkung dafür sorgen sollte, daß sich die Mitglieder an die Vereinbarungen hielten[10].

Durchgesetzt hat sich die sogenannte "Verbandstheorie". Nach heute einhelliger Ansicht werden allein die den Tarifvertrag abschließenden Verbände Vertragspartei, nicht jedoch deren einzelne Mitglieder[11].

Trotz der Einführung des § 1 TVG ist die Frage, woher Privatrechtssubjekte die Befugnis zur Schaffung eines normativen Regelungswerkes und damit die Berechtigung zur Wahrnehmung einer sonst staatlicher Aufgaben entnehmen, nach wie vor Gegenstand dogmatischer Überlegungen[12]. Die hierzu geführte Diskussion soll in aller Kürze dargestellt werden.

Nach der von der herrschenden Meinung vertretenen und auch die Rechtsprechung prägenden "Delegationstheorie", beruht die Regelungsmacht für den normativen Teil auf staatlicher Delegation. Sie sieht in § 1 TVG die Grundlage der Normsetzung durch Tarifvertrag. Der § 1 TVG spreche ausdrücklich davon, daß der Tarifvertrag "Normen" enthalte und berechtige damit die Tarifparteien zu ihrem Erlaß. Er "delegiere" insofern einen Teil der Rechtsetzungsbefugnis des Staates auf die Tarifparteien[13].

Nach anderer Ansicht ist die Ermächtigung zur Normsetzung unmittelbar in Art. 9 Abs.3 GG begründet, der die autonome nichtstaatliche Rechtsetzungsmacht der Tarifvertragsparteien garantiert[14].

---

10 Vgl. dazu Buchner in: AR-Blattei (D) Tarivertrag I B Übersicht, I.2.a); Stein, Tarifvertragsrecht, Rn. 13.

11 Siehe nur Hueck/Nipperdey, II/1, S. 448 f., mit zahlreichen Nachweisen.

12 Vgl. Gamillscheg, Kollektives Arbeitsrecht, S. 557; Loritz in: Zöllner/Loritz, Arbeitsrecht, S. 373 ff.

13 BVerfGE 4, 96, 106, 108; BVerfGE 34, 307, 317; BVerfGE 44, 322, 340 f. = BAG AP Nr. 15 zu § 5 TVG; BAG, Urteil v. 15.1.1955 - 1AZR 305/54, BAGE 1, 258, 264 = BAG AP Nr. 4 zu Art. 3 GG; BAG, Urteil v. 23.3.1957 -1 AZR 64/56, BAGE 4, 133, 140 = AP Nr. 18 zu Art. 3 GG; BAG, Urteil v. 16.8.1988 - 3 AZR 52/87, BAGE 59, 217, 221 = BAG AP Nr. 28 zu § 5 BetrAVG; MünchArbR/Löwisch, § 246 Rn. 29; Hanau/Adomeit, S. 65; Säcker, Grundprobleme der kollektiven Koalitionsfreiheit, S. 74 f.; derselbe, Gruppenautonomie, S. 264 ff. (Fn.71); derselbe, ArbuR 1994, 1, 4 f.; Hinz, S. 68 ff.; Peters/Ossenbühl, S. 13 ff.; Hofbauer, Der Rechtscharakter der Tarifverträge, S. 54; Bulla, DB 1980, 103, 104 ff.; Badura, RdA 1974, 129, 134.

14 Gamillscheg, Kollektives Arbeitsrecht, S. 558; ebenso Starck, in: v. Mangoldt/Klein/Starck, Art. 1 GG Rn. 221; Galperin, Festschrift Erich Molitor, S. 143, 157; Weber, Gött. Festschrift OLG Celle, S. 239, 243 ff.; derselbe in: Koalitionsfreiheit, S. 24; Weyand, Mitbestimmung, S. 91; Kunze, BB 1964, 1311, 1313; Söllner, ArbuR 1966, 257, 260 f.; Badura, JbAR Bd. 15 (1977), 17, 21; derselbe in: Badura/Stern, Rechtmäßigkeit des Beamteneinsatzes, S. 27; Hertwig, RdA 1985, S.

Nach einer verbreiteten Ansicht in der Literatur[15] sind Tarifnormen keine im Auftrag des Staates durch dessen Ermächtigung geschaffenen hoheitlichen Normen, sondern privatrechtliche Regelungen der besonderen Art[16]. Die entscheidende Grundlage der tariflichen Rechtsnormen könne nicht die Übertragung staatlicher Rechtsetzungsbefugnisse auf die Tarifparteien als Privatrechtssubjekte sein. Die konkrete Rechtsnormsetzung setze vielmehr eine originäre Legitimation durch die Normunterworfenen voraus. Zugrunde liegen müsse ein privater Regelungsauftrag, der die Verbände zur Normsetzung ermächtige. Diese notwendige Regelungslegitimation sei beim Tarifvertrag der Beitritt jedes einzelnen Mitglieds zum Verband, wobei dann die Verbände als rechtsgeschäftliche Vertreter ihrer Mitglieder handelten. Diese originare Befugnis der Verbände zur Regelung der eigenen Angelegenheiten werde durch § 1 TVG lediglich sanktioniert[17].

Für die Praxis ist in der Regel unerheblich, ob die Ermächtigung der Verbände zur Normsetzung von Seiten des Staates durch das TVG oder durch die Normunterworfenen erfolgt. Entscheidend ist, daß die Normsetzungsbefugnis durch das TVG ihre unverzichtbare gesetzliche Regelung gefunden hat[18].

Zu beachten ist jedoch, daß die "Tarifautonomie" als solches nicht mit der "Normsetzungsbefugnis" gleichgesetzt werden kann[19]. Die Berechtigung zur Normsetzung ist nur ein Teilaspekt, nur eine Gestaltungsform der tariflichen

---

282, 287; Waltermann, RdA 1990, 138, 141 Anm. 23; so auch Biedenkopf, nach dem sich die Befugnis zur Normsetzung aus Art. 9 Abs. 3 GG ergibt, der als "Voraussetzung" für die Normsetzung aber zusätzlich die Legitimation durch die Normuterworfenen verlangt: Biedenkopf, Tarifautonomie, S. 52, 104; derselbe in: Gutachten zum 46. DJT, S. 97, 111 ff.

15 Zöllner, RdA 1962, 453, 456 ff.; Loritz in: Zöllner/Loritz, Arbeitsrecht, S. 375 f.; Loritz, Tarifautonomie und Gestaltungsfreiheit, S. 28; MünchArbR/Löwisch, § 246 Rn. 27 ff., § 251 Nr. 1 ff., (in § 254 Rn. 22 jedoch anders für betriebseinheitliche Regelungen); Rieble in: Löwisch/Rieble, TVG, § 3 Rn. 1; MünchArbR/Richardi, § 233 Rn. 25; derselbe in: Kollektivgewalt, 1968, S. 164 ff, 214; derselbe, DB 1990, 1613, 1615; derselbe in: Festschrift Schwarz, S. 781, 792; Scholz, Koalitionsfreiheit, S. 56 ff.; derselbe in: Festschrift Müller, S. 509, 531; Ramm, Die Parteien des Tarifvertrags, S. 84 ff.; Rieth, S. 42 ff.; Kraft, ZfA 1973, 243, 249; Picker, ZfA 1986, 199, 246 ff.; Clemens, AöR 1986, 63, 114 f.; derselbe, RdA 1988, 138, 143; Meier-Krenz, DB 1988, 2149 ff.; Papier, RdA 1989, 137, 142; Rieble, RdA 1993, 140, 145; Hanau, RdA 1993, 1, 6; Walker, Festschrift Kissel, S. 1203, 1221; s. auch Biedenkopf, Tarifautonomie, S. 47 ff., 52, 292 ff., für den die Legitimation durch die Normunterworfenen Voraussetzung, aber nicht Rechtsgeltungsgrund der Normsetzung ist.

16 Vgl. Rieth, S. 42 ff.

17 Loritz in: Zöllner/Loritz, Arbeitsrecht, S. 336 f.

18 Vgl. Loritz in: Zöllner/Loritz, Arbeitsrecht, S. 375; Hueck/Nipperdey, II/1, S. 346 ff.

19 Zur Unterscheidung dieser Begriffe siehe Hofbauer, S. 37.

Regelungsbefugnis, wenn auch deren signifikanteste. Sie ist jedoch nicht die zwingend aus der Tarifautonomie resultierende Form der Umsetzung. Die Tarifautonomie schreibt die normative Wirkung nicht unmittelbar vor, sondern verlangt nur die Möglichkeit der Koalitionsbetätigung[20]. Die Gewährleistung der Tarifautonomie durch Art. 9 Abs. 3 GG ist vielmehr ganz allgemein. Sie garantiert nicht die besondere Ausprägung, die das Tarifvertragssystem in dem zur Zeit des Inkrafttretens des Grundgesetzes geltenden Tarifvertragsgesetz erhalten hat. Der Gesetzgeber besitzt vielmehr einen weiten Spielraum zur Ausgestaltung[21].

Auch gewährleistet Art. 9 Abs. 3 GG ein Tarifvertragssystem nicht als ausschließliche Form der Förderung der Arbeits- und Wirtschaftsbedingungen. Vielmehr kann die sinnvolle Ordnung und Befriedung des Arbeitslebens, auf die Art. 9 Abs. 3 GG abzielt, auf verschiedenen Wegen angestrebt werden, nicht nur durch Gestaltungen, die das TVG vorsieht, sondern beispielsweise durch Gestaltungen, die Einigung und Zusammenwirken in den Vordergrund rücken[22]. Der Abschluß von Tarifverträgen ist somit auch nicht die einzige Betätigungsmöglichkeit der Koaltionen.

Vor diesem Hintergrund ist die Normsetzungsbefugnis als vom Staat verliehen anzusehen, die Tarifautonomie als solche aber dennoch als originär entstandene Autonomie zu verstehen[23]. Aber auch wenn die Tarifautonomie den Koalitionen nicht vom Staat verliehen wurde, so ist sie zumindest durch Art. 9 Abs. 3 GG verfassungsrechtich unterfangen und so als Gut von Verfassungsrang garantiert[24].

b) Die Normsetzungsbefugnis

Seit der Schaffung des § 1 Abs. 1 TVG ist die Verbindlichkeit des normativen Teils eines Tarifvertrages eindeutig geregelt. Den Tarifvertragsparteien ist mit der darin enthaltenen Normsetzungsbefugnis ein effizientes und mächtiges Instrument zur Regelung der Arbeits- und Wirtschaftsbedingungen in die Hand gegeben worden, neben dem lange Zeit die schuldrechtliche Seite des Tarifver-

---

20 Siehe dazu: BVerfGE 50, 290, 371; Stein, Tarifvertragsrecht, Rn. 292; Säcker/Oetker, S. 161 f.; Säcker, Gruppenautonomie, S. 264 ff. (Fn.71).

21 BVerfGE 58, 233, 248.

22 BVerfGE 50, 290, 369 ff. (Entsch. v. 1.3.1979); BVerfGE 58, 233 (Entsch. v. 20.10.1981); Koberski/Clasen/Menzel, TVG, Einführung Rdnr. 80.

23 So BAG, Beschluß v. 24.5.1977 - 2 BvL 11/74, AP Nr. 15 zu § 5 TVG; Galperin, Festschrift Erich Molitor, S. 143, 154 ff.; Herschel, Referat zum 46. DJT, Band II, Teil D, S. 7, 16.

24 Clausen, S. 171; Loritz in: Zöllner/Loritz, Arbeitsrecht, S. 375.

trages als selbständiger Bestandteil vernachlässigt wurde[25]. Durch die Bedeutung, die dem normativen Teil damit zufällt, erscheint der normative Teil zumindest vordergründig als das charakteristische Element des Tarifvertrages und damit als wesensbestimmend nach heutigem Verständnis[26].

2) Der schuldrechtliche Teil des Tarifvertrages

Neben diesem normativen Teil enthält ein Tarifvertrag stets auch einen schuldrechtlichen Teil, der die schuldrechtlichen Pflichten der Tarifvertragsparteien festlegt[27]. Diese binden nur die vertragsschließenden, im eigenem Namen handelnden Verbände bzw. im Fall eines Firmentarifvertrages den Einzelarbeitgeber. Die Mitglieder oder gar verbandsfremde Außenseiter können nicht verpflichtet werden und sind insoweit Dritte[28]. Bei diesen Verpflichtungen handelt es sich in erster Linie um Rechte und Pflichten, die im Dienste der Tarifnormen stehen[29]. Die größte Bedeutung haben hierbei die Friedenspflicht, die auch ohne ausdrückliche Vereinbarung den Parteien auferlegt, den Tarifvertrag während seiner Dauer als rechtlich verbindlich zu respektieren[30], und die Durchführungspflicht, die die vertragsschließenden Parteien verpflichtet, bei den eigenen Verbandsmitgliedern für die Anwendung des Tarifvertrages zu sorgen[31]. Darüber hinaus können aber auch weitere schuldrechtliche Pflichten vereinbart werden, auf die im Verlauf dieser Untersuchung noch im einzelnen eingegangen werden wird.

II. Die Problemstellung

Aus den vorangegangenen Ausführungen ergibt sich zwar ein plastisches Bild von den möglichen Komponenten eines Tarifvertrages, sie enthalten jedoch keine Definition dieser kollektiven Vertragsform. Es fehlt an einer Legaldefinition des Tarifvertragsbegriffs[32]. Das Fehlen einer verläßlichen Begriffsbestimmung fällt in der Mehrzahl der Fälle nicht ins Gewicht, solange alle als charak-

---

25 Clausen, S. 4; Wallisch, S. 33.

26 So auch Löwisch in: Löwisch/Rieble, TVG, § 1 Rn. 258; Gamillscheg, Kollektives Arbeitsrecht, S. 510; so auch Dötsch, AuA 1998, 262, 264 im Vergleich von Tarifverträge zu Vereinbarungen der europäischen Sozialpartner im Rahmen des Sozialen Dialogs.

27 Loritz in: Zöllner/Loritz, Arbeitsrecht, S. 366 f.

28 Clausen, S. 1.

29 Löwisch in: Löwisch/Rieble, TVG, § 1 Rn. 258.

30 Loritz in: Zöllner/Loritz, Arbeitsrecht, S. 366 f.

31 Löwisch in: Löwisch/Rieble, TVG, § 1 Rn. 258; Loritz in: Zöllner/Loritz, Arbeitsrecht, S.366.

32 Zachert in: Kempen/Zachert, TVG, § 1 Rn. 1; Plander, ZTR 1997, 145; zu den Hintergründen: Herschel, ZfA 1973, 183, 186.

teristisch geltenden Anforderungen an diese Vertragsform erfüllt sind. Diese Lücke wird jedoch deutlich, wenn von den Tarifvertragsparteien neue Wege der Vertragsgestaltung beschritten oder neue Vertragsformen als weitere Regelungsinstrumente aufgegriffen werden, von denen sie sich Vorteile versprechen, diese aber nicht die klassischen Merkmale eines Tarifvertrages aufweisen. In solchen Fällen stellt sich die Frage nach der Rechtsnatur dieser Vereinbarungen. Um eine Abgrenzung oder Zuordnung zum Tarifvertrag vornehmen zu können, sind Kriterien aufzustellen und die Voraussetzungen eines Tarifvertrages so festzulegen, daß auch in Grenzfällen eine Zuordnung und rechtliche Qualifizierung möglich wird. Es wird im Rahmen dieser Untersuchung deutlich werden, daß es hinsichtlich der Definition des Tarifvertragsbegriffs keinen Konsens zwischen den verschiedenen Vertretern der Literatur sowie der Rechtsprechung gibt.

Dieser Problemkreis wird hier im Zusammenhang mit zwei kollektiven Vereinbarungsformen behandelt, die außerhalb der Norm der von Tarifvertragsparteien geschlossenen Vereinbarungen liegen.

Bei der einen kollektiven Vereinbarungsform handelt es sich um Verträge der Tarifvertragsparteien, die ausschließlich schuldrechtliche Abreden enthalten und den Anspruch haben, Tarifverträge zu sein. Dabei ist es das Interesse der Tarifvertragsparteien an Flexibilisierungsspielräumen, das sie den Verzicht auf normative Tarifbestimmungen und statt dessen den Abschluß rein schuldrechtlicher Tarifverträge erwägen läßt[33].

Bei der anderen kollektiven Vereinbarungsform handelt es sich um sogenannte "außertarifliche" Übereinkünfte der Tarifparteien. Unter diesen Begriff lassen sich solche Abreden zusammenfassen, die entweder keine Tarifverträge sind oder die die Beteiligten zumindest nicht als Tarifverträge qualifiziert wissen wollen[34]. Diese "außertariflichen" Vereinbarungen zwischen Tarifvertragsparteien sollen hier exemplarisch am Beispiel der sogenannten "außertariflichen Sozialpartner-Vereinbarungen"[35] der Chemischen Industrie untersucht werden[36].

---

33 Wallisch, S. 33, 82; Gamillscheg, Kollektives Arbeitsrecht, S. 625 f.; Heinze, DB 1996, 729, 734.

34 Vgl. Plander, Festschrift Kehrmann, S. 295 ff.; derselbe, ZTR 1997, 145; Wallisch, S. 84 f.; Wiedemann, TVG, § 1 Rn. 18 ff.; Zachert in: Kempen/Zachert, TVG, § 1 Rn. 366; MünchArbR/Löwisch, TVG, § 273 Rn. 1 ff.

35 Die von den Chemie-Sozialpartnern verwendete Schreibweise variiert zwischen "außertarifliche Sozialpartner-Vereinbarung" und "außertarifliche Sozialpartnervereinbarung".

36 Vgl. Molitor, Festschrift Stahlhacke, S. 339 ff.; Zachert, Festschrift Hanau, S. 137 ff.; Wiedemann, TVG, § 1 Rn. 19; Zachert in: Kempen/Zachert, TVG, § 1 Rn. 366; Däubler, Tarifvertragsrecht, Rn. 1626 f.; Eich, NZA 1995, 149 ff.

Diese decken ein breites Spektrum an Inhalten und Gestaltungsformen ab und sind deshalb besonders geeignet, die Grenze zwischen Tarifverträgen und außertariflichen Vereinbarungen herauszuarbeiten. Andere Formen außertariflicher Übereinkünfte, wie z.B. Übereinkünfte zwischen Gewerkschaften des öffentlichen Dienstes und Trägern öffentlicher Gewalt[37] oder sogenannte "Bündnisse für Arbeit"[38], werden hier hingegen nicht behandelt.

III. Verlauf der Untersuchung

Im ersten Teil dieser Arbeit soll untersucht werden, welche Regelungsmöglichkeiten der schuldrechtliche Teil eines Tarifvertrages den Tarifvertragsparteien bietet und welche Aufgaben die schuldrechtlichen Vereinbarungen eines Tarifvertrages übernehmen können. Ein Schwerpunkt der Untersuchung liegt dabei zunächst auf der Frage, ob rein schuldrechtliche Tarifverträge zulässig sind (Abschnitt B.I.). Können schuldrechtliche Vereinbarungen isoliert von normativen Regelungen als Tarifverträge klassifiziert werden, d.h. gibt es den rein schuldrechtlichen Tarifvertrag ganz ohne normativen Teil?

Anschließend wird untersucht, unter welchen Voraussetzungen rein schuldrechtliche Vereinbarungen zwischen den Tarifvertragsparteien rechtlich als Tarifverträge einzuordnen sind (Abschnitte B.II. - VI.). Im Mittelpunkt steht hierbei die Frage, welche Inhalte in Form eines Tarifvertrages regelbar sind (Abschnitte B.II. - IV.). Hier wird beantwortet, ob der schuldrechtliche Teil die Regelungsmöglichkeiten der Tarifvertragsparteien um Inhalte erweitert, die sich normativ nicht regeln lassen. Schließlich wird anhand gewonnenen Ergebnisse eine Definition des Tarifvertrages entwickelt (Abschnitt B.V.).

Ferner wird geprüft, welche Konsequenzen sich aus der rechtlichen Qualifizierung einer schuldrechtlichen Vereinbarung als Tarifvertrag ergeben und wie diese sich durchsetzen lassen (Abschnitt B.VI.) sowie welchen praktischen Anwendungsbereich derartige schuldrechtliche Tarifregelungen bieten. Auch die rechtlichen Grenzen, die die Wirksamkeit eines schuldrechtlichen Tarifvertrages bedingen, werden untersucht (Abschnitt B.VII.).

Im zweiten Teil der Arbeit werden die sogenannten "außertariflichen Sozialpartner-Vereinbarungen" unter Anwendung der im ersten Teil gewonnenen Ergebnisse untersucht. Hier stellt sich vor allem die Frage nach der Rechtsnatur

---

[37] Dazu ausführlich Plander, Festschrift Kehrmann, S. 295 ff.; vgl. auch Wiedemann, TVG, § 1 Rn. 20; Däubler, TVG, H Rn. 850 m.w.N.

[38] Vgl. zu den zwei grundverschiedenen Konstellationen: Rieble, RdA 1999, 169 ff; vgl. auch Wiedemann, TVG, § 1 Rn. 21; Plander, Festschrift Kehrmann, S. 295, 298.

derartiger Vereinbarungen und ihrer Abgrenzung zu rein schuldrechtlichen Tarifverträgen. Dafür werden die verschiedenen Formen außertariflicher Vereinbarungen voneinander abgegrenzt und ihre Inhalte anhand der "außertariflichen Sozialpartner-Vereinbarungen" der Chemischen Industrie dargestellt (Abschnitt C.I.). Anschließend werden anhand dieser Beispiele die rechtlichen Unterschiede zum Tarifvertrag analysiert (Abschnitt C.II.). Es wird dargestellt, nach welchen Kriterien die Rechtsprechung und die Literatur die Abgrenzung zwischen Tarifvertrag und außertariflicher Vereinbarung vornehmen (Abschnitte C.III. – C.IV.) und inwieweit die rechtliche Einordnung vom Willen der Tarifparteien abhängt (Abschnitt C.V.). Anhand der gewonnenen Abgrenzungskriterien erfolgt die rechtliche Einordnung der zuvor dargestellten "außertariflichen Sozialpartner-Vereinbarungen" der Chemischen Industrie (Abschnitt C.VI.). Zudem werden die Durchsetzungsmöglichkeiten (Abschnitt C.VII.), die Grenzen (Abschnitt C.VIII.) und die Leistungsfähigkeit (Abschnitt C.IX.) derartiger Vereinbarungen untersucht.

B. 1.Teil: Schuldrechtliche Tarifverträge

I. Rein schuldrechtliche Tarifverträge

Bei der Bestimmung der Rolle, die der schuldrechtliche Teil eines Tarifvertrages im Rahmen der Vorgaben des TVG übernimmt oder zu übernehmen in der Lage ist, stellt sich zunächst die Frage, was ein Tarifvertrag im Sinne des TVG überhaupt ist. Ist der schuldrechtliche Teil als unselbständiger Annex zum normativen Teil zu verstehen oder können schuldrechtliche Vereinbarungen isoliert einen vollwertigen Tarifvertrag bilden? Zu prüfen ist, ob ein Tarifvertrag ohne dieses so charakteristische Element der Normsetzung auskommt oder ob das Vorhandensein eines normativen Teils zwingende Voraussetzung für das Vorliegen eines Tarifvertrages ist.

Ob die schuldrechtlichen Vereinbarungen dem normativen Teil untergeordnet sind und diesem quasi "dienen"[39] oder ob sie ein selbständiges Instrument des Tarifvertrages mit eigener Funktion und Nutzen darstellen, ist entscheidend für die Einsatzmöglichkeiten dieses schuldrechtlichen Teils mit einer Fülle von rechtlichen Folgen, wie z.B. der Anwendbarkeit der an die Qualifizierung als Tarifvertrag anknüpfenden oder darauf aufbauenden prozessualen Normen. Auch die inhaltlichen Einsatzmöglichkeiten dieses Instrumentariums hängen von dieser Einordnung als unselbständiger Annex zum normativen Teil oder als ein selbständiger Tarifvertrag ab.

Wenn schuldrechtliche Tarifvertragsklauseln stets in einem Vertragswerk Normen begleiten müßten, und das Vertragswerk bereits durch diese Normen eindeutig als Tarifvertrag zu qualifizieren wäre, würde sich die Frage erübrigen, welche Inhalte schuldrechtlich geregelt werden können, ohne der Vereinbarung den Charakter eines Tarifvertrages zu nehmen. Statt dessen würde eine andere Fragestellung relevant werden. So wäre dann zu prüfen, ob bei einer solchen Kombination neben den Normen auch die schuldrechtlichen Vereinbarungen als vollwertige Tarifklauseln mit allen daraus abzuleitenden rechtlichen Konsequenzen zu behandeln wären, etwa wie die Frage ihrer Erstreikbarkeit beurteilt werden müßte.

Um die Frage zu klären, ob ein Tarifvertrag auch allein aus schuldrechtlichen Klauseln bestehen kann, sind die Anforderungen an das Vorliegen eines Tarifvertrages zu bestimmen:

---

39 So Kasseler Handbuch/Dörner, 8.1 Rn. 56.

1) Der Tarifvertragsbegriff des TVG

Der Gesetzestext des § 1 Abs. 1 TVG lautet: "Der Tarifvertrag regelt die Rechte und Pflichten der Tarifvertragsparteien und enthält Rechtsnormen, die den Inhalt, den Abschluß und die Beendigung von Arbeitsverhältnissen sowie betriebliche und betriebsverfassungsrechtliche Fragen ordnen können".

Das Gesetz spricht insofern nur die zwei verschiedenen Teile eines Tarifvertrages an, enthält jedoch keine Legaldefinition des Tarifvertragsbegriffs, die diese Vertragsform vollständig umreißt und eindeutig von anderen Vereinbarungsformen abhebt[40]. Zwar stellt der Gesetzestext die Inhalte des normativen Teils heraus, er enthält aber weder in § 1 Abs. 1 TVG noch an anderer Stelle eine explizite Aussage über die Inhalte der den schuldrechtlichen Teil bildenden Rechte und Pflichten der Tarifvertragsparteien[41].

a) Der Wortlaut des § 1 Abs. 1 TVG - Auslegungsvarianten

Fraglich ist, ob dem Wortlaut des § 1 Abs. 1 TVG eine Aussage über die wesensnotwendigen Elemente eines Tarifvertrages zu entnehmen ist.
Der § 1 Abs. 1 TVG wird diesbezüglich nicht einheitlich interpretiert.

Nach der einen Auslegungsvariante ergibt sich "eindeutig" aus dem Wortlaut des § 1 Abs. 1 TVG, daß der Tarifvertrag seine Aufgabe entweder durch Rechtsnormen oder durch Abreden zwischen den Tarifvertragsparteien wahrnehmen kann. Ein Tarifvertrag mit lediglich schuldrechtlichem Inhalt bleibe insofern ein Tarifvertrag im Sinne des Gesetzes[42].

Die Vertreter der anderen Auslegungsvariante gehen ebenfalls vom Wortlaut des §1 Abs. 1 TVG aus. Darin sei von einem schuldrechtlichen und einem im Tarifvertrag enthaltenen normativen Teil die Rede, so daß ein normativer Teil als zwingend erforderlicher, unverzichtbarer Bestandteil eines Tarifvertrages anzusehen sei. Von daher müßten beide Elemente immer kumulativ vorliegen. Diese Ansicht wird u.a. von Dersch[43], Nikisch[44] und in jüngerer Zeit insbesondere von Plander[45] vertreten, die so dem Gesetz entnehmen wollen, daß der Tarifvertrag Rechtsnormen enthält, und nicht, daß er sie enthalten kann.

---

40 Herschel, ZfA 1973, 183, 186; Zachert in: Kempen/Zachert, TVG, § 1 Rn. 1; Plander, ZTR 1997, 145 f.

41 Zu den Hintergründen siehe Herschel, ZfA 1973, 183, 186.

42 Hueck/Nipperdey, II/1, S. 210; Wiedemann, TVG, § 1 Rn. 7.

43 Kaskel/Dersch, Arbeitsrecht, S. 48, 59.

44 Nikisch, Arbeitsrecht Bd. II, S. 211.

45 Plander, ZTR 1997, 145, 149; so auch Schaub, § 201 Rn. 1, S. 1964, unter Berufung auf eine nicht näher zitierte h.M.

b) Notwendigkeit des schuldrechtlichen Teils des Tarifvertrages

Die zuletzt dargestellte Auffassung ist in sich aber nur schlüssig, wenn man aufgrund des Wortlautes auch stets einen schuldrechtlichen Teil für erforderlich hält. Sollte ein schuldrechtlicher Teil hingegen eindeutig keine Voraussetzung für das Vorliegen eines Tarifvertrages sein, so kann man den Wortlaut des TVG auch nicht als Argument für einen zwingend erforderlichen normativen Teil anführen.

Ob ein Tarifvertrag zwingend eines schuldrechtlichen Teils bedarf, ist streitig.

aa) Unabdingbarkeit des schuldrechtlichen Teils

Laut h.M. sind die Durchführungspflicht und die Friedenspflicht unverzichtbare immanente, schuldrechtliche Bestandteile jedes Tarifvertrages[46].

Die Friedenspflicht sei durch die Tarifvertragsparteien nicht abdingbar[47]. Ein Ausschluß der Friedenspflicht lasse sich nicht mit deren Funktion vereinbaren, für den tarifvertraglich geregelten Bereich des Arbeitslebens eine Friedensordnung zu gewährleisten[48]. Allenfalls eine Beschränkung sei in engem Umfang möglich[49]. Die Tarifvertragsparteien könnten klarstellen, daß zwischen verschiedenen Tarifverträgen kein innerer Zusammenhang bestehe, also die Geltung des einen Vertrages den Arbeitskampf um den anderen nicht hindere. Auch könnten sie bei ihrer Ausgestaltung der Friedenspflicht im Hinblick auf die Wirkung als Vertrag zugunsten Dritter die Begünstigung des Dritten abschwächen, etwa auf Schadensersatzansprüche beschränken oder ganz ausschließen[50]. Die Friedenspflicht könne indes nicht soweit beschränkt werden,

---

46 BAG, Urteil v. 21.12.1982 – 1 AZR 411/80, BAGE 41, 209, 219 f. = AP Nr. 76 zu Art. 9 GG Arbeitskampf; Wiedemann, TVG, § 1 Rn. 683, 710; Löwisch in: Löwisch/Rieble, TVG, § 1 Rn. 280, 289; Gamillscheg, Kollektives Arbeitsrecht, S. 1077, 629 (Fn. 552); Stein, Tarifvertragsrecht, Rn. 667; zur Durchführungspflicht: Wallisch, S. 46.

47 BAG, Urteil v. 14.2.1973 – 4 AZR 176/72, BAGE 25, 34, 39; BAG, Urteil v. 21.12.1982 – 1 AZR 411/80, BAGE 41, 209 = AP Nr. 76 zu Art. 9 GG Arbeitskampf; Wiedemann, TVG, § 1 Rn. 683; Löwisch in: Löwisch/Rieble, TVG, § 1 Rn. 280; Hueck/Nipperdey, II/1, S. 304, 309; Nikisch, Arbeitsrecht Bd. II, S. 324 f.; Stahlhacke, Festschrift Karl Molitor (1988), S.351, 353; Gamillscheg, Kollektives Arbeitsrecht, S. 1077; Schöllkopf, S. 49 ff.

48 Vgl. BAG, Urteil v. 21.12.1982 - 1 AZR 411/80, AP Nr. 76 zu Art. 9 GG Arbeitskampf; Wiedemann, TVG, § 1 Rn. 666; Hueck/Nipperdey, II/1, S. 281; Löwisch in: Löwisch/Rieble, TVG, § 1 Rn. 280.

49 Wiedemann, TVG, § 1 Rn. 666; Schöllkopf, S. 53.

50 Löwisch in: Löwisch/Rieble, TVG, § 1 Rn. 281.

daß die Vertragsparteien die aus einem Tarifvertrag folgende Friedenspflicht für einen Regelungsgegenstand beseitigen oder abschwächen könnten[51].

Die Unabdingbarkeit wird auch für die Durchführungspflicht vertreten. Es sei widersprüchlich, wenn die Tarifvertragsparteien einerseits die Befugnis zur Normsetzung wahrnehmen und dann andererseits nicht auch alles unternehmen würden, um den Normen auch faktisch Geltung zu verschaffen[52]. Auch verlange die Rechtstaatlichkeit, daß der Normgeber seine eigenen Gebote beachte[53].

bb) Abdingbarkeit des schuldrechtlichen Teils

Nach anderer Ansicht handelt es sich bei der Friedenspflicht als schuldrechtlichem Teil des Tarifvertrages zwar um einen stillschweigend vereinbarten Vertragsinhalt, der jedoch nicht unverzichtbarer Bestandteil des Tarifvertrages sei[54]. Es sei vielmehr abhängig vom Parteiwillen, ob sich die Vertragsparteien mit diesen Pflichten belasten wollten[55]. Die Friedenspflicht stehe gerade nicht im synallagmatischen Zusammenhang mit der Zusage von Arbeitgeberseite. Ein Tarifvertrag bedürfe nicht wesensnotwendig einer Friedenspflicht. Eine solche lasse sich nicht aus dem Wesen und Zweck des Tarifvertrages ableiten, denn ansonsten würden die Gestaltungsmöglichkeiten der Tarifvertragsparteien eingeschränkt, woran kein rechtspolitisches Bedürfnis und kein tarifrechtlicher Ansatzpunkt bestehe[56]. Vielmehr seien die Tarifparteien in der Ausgestaltung ihrer gegenseitigen Rechtsbeziehungen frei[57].

cc) Stellungnahme zur Abdingbarkeit des schuldrechtlichen Teils

Ohne diesen Streit im einzelnen entscheiden zu müssen wird deutlich, daß der normativer Teil eines Tarifvertrages stets von schuldrechtlichen Abreden begleitet ist:

Entweder er wird von den immanenten Pflichten begleitet, oder es findet sich im Tarifvertrag eine schuldrechtliche Abrede zwischen den Tarifparteien, wonach diese immanenten Pflichten gerade eingeschränkt oder ganz abbedun-

---

51 Löwisch in: Löwisch/Rieble, TVG, § 1 Rn. 280.

52 Hueck-Nipperdey, II/1, S. 304, 308 f.; Nikisch, Arbeitsrecht Bd. II, S. 324 f.; Wiedemann, TVG, § 1 Rn. 710; Wallisch, S. 46.

53 Herzog in: Maunz/Dürig, Art. 20 GG, Rn. 23, Art. 20 VI Rn. 23.

54 Däubler, Tarifvertragsrecht, Rn. 527 ff.; Buchner in: AR-Blattei [D] Tarifvertrag V Inhalt (A) II 2.c); Däubler/Schumann, Rn. 209 f.; Gift, DB 1959, 651, 655; Strasser, RdA 1965, 401, 405; Zachert in: Kempen/Zachert, TVG, § 1 Rn 347; wohl auch LAG Hamburg, Urteil v. 24.3.1987 – 8 Sa 25/87, NZA 1988, Beil. 2 S. 27, 29.

55 Buchner in: AR-Blattei [D] Tarifvertrag V Inhalt, A.II.2.c).

56 Buchner in: AR-Blattei [D] Tarifvertrag V Inhalt, A.II.2.c).

57 Buchner in: AR-Blattei [D] Tarifvertrag V Inhalt A. II. 2.a).

gen werden. Eine derartige Vereinbarung ist in jedem Fall selbst wieder eine schuldrechtliche Tarifvertragsklausel, so daß ein Tarifvertrag ganz ohne einen schuldrechtlichen Teil gar nicht denkbar ist.

Diese Überlegung zur vollständigen Abdingbarkeit des schuldrechtlichen Teils führen mithin nicht weiter. Das Erkenntnis, daß ein normativer Teil in irgend einer Form auch immer von schuldrechtlichen Pflichten und Vereinbarungen begleitet ist, bedeutet aber nicht, daß deshalb auch schuldrechtliche Tarifvertragsvereinbarungen stets von einem normativen Tarifvertragsteil eskortiert sein müssen. Insofern ist das Ergebnis zu diesem Punkt weiterhin offen.

c) Zwischenergebnis

Eine eindeutige Aussage bezüglich der Notwendigkeit oder Entbehrlichkeit der verschiedenen Tarifvertragsbestandteile läßt sich im Wege der Auslegung dem Gesetzeswortlaut nicht entnehmen.
Im Ergebnis kann man aus dem reinen Wortlaut des TVG nicht darauf schließen, daß die beiden Teile eines Tarifvertrages zwingend immer zusammen vorliegen müssen.

2) Die Tarifvertragsdefinition des BAG

Der frühen Rechtsprechung des BAG läßt sich nicht entnehmen, daß ein normativer Teil notwendiger Bestandteil eines Tarifvertrages sein müßte. Vielmehr zeigt die Rechtsprechung des BAG, insbesondere die Entscheidungen zu Schlichtungsabkommen, daß ein Tarifvertrag auch lediglich aus schuldrechtlichen Verpflichtungen bestehen kann[58].

Nach Auffassung des BAG sind Tarifverträge auch solche Regelungen, die bei Abschluß, Änderung oder Ergänzung von Tarifverträgen beachtet werden müssen, Verträge über Friedenspflicht, Arbeitskämpfe und Schlichtung. Voraussetzungen des Tarifvertrages seien dabei zum einen die arbeitsrechtliche Qualität der Regelung, die etwa bei einer Schlichtungsvereinbarung aufgrund der Einschränkung der tarifpolitischen Möglichkeiten der Tarifvertragsparteien gegeben sei. Für die Einordnung einer Schlichtungsvereinbarung hat es das BAG auch als "wichtig" erachtet, daß die Regelung nicht nur für einen Einzel-

---

[58] Vgl. BAG, Urteil v. 31.10.1958 – 1AZR 632/57, BAGE 6, 321, 340 f. = AP Nr. 2 zu § 1 TVG Friedenspflicht; BAG, Urteil v. 1.9.1982 - 4 AZR 951/79, BAGE 39, 346, 347 = AP Nr. 23 zu § 72 a ArbGG 1979 Grundsatz; BAG VU v. 24.1.1989 - 3 AZR 519/88, BAGE 61, 27, 37 = AP Nr. 5 zu § 1 GesamthafenbetriebsG.

fall, sondern nach dem Willen der Parteien für eine Vielzahl von Anwendungsfällen gelten solle[59].

Die Merkmale des Tarifvertrages sind nach Rechtsprechung des BAG somit die "arbeitsrechtliche Qualität" der Vereinbarung und unter Umständen die "Anwendbarkeit auf eine Vielzahl von Fällen und nicht nur für den Einzelfall". Hingegen wird das Vorliegen eines normativen Teils nicht vorausgesetzt:

Für den Tarifvertrag sei es nicht begriffswesentlich, daß dieser stets auch Normen enthalte[60].

Der Rechtsprechung des BAG läßt sich auch nicht entnehmen, daß nur diese konkreten, vom BAG aufgelisteten schuldrechtlichen Vereinbarungen als Tarifverträge qualifiziert werden können. Es handelt sich nicht um eine abschließende Aufzählung. Vielmehr kommen außer den vom BAG genannten Schlichtungsvereinbarungen oder Abkommen über die Friedenspflicht bzw. Arbeitskämpfe auch andere schuldrechtliche Vereinbarungen, die die beiden vom BAG aufgestellten Voraussetzungen erfüllen, in Betracht.

Dennoch hat es das BAG in verschiedenen Entscheidungen abgelehnt, auf bestimmte schuldrechtliche Vereinbarungen die Vorschriften des ArbGG über Streitigkeiten aus Tarifverträgen anzuwenden[61]. Dabei handelte es sich teils um Vereinbarungen, in denen die Tarifparteien noch keine Tarifnormen gesetzt, sich zu deren Erlaß aber schuldrechtlich verpflichtet hatten, teils um Vereinbarungen im kirchlichen Bereich.

So hat das BAG in seinem Beschluß vom 25.8.1982[62] zwar grundsätzlich unter Bezugnahme auf BAGE 6, 321 bestätigt, daß die Normsetzung für einen Tarifvertrag nicht begriffsnotwendig ist, hat es zugleich aber abgelehnt, eine Vereinbarung, in der sich die Tarifparteien zum Abschluß eines normsetzenden Tarifvertrages verpflichten, im Hinblick auf § 72 a Abs. 1 Nr. 1 ArbGG bereits als

---

59 So BAG, Urteil v. 30.10.1958 – 1 AZR 632/57, BAGE 6, 321, 341 = AP Nr.2 zu § 1 TVG Friedenspflicht.

60 Vgl. BAG, Urteil v. 31.10.1958 – 1 AZR 632/57, BAGE 6, 321, 341 = AP Nr. 2 zu § 1 TVG Friedenspflicht; vgl. auch die zweifelnde Entscheidungsanmerkung von Molitor, SAE 1959, 61, 62.

61 BAG, Urteil v. 19.10.1976 – 1 AZR 611/75, AP Nr. 6 zu § 1 TVG Form mit Anm. Wiedemann; BAG, Beschluß v. 25.8.1982 – 4 AZN 305/82, AP Nr. 23 zu § 72 a ArbGG Grundsatz; BAG, Urteil v. 26.1.1983 - 4 AZR 224/80, AP Nr. 20 zu § 1 TVG mit kritischer Anmerkung Wiedemann = DB 183, 2146; BAG, Beschluß v. 5.1.1989 – 4 AZN 629/88, BAGE 60,345 = AP Nr 37 zu § 72a ArbGG 1979 Grundsatz.

62 BAG, Beschluß v. 25.8.1982 – 4 AZN 305/82, BAGE 39, 346, 348 = AP Nr. 23 zu § 72 a ArbGG 1979 Grundsatz.

Tarifvertrag zu klassifizieren. Werde von den Tarifparteien der Abschluß eines normsetzenden Tarifvertrages beabsichtigt, so habe nur die Vereinbarung, die die Rechtsnormen setze und enthalte, den Charakter eines Tarifvertrages. Dem Vorvertrag selbst fehle die den Tarifvertrag kennzeichnende "Außen- und Normenwirkung"[63].

In seiner Entscheidung vom 26.1.1983[64] hat es das BAG abgelehnt, eine Vereinbarung, in der die Tarifparteien einzelne Verhandlungsergebnisse festgehalten hatten, als Tarifvertrag zu werten und dem tarifgebundenen Kläger die Ableitung von Rechten aus dieser Vereinbarung verwehrt. Statt dessen wurde die Vereinbarung als Vorvertrag mit der Begründung qualifiziert, es habe den Parteien bei der Vereinbarung am unmittelbaren Normsetzungswillen gefehlt. Die Vereinbarung habe statt dessen erst der späteren Normsetzung dienen sollen. Einen Vertrag zugunsten Dritter i.S. der §§ 328 ff BGB hat das BAG im Hinblick auf die den Tarifparteien eingeräumte Normsetzungsmöglichkeit abgelehnt.

Diese Entscheidung erweckt zunächst den Eindruck, als sei das BAG generell davon ausgegangen, daß von einem Tarifvertrag nur die Rede sein könne, wenn eine Vereinbarung auch normative Abreden enthalte, also Regelungen, die "tarifliche Rechte und Pflichten des tarifunterworfenen Arbeitnehmers und Arbeitgebers unmittelbar begründen" sollen[65]. Es hat jedoch ausdrücklich "schuldrechtliche Vereinbarungen" der Tarifvertragsparteien" als für den konkreten Fall nicht interessierend, ausgeklammert[66]. Die Entscheidung hat insofern keine Bedeutung für rein zweiseitige Vereinbarungen zwischen den Tarifparteien, sondern allenfalls Aussagekraft für drittbezogene Vereinbarungen, bei denen die Tarifparteien erkennbar keinen unmittelbaren Normsetzungswillen haben.

In diesen Entscheidungen kommt das BAG für Vorverträge zu dem Ergebnis, daß weder das tarifvertragliche Schriftformerfordernis gilt noch § 72 a Abs. 1 Nr. 1 ArbGG anwendbar ist.

Fraglich ist jedoch, ob das Ergebnis dahingehend zu verstehen ist, daß derartige schuldrechtliche Vereinbarungen keine Tarifverträge sind oder ob das Ergebnis

---

63 BAG, Beschluß v. 25.8.1982 - 4 AZR 879/79, SAE 1983, 101, 102; vgl. auch die kritische Entscheidungsanmerkung von Streckel, SAE 1983, 103, 104.

64 BAG, Urteil v. 26.1.1983 – 4 AZR 224/80, AP Nr. 20 zu § 1 TVG mit kritischer Entscheidungsanmerkung Wiedemann = DB 1983, 2146.

65 So die Interpretation von Plander, Rechtsgutachten, S. 8; ebenso Wiedemann, TVG § 1 Rn. 3.

66 Vgl. BAG, Urteil v. 26.1.1983 – 4 AZR 224/80, AP Nr. 20 zu § 1 TVG = DB 1983, 2146, 2147.

dahingehend aufzufassen ist, daß zwar Tarifverträge im weiteren Sinne vorliegen, die genannten Vorschriften auf diese aber nicht anzuwenden sind.

Zum letztgenannten Ergebnis kommt Löwisch[67]. Er hält trotz der Ergebnisse des BAG an der grundsätzlichen Einordnung entsprechender schuldrechtlicher Vereinbarungen als Tarifverträge fest. Er vertritt die Ansicht, die Ergebnisse des BAG, nämlich keine Tarifnormwirkung, kein Schriftformerfordernis, keine Anwendung des § 72 a Abs. 1 Nr. 1 ArbGG, hingen in solchen Fällen nicht von der grundsätzlichen Einstufung als Tarifvertrag ab.

Hinsichtlich der Schriftform erscheint die Überlegung Löwischs zunächst nicht einmal als unbedingt systemwidrig. Denn auch hinsichtlich der Friedenspflicht geht man einhellig davon aus, daß es bei dieser keiner grundsätzlichen schriftlichen Niederlegung und der Einhaltung des Schriftformgebotes bedarf, sondern daß diese immanent vereinbart wird. Insofern gibt es denkbare Abweichungen von dem Grundsatz, daß ein Tarifvertrag zwingend in schriftlicher Form vorliegen muß. Diese Ausnahme ergibt sich jedoch aus der besonderen, vertragsimmanenten Rolle der Friedenspflicht. Übertragen läßt sich diese Ausnahme vom Schriftformerfordernis aber nicht.

Letztendlich ist diese Schlußfolgerung von Löwisch und die Differenzierung zwischen der grundsätzlichen Einordnung als Tarifvertrag und der Anwendbarkeit prozessualer Normen, die an die Einordnung als Tarifvertrag anknüpfen, abzulehnen. Grundsätzlich steht es dem Gesetzgeber zwar frei, im Verfahrensrecht, d.h. dem ArbGG, den Begriff des Tarifvertrages abweichend vom materiellen Recht zu definieren. Für einen solchen abweichenden Sprachgebrauch läßt sich aber weder ein Hinweis noch eine plausible Begründung für eine solche Notwendigkeit finden[68].

Bei der Gewichtung dieser zuletzt dargestellten Entscheidungen des BAG ist zu beachten, daß durch diese Definition eines Vorvertrages keine grundsätzliche Abkehr von der Vorstellung stattgefunden hat, daß auch bloß schuldrechtliche Abreden zwischen zwei tariffähigen Verbänden als Tarifvertrag zu werten sein können[69]. Diese Definition eines Tarifvertrages ist in aller Regel strikt auf den Bereich der Vorverträge beschränkt geblieben.

Im Einzelfall ist die Charakterisierung eines Tarifvertrages als "Vereinbarung mit Normencharakter" zwar auch vom BAG als grundsätzliche Definition eines Tarifvertrages aus diesen Entscheidungen übernommen worden, jedoch war

---

67 Löwisch in: Löwisch/Rieble, TVG, § 1 Rn. 266.

68 So auch Wiedemann, TVG, § 1 Rn. 4.

69 Vgl. BAG, Urteil v. 25.8.1982 - 4 AZR 878/79, SAE 1983, 101, 102.

dabei die vorhandene oder fehlende Normwirkung kein Streitpunkt und nicht entscheidend für die Einordnung als nicht-tarifliche Vereinbarung[70].

Der vom BAG im Zusammenhang mit der Schlichtungsvereinbarung betonte Dauercharakter der schuldrechtlichen Tarifvertragsvereinbarung ist als generelles und begriffswesentliches Element eines schuldrechtlichen Tarifvertrages abzulehnen[71]. Der Dauercharakter einer tariflichen Regelung wird der Regelfall sein, dennoch ist denkbar, daß die Tarifparteien auch lediglich einmalige Verpflichtungen übernehmen. Auch vom BAG wurde letztendlich offengelassen, ob es "Einzelfallregelungen" generell nicht als Tarifvertrag werten wollte[72]. Es hat im konkreten Fall die Bedeutung über den Einzelfall hinaus zwar als "wichtig"; nicht aber als "wesensnotwendig" oder "unentbehrlich" bezeichnet[73]. Zumindest in späteren Entscheidungen findet sich kein Hinweis auf den "Dauercharakter einer Vereinbarung" als wesensnotwendiges Element eines Tarifvertrages. Die "Anwendbarkeit auf eine Vielzahl von Fällen und nicht nur für den Einzelfall" ist somit auch nach der Definition des BAG nicht als ein gesichertes, begriffsnotwendiges Merkmal des Tarifvertrages zu verstehen.

3) Die Tarifvertragsdefinition in der Literatur

In der Literatur ist umstritten, ob rein schuldrechtliche Tarifverträge ohne normativen Teil möglich sind.

a) Der normative Teil als wesensbestimmendes Merkmal des Tarifvertrages

aa) Strikte Ablehnung rein schuldrechtlicher Tarifverträge

Ein Teil der Literatur vertritt die Auffassung, ein Tarifvertrag müsse wesensnotwendig normativ wirkende Bestimmungen enthalten[74]. Die Festlegung von

---

70 Vgl. für eine Anstellungsordnung der Kirche, die ohne Vereinbarung mit einer Gewerkschaft zustande gekommen war: BAG, Urteil v. 17.4.1996 - 10 AZR 558/95, NZA 1997, 55, 56; ebenfalls für kirchliche Vereinbarungen: BAG, Beschluß v. 5.1.1989 - 4 AZN 629/88, BAGE 60,345 = AP Nr 37 zu § 72a ArbGG 1979 Grundsatz.

71 So auch Mangen, RdA 1982, 229, 233.

72 So Mangen, RdA 1982, 229, 233.

73 BAGE 6, 321, 341.

74 Zum Begriff "Normenvertrag" siehe Hueck, JhJb (Bd. 73) 1923, 33, 37 ff.; Nikisch, Arbeitsrecht Bd. II, S. 211 f.; Jacobi, Grundlehren des Arbeitsrechts, S. 185 f.; Kaskel/Dersch, Arbeitsrecht, S. 48; in jüngerer Zeit auch Schaub, § 201 Rn. 1, S. 1964, unter Berufung auf eine nicht näher zitierte h.M.; Plander, Festschrift Kehrmann, S. 295, 303 f.; derselbe, ZTR 1997, 145, 148 ff.; so wohl auch Stege/Schiefer, DB 1990, Beilage Nr. 12/90 zu Heft 41, S. 1, 4, im Zusammenhang mit einer Verein-

arbeitsrechtlichen Rechtsnormen bilde den Kernbereich eines Tarifvertrages und mache dessen spezifische Eigenart aus, die ihn von allen anderen Verträgen unterscheide[75]. Ohne einen normativen Teil sei ein Vertrag kein Tarifvertrag[76]. Der obligatorische Teil habe daneben nur dienende Funktion[77].

Unter anderem bedienen sich Nikisch und Plander, wie bereits oben dargestellt, des Wortlautargumentes aus § 1 Abs. 1 TVG. Das Gesetz spreche nur davon, welche Gegenstände die Rechtsnormen betreffen könnten, sage jedoch nicht, daß der Tarifvertrag Rechtsnormen lediglich enthalten könne[78]. Ebenso widerspreche ein Tarifvertrag ohne normativen Teil der – bereits dargestellten - Entwicklung des Tarifrechts[79].

Plander argumentiert zudem wie folgt: Alle maßgeblichen Bestimmungen des TVG knüpften sinngemäß oder ausdrücklich an die Normqualität von Tarifverträgen an. Deshalb solle auch der Begriff "Tarifvertrag" auf Verträge beschränkt bleiben, die Normen setzen wollten und nur ergänzend von schuldrechtlichen Vereinbarungen begleitet werden[80].

Plander hält es zudem für nicht gerechtfertigt, rein schuldrechtliche Vereinbarungen dem Schriftformerfordernis des § 1 Abs. 2 TVG zu unterwerfen, dem er nur einen Klarstellungszweck beimißt, der für rein schuldrechtliche Abreden zwischen den Tarifparteien nicht angebracht sei[81].

Im Hinblick auf das für Tarifverträge geltende Schriftformerfordernis werden auch Praktikabilitätserwägungen dafür angeführt, daß nicht jede schuldrechtliche Einigung der Tarifvertragsparteien einen Tarifvertrag darstelle. So könne z.B. eine telefonische Zusage, einen Raum für ein Schlichtungsgespräch zur Verfügung zu stellen, keinesfalls als Tarifvertrag qualifiziert werden[82].

---

barung der Sozialpartner über die Anwendung des nordrhein-westfälischen Arbeitnehmerweiterbildungsgesetzes (AWBG), dem sie trotz schuldrechtlicher Vereinbarung mangels Bindungswirkung für die Arbeitgeber die Tarifvertragsqualität absprechen; siehe auch die von Wolter zugrundegelegte Definition, die den normativen Teil als konstitutives Element des Tarifvertrages bezeichnet: Wolter, DB 1993, 934, 936.

75 Plander, ZTR 1997, 145, 148.

76 Nikisch, Arbeitsrecht Bd. II, S. 211.

77 Nikisch, Arbeitsrecht Bd. II, S. 211.

78 Nikisch, Arbeitsrecht Bd. II, S. 211; Plander, ZTR 1997, 145, 149; siehe zu Plander auch die Darstellung bei Eckert, ZfA 1998, 389, 460.

79 Nikisch, Arbeitsrecht Bd. II, S. 211 f.

80 Plander, ZTR 1997, 145, 149.

81 Plander, ZTR 1997, 145, 149.

82 Vgl. zu diesem Beispiel Buchner in: AR-Blattei (D) V Inhalt A.II.1.d).

Somit ist nach dieser Ansicht der normative Teil das den Tarifvertrag entscheidend definierende Merkmal. Ein rein schuldrechtlicher Tarifvertrag sei demnach nicht möglich. Alle rein schuldrechtlichen Vereinbarungen zwischen den Tarifparteien seien statt dessen als außertarifliche Vereinbarungen zu qualifizieren.

Dieser Auffassung könne auch nicht entgegengehalten werden, daß durch diese Definition von Tarifverträgen rein schuldrechtliche Vereinbarungen der Zuständigkeit der Arbeitsgerichte entzogen würden. Plander plädiert für die analoge Anwendung der für Tarifverträge geltenden Bestimmungen, etwa des § 2 Abs. 1 Nr. 1 ArbGG, der die Zuständigkeit der Arbeitsgerichte vorsieht, und der Sonderbestimmungen über die Zulässigkeit von Rechtsmitteln, der §§ 64 Abs. 3 Nr. 2a, 72a Abs. 1 Nr. 1, 76 Abs. 2 Nr.1 ArbGG[83]. So werde die Zuständigkeit der Arbeitsgerichte, die auch Plander aufgrund ihrer besonderen Sachkunde und Sachnähe für zuständig erachtet, nicht "unter der Hand beseitigt". Es lasse sich auch nicht einwenden, daß durch diese Definition eines Tarifvertrages das Streikrecht der Tarifvertragsparteien im Hinblick auf rein schuldrechtliche Vereinbarungen unzulässig beschnitten werde. Plander hält es hinsichtlich der Frage der Erstreikbarkeit allein für entscheidend, ob eine Frage tarifvertraglich regelbar sei, nicht jedoch, wie sie letztendlich tatsächlich geregelt werde[84]. Von daher könne auch eine schuldrechtliche oder außertarifliche Vereinbarung erstreikbar sein.

bb) Bezugnahme auf einen normativen Vertrag

Auch nach Loritz wird ein Tarifvertrag durch den normativen Teil charakterisiert, welcher nach dieser Auffassung somit zu einem unverzichtbaren Bestandteil des Tarifvertrages wird. Enthalte ein schriftlicher Vertrag zwischen den Tarifvertragsparteien nur Regelungen der schuldrechtlichen Rechte und Pflichten der Tarifvertragsparteien, aber keine Normen, so sei dieser Vertrag nur dann als Tarifvertrag zu qualifizieren, wenn besagte Rechte und Pflichten auf einen anderen Tarifnormenvertrag Bezug nähmen. Dann liege eine Ergänzung des schuldrechtlichen Teils eines anderen Normenvertrages vor. Ohne diese Bezugnahme liege nur ein einfacher schuldrechtlicher Vertrag, aber kein Tarifvertrag vor[85].

Auch wenn Loritz nicht am Dogma des normativen Teils als wesensbestimmendem Element des Tarifvertrages rühren will, so räumt er zumindest die Möglichkeit ein, daß die verschiedenen Teile eines Tarifvertrages nicht not-

---

83 Plander, ZTR 1997, 145, 151.
84 Plander, ZTR 1997, 145, 151.
85 Loritz in: Zöllner/Loritz, Arbeitsrecht, S. 366 f., 393.

wendig in einer Urkunde zusammengefaßt sein müssen, sondern auch getrennt voneinander in verschiedenen Urkunden abgefaßt sein können.

b) Rein schuldrechtliche Tarifverträge sind möglich

Nach anderer Ansicht ist der Tarifvertragsbegriff weiter zu fassen und nicht nur auf Verträge mit normativen Bestimmungen zu beschränken. Die Möglichkeit rein schuldrechtlich wirkender Tarifverträge wird ausdrücklich bejaht[86]. Denn aus der den Tarifvertragsparteien gesetzlich eingeräumten Möglichkeit zur normativen Rechtsetzung könne nicht abgeleitet werden, daß ein Tarifvertrag wesensnotwendig normativ wirkende Bestimmungen enthalten müsse[87]. Der Tarifvertrag sei durch die Praxis und Rechtslehre als Kollektivvertrag zur Regelung arbeitsrechtlicher Beziehungen schlechthin ausgestaltet[88]. Es unterliege der Gestaltungsfreiheit der Tarifvertragsparteien und müsse ihren taktischen Erwägungen anheim gestellt bleiben, ob sie ihre arbeitsrechtlichen Ziele durch normativ wirkende Regelungen oder nur im Rahmen von schuldrechtlichen Vereinbarungen mittels der Einwirkungspflicht verfolgen wollen. Da den Tarifvertragsparteien bekannt sei, daß sie bei einem Verzicht auf normative Regelungen die Möglichkeiten des tarifgesetzlichen Instrumentariums nicht ausschöpften und auf höchstmögliche Effizienz der Durchsetzbarkeit ihrer Regelung verzichteten, würden die Tarifvertragsparteien auch nur in Ausnahmefällen entsprechend verfahren[89]. In diese Gestaltungsfreiheit werde in nicht zu rechtfertigender Weise eingegriffen, wenn man letztere Möglichkeit nicht als im Rahmen des TVG liegend anerkenne. Eine Beschränkung des Tarifvertragsbegriffs allein auf Regelungen mit normativen Inhalt lasse sich weder aus der Zielsetzung noch aus dem Wortlaut des TVG ableiten[90].

Die Umschreibung des Tarifvertrages in § 1 Abs. 1 TVG schließe nicht aus, daß ein Tarifvertrag nur normative oder nur schuldrechtlich wirkende Vereinbarungen enthalte. Aus dem Wortlaut des § 1 Abs. 1 TVG könne eine begriffliche

---

86 Zachert in: Kempen/Zachert, TVG, § 1 Rn. 357; Gamillscheg, Kollektives Arbeitsrecht, S. 625; Wiedemann, TVG, § 1 Rn. 1. ; derselbe, Entscheidungsanmerkung zu BAG (Urteil v. 26.1.1983) AP Nr. 20 zu § 1 TVG; Löwisch in: Löwisch/Rieble, TVG, § 1 Rn. 267 ff.; Däubler, Tarifvertragsrecht, Rn. 172 ff.,178, 187, 540 ff.; Hueck/Nipperdey, II/1, S. 210 f.; Buchner in: AR-Blattei (D) Tarifvertrag V Inhalt, (A) II.1.a); Herschel, ZfA 1973, 183 ff, 186; derselbe, Referat zum 46. DJT, Band II, Teil D, S. 7, 19 f.; Heinze, DB 1996, 729, 734; Streckel, Entscheidungsanmerkung zu BAG (Beschluß v. 25.8.1982) - 4 AZN 305/82, SAE 1983, 103, 104; Mangen, RdA 1982, 229, 233; s. auch Birk, ArbuR 1977, 235, 236.

87 Buchner in: AR-Blattei [D] Tarifvertrag V; (A) II 1.a).

88 Hueck/Nipperdey, II/1, S. 210 f.

89 Buchner in: AR-Blattei [D] Tarifvertrag V; A; II.1.c).

90 Buchner in: AR-Blattei [D] Tarifvertrag V; A II 1a).

Verengung des Tarifvertragsbegriffs auf einen wesensnotwendig enthaltenen normativen Teil nicht abgeleitet werden[91].

Ebenso spreche die Entwicklungsgeschichte des Tarifvertragswesens für die Möglichkeit rein schuldrechtlicher Tarifverträge ohne normativen Teil. Schließlich hätten vor 1918 alle Tarifregelungen nur schuldrechtliche Wirkung gehabt[92].

Auch Zweckmäßigkeitserwägungen sprächen für die Möglichkeit rein schuldrechtlicher Tarifverträge ohne normative Wirkung. So sei es auch heute noch denkbar und werde auch verschiedentlich praktiziert, daß die Tarifparteien (vornehmlich die Arbeitgeberverbände) die Realisierung bestimmter Punkte nur im Wege der Einwirkungspflicht auf die Verbandsmitglieder zusagten, nicht aber unmittelbares Tarifrecht schaffen wollten[93]. Als Beispiel nennt Buchner eine Freistellungsregelung unter Lohnfortzahlung zugunsten der aus den Betrieben kommenden Tarifkommisionsmitglieder. Zur Klarstellung weist er darauf hin, daß auch in einem solchen Fall wesensnotwendige Voraussetzung für einen Tarifvertrag die Einhaltung des Schriftformerfordernisses des § 1 Abs. 2 TVG i.V.m. § 126 Abs. 2 BGB sei. Von daher würde eine einseitige Erklärung und eine konkludente Entgegennahme des Angebots nicht zu einem Tarifvertrag führen[94].

c) Stellungnahme

Tragendes Argument der von Plander dezidiert dargestellten These, die rein schuldrechtlicher Tarifverträge nicht zuläßt, ist, das TVG enthalte nur Bestimmungen, die an die normsetzende Funktion eines Tarifvertrages anknüpften.
Aus dieser von Plander angestellten Beobachtung läßt sich jedoch tatsächlich nur ableiten, daß diese Regelungen für den schuldrechtlichen Teil eines Tarifvertrages nicht anwendbar sind. Die Frage nach der Zulässigkeit rein schuldrechtlicher Tarifverträge wird dadurch aber nicht beantwortet. Plander verkennt, daß für den schuldrechtlichen Teil eines Tarifvertrages kein Regelungsbedarf durch das TVG bestand, da bereits ausreichende Regeln über die Wirkung schuldrechtlicher Vereinbarung bestehen, die ohne weiteres auch auf schuldrechtliche Tarifvertragsklauseln Anwendung finden können. Aufgrund der vorhandenen allgemeinen schuldrechtlichen Regeln des Zivilrechts erübrigte sich eine Regelung des schuldrechtlichen Teils im TVG.

---

91 Buchner in: AR Blattei [D] Tarifvertrag I B Übersicht I.1.d).
92 Buchner in: AR-Blattei [D] Tarifvertrag V Inhalt, A II. c).
93 Buchner in: AR-Blattei [D] Tarifvertrag V Inhalt; A II. c).
94 Buchner in: AR-Blattei [D] Tarifvertrag V Inhalt, A II 1.a).

Das von Plander selbst angeführte Gegenargument zu seiner Ansicht, wonach die Zuständigkeit der Arbeitsgerichte nach § 3 Abs. 1 Nr. 1 ArbGG "unter der Hand" beseitigt würde, vermag er durch die von ihm vorgeschlagene analoge Anwendung der Vorschriften des ArbGG keineswegs auszuräumen. Denn Plander übersieht, daß es für eine analoge Rechtsanwendung einer Regelungslücke und nicht nur einer "Vergleichbarkeit" bedarf[95]. Angesichts der ansonsten begründeten Zuständigkeit der ordentlichen Gerichte fehlt es aber schon an einer solchen Lücke.

In der Tat ist gerade wegen der prozessualen Folgen und der Frage nach der Zuständigkeit der Arbeitsgerichte eine saubere Abgrenzung zwischen tariflichen und außertariflichen Vereinbarungen notwendig. Wo man dabei die Grenze zieht, darf sich nicht nur an der Praktikabilität und Einfachheit einer Abgrenzung orientieren, die aber Plander als weiteres Argument für seine These ins Felde führt[96].

Zustimmung verdient Plander aber hinsichtlich seiner Ausführungen zum Streikrecht. Aus dem Streik kann in der Tat kein Argument gegen rein schuldrechtliche Tarifverträge oder gegen außertarifliche Koalitionsvereinbarungen abgeleitet werden. Planders These erhält dadurch jedoch keine zusätzliche Stütze.

aa) Auseinandersetzung mit dem Schriftformerfordernis

Das ebenfalls gegen rein schuldrechtliche Tarifverträge angeführte Argument, wonach nur für normativ wirkende Tarifvertragsvereinbarungen aber nicht für schuldrechtliche Vereinbarungen zwischen den Tarifvertragsparteien die Anwendung des Schriftformerfordernisses sinnvoll sei, beruft sich auf den Klarstellungszweck des Schriftformgebots.

Eine andere Ansicht hält jedoch auch bei rein schuldrechtlichen Abreden der Tarifvertragsparteien die Schriftform des § 1 Abs. 2 TVG für sinnvoll[97].

Um sich mit diesem Argument auseinandersetzen zu können, muß geklärt werden, welche Funktion dem Formerfordernis des § 1 Abs. 2 TVG zukommt.

Das Schriftformerfordernis dient nicht zuletzt dazu, Verbindlichkeit und Transparenz zu gewährleisten und so den Tarifgebundenen oder auch den Tarifver-

---

95 Siehe zu den Grundsätzen analoger Rechtsanwendung: Canaris in: Larenz/Canaris, Methodenlehre, S. 191 ff.

96 Vgl. Plander, ZTR 1997, 145, 150.

97 Gamillscheg, Kollektives Arbeitsrecht, S. 627; Löwisch in: Löwisch/Rieble, TVG, § 1 Rn. 375.

tragsparteien selbst Rechtssicherheit und eine sichere Grundlage für die jeweiligen Ansprüche zu geben[98]. Diese Wirkung ist aber nicht nur bei Vereinbarungen mit Normwirkung wünschenswert, sondern auch bei Vereinbarungen, die zumindest mittelbare Auswirkungen auf die Rechte und Pflichten der Tarifgebundenen haben. Hingegen kann bei der immanent gegebenen Friedenspflicht auf deren schriftliche Fixierung getrost verzichtet werden, da der Inhalt der Friedenspflicht gleichbleibend ist und keine Rechtsunsicherheit über den vereinbarten Inhalt birgt. Erst wenn eine hiervon abweichende Vereinbarung getroffen werden soll, entsteht wieder Bedarf an einer schriftlichen Fixierung.

Die schriftliche Fixierung kann auch bei bestimmten anderen schuldrechtlichen Vereinbarungen absolut wünschenswert sein. So zum Beispiel dann, wenn die schuldrechtliche Abrede Auswirkungen auf Dritte, Tarifgebundene oder Außenseiter hat. In solchen Fällen erscheint die Anwendung des Schriftformerfordernisses, das an die rechtliche Qualifizierung als Tarifvertrag anknüpft, durchaus sinnvoll.

Mithin läßt sich der Sinn und Zweck des Schriftformerfordernisses nicht als Argument gegen die Qualifizierung rein schuldrechtlicher Vereinbarungen als Tarifvertrag anführen.

bb) Auseinandersetzung mit den Praktikabilitätserwägungen

Die von dieser Ansicht angeführten – unter aa) dargestellten - Praktikabilitätserwägungen lassen Problembewußtsein vermissen. Es kann als unstreitig gelten, daß nicht jede beliebige Vereinbarung unter den Tarifvertragsbegriff gefaßt und dem Schriftformerfordernis unterworfen werden soll. Das Argument, daß das Schriftformerfordernis nicht bei jeder Abmachung gelten könne, kann sinnvoll nicht jeder schuldrechtlichen Vereinbarung entgegengehalten werden. Nur bestimmte Abmachungen lassen sich über dieses Argument ausschließen, aber nicht pauschal jede schuldrechtliche Vereinbarung[99].

Daß bei einer - als Beispiel angeführten - telefonischen Zusage eines Verhandlungsraumes nicht das Bedürfnis nach der Einordnung als Tarifvertrag und dem daraus erwachsenden Schriftformerfordernis besteht, ergibt sich allein schon aus der geringen Bedeutung dieser Zusage, die keine dauerhaften Konsequenzen und nicht einmal mittelbare Auswirkungen auf die Mitglieder der Verbände hat. Vor allem ist aber bereits fraglich, ob eine solche Zusage überhaupt rechtlich verbindlich sein soll, oder nur eine unverbindliche Übereinkunft darstellt, aus der sich keine Rechtspflichten bzw. Ansprüche der Gegenseite ableiten lassen. In anderen Fällen können jedoch derartige Konsequenzen aus einer

---

98 Zachert in: Kempen/Zachert, TVG, § 1 Rn. 368.

99 Buchner in: AR-Blattei [D] Tarifvertrag V Inhalt, A.II.1b).

zwischen den Tarifvertragsparteien getroffenen Vereinbarung erwachsen und mit diesen das Bedürfnis nach einer schriftlichen Fixierung und Einordnung als Tarifvertrag.

In diesem Zusammenhang ist die entscheidende Frage, ob sich nicht andere Unterscheidungskriterien finden lassen, nach denen eine sinnvolle Unterscheidung zwischen schuldrechtlichen Tarifverträgen und sonstigen schuldrechtlichen Abreden der Tarifvertragsparteien getroffen werden kann[100].

Zur Beantwortung der Frage, ob Tarifverträge auch nur aus schuldrechtlichen Vereinbarungen bestehen können, sind diese an das Schriftformerfordernis anknüpfenden Praktikabilitätserwägungen hingegen ungeeignet. Derartige Erwägungen wären nur relevant, wenn jede schuldrechtliche Vereinbarung zwischen Tarifvertragsparteien zwangsläufig einen Tarifvertrag darstellen würde, was offenkundig jedoch nicht der Fall ist.

Zusammenfassend sind somit weder die für Tarifverträge angeordnete Schriftform noch die damit zusammenhängenden Praktikabilitätserwägungen ein stichhaltiges Argument, um generell die Möglichkeit schuldrechtlicher Tarifverträge abzulehnen.

cc) Entwicklungsgeschichtliches Argument

Für die Möglichkeit rein schuldrechtlicher Tarifverträge ist die historische Entwicklung als Argument heranzuziehen. Würde der Gesetzgeber das die Tarifautonomie konkretisierende TVG ändern und den Tarifverträgen ihre normative Wirkung wieder entziehen, so wären dennoch, gedeckt von dem die Tarifautonomie verfassungsrechtlich garantierenden Art. 9 Abs. 3 GG, Tarifverträge denkbar. Denn das Betätigungsrecht der Koalitionen ist nicht auf normativ wirkende Tarifverträge reduziert, sondern läßt grundsätzlich auch schuldrechtliche Vereinbarungen der Tarifvertragsparteien und damit schuldrechtliche Tarifverträge zu[101].

Die Einführung der Normsetzungsbefugnis zielte auf die Stärkung der Position der Tarifvertragsparteien ab, und nicht auf deren Einschränkung. Das vermeintliche Dogma, daß der normative Teil charakteristisch sei, läßt sich vor diesem Hintergrund nicht aufrechterhalten. Allein aus der Tatsache, daß Tarifvertragsparteien von durchsetzungsschwächeren Regelungsmöglichkeiten keinen Gebrauch gemacht haben, läßt sich nicht das Verbot dieser Regelungsformen ableiten.

---

[100] Siehe dazu unter B.II.

[101] BVerfGE 50, 290, 371.

dd) Schuldrechtliche Tarifverträge als Ausdruck tarifautonomer Wahlfreiheit

Für die Möglichkeit rein schuldrechtlicher Tarifverträge sprechen zudem folgende Erwägungen:
Erkennt man grundsätzlich an, daß die Koalitionen Inhalte, die sonst typischerweise normativ geregelt werden, auch schuldrechtlich abfassen können und damit die Wahlfreiheit hinsichtlich der Durchsetzbarkeit der Regelung haben, dann besteht kein Grund, den rein schuldrechtlichen Tarifvertrag abzulehnen. Denn was sollte die Koalitionen daran hindern, bezüglich aller Vereinbarungen eines Vertrages auf die normative Umsetzung zu verzichten und statt dessen nur eine schuldrechtliche Umsetzungspflicht zu vereinbaren. Will man den Koalitionen diese Wahlfreiheit zugestehen, dann lassen sich keine Argumente für die Notwendigkeit eines normativen Teils und gegen die Möglichkeit anführen, warum nicht jede Vereinbarung, die tarifautonome Regelungen der Koalitionen enthält, auch den Tarifvertrag als Regelungsinstrument der Tarifautonomie in Anspruch nehmen sollte.

Das der normative Teil lange als Kernstück des Tarifvertrages im Vordergrund gestanden hat, und der schuldrechtliche Teil als selbständiger Bestandteil lange Zeit von der Praxis vernachlässigt wurde, bedeutet jedenfalls nicht, daß es keine rein schuldrechtlichen Tarifverträge gibt.

4) Ergebnis

Als Ergebnis ist somit festzuhalten, daß rein schuldrechtliche Tarifverträge mit § 1 TVG vereinbar sind. Der normative Teil ist keine zwingende Voraussetzung, um einen Vertrag zwischen den Tarifvertragsparteien als Tarifvertrag i.S. von § 1 TVG qualifizieren zu können.

Damit ist jedoch noch nicht geklärt, anhand welcher Kriterien die Grenzziehung zwischen tariflichen und außertariflichen Vereinbarungen vorzunehmen ist.

II. Umfang der Regelungsmacht bei rein schuldrechtlichen Tarifverträgen

Es besteht Einigkeit, daß die Möglichkeit der Tarifparteien, Tarifverträge abzuschließen, nicht den Abschluß von außertariflichen schuldrechtlichen Vereinbarungen ausschließt[102]. Nicht jede beliebige Vereinbarung zwischen

[102] Vgl. Säcker/Oetker, S. 164 ff.

Tarifvertragsparteien wird zu einem Tarifvertrag[103]. Einfache schuldrechtliche Vereinbarungen zwischen den Tarifvertragsparteien werden von daher durch die Möglichkeit rein schuldrechtlicher Tarifverträge nicht ausgeschlossen.

Fraglich ist indes, nach welchen bestimmten Kriterien sich außertarifliche schuldrechtliche Vereinbarungen von rein schuldrechtlichen Tarifverträgen abgrenzen lassen.

Im Anschluß sollen Regeln und Kriterien aufgestellt werden, nach denen eine solche Abgrenzung zu erfolgen hat.

1) Spezifische Inhalte als charakterisierende Voraussetzung eines Tarifvertrages

Wenn es nicht der normative Teil ist, der für die Einordnung als Tarifvertrag bestimmend ist, so liegt es nahe, daß es spezifische Regelungsinhalte sind, über die sich ein schuldrechtlicher Tarifvertrag von anderen schuldrechtlichen, außertariflichen Regelungen abgrenzen läßt[104].

Doch welche Freiheiten genießen die Tarifvertragsparteien bei der inhaltlichen Gestaltung des schuldrechtlichen Teils und an welche inneren und äußeren Schranken stößt dabei ihre Regelungsmacht?

Fraglich ist, welche spezifischen Inhalte eine schuldrechtliche Vereinbarung zwischen den Tarifvertragsparteien zum Tarifvertrag machen und welche Mindestanforderung eine schuldrechtliche Vereinbarung diesbezüglich genügen muß, um als Tarifvertrag zu gelten.

Zur Beantwortung dieser Fragen über den sachlich-gegenständlichen Anwendungsbereich schuldrechtlicher Tarifvertragsvereinbarungen bedarf es einer Konkretisierung des Umfangs der Regelungsmacht[105]. Mit der Bestimmung des Umfangs der tarifvertraglichen Regelungsmacht werden die Inhalte definiert bzw. konkretisiert, die einer Regelung mittels Tarifvertrag offenstehen. Diese Festlegung des Umfangs der tarifvertraglichen Regelungsmacht bestimmt so darüber, auf welche Gegenstände sich die Zuständigkeit des besonderen Regelungsinstruments Tarifvertrag und die Zuständigkeit der Tarifparteien in ihrer Funktion als Träger der Tarifautonomie erstreckt[106]. Es geht dabei um die Frage des rechtlichen "Könnens", die vom rechtlichen "Dürfen" und damit von der

---

103 Buchner in: AR-Blattei [D] Tarifvertrag V Inhalt, A.II.1.d).

104 Vgl. Wiedemann, Entscheidungsanmerkung zu BAG (Urteil v. 26.1.1983) AP Nr. 20 zu § 1 TVG.

105 Vgl. Wallisch, S. 80.

106 Vgl. Gamillscheg, Kollektives Arbeitsrecht, S. 333.

Frage zu unterscheiden ist, ob eine Vereinbarung mit den verfassungsrechtlichen und einfachgesetzlichen Wertentscheidungen übereinstimmt und insoweit "zulässig" oder aufgrund von überwiegenden Gegeninteressen "unzulässig" ist[107].

Zur Bestimmung der inhaltlichen "Zuständigkeit" der Tarifvertragsparteien soll zunächst geprüft werden, ob sich eine positive Umschreibung der Inhalte des Tarifvertrages finden läßt, die den Umfang der schuldrechtlichen Regelungsbefugnisse für das Regelungsinstrument "Tarifvertrag" verbindlich festlegt und damit auch den Rahmen für diesen Tätigkeitsbereich der Tarifparteien setzt.

2) Anforderungen an die Inhalte schuldrechtlicher Tarifverträge

Die sich anschließende Übersicht soll – ohne Anspruch auf Vollständigkeit – eine Vorstellung von möglichen schuldrechtlichen Regelungsinhalten vermitteln. Unter Umständen läßt eine solche Übersicht über gängige schuldrechtliche Tarifklauseln Gemeinsamkeiten schuldrechtlicher Tarifvertragsklauseln erkennen. Fraglich ist, ob sich anhand solcher Gemeinsamkeiten ein Hinweis auf die einschlägige gesetzliche Norm erkennen läßt, die verbindlich den Umfang der schuldrechtlichen Regelungsmacht der Tarifparteien vorgibt.

a) Schuldrechtliche Regelungsinhalte

Die folgende Aufstellung bietet einen Überblick über solche Regelungsinhalte, die in der Praxis verwandt werden und als schuldrechtliche Tarifvertragsinhalte weitestgehend anerkannt sind.

aa) Ungeschriebene Bestandteile des schuldrechtlichen Teils

Beinhaltet ein Tarifvertrag einen normativen Teil, so wird dieser durch immanente schuldrechtliche Verpflichtungen begleitet. Diese bedürfen keiner ausdrücklichen Bestimmung im Tarifvertrag, sondern sie ergeben sich aus dem Sinn und Zweck des Tarifvertrages sowie aus den auch das Tarifvertragsrecht beherrschenden Grundsätzen von der Vertragsauslegung und der Vertragserfüllung nach Treu und Glauben[108]. Dabei handelt es sich um die Friedens- und die Durchführungspflicht[109].

---

107 Vgl. Clausen, S. 123; Gamillscheg, Kollektives Arbeitsrecht, S. 332 f.

108 Hueck/Nipperdey, II/1, S. 304; Wallisch, S. 36, 39.

109 Vgl. zur Immanenz der Durchführungspflicht BAG, Urteil v. 29.4.1992 – 4 AZR 432/91, AP Nr. 3 zu § 1 TVG Durchführungspflicht m.w.N.; Wallisch, S. 39.

aaa) Friedenspflicht

Darunter versteht man die Pflicht, während der Laufzeit und im sachlichen Regelungsbereich des Tarifvertrages diesen als rechtsverbindlich zu respektieren und keinen Arbeitskampf anzudrohen oder durchzuführen, sondern mit allen zu Gebote stehenden Verbandsmitteln für den Arbeitsfrieden zu wirken und die Mitglieder von der Eröffnung und Weiterführung eines Arbeitskampfes abzuhalten[110].

Dabei besteht ohne eine besondere Vereinbarung nur eine relative Friedenspflicht. Deren Umfang erstreckt sich nur auf die im Tarifvertrag geregelten Arbeitsbedingungen, hindert die Tarifvertragsparteien jedoch nicht daran, an die Gegenseite Forderungen wegen darin nicht geregelter Bereiche zu stellen[111].

Dabei verpflichtet die Friedenspflicht jede Tarifvertragsseite nicht nur gegenüber dem Vertragspartner, sondern auch gegenüber dessen Mitgliedern. Der Tarifvertrag wendet dem einzelnen Arbeitgeber oder Arbeitnehmer ein eigenes Recht gegen die gegnerische Tarifvertragspartei auf Wahrung des Friedens zu. Insofern ist ein Tarifvertrag an diesem Punkt ein Vertrag mit Schutzwirkung zugunsten Dritter[112]. Ein Verstoß gegen die Friedenspflicht kann Schadensersatzansprüche der Mitglieder des vertragstreuen Verbandes aus positiver Vertragsverletzung begründen[113]. Dabei muß sich der Verband das Verschulden seiner Organe nach § 31 BGB, das Verschulden seiner Erfüllungsgehilfen nach § 278 BGB zurechnen lassen. Das einzelne Verbandsangehörige Mitglied gilt in diesem Zusammenhang aber nicht als Erfüllungsgehilfe[114].

bbb) Durchführungspflicht

Diese läßt sich wiederum unterteilen in die Tariferfüllungspflicht und die Einwirkungspflicht[115].

Die Tariferfüllungspflicht besagt, daß die Vertragsparteien wie bei jedem anderen Vertrag den geschlossenen Tarifvertrag zu erfüllen und alle Handlungen zu

---

110 Wiedemann, TVG, § 1 Rn. 664; Loritz in: Zöllner/Loritz, Arbeitsrecht, S. 391; Hueck/Nipperdey, II/1, S. 311 f.; Wallisch, S. 37.

111 Wiedemann, TVG, § 1 Rn. 681.

112 BAG Urteil v. 31.10.1958 – AZR 632/57, BAGE 6, 321 ff.; Löwisch in: Löwisch/Rieble, TVG, § 1 Rn. 276.

113 Loritz in: Zöllner/Loritz, Arbeitsrecht, S. 392; Gamillscheg, Kollektives Arbeitsrecht, S. 627, 1216.

114 Stein, Tarifvertragsrecht, Rn. 673 f.

115 Wiedemann, TVG, § 1 Rn. 705; Gamillscheg, Kollektives Arbeitsrecht, S. 628, 630; Rieble, Anmerkung zu BAG, Urteil v. 29.4.1992 – 4 AZR 432/91, EzA § 1 TVG Durchführungspflicht Nr. 2 = AP Nr. 3 zu § 1 TVG Durchführungspflicht.

unterlassen haben, welche den Tarifvertrag in Frage stellen könnten, und die nicht schon als Arbeitskampfmaßnahmen durch die Friedenspflicht untersagt sind[116]. Damit bezieht sich die Tariferfüllungspflicht auf die von der Vertragspartei selbst geschuldeten Leistungen[117].

Als Einwirkungspflicht bezeichnet man die Verpflichtung, der zufolge die Verbände ihre Mitglieder zur Einhaltung der Tarifnormen anzuhalten haben[118] oder in der sich der Verband gegenüber dem anderen verpflichtet, für ein bestimmtes Verhalten Dritter, seiner Mitglieder zu sorgen. Von daher bezieht sich die Einwirkungspflicht auf Leistungen Dritter[119]. Im Vordergrund steht dabei das Hinwirken auf die Beachtung der Tarifnormen, nämlich der tarifmäßigen Gestaltung der Arbeitsverhältnisse, der tariflichen Erfüllung der Arbeitsverträge und der tatsächlichen Durchführung der betrieblichen Bestimmungen in den Betrieben[120].

Mit der Einwirkungspflicht können die Tarifparteien aber auch versuchen, eine nichtnormative, schuldrechtliche Verpflichtung zwischen den Tarifvertragsparteien, deren Wirkung aber auf Dritte zielt, bei den Verbandsmitgliedern durchzusetzen[121].

Geschuldet wird mit der Einwirkungspflicht jedoch immer nur ein entsprechendes "Einwirken". Es handelt sich um eine Handlungspflicht und nicht um eine Garantiepflicht[122]. Im Grunde genommen stellt die Durchführungspflicht nur eine Konkretisierung des allgemeinen vertragsrechtlichen Prinzips, daß Verträge zu halten und im Sinne des wirklich gewollten zu erfüllen sind, dar[123].

Anders als bei der Friedenspflicht löst die Durchführungspflicht regelmäßig keine Ansprüche Dritter aus. Dritten genügt, sofern sie vorhanden ist, die normative Wirkung des Tarifvertrages, um die tarifliche Regelung gegenüber ihren Gegenspielern im Arbeitsverhältnis oder im betrieblichen Rechtsverhältnis durchzusetzen[124].

---

116 Loritz in: Zöllner/Loritz, Arbeitsrecht, S. 392.

117 Clausen, S. 11 f.

118 Löwisch in: Löwisch/Rieble, TVG, § 1 Rn. 283.

119 Clausen, S. 12.

120 Wiedemann, TVG, § 1 Rn. 705 ff.

121 Clausen, S. 11; Wallisch, S. 40 f.

122 Hueck/Nipperdey, II/1, S. 329.

123 BAG, Urteil v. 11.9.1991 - 4 AZR 71/91, NZA 1992, 321, 322; Zachert in: Kempen/Zachert, TVG, § 1 Rn. 352; Gamillscheg, Festschrift W. Henckel, S. 215, 218 ff.

124 Löwisch in: Löwisch/Rieble, TVG, § 1 Rn. 284; Wiedemann, TVG, § 1 Rn. 661.

bb) Inhalte zusätzlicher Vereinbarungen

Die Friedenspflicht und die Durchführungspflicht machen als "immanente" Pflichten, als Ausfluß der allgemeinen Pflicht zur Vertragstreue[125], nicht die Besonderheit des schuldrechtlichen Teils aus. Als Korrelat zum normativen Teil könnte man sie auch als schuldrechtliche "Wirkungen" der Normenvereinbarung bezeichnen[126].

In jedem Tarifvertrag können jedoch über die immanenten Pflichten hinausgehende schuldrechtliche Pflichten zwischen den Tarifvertragsparteien vereinbart werden. Dabei ist zwischen den sogenannten Selbst- oder Eigenpflichten und solchen Vereinbarungen zu unterscheiden, die darauf abzielen, daß eine Umsetzung dieser Vereinbarungen durch die Arbeitsvertragsparteien erfolgt und die mittels der Einwirkungspflicht der Verbände auf ihre Mitglieder durchgesetzt werden sollen[127].

Allen diesen Abreden ist gemeinsam, daß sie sich nicht aus dem Sinn und Zweck des Tarifvertrages ergeben, sondern ausdrücklich vertraglich vereinbart werden müssen[128].

Diesen Vereinbarungen und den mit ihnen zusammenhängenden Problemen gilt das besondere Augenmerk dieser Untersuchung.

aaa) Selbstpflichten

Bei den Selbstpflichten handelt es sich um solche Pflichten, die allein die Rechtsbeziehung zwischen den vertragschließenden Tarifparteien zum Gegenstand haben. Derartige Pflichten können und sollen von den Tarifvertragsparteien unmittelbar selbst erfüllt werden und nehmen nicht auf Dritte und deren Rechtsbeziehungen Bezug[129]. Einer Einwirkung auf die Mitglieder der Verbände bedarf es bei derartigen Pflichten nicht.

Selbstpflicht ist insofern bei einem Haustarifvertrag auch die schuldrechtliche Verpflichtung des Arbeitgebers. Dieser ist unmittelbar zur Umsetzung der mit der Gewerkschaft getroffenen Vereinbarung auf die Arbeitsverhältnisse verpflichtet, ohne das eine Einbeziehung Dritter notwendig ist, da hier die tarifver-

---

125 BAG, Urteil v. 29.4.1992 - 4 AZR 432/91, AP Nr. 3 zu § 1 TVG Durchführungspflicht; Wallisch, S. 45.

126 Nikisch, Arbeitsrecht Bd. II, S. 325; Clausen, S. 5 f.

127 Wallisch, S. 34 ff.; Däubler, Tarifvertragsrecht, Rn. 541 ff., 544 ff.; Buchner in: AR-Blattei (D) Tarifvertrag V Inhalt C. I.; Hueck/Nipperdey, II/1, S. 303 f.

128 Clausen, S. 7; Wallisch, S. 78; Riesenhuber, BB 1993, 1001; 1004.

129 Hueck/Nipperdey, II/1, S. 303 f.; Däubler, Tarifvertragsrecht, Rn. 541; Buchner in: AR-Blattei (D) Tarifvertrag V Inhalt C. I.; Wallisch, S. 34.

tragliche und die arbeitsvertragliche Rechtsbeziehung auf Arbeitgeberseite den selben Schuldner haben[130].

Typische Selbstpflichten der Verbände sind Vereinbarungen, die die Verbände verpflichten, Schieds- oder Schlichtungsstellen zu beschicken und zu finanzieren, die Allgemeinverbindlichkeitserklärung eines Tarifvertrages zu beantragen oder eine gemeinsame Einrichtung zu gründen[131].

Hervorzuheben ist, daß hinsichtlich dieser Eigenverpflichtungen unstreitig ist, daß die Tarifparteien hier nicht an die für den normativen Teil geltenden, strengen rechtlichen und inhaltlichen Voraussetzungen gebunden sind[132].

bbb) Drittbezogene schuldrechtliche Vereinbarungen der Tarifparteien

Neben diesen Selbstpflichten können die Tarifvertragsparteien im schuldrechtlichen Teil eines Tarifvertrages auch Vereinbarungen abschließen, die nicht nur die vertragsschließenden Tarifparteien, sondern auch die Rechtsbeziehungen zu Dritten betreffen. Solche Vereinbarungen sollen über die Tarifvertragsparteien hinaus auch das Verhalten der einzelnen Mitglieder beeinflussen und auf die Rechtsbeziehungen der Arbeitsvertragsparteien gestaltend einwirken[133]. Unter Umständen zielen sie in ihren Folgen sogar auf eine Außenwirkung gegenüber Verbandsfremden[134].

Dabei können die Tarifparteien auch Vereinbarungen über Arbeitsbedingungen treffen, die sich zwar normativ vereinbaren lassen, denen aber bewußt keine normative Wirkung beigelegt werden soll[135]. Statt dessen sollen diese Vereinbarungen ihre Wirkung durch die Einwirkung der Verbände auf ihre Mitglieder entfalten[136]. Verpflichtet aus derartigen Abreden sind allein die Tarifparteien. Die konkrete Vereinbarung verpflichtet die Tarifparteien, Mitglieder bzw. Dritte zu tarifkonformen Verhalten anzuhalten. Vorgenannte Einwirkungspflichten sind erfüllt, wenn die verpflichtete Tarifvertragspartei mit allen ihr zur Verfügung stehenden Mitteln auf ein tarifkonformes Verhalten in den Betriebs- und Arbeitsverhältnissen hingewirkt hat[137]. Für das Ausbleiben des Verhaltens

---

130 Vgl. Wallisch, S. 42.

131 Löwisch in: Löwisch/Rieble, TVG, § 1 Rn. 287; Däubler, Tarifvertragsrecht, Rn. 544; Wallisch, S. 34.

132 Säcker/Oetker, S. 156; Richardi, Kollektivgewalt, S. 202.

133 Wallisch, S. 34; Buchner in: AR-Blattei (D) Tarifvertrag V Inhalt C. I.

134 Clausen, S. 8.

135 Gamillscheg, Kollektives Arbeitsrecht, S. 625, der als Beispiel Abreden über die gewerkschaftlichen Vertrauensleute anführt.

136 Wallisch, S. 34.

137 Wallisch, S. 35.

wollen die Parteien hingegen nicht einstehen, so daß in diesen Fällen von einem sogenannten "Bemühungsvertrag" gesprochen werden kann[138].

Auch bei derartigen Tarifvertragsklauseln bleibt die vertragschließende Tarifpartei zu einer eigenen Leistung verpflichtet. Im Unterschied zu den Selbstpflichten besteht die geschuldete Leistung nur in der Einwirkung auf die Mitglieder und somit in einer "Vorgehensweise"[139].

Auch wenn dabei ein entsprechend tarifkonformes Verhalten der Mitglieder nicht geschuldet wird und die Einwirkungspflicht auch ohne Verhaltensänderung bei den Mitgliedern erfüllt sein kann, so ist eine solche Beeinflussung der Rechtsbeziehungen Dritter aber zumindest beabsichtigt[140]. Hierin liegt der entscheidende Unterschied zu den Selbstpflichten der Tarifvertragsparteien.

Diese positive Handlungspflicht, auf die Mitglieder Einfluß zu nehmen und zu einem bestimmten tarifkonformen Verhalten anzuhalten, ist vor allem dann umstritten, wenn die Tarifvertragsparteien auf diesem Wege versuchen, Inhalte zwischen den Arbeitsvertragsparteien umzusetzen, die sich normativ nicht regeln lassen, oder wenn versucht wird, die Rechtsbeziehungen zu nichttarifgebundenen Außenseitern zu beeinflussen[141].

cc) Ausdrücklich vereinbarte schuldrechtliche Tarifvertragsklauseln

Die nachfolgende Übersicht soll einen Eindruck von dem Potential vermitteln, das der schuldrechtliche Teil eines Tarifvertrages den Tarifparteien an Regelungsmöglichkeiten eröffnet und die von den Tarifparteien auch genutzt werden. Die Vielzahl an Möglichkeiten entzieht sich dabei jedoch einer vollständigen und abschließenden Aufzählung.

aaa) Erweiterungen/Beschränkungen der Friedenspflicht

Der Umfang der Friedenspflicht unterliegt grundsätzlich der Regelungsmacht der Tarifvertragsparteien und läßt sich sowohl zeitlich als auch sachlich erweitern[142].
Zeitlich ist etwa eine Verlängerung der Friedenspflicht für eine gewisse Zeit nach Ablauf des Tarifvertrages denkbar[143].

---

138 Wallisch, S. 79.

139 Rieble, Anmerkung zu BAG, Urteil v. 29.4.1992 – AZR 432/91, AP Nr. 3 zu § 1 TVG Durchführungspflicht.

140 Wallisch, S. 35, 41.

141 Säcker/Oetker, S. 156.

142 Wiedemann, TVG, § 1 Rn. 685.

143 Löwisch in: Löwisch/Rieble, TVG, § 1 Rn. 277 f.; vgl. § 3 I der Schlichtungs- u. Schiedsvereinbarung für die Metallindustrie vom 1.1.1980 (abgedruckt in Löwisch;

Sachlich können die Tarifvertragsparteien die Friedenspflicht erweitern, indem sie die Friedenspflicht aus einem Tarifvertrag auf einen anderen erstrecken und so einen Regelungszusammenhang herstellen, wodurch sie selbst Streitfragen über die Reichweite der Friedenspflicht klären können.

Als anerkannte Inhalte derartiger tarifvertraglicher Vereinbarungen läßt sich auch eine absolute Friedenspflicht anführen, die jegliche Nachforderungen während der Laufzeit eines Tarifvertrages ausschließt[144], indem sie die Friedenspflicht von den einzelnen Tarifverträgen löst und Kampfmaßnahmen für einen bestimmten Zeitraum generell ausschließt[145].

Auch in einer Schlichtungsvereinbarung, die vor Einleitung eines Arbeitskampfes ein Schlichtungsverfahren verbindlich vorschreibt[146], ist tarifrechtlich eine Erweiterung der Friedenspflicht zu sehen[147].

Ebenso können die Tarifvertragsparteien bei ihrer vertraglichen Ausgestaltung der Friedenspflicht die Begünstigung des Dritten abschwächen, etwa auf Schadensersatzansprüche beschränken oder ganz ausschließen[148].

bbb) Schuldrechtliche Erweiterung der Durchführungspflicht

Genauso wie bei der Friedenspflicht ist auch eine Ausgestaltung der Durchführungspflicht möglich[149]. So können Vereinbarungen über deren Erweiterung durch konkretisierende detaillierte Regelungen geschlossen werden[150]. Die Tarifvertragsparteien können im Tarifvertrag die Erweiterung der Grundpflichten, d.h. der positiven, auf einen Erfolg gerichteten Vertragstreuepflichten vereinbaren.

Eine Erweiterung dieser Gundpflichten muß auch zwingend durch Abschluß eines Tarifvertrages vereinbart werden. Sie ergibt sich nicht schon aus den

---

Arbeitskampf- und Schlichtungsrecht, Anhang 5, S. 515 ff.), der die Parteien verpflichtet, nach Ablauf eines Tarifvertrages während einer 4-Wochenfrist aus ihren Tarifforderungen nicht zu streiken oder auszusperren.

144 Stein, Tarifvertragsrecht, Rn. 669; Loritz in: Zöllner/Loritz, Arbeitsrecht, S. 391.

145 Löwisch in: Löwisch/Rieble, TVG, § 1 Rn. 277 f.; Löwisch, BB 1988, 1333 f.

146 vgl. Zachert in: Kempen/Zachert, TVG, § 1 Rn. 357; Schumann in: Däubler, Arbeitskampfrecht, Rn. 217 ff.; Loritz in: Zöllner/Loritz, Arbeitsrecht, S. 393 f.

147 Vgl. Loritz in: Zöllner/Loritz, Arbeitsrecht, S. 481 f.

148 Löwisch in: Löwisch/Rieble, TVG, § 1 Rn. 281.

149 Gamillscheg, Kollektives Arbeitsrecht, S. 625.

150 Zachert in: Kempen/Zachert, TVG, § 1 Rn. 354; Löwisch in: Löwisch/Rieble, TVG, § 1 Rn. 285 ff.; Däubler, Tarifvertragsrecht, Rn. 550.

Pflichten laufender Geschäftsbeziehungen, die keine Dauerrechtsbeziehung darstellen[151].

Die Tarifparteien können z.B. schuldrechtlich gegenseitige Informations- und Berichtspflichten zur gemeinsamen Überwachung des Normenvollzuges vereinbaren. Sie können sich zum Beispiel verpflichten, ihre Mitglieder binnen kurzer Frist über den Tarifvertrag zu informieren. Solche Informationspflichten kommen auch für gesetzliche Rahmenbedingungen in Betracht, etwa bei "Vermögenswirksamen Leistungen"[152].

Eine weitere Möglichkeit der Erweiterung der Durchführungspflicht ist eine gemeinsame Verpflichtung der Tarifvertragsparteien, gemeinsam die Allgemeinverbindlichkeitserklärung zu beantragen[153], wobei diese Verpflichtung auch nur von einer Vertragsseite übernommen werden kann[154].

Eine Verstärkung der Durchführungspflicht läßt sich vereinbaren, indem die Tarifvertragsparteien Dritten vertraglich ein Recht auf Vollzug der Tarifklauseln gegenüber der gegnerischen Tarifvertragspartei gemäß § 328 BGB zuwenden.

Schuldrechtlich festlegen läßt sich auch ein Wahlrecht des Normadressaten, ein Leistungsbestimmungsrecht oder ein sonstiger Spielraum beim Tarifvollzug. So lassen sich zum Beispiel Mitbestimmungsrechte des Betriebsrates vereinbaren. Mit Vereinbarungen über die Durchführungspflicht kann auch die Verpflichtung zu einem bestimmten "Wohlverhalten" in einem Punkt, der der anderen Seite wichtig ist, festgelegt werden[155]. Dadurch kann der Gefahr vorgebeugt werden, daß die jeweils gegenerische Partei Einfluß auf den Entscheidungsträger nimmt, um so koalitionsspezifische Interessen über den Entscheidungsspielraum durchzusetzen[156].

---

151 BAG Urteil v. 12.9.1984 – AZR 311/84, AP Nr. 81 zu Art. 9 GG Arbeitskampf unter A I 2a; Löwisch in: Löwisch/Rieble, TVG § 1 Rn. 264. a.A. Bötticher, ZfA 1980, 293, 332; Seiter ebenda: ZfA 1980, 293, 347 f.

152 Löwisch in: Löwisch/Rieble, TVG, § 1 Rn. 286.

153 Gamillscheg, Kollektives Arbeitsrecht, S. 626; Löwisch in: Löwisch/Rieble, TVG § 1 Rn. 287.

154 Clausen, S. 6.

155 Gamillscheg, Kollektives Arbeitsrecht, S. 626.

156 Löwisch in: Löwisch/Rieble, TVG § 1 Rn. 288.

Hierzu lassen sich folgende Beispiele anführen:

Etwa die Verpflichtung, überbetriebliche Interessen bezüglich tariflich zulässiger Arbeitszeitgestaltungsmöglichkeiten nicht zum Gegenstand einer Einflußnahme auf die Betriebsparteien zu machen.

Oder die Verpflichtung der Tarifvertragsparteien, bei der Vereinbarung einer vermögenswirksamen Leistung auf die Wahl der Anlageform keinen Einfluß zu nehmen[157].

Vereinbaren läßt sich auch eine Vertragsstrafe bei Verletzung der Durchführungspflicht[158].

ccc) Schuldrechtliche Beschränkung der Durchführungspflicht

Genauso wie die Tarifvertragsparteien die Durchführungspflicht erweitern können, ist auch eine Abschwächung derselben möglich. So können sie zum Beispiel für kleinere Verstöße die Einwirkungspflicht auf Abmahnungen beschränken[159].

ddd) Konkretisierung von Mitteilungs- und Informationspflichten

Zwischen den Tarifvertragsparteien können auch aus laufender Geschäftsbeziehung Mitteilungs- und Informationspflichten entstehen, etwa die Mitteilungspflicht bei einer internen Organisationsänderung oder die entsprechende Informationspflicht bei einer Ausdehnung des Organisationsbereichs.
Auch diese Pflichten zur gegenseitigen Unterrichtung können durch einen Tarifvertrag konkretisiert werden[160].

eee) Nachvertragliche Pflichten

Im schuldrechtlichen Teil können auch über den Vertragserfolg hinaus den Tarifnormen dienende Nebenpflichten vereinbart werden, etwa im Hinblick auf die Nachwirkung des Tarifvertrages oder bei der Auflösung gemeinsamer Einrichtungen[161].

---

157 Beispiele nach Löwisch in: Löwisch/Rieble, TVG, § 1 Rn. 288.

158 Zachert in: Kempen/Zachert, TVG, § 1 Rn. 354; Gamillscheg, Kollektives Arbeitsrecht, S. 625; Preis/Stoffels in: AR-Blattei, SD Nr. 1710 Vertragsstrafe Anm. 173.

159 Löwisch in: Löwisch/Rieble, TVG, § 1 Rn. 289.

160 Löwisch in: Löwisch/Rieble, TVG, § 1 Rn. 263; Gamillscheg, Kollektives Arbeitsrecht, S. 625 f.

161 Löwisch in: Löwisch/Rieble, TVG, § 1 Rn. 260.

fff) Schiedsgericht

Praktisch bedeutsam unter den Vereinbarungen der Tarifvertragsparteien über die Erweiterung der schuldrechtlichen Pflichten ist auch die Vereinbarung eines Schiedsgerichts nach § 101 Abs. 1 ArbGG, dem die Tarifvertragsparteien Streitigkeiten aus der Durchführung des Tarifvertrages übertragen können[162]. Sie können dann für die Erfüllung des schuldrechtlichen Teils des Tarifvertrages nach § 101 Abs. 1 ArbGG ein Schiedsgericht einschalten. Für einen aus der schuldrechtlichen Vereinbarung begünstigten Dritten hat eine solche Vereinbarung allerdings keine Wirkung[163]. Auch kann den Entscheidungen solcher Schiedsgerichte über schuldrechtliche Bestimmungen eines Tarifvertrages für die Zukunft bindende Wirkung für die Mitglieder verliehen werden. Notwendig ist dafür, daß das Schiedsgericht gleichzeitig die Funktion einer Schlichtungsstelle übernimmt, die die schuldrechtlichen Bestimmungen des Tarifvertrages authentisch interpretiert[164].

ggg) Verhandlungsanspruch, Schlichtungsabkommen und Arbeitskampfregeln

Schuldrechtlich lassen sich auch Regelungen der tariflichen Konfliktlösung vereinbaren.

Dem Zustandekommen künftiger Tarifverträge dienen die Vereinbarung von Gesprächsbereitschaft oder eines Verhandlungsanspruchs[165]. Deren Vorteil besteht darin, daß während des Laufs der Friedenspflicht Verhandlungen eingefordert werden können, auch wenn das Druckmittel des Arbeitskampfes nicht zur Verfügung steht. So kann während der Restlaufzeit eines Tarifvertrages die tarifliche Konfliktlösung für einen Folgetarifvertrag zumindest in ihrem friedlichen Teil vorangetrieben werden[166]. Als Beispiele für derartige Vereinbarungen lassen sich die folgenden Beispiele anführen[167]:

- Etwa die Verpflichtung, im Falle einer Kündigung noch während der Kündigungsfrist in Verhandlungen einzutreten.
- Oder es können auf diese Weise strittige Randfragen ausgeklammert und für diese eine Verhandlungspflicht vorgesehen werden, genauso wie sich

---

162 Löwisch in: Löwisch/Rieble, TVG, § 1 Rn. 287, 327.

163 Löwisch, ZZP 103, 22, 23.

164 Rieble in: Löwisch/Rieble, TVG, § 9 Rn. 37.

165 BAG, Urteil v. 14.2.1989 - 1 AZR 142/88, AP Nr. 52 zu Art. 9 GG; Löwisch in: Löwisch/Rieble, TVG, § 1 Rn. 291; Gamillscheg, Kollektives Arbeitsrecht, S. 626.

166 Löwisch in: Löwisch/Rieble, TVG, § 1 Rn. 290 f.

167 Löwisch in: Löwisch/Rieble, TVG, § 1 Rn. 291 f.

Verhandlungen über die Auslegung des Vertrages oder für den Fall einer Teilkündigung[168] vereinbaren lassen[169].

- Die Tarifparteien können bei langfristigen Tarifverträgen auch Veränderungen der Geschäftsgrundlage, die keine Kündigung rechtfertigen, Rechnung tragen[170].

Es lassen sich auch vielfältige Pflichten zur Errichtung, Besetzung und Anrufung von Schieds- und Schlichtungsstelle und zur Beachtung sonstiger Schlichtungsverfahren vereinbaren[171]. Dabei kann zwischen drei Formen von Schlichtungsvereinbarungen von unterschiedlicher Intensität unterschieden werden[172]. Erstens die einfache Schlichtung als Verfahren, dessen sich die Tarifvertragsparteien bedienen können, aber nicht müssen. Zweitens kann die tariflich vereinbarte Schlichtung auch einen Schlichtungszwang vorsehen, also die Parteien verpflichten, sich auf Verlangen der jeweils anderen auf das Schlichtungsverfahren einzulassen[173]. Drittens kann die Schlichtung als Zwangsschlichtung eine verbindliche Entscheidung des Regelungsstreits durch die Schlichtungsinstanz vorsehen; dies wird in tariflichen Schlichtungsabkommen jedoch nur selten vereinbart[174].

Die Tarifvertragsparteien können auch ihre Pflichten im Arbeitskampf untereinander von vornherein schuldrechtlich vereinbaren. Sie können so vor allem den von ihnen im Arbeitskampf zu beachtenden Grundsatz der Verhältnismäßigkeit konkretisieren, sich etwa über Erhaltungsarbeiten verständigen, die Aussperrung selbst quotieren oder den zulässigen Umfang von Warnstreiks regeln[175]. In diesem Zusammenhang ist auch die Vereinbarung von Ankündigungsfristen für den Arbeitskampf zu nennen[176]. Für die Zeit nach Beendigung des Arbeitskampfes können mit schuldrechtlicher Wirkung auch für nicht tarifgebundene Außenseiter Wiedereinstellungsklauseln vereinbart werden, die diesen über § 328 BGB einen Anspruch gegen den tarifschließenden Arbeitgeberverband auf Einwirkung gegenüber seinen Mitgliedern gibt, auch die Wiedereinstellung der

---

168 vgl. BAG, Urteil v. 16.8.1990 – 8 AZR 439/89, BAGE 65, 359, 361 = BAG AP Nr. 19 zu § 4 TVG Nachwirkung.

169 Gamillscheg, Kollektives Arbeitsrecht, S. 626.

170 Gamillscheg, Kollektives Arbeitsrecht, S. 626, 278.

171 Vgl. Gamillscheg, Kollektives Arbeitsrecht, S. 1307.

172 Vgl. Löwisch in: Löwisch/Rieble, TVG, § 1 Rn. 294.

173 Gemäß BAG GS Beschluß v. 21.4.1971 - GS 1/68, AP Nr. 43 zu Art. 9 GG Arbeitskampf unter Teil III A 2.a ergibt sich der Schlichtungszwang schon aus dem "ultima ratio-Prinzip" des Arbeitskampfes.

174 Löwisch in: Löwisch/Rieble, TVG, § 1 Rn. 120 ff.

175 Löwisch in: Löwisch/Rieble, TVG, § 1 Rn. 93 ff., 295; Löwisch/Mikosch, ZfA 1978, 153, 172 ff.; Gamillscheg, Kollektives Arbeitsrecht, S. 626.

176 Gamillscheg, Kollektives Arbeitsrecht, S. 626.

Nichttarifgebundenen zu veranlassen[177]. Praktische Bedeutung kommt derartigen Wiedereinstellungsklauseln heute noch dann zu, wenn anders als im Regelfall die Arbeitspflichten aus Anlaß des Arbeitskampfes nicht nur suspendiert wurden, sondern das Arbeitsverhältnis aus Anlaß des Arbeitskampfes durch Kündigung wirksam aufgelöst wurde. Kundigungsgrund kann etwa die Beteiligung an einem unzulässigen Streik sein oder ein unzulässiges Verhalten des Arbeitnehmers im Rahmen eines an sich zulässigen Arbeitskampfes oder die wirtschaftlichen Folgen des Arbeitskampfes führen zum Wegfall der Arbeitsplätze und zum Ausspruch der Kündigungen[178].

hhh) Gewerkschaftliche Vertrauensleute

Es lassen sich auch Abreden über die Stellung der gewerkschaftlichen Vertrauensleute in den Betrieben treffen[179].

iii) Gemeinsame Einrichtungen

Vereinbaren können die Tarifvertragsparteien auch die Gründung gemeinsamer Einrichtungen und deren Gestaltung in gewisser Weise, d.h. die Verpflichtung zur Begründung in einer bestimmten Rechtsform und zur Vornahme der entsprechenden nach bürgerlichem Recht und Handelsrecht erforderlichen Rechtshandlungen.

Dabei können die Tarifparteien auch gegenseitige Leistungspflichten eingehen. Sie können zum Beispiel bei der Schaffung einer gemeinsamen Einrichtung die Bereitstellung eines Grundstücks oder die Zusage finanzieller Mittel, die Übernahme der Geschäftsführung der Einrichtung[180] oder die anderweitige Mithilfe bei der späteren Verwaltung vereinbaren.

Die Errichtung von gemeinsamen Einrichtungen und deren etwaige Auflösung ist auch nur schuldrechtlich und nicht normativ möglich[181]. Erst wenn die gemeinsamen Einrichtungen im Rahmen der schuldrechtlichen Durchführungspflicht errichtet worden sind, ist der Vollzug von Normen über die gemeinsame Einrichtung möglich[182].

---

177 BAG GS Beschluß v. 29.11.1967 - GS 1/67, BAGE 20, 175, 197; Löwisch/Krauß in: AR-Blattei SD Arbeitskampf III A 170.3.1 Rn. 67 f.

178 Vgl. Löwisch/Krauß in: AR-Blattei SD Arbeitskampf III A 170.3.1 Rn. 61 f.

179 Gamillscheg, Kollektives Arbeitsrecht, S. 625; Bauer/Haußmann, NZA 1998, 854, 855 f.

180 Loritz in: Zöllner/Loritz, Arbeitsrecht, S. 393 f.

181 Löwisch in: Löwisch/Rieble, TVG, § 1 Rn. 260.

182 Rieble in: Löwisch/Rieble, TVG, § 4 Rn. 98 ff.

jjj) Vereinbarungen über Arbeitsplätze

Auch die Schaffung neuer Arbeitsplätze oder der Verzicht auf Stillegung oder Entlassungen läßt sich vereinbaren. Bei hinreichender Konkretisierung des Verzichts auf Entlassungen kann diese Vereinbarung auch eine Inhaltsnorm darstellen. Als Beispiel hierzu werden etwa die bei VW 1993 geschlossenen Verträge zwischen Gewerkschaft, Betriebsrat und Unternehmen angeführt, bei denen die Arbeitnehmerseite in Arbeitszeitverkürzungen ohne Lohnausgleich gegen den Verzicht auf Kündigungen einwilligte[183]. Es ist jedoch darauf hinzuweisen, daß nur ein Vertrag zwischen tariffähigen Parteien auch als Tarifvertrag gewertet werden kann, nicht jedoch eine Vereinbarung, die die Betriebsparteien als Vertragspartner einbindet. Auch Haustarifverträge werden nicht auf der Betriebsebene abgeschlossen.

kkk) Weitere schuldrechtliche Zusatzvereinbarungen

Als weitere Beispiele schuldrechtlicher Verpflichtungen sind anzuführen:
Neben der Schaffung und Unterhaltung gemeinsamer Einrichtungen und betrieblicher Schiedsgerichte und Schlichtungsstellen für Streitigkeiten aus der Betriebsverfassung können die Tarifparteien mittels schuldrechtlicher Tarifvertragsvereinbarungen auch andere Kommissionen[184] oder Veranstaltungen[185] schaffen.

Des weiteren sind folgende schuldrechtliche Verpflichtungen zu erwähnen:

- Verpflichtungen, Schadensersatzansprüche zu erlassen bzw. nicht geltend zu machen ebenso wie Vereinbarungen über die Abwicklung etwaiger Schadensersatzansprüche;
- die Pflicht zur Änderung von bestehenden tariflichen Vereinbarungen, z.B. im Fall einer unerwarteten Änderung des Lebenshaltungskostenindex;
- Verpflichtungen, die das Verhalten gegenüber anderen Koalitionen regeln[186];
- die Verpflichtung von Werkunternehmern, die Einhaltung der tariflichen Bestimmungen zu fordern[187];
- Regelungen zugunsten von nichttarifgebundenen Personen wie z.B. leitenden Angestellten im schuldrechtlichen Teil von Tarifverträgen[188].

---

183 Vgl. Gamillscheg, Kollektives Arbeitsrecht, S. 626 (Fn. 533).

184 Gamillscheg, Kollektives Arbeitsrecht, S. 625.

185 Clausen, S. 6.

186 Vgl. BAG, Urteil v. 4.5.1955 - 1 AZR 493/54 BAGE 2, 75, 77; Gamillscheg, Kollektives Arbeitsrecht, S. 626, 281 zum Versprechen, mit dem Konkurrenzverband keinen Tarifvertrag zu schließen.

187 Gamillscheg, Kollektives Arbeitsrecht, S. 626, 692; Zachert in: Kempen/Zachert, TVG, § 1 Rn. 361.

b) Gemeinsamkeit schuldrechtlicher Regelungsinhalte

Schon bei einer ersten Betrachtung dieser als Tarifverträge anerkannten schuldrechtlichen Vereinbarungen wird eine inhaltliche Gemeinsamkeit deutlich: Sie alle dienen in irgend einer Form zumindest mittelbar der Ausgestaltung von Arbeitsbedingungen.

Aus dieser Gemeinsamkeit anerkannter schuldrechtlicher Vereinbarungen läßt sich jedoch kein zwingender Rückschluß auf die entscheidenden Mindestanforderungen schuldrechtlicher Tarifverträge ziehen. Die Gestaltung der Arbeitsbedingungen muß nicht unbedingt wesensnotwendig für das Vorliegen eines schuldrechtlichen Tarifvertrages sein. Um die Voraussetzungen eines Tarifvertrages zu erfüllen, könnten auch andere Inhalte, etwa die in Art. 9 Abs. 3 GG erwähnten "Wirtschaftsbedingungen" regelbar sein.

Allein die Feststellung einer solchen Gemeinsamkeit beantwortet auch noch nicht die Frage nach der zugrundeliegenden Norm.

Vielmehr bedarf es einer Betrachtung der verschiedenen Grenzfälle, um die genauen Anforderungen an den Inhalt eines schuldrechtlichen Tarifvertrages herauszuarbeiten.

c) Unproblematische und problematische Inhalte schuldrechtlicher Tarifvertragsvereinbarungen

aa) Anerkannte Inhalte schuldrechtlicher Tarifvertragsklauseln

Einigkeit zwischen den verschiedenen Ansichten der Literatur und auch der Rechtsprechung besteht in folgenden Punkten:

Unstreitig zulässig sind schuldrechtliche Tarifvereinbarungen, die mit dem normativen Teil eines Tarifvertrages im unmittelbaren Sachzusammenhang stehen[189]. Hierzu zählen z.B. Schlichtungsabkommen, vereinbarte Neuverhandlungspflichten, Erweiterungen der Grundpflichten, vereinbarte Arbeitskampfregeln und Konkretisierung von Informationspflichten. Als Grund für diese Einordnung wird angeführt, daß durch derartige Abmachungen auf die Rechtsstellung der Tarifgebundenen eingewirkt werde. So wirke sich z.B. eine Schlichtungsvereinbarung auf die Rechtmäßigkeit einer Arbeitskampfbeteili-

---

188 BAG GS Beschluß v. 29.11.1967 - GS 1/67, BAGE 20, 175, 192; vgl. auch BAG Urteil v. 31.1.1997 - 5 AZR 454/77, AP Nr. 8 zu § 112 BertrVG 1972; Zachert in: Kempen/Zachert, TVG, § 1 Rn. 361.

189 Löwisch in: Löwisch/Rieble, TVG, § 1 Rn. 266; Buchner in: AR-Blattei (D) Tarifvertrag V Inhalt, A.II.1.d); Loritz in: Zöllner/Loritz, Arbeitsrecht, S. 366 f.; Wiedemann, Anm. zu BAG, Urteil v. 26.1.1983 - 4 AZR 224/80, AP Nr. 20 zu § 1 TVG.

gung aus. Von daher seien derartige Absprachen auch dem tariflichen Formerfordernis zu unterwerfen[190].

Da es sich bei diesen Vereinbarungen um Eigenverpflichtungen handelt, ist unstreitig, daß die Tarifparteien hier nicht den für den normativen Teil geltenden rechtlichen Rahmenbedingungen unterworfen[191], insbesondere nicht an den im TVG für den normativen Teil festgeschriebenen Sachkatalog gebunden sind[192].

Konsens besteht auch dahingehend, daß die Tarifvertragsparteien schuldrechtlich auch solche Vereinbarungen treffen können, die von der Materie her auch der im TVG abgesteckten normativen Regelungsbefugnis offen stehen[193]. Die schuldrechtliche Tarifklausel soll stets zulässig sein, wenn die Regelung auch Inhalt einer Norm hätte sein können, sich die Tarifvertragsparteien aber im Rahmen ihrer Gestaltungsfreiheit für eine rein schuldrechtliche Vereinbarung entschieden haben[194]. Bereits die Möglichkeit, daß die Tarifvertragsparteien ihren Regelungen Normcharakter geben könnten, mache es notwendig, sie als Tarifverträge zu definieren und auf ihre Verträge das TVG anzuwenden. Stehe den Tarifparteien aufgrund des TVG bereits die Befugnis zu, eine Sachmaterie normativ zu regeln, so könne Ihnen nicht verwehrt werden, für dieselbe Regelung auch das schwächere Mittel einer schuldrechtlichen Bestimmung zu gebrauchen[195].

Derartige, als mögliche schuldrechtliche Tarifvertraginhalte anerkannte Vereinbarungen sind insofern unproblematisch und haben nicht die Diskussion um die schuldrechtliche Regelungsmacht entfacht.

bb) Umstrittene Inhalte schuldrechtlicher Tarifvertragsklauseln

Von diesem gemeinsamen Nenner abgesehen weisen die von den verschiedenen Ansichten in der Literatur und von der Rechtsprechung für die schuldrechtliche Regelungsmacht gebrauchten Definitionen entscheidende Unterschiede auf:

Umstritten ist der Umfang der Regelungsmacht im Hinblick auf solche schuldrechtlichen Vereinbarungen, mit denen über die innerverbandliche Einwirkung

---

190 Buchner in: AR-Blattei (D) Tarifvertrag V Inhalt, A. II.1.e).

191 Säcker/Oetker, S. 156; Richardi, Kollektivgewalt, S. 202.

192 Vgl. Reuter, JuS 1997, 184.

193 BAG (29.11.1968) AP Nr. 13 zu Art. 9 GG; Beuthien, ZfA 1984, 1, 16; Konertz, Tarifrechtliche Regelungsmöglichkeiten, S. 119; Säcker/Oetker, S. 157; Wallisch, S. 81.

194 Buchner in: AR-Blattei (D) Tarifvertrag V Inhalt, A.II.1.c)und d).

195 Säcker/Oetker, S. 157 f.

etwas erreicht werden soll, das über das normativ Regelbare hinausgeht[196]. Streitig ist, ob die Sachmaterien, die in "sachlich-gegenständlicher Hinsicht" nicht der Normsetzungsmacht der Tarifparteien unterliegen, zumindest schuldrechtlich im Tarifvertrag geregelt werden können[197]. In dieser Frage tun sich die entscheidenden dogmatischen Unterschiede bei der Definition der schuldrechtlichen Regelungsmacht auf. Die ausschließliche Beschränkung auf die ebenfalls normativ regelbaren Inhalte könnte aber eine unnötig enge Schranke bilden, die das Potential schuldrechtlicher Vereinbarungen nicht ausschöpft. Warum sollten schuldrechtliche Vereinbarungen nicht andere Inhalte regeln können als die Normen eines Tarifvertrages? Dies ist gerade die Funktion, die ihnen auch sonst im Rahmen der allgemein anerkannten Inhalte schuldrechtlicher Klauseln zufällt. Denn z.B. weder eine absolute Friedenspflicht noch eine Schlichtungsvereinbarung ließen sich normativ vereinbaren.

Streitig ist zum Beispiel, ob sich der Regelungsumfang schuldrechtlicher Tarifvereinbarungen auch auf Inhalte erstreckt, die auf eine Einflußnahme auf die Unternehmenspolitik abzielen[198] oder auf eine Erweiterung der Mitbestimmung durch Änderung der Unternehmensverfassung[199], die sich durch tarifvertragliche Normen nicht erreichen läßt.

Selbst wenn man den Tarifvertragsparteien zugestehen sollte, daß ihre Regelungsbefugnisse bei schuldrechtlichen Vereinbarungen weiter reichen als bei normativ wirkenden Vereinbarungen, so beantwortet das nicht die Frage, aus welcher positivrechtlichen Norm sich der mögliche Inhalt schuldrechtlicher Tarifklauseln entnehmen läßt und wodurch sich speziell tarifliche Inhalte von sonstigen schuldrechtlichen Vereinbarungen abgrenzen lassen.

cc) Notwendige Unterscheidung zwischen "Zuständigkeit" und "Zulässigkeit"

Bei der Bestimmung des schuldrechtlich Regelbaren geht es zunächst um den Rahmen, der die Inhalte absteckt, für deren Regelung die Tarifparteien mittels Tarifvertrag zuständig sind. Es geht um die Frage, was von ihnen mit dieser Vertragsform sachlich-gegenständlich geregelt werden kann. Fraglich ist, ob derselbe Rahmen sowohl für schuldrechtliche als auch für normativ wirkende Vereinbarungen der Tarifparteien gilt[200], d.h. ob sich für normative und schuldrechtliche Vereinbarungen der Umfang der Regelungsmacht deckt.

---

196 Loritz in: Zöllner/Loritz, Arbeitsrecht, 4. Auflage, § 35 V 3, S. 393 f.
197 Säcker/Oetker, S. 155.
198 Gamillscheg, Kollektives Arbeitsrecht, S. 333, 339 ff.; Zachert in: Kempen/Zachert, TVG, § 1 Rn. 292 f., 363.
199 Vgl. Zachert in: Kempen/Zachert, TVG, § 1 Rn. 301 ff., 363.
200 Vgl. Säcker/Oetker, S. 156 ff.

Wenn für schuldrechtliche und normative Vereinbarungen nicht derselbe inhaltliche, vom TVG vorgegebene Sachkatalog verbindlich sein sollte, schließt sich automatisch die Frage an, welche anderen Normen die schuldrechtliche Regelungsbefugnis bestimmen.

Diese Zuweisung einer bestimmten tarifvertraglichen Regelungsbefugnis erfolgt durch die "Innenschranken", die insoweit die schuldrechtliche Regelungsmacht der Tarifparteien auf einen konkreten, sachlich-gegenständlichen Bereich festlegen[201].

Die Diskussion zur schuldrechtlichen Regelungsmacht beschränkt sich jedoch nicht nur auf die Frage, wie die inhaltlichen Regelungsbefugnisse abzustecken sind, sondern erstreckt sich auch auf die Frage, welche Gegeninteressen dem Umfang der Tarifmacht Grenzen setzen und so als "Außenschranken" die Zulässigkeit des tariflich Regelbaren bestimmen[202]. Dabei sind unter "Außenschranken" die entgegenstehenden Rechtspositionen zu verstehen, deren Verletzung zur Unzulässigkeit einer ansonsten im Rahmen der Innenschranken liegenden Vereinbarung führen können[203]. Dogmatisch betrachtet geht es dabei nicht um die grundsätzliche Einordnung einer Vereinbarung als Tarifklausel, sondern um die davon zu trennende Frage, ob eine Tarifklausel aufgrund einer Verletzung von rechtlichen Grenzen unwirksam ist[204]. So kann auch eine schuldrechtliche Vereinbarung, die nach ihrem Inhalt dem Regelungsbereich eines Tarifvertrages unterfällt, aus anderen Gründen unzulässig sein[205]. Streitig ist in diesem Zusammenhang zum Beispiel, ob für schuldrechtliche Vereinbarungen ebenfalls die Tarifbindung des § 3 TVG als personelle Grenze gilt oder ob Außenseiter in die Vereinbarung einbezogen werden können. Gerade diese Fragestellung ist im Zusammenhang mit schuldrechtlichen Vereinbarungen der Tarifparteien von vorrangigem Interesse. Denn es sind nicht die rein zweiseitigen Vereinbarungen zwischen den Tarifparteien, die Probleme aufwerfen, sondern solche Vereinbarungen, in denen sich die Tarifparteien schuldrechtlich dazu verpflichten, auf das Verhalten ihrer Mitglieder einzuwirken und die Folgen dieses Verhaltens

---

201 Otto/Schwarze, ZfA 1995, 639, 645; Gamillscheg, Kollektives Arbeitsrecht, S. 333; zur z.T. abweichenden Verwendung des Begriffs "Innenschranken" vgl.: Kempen in: Kempen/Zachert, TVG, Grundlagen Rn. 142; Wiedemann, TVG, Einleitung Rn. 431 ff.

202 Vgl. Gamillscheg, Kollektives Arbeitsrecht, S. 333; Otto/Schwarze, ZfA 1995, 639, 645.

203 Vgl. zum Begriff der "Innen- und Außenschranken": Otto/Schwarze, ZfA 1995, 639, 645; Otto, Arbeitsrecht, Rn. 465.

204 Plander, Festschrift Kehrmann, S. 295, 302 f.; Loritz in: Zöllner/Loritz, Arbeitsrecht, S. 367.

205 Säcker/Oetker, S. 156.

unter Umständen auch Verbandsfremde treffen[206]. Es sind somit vor allem die "Einwirkungspflichten" und nicht die Eigenverpflichtungen, die Anlaß zur Diskussion bieten[207]. So kann zum Beispiel für Außenseiter mangels Tarifbindung nicht normativ vereinbart werden, daß bei einem Streik auflösend ausgesperrte Arbeitnehmer wieder einzustellen sind, auch wenn diese von der Vereinbarung begünstigt werden. Fraglich ist von daher, ob und inwieweit sich diese Grenze des normativ Regelbaren auch auf schuldrechtliche Vereinbarungen auswirkt. Neben Außenseiterklauseln werden in diesem Zusammenhang auch Differenzierungsklauseln und Betriebsklauseln diskutiert[208].

Der Gesamtbereich zulässiger inhaltlicher Regelungen, der sich dabei eröffnet, wird in der Literatur zusammenfassend unter dem Oberbegriff "Grenzen der Tarifmacht" behandelt[209]. Im Rahmen dieser Diskussion werden jedoch häufig die Grenzen zwischen "Innen-" und "Außenschranken" verwischt.

Dabei ist die Unterscheidung von Innen- und Außenschranken tariflicher Vereinbarungen durchaus bedeutsam[210], denn es ist zwischen der "Unzuständigkeit" des Regelungsinstruments "Tarifvertrag" für bestimmte Inhalte und der "Unzulässigkeit" bestimmter Inhalte zu differenzieren. Wie auch sonst im Vertragsrecht ist die Systematisierung des Vertragstyps von der Untersuchung der Vertragswirksamkeit zu unterscheiden[211]. Zunächst bleibt eine Vereinbarung, die sich im Rahmen der hier noch zu definierenden tarifvertraglichen Regelungsmacht bewegt, auch dann eine Tarifvertragsklausel, wenn sie nicht alle Wirksamkeitsvoraussetzungen erfüllt. Die rechtliche Qualifizierung ist insoweit nicht von der Erfüllung aller Wirksamkeitsvoraussetzungen abhängig, so daß es rechtlich auch Tarifverträge geben kann, die "unzulässig", d.h. unwirksam sind[212].

Auch für den direkten Vergleich von schuldrechtlichen und normativ wirkenden Klauseln ist die Unterscheidung zwischen dem Umfang der Regelungsmacht und den Grenzen wichtig und nicht zu vernachlässigen.

Denkbar wäre es zum Beispiel, daß sich der Umfang der schuldrechtlichen und der Umfang der normativen Regelungsmacht zwar unterscheiden, das heißt, daß

---

206 Clausen, S. 8; Säcker/Oetker, S. 156.

207 Säcker/Oetker, S. 156; vgl auch Reuter, JuS 1997, 184.

208 Vgl. Loritz in: Zöllner/Loritz, Arbeitsrecht, S. 393 f.

209 Gamillscheg, Kollektives Arbeitsrecht, S. 333; anders MünchArbR/Löwisch § 252, der nur die "Außenschranken" als "Grenzen der Tarifmacht" bezeichnet.

210 Vgl. Gamillscheg, Kollektives Arbeitsrecht, S. 332 f.; Clausen, S. 123 f.

211 Vgl. Eckert, ZfA 1998, 389, 460, der die von Plander in ZTR 1997, 145 - 152 vertretene Meinung wiedergibt.

212 Plander, Festschrift Kehrmann, S. 295, 302 f.

schuldrechtliche Klauseln andere Inhalte als normative Klauseln haben könnten. Dennoch könnten aber dieselben Grenzen für normative und schuldrechtliche Regelungen verbindlich sein und bei einem unzulässigen Verstoß gegen diese Grenzen die Tarifklausel unwirksam machen.

Umgekehrt wäre ebenfalls denkbar, daß zwar der Umfang der Regelungsmacht für normative und schuldrechtliche Klauseln identisch ist und damit inhaltlich nur die gleichen Themen aufgegriffen werden können, jedoch unterschiedliche Grenzen gelten[213].

Von daher ist zwischen dem Umfang und den Grenzen der Tarifmacht zu differenzieren und diese sind getrennt zu bestimmen.

Die Bestimmung des Umfangs der Regelungsmacht und damit der Zuständigkeit der Tarifparteien in ihrer Funktion als Träger der Tarifautonomie[214] ist mithin auf eine Auseinandersetzung mit den "Innenschranken" der Tarifmacht zu beschränken, d.h. auf die den Tarifparteien insoweit zugewiesene Regelungsbefugnis[215].

Soweit eine saubere Trennung zwischen Umfang und Grenzen der Regelungsmacht auch bei der Darstellung der einzelnen Meinungen möglich ist, soll hier von "Grenzen" nur in bezug auf die "Außenschranken" gesprochen werden.

Zur Feststellung, welche positivrechtlichen Regelungen über die zulässigen Inhalte schuldrechtlicher Tarifvertragsvereinbarungen zu finden sind, bzw. welche Normen die Inhalte und den sachliche Regelungsumfang verbindlich festlegen, sollen die Verfassung, d.h. Art. 2 Abs. 1 und Art. 9 Abs. 3 GG, die spezielleren einfachgesetzlichen Bestimmungen sowie die Ansichten der Rechtsprechung und der Literatur hierzu untersucht werden.

Erst in dem sich anschließenden Teil werden dann die für den schuldrechtlichen Teil verbindlichen Außenschranken bestimmt, um so die schuldrechtliche Regelungsmacht, über die positive Bestimmung des Umfangs hinaus, durch die Bestimmung der einschränkenden Grenzen umfassend zu fixieren.

---

213 Vgl. Clausen, S. 40.
214 Vgl. Gamillscheg, Kollektives Arbeitsrecht, S. 332 f.
215 Otto/Schwarze, ZfA 1995, 639, 645.

3) Ansatzpunkte für die Bestimmung des Umfangs schuldrechtlicher Regelungsmacht

In der Rechtsprechung und Literatur wird der sachlich-gegenständliche Umfang der schuldrechtlichen Regelungsmacht ganz unterschiedlich definiert. Es finden sich drei verschiedene dogmatische Ausgangspunkte, über die versucht wird, die möglichen Inhalte schuldrechtlicher Tarifabreden zu bestimmen und den Umfang der schuldrechtlichen Regelungsmacht für den Tarifvertrag einzuschränken.

Zur dogmatisch präzisen Bestimmung des Umfangs der schuldrechtlichen Regelungsbefugnisse wird dabei vor allem die Verfassung herangezogen. Zum Teil wird dabei das verfassungsrechtlich auf Art. 2 Abs. 1 GG beruhende Prinzip der Vertragsfreiheit auf den schuldrechtlichen Teil für anwendbar gehalten, zum Teil wird der Umfang der schuldrechtlichen Regelungsbefugnisse aber auch anhand von Art. 9 Abs. 3 GG bestimmt.

Neben der verfassungsrechtlichen Diskussion findet sich als dritter Ansatzpunkt die Lehre, die durch eine instrumentale Gleichschaltung schuldrechtlicher und normativer Regelungsbefugnisse den Umfang der schuldrechtlichen Gestaltungsmöglichkeiten dem TVG und seinen inhaltlichen Eingrenzungen entnehmen will. In diesem Zusammenhang wurde auch die These von der "Harmonie" schuldrechtlicher und normativer Tarifbestimmungen aufgestellt[216].

Ein kurzer Überblick über diese unterschiedlichen Ansatzpunkte soll zunächst den Einstieg in die Diskussion erleichtern.

a) Positivrechtliche Inhaltsbestimmung nach Art. 2 Abs. 1 GG

Neben Art. 9 Abs. 3 GG wird auch Art. 2 Abs. 1 GG, der die freie Entfaltung der Persönlichkeit bzw. die freie Betätigung einer Personenvereinigung schützt, als Grundpfeiler der Tarifautonomie angeführt[217].

Dabei kommt der Vertragsfreiheit als Teilbereich der Privatautonomie eine besondere Bedeutung zu. Denn es liegt unstreitig ein privatrechtlicher Vertrag vor, wenn sich die Tarifvertragsparteien bei der Schaffung eines Regelungswerkes schuldrechtlicher Vereinbarungen bedienen[218], und privatrechtliche

---

216 Vgl. Richardi, Kollektivgewalt, S. 199 ff.

217 Vgl. BVerfG (Urteil v. 1.3.1979), BVerfGE 50, 290, 366 = AP Nr. 1 zu § 1 Mitbestimmungsgesetz; Koberski/Clausen/Menzel, TVG, Einführung Rn. 80.

218 Loritz in: Zöllner/Loritz, Arbeitsrecht, S. 373; Löwisch in: Löwisch/Rieble § 1 Rn. 258; Schöllkopf, S. 8; MünchArbR/Löwisch, § 246 Rn. 36; Clausen, S. 43; Wallisch, S. 31;

Verträge unterliegen grundsätzlich der von Art. 2 Abs. 1 GG geschützten Privatautonomie.

Unter diesem grundrechtlichen Aspekt könnten die Koalitionen bei der inhaltlichen Gestaltung schuldrechtlicher Tarifverträge möglicherweise völlig frei und nur den allgemein geltenden Grenzen privatrechtlicher Vereinbarungen und den Schranken aus Art. 2 Abs. 1 HS. 2 GG unterworfen sein[219].

Für die Anwendbarkeit der allgemeinen Vertragsfreiheit aus Art. 2 Abs. 1 GG auf den schuldrechtlichen Teil eines Tarifvertrages wird das Folgende als Argument angeführt: Bei einer institutionellen Grundrechtsbetrachtung lasse sich die Vertragsfreiheit nicht ohne weiteres für die Koalitionen ausschließen, sofern nicht feststehe, daß der betreffende, vom Grundrecht des Art. 2 Abs. 1 GG geschützte Komplex institutionell nicht in einem anderen Grundrecht, d.h. Art. 9 Abs. 3 GG verwirklicht werde[220]. Denn grundsätzlich könnten sich auch grundrechtsfähige Personenvereinigungen auf Art. 2 Abs. 1 GG berufen. Die Betätigung von Interessenverbänden, die als Vereine gebildet seien, stehe rechtlich der Betätigung der durch diese Verbände repräsentierten Privaten gleich[221]. Ein voreiliger Ausschluß dieser Freiheit hätte die Wirkung, daß derjenige, der Vertragsfreiheit für sich in Anspruch nehmen will, die Berechtigung dazu beweisen müßte. Das käme aber einer Beweislastumkehr gleich[222].

Folgt man dieser Meinung, so ergeben sich für die im Mittelpunkt dieser Untersuchung stehende Problematik erhebliche Konsequenzen:

Wenn man von Vertragsfreiheit für den schuldrechtlichen Teil ausgeht, dann ist eine Abgrenzung zwischen rein schuldrechtlichen Tarifverträgen und sonstigen schuldrechtlichen Vereinbarungen der Tarifvertragsparteien anhand bestimmter, nur tariflich regelbarer Inhalte nicht möglich. Die Grenzziehung zwischen den beiden Vereinbarungsformen bereitet damit erhebliche Schwierigkeiten und müßte anhand anderer Abgrenzungskriterien erfolgen.

b) Inhaltliche Beschränkung auf die Arbeits- und Wirtschaftsbedingungen i.S. von Art. 9 Abs. 3 S. 1 GG

Als verfassungsrechtlicher Ansatzpunkt für die Bestimmung der tarifvertraglichen Regelungsmacht der Koalitionen kommt auch Art. 9 Abs. 3 GG in Betracht.

---

219 Vgl. Rieth, S. 47 f.

220 Herschel, Referat zum 46. DJT, Band II, Teil D, S. 7, 19 f.; siehe auch Hölters, Harmonie, S. 80.

221 Hölters, Harmonie, S. 106 (Fn 134).

222 Vgl. Hölters, Harmonie, S. 80.

Art. 9 Abs. 3 GG garantiert verfassungsrechtlich den Koalitionen das Recht zur Wahrung und Förderung der Arbeits- und Wirtschaftsbedingungen. Diese Garantie berechtigt die Tarifvertragsparteien zur Schaffung eines den geschützten Bereich betreffenden Regelungswerkes. Geschützt ist dabei nach heute ganz herrschender Meinung die Tarifautonomie nicht nur in einem Kernbereich. Vielmehr erstreckt sich der Schutz auf alle Verhaltensweisen, die sich auf die Erfüllung der Koalitionsaufgaben beziehen, also koalitionsspezifisch sind[223]. Nach Aufgabe der "Kernbereichsformel" durch das Bundesverfassungsgericht gilt das Grundrecht der Koalitionsfreiheit als vorbehaltlos gewährleistet, wobei jedoch Einschränkungen durch Grundrechte Dritter und andere mit Verfassungsrang ausgestatteter Güter gerechtfertigt sein können[224].

Der Inhalt und Umfang schuldrechtlicher Tarifklauseln könnte anhand von Art. 9 Abs. 3 GG zu bestimmen sein und somit dem Schutzbereich des Art. 9 Abs. 3 GG entsprechend auf die Wahrung und Förderung der Arbeits- und Wirtschaftsbedingungen festgelegt sein.

Ein Teil der Literatur vertritt diesen Ansatz und argumentiert entsprechend:

Für eine Beschränkung der allgemeinen Vertragsfreiheit und eine Bestimmung des Umfangs und der Grenzen derartiger Tarifverträge aus Art. 9 Abs. 3 GG spreche, daß die Koalitionen heute eine sozialpolitische Funktion einnähmen und zumindest auch dringende öffentliche Interessen verfolgten. Diese Stellung könne Pflichten für die Koalitionen mit sich bringen, die mit Art. 2 Abs. 1 GG nicht zu vereinbaren seien. So würden Art. 9 Abs. 3 GG und das TVG Rechte beinhalten, die als Kehrseite Verpflichtungen mit sich brächten, die mit einer unbeschränkten Vereinbarungsfreiheit nicht in Einklang zu bringen seien[225].

Es sei nicht sinnvoll, den Tarifvertrag i.S. des TVG als Mittel zur Regelung jeder auf Art. 2 Abs. 1 GG gestützten privatrechtlichen Vereinbarung mit beliebigem Inhalt einzusetzen. Vielmehr solle diese Form der Vereinbarungen mit ihren rechtlichen Konsequenzen, etwa dem Schriftformerfordernis, bestimmten Inhalten vorbehalten bleiben. Zumindest erscheine eine Einschränkung dahingehend als sinnvoll und wünschenswert, daß nicht jede beliebige Vereinbarung zwischen den Tarifpartnern ohne Bezug zum arbeitsrechtlichen Geschehen den

---

223 Vgl. BVerfG, NZA 1999, 992, 993; BVerfG, NZA 1996, 381, 382; Schaub, § 198 Rn. 51 ff.; Schaub, NZA 2000, 15; Rolfs/Bütefisch, NZA 1996, 17, 19.

224 BVerfG, NZA 1999, 992, 993; BVerfGE 88, 103, 115 = NJW 1993, 1379, 1380; BVerfGE 92, 26, 41 = NZA 1995, 272, 273 = NJW 1995, 2339, 2340; BVerfGE 84, 212, 224 = NJW 1991, 2549, 2550; Kempen in: Kempen/Zachert, TVG, Grundlagen Rn. 119 ff.; Schaub, NZA 2000, 15; so auch Henssler, ZfA 1998, 1, 12 ff., der ansonsten für einen "abgestuften" Schutzbereich des Art. 9 Abs. 3 GG eintritt.

225 Clausen, S. 122; Gamillscheg, Kollektives Arbeitsrecht, S. 509; Wallisch, S. 83.

Vorschriften des Tarifvertrages unterworfen werde[226], allein schon um allgemeine schuldrechtliche Abreden zwischen den Koalitionen vom Arbeitskampfrecht möglichst freizuhalten und eine Ausuferung des Arbeitskampfrechts auf diese zu verhindern[227].

c) Verfassungsrechtliches Spannungsfeld

Bei der notwendigen Abgrenzung zwischen schuldrechtlichen Tarifverträgen und sonstigen schuldrechtlichen Vereinbarungen der Tarifvertragsparteien hat eine Zuweisung der verschiedenen Inhalte von Koalitionsabreden in eine der beiden Kategorien zu erfolgen.

Aufgrund dieser notwendigen Zuweisung bestimmter Inhalte als typisch tarifvertraglich bzw. als allgemein schuldrechtlich bewegen sich schuldrechtliche Vereinbarungen in einem Spannungsfeld zwischen der in Art. 2 Abs. 1 GG normierten Privatautonomie und der Tarifautonomie, die ihre Stütze in Art. 9 Abs. 3 GG findet.

Dabei liefert Art. 9 Abs. 3 GG eine inhaltliche Vorgabe für den Betätigungsbereich der Koalitionen, die durchaus eine erste inhaltliche Beschränkung aufweist. Den Koalitionen wird in Art. 9 Abs. 3 GG die Betätigungsgarantie für die Regelung der Arbeits- und Wirtschaftsbedigungen gewährt. Das TVG stellt eine Konkretisierung dieser Betätigungsgarantie dar[228], so daß der Tarifvertrag i.S. des TVG zumindest eines der zulässigen Mittel zur Umsetzung der in diesem Rahmen getroffenen Regelungen ist.

Warum aber sollte der im TVG vorgesehene Tarifvertrag als Instrument für Vereinbarungen außerhalb dieses sachlichen Bereichs offenstehen? Warum sollten Regelungsinhalte, die nicht vom speziellen Schutzbereich des Art. 9 Abs. 3 GG umfaßt sind, sondern sich nur auf die allgemeine Vertragsfreiheit berufen können, sich der besonderen Kollektivvertragsart des Tarifvertrages bedienen dürfen? Denn selbst wenn man den Tarifvertragsparteien die allgemeine Vertragsfreiheit nicht abspricht, heißt das noch nicht, daß auch die spezielle Vertragsform des Tarifvertrages diesen Inhalten zur Verfügung stehen muß. Eine entsprechende Beschränkung der Inhalte des Tarifvertrages auf die

---

226 So Musa, BB 1966, 82, 85 (Fn. 18).

227 Zum Teil wird in der Literatur einer Ausuferung des Arbeitskampfrechts auch dadurch entgegengewirkt, daß ein logisch dogmatischer Zwang, wonach jeder Gegenstand eines Tarifvertrages auch erkämpfbar sein soll, abgelehnt wird. Vielmehr sollen überwiegende Gegeninteressen der Erstreikbarkeit auch entgegenstehen können: Gamillscheg, Kollektives Arbeitsrecht, S. 332 f., 1069 f.

228 BVerfGE 50, 290, 368 f.; Scholz in: Maunz/Dürig, Komm z. GG, Art. 9 Rn. 300; Kemper in: v.Mangoldt/Klein/Starck, GG I, Art. 9 Abs. 3 Rn. 227.

Inhalte des Art. 9 Abs. 3 GG bedeutet nicht zwangsläufig, daß die Vertragsfreiheit als solche den Tarifvertragsparteien abgesprochen werden soll, sondern nur, daß derartige beliebige Inhalte in anderer Form und nicht als Tarifvertrag vereinbart werden müssen.

Wenn Art. 9 Abs. 3 GG mit der darin enthaltenen Betätigungsgarantie die einzige positivrechtliche Festlegung der für einen schuldrechtlichen Tarifvertrag möglichen Inhalte darstellt, wäre noch zu klären, was genau unter den Arbeits- und Wirtschaftsbedingungen i.S. des Art. 9 Abs. 3 GG zu verstehen ist. Problematisch ist dabei die inhaltliche Weite und Unbestimmtheit von "Arbeits- und Wirtschaftsbedingungen". Ist darunter nur ein bestimmter Kernbereich der Arbeits- und Wirtschaftsbedingungen zu verstehen oder der weite Gesamtbereich der Arbeits- und Wirtschaftsbedingungen?

d) Bestimmung des Umfangs der Regelungsmacht durch das TVG

Möglicherweise kann die Bestimmung der verfassungsrechtlichen Verankerung der schuldrechtlichen Regelungsmacht auch dahinstehen, wenn das TVG für den Tarifvertrag noch engere Innenschranken aufstellt und damit die Bandbreite der möglichen Regelungsgegenstände sowohl für den normativen als auch für den schuldrechtlichen Teil weiter eingeschränkt wird.

Hinsichtlich Art. 9 Abs. 3 GG ist es gerade die Aufgabe des Gesetzgebers, die Tragweite der Koalitionsfreiheit dadurch zu bestimmen, daß er die Befugnisse der Koalitionen im einzelnen gestaltet und näher regelt[229]. Dabei besitzt der Gesetzgeber einen weiten Spielraum zur Ausgestaltung[230]. Ohne das verfassungsrechtlich von Art. 9 Abs. 3 GG geschützte Recht zur Koalitionsbetätigung zu verletzen, darf der Gesetzgeber dabei dem Betätigungsrecht der Koalitionen auch die Schranken ziehen, die zum Schutz anderer Rechtsgüter von der Sache her geboten sind[231]. Denn auch wenn Art. 9 Abs. 3 GG keinen Gesetzesvorbehalt enthält, so gelten doch die verfassungsimmanenten Grundrechtsschranken.

Mit dem TVG hat der Gesetzgeber ein System für die Betätigung der Koalitionen ausgestaltet. Fraglich ist, inwieweit er damit dem Betätigungsrecht der Koalitionen auch eine umfassende Schranke gezogen hat, durch die die Grenzen

---

229 BVerfGE 20, 312, 317; 50, 290, 368.

230 BVerfGE 58, 233, 248.

231 BVerfGE 19, 303, 321 f.; 28, 295, 306; 50, 290, 354 = AP zu § 1 MitbestimmungsG; BVerfGE 77, 1, 63; BVerfG NZA 1996, 381, 382; BVerfG NZA 1995, 754, 755 f.; Junker, ZfA 1996, 383, 388 ff.

des Schutzbereichs von Art. 9 Abs. 3 GG zu kollidierenden anderen Rechtsgütern aufgezeigt werden und diesen entsprechend Rechnung getragen wird.

Zumindest ein Teil der Literatur[232] versteht das TVG als eine solche Schranke, die sowohl die normativen als auch die schuldrechtlichen Regelungsinhalte eines Tarifvertrages komplett bestimmt. Der Umfang der Tarifmacht ist für sie an die vom Tarifvertragsgesetz vorgegebenen Inhalte gebunden.

Denkbar wäre es, daß der Tarifvertrag als Rechtsform aufgrund einer weiteren Einschränkung des Anwendungsbereichs durch das TVG nur für bestimmte Inhalte zur Verfügung steht. Die tarifliche Gestaltungsmacht wurde dann nur so weit reichen wie die Auslegungsfähigkeit des Tarivertragsgesetzes[233]. Das würde nicht einmal der Betätigungsgarantie des Art. 9 Abs. 3 GG widersprechen. Art. 9 Abs. 3 GG garantiert das Recht zum Abschluß von Tarifverträgen als wesentlichen Bestandteil der Tarifautonomie[234]. Wird dieses Recht auf nur bestimmte Inhalte beschränkt, ist dies zwar eine rechtfertigungsbedürftige Schranke. Solange den Tarifparteien der Abschluß von Tarifverträgen grundsätzlich möglich ist, wird dieses Betätigungsrecht aber zumindest als solches nicht außer Kraft gesetzt. Zudem sieht die Betätigungsgarantie des Art. 9 Abs. 3 GG kein bestimmtes Umsetzungsinstrumentarium vor. Der Tarifvertrag ist keineswegs zwingendes oder einziges Mittel für die Umsetzung der getroffenen Vereinbarungen. Genauso gut sind im Rahmen der Garantie des Art. 9 Abs. 3 andere Regelungs- und Umsetzungsmodelle denkbar, mit denen eine sinnvolle Ordnung und Befriedung des Arbeitslebens erreicht werden kann[235].

Teile der Literatur gehen sogar noch einen Schritt weiter:

Sie wollen dem TVG nicht nur den Sachkatalog entnehmen, der die Inhalte schuldrechtlicher Tarifvertragsvereinbarungen verbindlich festlegt, sondern halten auch die im TVG für normative Vereinbarungen aufgestellten Grenzen,

---

232 Säcker, Grundprobleme, S. 20 ff.; ders. in: Nachtrag zu Hueck/Nipperdey, II/2, S. 1625 zu S. 40 und S. 1633 zu S. 125; Schwendy, S. 107 ff.; Beuthien, ZfA 1983, 141, 159 ff.; MünchArbR/Löwisch, § 273 Rn. 7.

233 Vgl. Clausen, S. 36.

234 BVerfGE 44, 322, 341.

235 BVerfGE 50, 290, 371 ff. = AP Nr. 1 zu § 1 MitbestimmungsG; BVerfGE 58, 233, 247 ff.; Koberski/Clasen/Menzel, TVG, Einführung Rdnr. 80 Als Alternativen zu den Gestaltungen, die das TVG vorsieht, werden Gestaltungen, die Einigung und Zusammenwirken in den Vordergrund rücken, angesprochen.

wie z.B. die Grenze der Tarifbindung, auch für schuldrechtliche Vereinbarungen für verbindlich[236].

Durch eine derartige Beschränkung schuldrechtlicher Tarifvertragsinhalte auf die im TVG genannten Regelungsgegenstände und deren Grenzen wird ein enger inhaltlicher Rahmen gesetzt, der auf eine inhaltliche Gleichschaltung der normativen und schuldrechtlichen Bestandteile eines Tarifvertrages hinausläuft. Die von Nipperdey geprägte Kurzformel lautet: "Was normativ nicht möglich ist, ist auch schuldrechtlich nicht zu erreichen"[237], die allgemein auch als These von der Harmonie schuldrechtlicher und normativer Tarifbestimmungen bekannt ist.

Fraglich ist, welche verbindlichen Vorgaben im TVG der schuldrechtlichen Regelungsmacht gesetzt werden, und ob sich aus dem reinen Wortlaut eine entsprechende Beschränkung der Gestaltungsmöglichkeiten entnehmen läßt.

4) Inhalte des schuldrechtlichen Teils nach dem TVG

Was sind die Inhalte, deren Regelung das TVG in einem schuldrechtlichen Tarifvertrag zuläßt? Welche Vorgaben setzt das TVG für die möglichen schuldrechtlichen Inhalte des Tarifvertrages? Sieht das TVG explizit spezielle Inhalte für den schuldrechtlichen Teil vor oder fehlt es an einer positivrechtlichen Festlegung der Inhalte?

Für den normativen Teil eines Tarifvertrages enthalten die §§ 1 ff. TVG eine Abschließende Auflistung arbeitsrechtlicher Gegenstände, auf die sich die normative Regelungsbefugnis der Tarifvertragsparteien erstreckt. Zulässig sind Normen, die den Inhalt, Abschluß und die Beendigung von Arbeitsverhältnisse betreffen, Betriebsnormen, betriebsverfassungsrechtliche Normen und Normen über gemeinsame Einrichtungen der Tarifvertragsparteien. Durch diese Auflistung wird ein Bereich arbeitsrechtlicher Gegenstände abgesteckt und der inhaltlichen Gestaltung durch die Tarifvertragsparteien zugewiesen.

Bezogen auf schuldrechtliche Inhalte besagt der Wortlaut des § 1 Abs. 1 TVG hingegen nur, daß der Tarifvertrag die Rechte und Pflichten der Tarifvertragsparteien regelt. Außer dieser Feststellung findet sich im TVG keine Erwähnung des schuldrechtlichen Teils des Tarifvertrages. Anders als für den normativen

---

236 Hueck/Nipperdey, II/1, S. 329 f., 657; Mayer-Maly, BB 1966, 1067, 1069; BB 1965, 829, 833; eingeschränkt auch Richardi, Kollektivgewalt, S. 197 ff; derselbe verkürzt in: RdA 1968, 427, 429.

237 Hueck/Nipperdey, II/1 S. 482 Anm. 20 a.

Teil gibt es keine Aufzählung der Inhalte und keine explizite Aussage darüber, welche Inhalte diese Rechte und Pflichten haben können[238].

Mithin fehlt es an einer direkten positivrechtlichen Festlegung schuldrechtlicher Regelungsinhalte im TVG. Die nähere rechtliche Bestimmung ist insofern der Rechtswissenschaft und Praxis überlassen[239].

Da den Vertretern dieser Meinung eine Berufung auf den Wortlaut somit nicht möglich ist, müssen sie auf anderem Wege zu dem Ergebnis kommen, daß der für den normativen Bereich aufgestellte sachliche Regelungskatalog sowie die weiteren im TVG für den normativen Teil aufgestellten Grenzen der Regelungsbefugnisse auch die Inhalte der schuldrechtlichen Regelungen verbindlich festlegen und damit positivrechtlich den Inhalt des schuldrechtlichen Teils regeln.

Mangels einer expliziten Auflistung der möglichen Inhalte fehlt es an einer eindeutigen Konkretisierung der schuldrechtlichen Regelungsbefugnisse. Der hierdurch bedingte Freiraum ermöglicht das hierzu vertretene breite Meinungsspektrum. Hierdurch wird das Herausfiltern eines allgemein anerkannten Minimumstandards für schuldrechtliche Tarifverträge erschwert.

5) Rechtsprechung des BAG zu den inhaltlichen Voraussetzungen eines schuldrechtlichen Tarifvertrages

a) Darstellung der Rechtsprechung des BAG

Nach Auffassung des BAG können schuldrechtliche Vereinbarungen in ihrem Inhalt weiter gehen als normative Regelungen des Tarifvertrages und sind inhaltlich nicht auf das normativ Regelbare beschränkt[240].

Bereits in seiner frühen Rechtsprechung hat das BAG[241] verschiedene rein schuldrechtliche Vereinbarungen als Tarifverträge klassifiziert. Es ließ sich in seiner Einordnung vor allem vom sachlichen Gegenstand der Regelung leiten.

Hiernach können folgende Vereinbarungen, auch wenn sie keine Normen für Einzelarbeitsverhältnisse enthalten, als Tarifvertrag anzusehen sein:

---

238 Herschel, ZfA 1973, 183, 186.

239 Vgl. Hueck/Nipperdey, II/1, S. 301 f. (Fn.1).

240 BAG GS Beschluß v. 29.11.1967 - GS 1/67, BAGE 20, 175, 193 ff. = AP Nr. 13 zu Art. 9 GG; Zachert in: Kempen/Zachert, TVG, § 1 Rn. 362.

241 BAG Urt. v. 31.10.1958 - 1 AZR 632/57 AP Nr. 2 zu § 1 TVG Friedenspflicht.

- Regelungen, die bei Abschluß, Änderung oder Ergänzung von Tarifverträgen zu beachten seien,
- sowie Verträge über Friedenspflicht, Arbeitskämpfe und Schlichtung.

Als Voraussetzung für einen Tarifvertrag stellt das BAG dabei zwei Merkmale auf, von denen sich das eine am Inhalt der Regelung orientiert. Erstens müsse der Gegenstand der Übereinkunft arbeitsrechtliche Qualität besitzen und damit möglicher Gegenstand eines Tarifvertrages i.S. von § 1 Abs. 1 TVG sein. Zweitens müsse die Vereinbarung nach dem Willen der Parteien nicht nur in einem Einzelfall, sondern in einer Vielzahl von Anwendungsfällen zu beachten sein.

Nicht deutlich wird dabei, woraus das BAG als Voraussetzung für einen Tarifvertrag i.S. von § 1 Abs. 1 TVG die erforderliche arbeitsrechtliche Qualität der Regelung ableitet. Jedenfalls sah das BAG, ausgehend von einer Schlichtungsvereinbarung, in den oben aufgeführten Vereinbarungen Regelungen von arbeitsrechtlicher Qualität.

Dabei bestimmt das BAG die arbeitsrechtliche Qualität einer schuldrechtlichen Vereinbarung nicht allgemein. Bei einer Schlichtungsvereinbarung sieht das BAG die arbeitsrechtliche Qualität der Regelung in der Einschränkung der tarifpolitischen Möglichkeiten der Tarifvertragsparteien, auch wenn eine solche Vereinbarung Normen für Einzelarbeitsverhältnisse nicht enthalte.

Gilt diese Regelung nach dem Willen der Tarifvertragsparteien nicht nur für einen Einzelfall, sondern für eine Mehrzahl von Anwendungsfällen, so liege ein Tarifvertrag vor.

Letztendlich grenzt das BAG mit der geforderten "arbeitsrechtlichen Qualität" der Regelung schuldrechtliche Tarifverträge über ihren Inhalt von sonstigen schuldrechtlichen Vereinbarungen der Tarifvertragsparteien ab.

Von diesen Voraussetzungen abgesehen räumt das BAG in anderen Entscheidungen den Tarifvertragsparteien bei der inhaltlichen Gestaltung des obligatorischen Teils des Tarifvertrages einen weiten Spielraum ein und verankert die schuldrechtlichen Abreden, selbst als Bestandteil eines Tarifvertrages, ganz allgemein in Art. 2 Abs. 1 GG[242]. Es sei im obligatorischen Teil alles regelbar, was der Individualvertragsfreiheit zugänglich sei[243].

b) Stellungnahme

Die Rechtsprechung des BAG läßt unbeantwortet, woraus die Festlegung auf arbeitsrechtliche Inhalte herzuleiten ist, wenn andererseits die auf Art. 2 Abs. 1 GG basierende allgemeine Vertragsfreiheit gelten soll.

Auch die "arbeitsrechtliche Qualität" einer Regelung wird vom BAG nicht näher definiert. Offen bleibt somit, ob auch Regelungen über die Wirtschaftsbedingungen als mögliche Inhalte eines schuldrechtlichen Tarifvertrages in Frage kommen oder ob diesen die notwendige "arbeitsrechtliche Qualität" fehlt

Von daher lassen sich anhand der vom BAG aufgestellten Kriterien zwar die allgemein anerkannten Regelungsinhalte zuordnen, diese Kriterien sind jedoch für Grenzfälle nicht geeignet.

6) Positiv-rechtliche Definitionen der schuldrechtlichen Regelungsmacht in der Literatur

Innerhalb der Literatur gibt es zu der Frage der zulässigen Inhalte eines schuldrechtlichen Tarifvertrages ein breites Meinungsspektrum, das den Tarifparteien bei der inhaltlichen Gestaltung schuldrechtlicher Tarifklauseln unterschiedlich viel Spielraum einräumen will. Dieses erstreckt sich differenzierend zwischen den bereits allgemein dargestellten Gegenpositionen: Einer weitestgehend inhaltlichen Unbegrenztheit schuldrechtlicher Tarifverträge und einer Beschränkung der Inhalte auf Regelungsgegenstände, die auch einer normativen Gestaltung zugänglich sind.

Die verschiedenen Argumentationsstränge gehen dabei entweder vom Schutzbereich des jeweils für anwendbar erachteten Grundrechts, d.h. entweder Art. 9 Abs. 3 GG oder Art. 2 Abs. 1 GG, oder von den im TVG gesetzten inhaltlichen Schranken aus.

---

242 BAG Urteil v. 28.7.1988 - 6 AZR 349/87, BAGE 59, 177, 185 = AP Nr. 1 zu § 5 TV Arb Bundespost; BAG, Urteil v. 29.3.1957 - 1 AZR 547/55, AP Nr. 5 zu Art. 9 GG Arbeitskampf; vgl. BAG, Urteil v. 2.8.1963 - 1 AZR 9/63, JZ 1964, 373, 374; vgl. Gamillscheg, Kollektives Arbeitsrecht, S. 626.

243 BAG, Urteil v. 29.3.1957 - 1 AZR 547/55, AP Nr. 5 zu Art. 9 GG Arbeitskampf; siehe zu dieser Entscheidung auch Schumann in Däubler, Arbeitskampfrecht, Rn. 156.

a) Freie inhaltliche Gestaltung schuldrechtlicher Tarifklauseln unter Berufung auf Art. 2 Abs. 1 GG

Nach einer Ansicht in der Literatur schützt die in Art. 9 Abs. 3 GG verfassungsrechtlich verankerte Tarifautonomie abschließend nur die von den Tarifparteien getroffenen normativen Regelungen. Schuldrechtliche Tarifvertragsklauseln könnten hingegen über den von Art. 9 Abs. 3 GG geschützten Bereich der Arbeits- und Wirtschaftsbedingungen hinausgehen. Außerhalb des Bereichs der Arbeits- und Wirtschaftsbedingungen seien schuldrechtliche Tarifvertragsvereinbarungen auf die allgemeine Vertragsfreiheit zu stützen und stünden außerhalb der Grenzen des Art 9 Abs. 3 GG. In diesem Rahmen könne alles vereinbart werden, was der Gesetzgeber nicht ausdrücklich verboten habe[244].

aa) Hueck und Stahlhacke

Früher wurde von Hueck noch unbedenklich die Ansicht vertreten, die Tarifparteien könnten grundsätzlich kraft der Vertragsfreiheit beliebige schuldrechtliche Vereinbarungen treffen, soweit diese nicht gegen das Gesetz oder die guten Sitten verstießen[245]. Auch Stahlhacke vertrat die Ansicht, auf dem Tarifvertragsgebiet herrsche die volle Vertragsfreiheit[246].

bb) Buchner

aaa) Darstellung

Buchner sieht für den schuldrechtlichen Teil eines Tarifvertrages Vertragsfreiheit gegeben[247], die nur durch die allgemeinen rechtlichen Schranken begrenzt werde[248]. Einer besonderen Ermächtigung hinsichtlich der inhaltlichen Ausgestaltung des obligatorischen Teils des Tarifvertrages bedürfe es anders als beim normativen Teil nicht. Es bestehe Freiheit in der Gestaltung dieses Teils, da durch diesen nur Pflichten der Tarifvertragsparteien begründet würden[249], so

---

244 Stahlhacke in: Hueck/Nipperdey/Stahlhacke, Tarifvertragsgesetz, 4. Auflage, § 1 Rn. 82, 88; Reuß, AcP 166, 518, 524; Gamillscheg, Differenzierung, S. 97 (Fn. 38); derselbe, BB 1967, 45, 52; Herschel, Referat zum 46. DJT, Band II, Teil D, S. 7, 19; derselbe, DB 1967, 245, 246 f.; A. Hueck, RdA 1961, 141, 148; Nikisch, Arbeitsrecht Bd. II, S. 208; Rieth, 46 ff.; so auch BAG, Urteil v. 2.8.1963 - 1 AZR 9/63, JZ 1964, 373, 374.

245 Hueck, RdA 1961, 141, 148.

246 Stahlhacke in: Hueck/Nipperdey/Stahlhacke, Tarifvertraggesetz, 4. Auflage, § 1 Rn. 88 und 82.

247 Buchner in: AR-Blattei [D] Tarifvertrag V Inhalt, A.IV.1., C III. 2.b).

248 Buchner in: AR-Blattei [D] Tarifvertrag V Inhalt, A. IV.1.

249 Buchner in: AR-Blattei [D] Tarifvertrag V Inhalt, A. IV.1.

daß ein weiter Spielraum für Vereinbarungen eröffnet sei[250]. Damit gingen die schuldrechtlichen Möglichkeiten weit über die Grenzen der Tarifmacht hinaus.

Buchner macht nur insoweit eine inhaltliche Beschränkung, als daß zumindest arbeitsrechtliche Rechtsbeziehungen Gegenstand der schuldrechtlichen Regelung zu sein hätten[251].

Nach dieser Ansicht sind die Tarifvertragsparteien also nicht an die vom TVG oder Art. 9 Abs. 3 GG gesetzten inhaltlichen Grenzen der Tarifmacht gebunden, so daß sie immer, wenn diese Grenzen eine normative Regelung verwehren, sie dennoch für eine entsprechende Gestaltung in den Betrieben über die schuldrechtlich vereinbarte Einwirkungspflicht auf die Verbandsmitglieder sorgen können. Beispielsweise könnten die Tarifvertragsparteien eine tarifliche Entlohnung nicht nur für die Tarifgebundenen, sondern auch die Außenstehenden vereinbaren. Darüber hinaus gewähre die zugrundegelegte Vertragsfreiheit einen weiten Spielraum für sonstige Vereinbarungen.

bbb) Stellungnahme

Die Berufung auf Art. 2 Abs. 1 GG und gleichzeitig die Beschränkung auf "arbeitsrechtliche Inhalte" ist inkonsequent, was jedoch von Buchner nicht gesehen wird. Von daher findet sich bei ihm auch keine Aufklärung dieses Widerspruches. Somit fehlt es Buchner an einem überzeugenden, schlüssigen Konzept zur Definition des sachlichen Umfangs der Tarifmacht.

cc) Herschel

aaa) Darstellung

Herschel[252], so wie früher auch Gamillscheg[253], lehnt einheitliche, enge Grenzen für normative und schuldrechtliche Abreden ab. Er gesteht den Koalitionen die Privatautonomie gemäß Art. 2 Abs. 1 GG zu. Diese ermächtige die Koalitionen zu schuldrechtlichen Vereinbarungen außerhalb der Grenzen für den normativen Teil. Die Tarifautonomie aus Art. 9 Abs. 3 GG baue nur auf der Privatautonomie auf und gewährleiste die Betätigung der Koalitionen in einem spezifisch koalitionsgemäßen Bereich nur zusätzlich. Dieser akzessorische Schutz könne aber nicht die Konsequenz nach sich ziehen, daß eine Verengung der Möglich-

---

250 Buchner in: AR-Blattei [D] Tarifvertrag V Inhalt, C. III. 2.b).

251 Buchner in: AR-Blattei (D) Tarifvertrag V Inhalt, A II.1.d), In diesem Zusammenhang wird Buchner bei der Darstellung der Literaturansicht, die eine inhaltliche Beschränkung auf "arbeitsrechtliche Inhalte" vornimmt, noch einmal aufgeführt..

252 Herschel, Referat zum 46. DJT, Band II, Teil D, S. 7, 19 f.

253 Gamillscheg, Differenzierung, S. 78 ff., 97 (Fn. 38); derselbe, BB 1967, 45, 47 ff.

keiten eintrete, gewisse Abreden schuldrechtlich zu vereinbaren[254]. Es sei paradox, wenn sich für die Koalitionen aus der Normsetzungsbefugnis Schranken für die Vertragsfreiheit ergäben, die anderen Vereinen nicht gezogen würden. Damit würde sich die Normsetzungsbefugnis für die durch die Verfassung besonders geschützte Koalition als "Danaer-Geschenk", als unwillkommenes, unheilbringendes Geschenk erweisen[255]. Auch setze eine sinnvolle Ordnung des Arbeitslebens zu ihrer Wirksamkeit das Ineinandergreifen von normativen und schuldrechtlichen Klauseln voraus. Die schuldrechtliche Seite müsse vieles ergänzen, das normativ nicht zu erreichen sei[256]. So seien aufgrund der Vertragsfreiheit z.B. Vereinbarungen zugunsten oder zu Lasten von Außenseitern möglich. Die Legitimation zur Erfassung von Außenseitern sei aus der Verfassung mit ihrem Auftrag zur Ordnung des Arbeits- und Wirtschaftslebens und der damit verbundenen Bewidmung abzuleiten[257].

bbb) Stellungnahme

Auch wenn man die Anwendbarkeit der für den normativen Teil geltenden Grenzen für den schuldrechtlichen Teil ablehnt, bedeutet das nicht, daß unter Berufung auf Art. 2 Abs. 1 GG die allgemeine Vertragsfreiheit zu gelten hat. Um Regelungen zugunsten von Außenseitern dogmatisch begründen zu können, bedarf es nicht der Hinwendung zu Art. 2 Abs. 1 GG. Ausreichend wäre, daß man die im TVG festgelegte Grenze der Tarifbindung ablehnt. Obwohl sich Herschel hinsichtlich der Legitimation zur Erfassung von Außenseitern selbst auf Art. 9 Abs. 3 GG beruft, bedient er sich der Schranken des Art. 2 Abs. 1 GG. Auch dieses Konzept ist somit dogmatisch nicht schlüssig.

b) Festlegung des Regelungsumfangs auf die Arbeits- und Wirtschaftsbedingungen

Von verschiedenen Autoren wird die inhaltliche Regelungsmacht der Tarifvertragsparteien für schuldrechtliche Tarifvertragsvereinbarungen durch Art. 9 Abs. 3 GG auf die Regelung der Arbeits- und Wirtschaftsbedingungen festgelegt.

Doch die Meinungen der verschiedenen Autoren darüber, welche Inhalte von dieser Festlegung der Regelungsmacht umfaßt sind, gehen durchaus auseinander. Zum Teil wird, auch ohne sich immer vertieft um eine verfassungsrechtliche Anbindung zu bemühen, nur auf die arbeitsrechtliche Qualität des Rege-

254 Herschel, Referat zum 46. DJT, Band II, Teil D, S. 7, 19 f.

255 Gamillscheg, Differenzierung, S. 97; in diesem Sinne auch Herschel, Referat zum 46. DJT, Band II, Teil D, S. 7, 19 f.

256 Gamillscheg, Differenzierung, S. 95.

257 Gamillscheg, Differenzierung, S. 97.

lungsinhalts abgestellt. Die Möglichkeit zur Regelung von Wirtschaftsbedingungen wird dabei abgelehnt oder bleibt einfach unberücksichtigt. Zum Teil aber wird der durch Art. 9 Abs. 3 GG gesetzte Rahmen viel weiter interpretiert und den Tarifparteien in unterschiedlichem Maße auch die Möglichkeit zur Regelung von Wirtschaftsbedingungen zuerkannt.

Übereinstimmung herrscht bei den verschiedenen Vertretern dieser Richtung in ihrer Ablehnung einer funktionalen Einheit von normativem und schuldrechtlichem Teil. Der Grundsatz, wonach schuldrechtlich nur das vereinbart werden könne, was auch normativ bestimmt werden könne, wird von ihnen nicht anerkannt[258]. Vielmehr könnten schuldrechtliche Vereinbarungen in ihrem Inhalt weiter gehen als normative Regelungen des Tarifvertrages[259].

aa) Arbeitsrechtliche Qualität der Regelung als Voraussetzung eines schuldrechtlichen Tarifvertrages

aaa) Darstellung der Ansicht

Auch ein Teil der Literatur läßt es dabei bewenden, wie das BAG die arbeitsrechtliche Qualität des Regelungsinhalts als Voraussetzung für einen Tarifvertrag zu nennen[260]. Die schuldrechtlichen Verpflichtungen eines Tarifvertrages müßten arbeitsrechtlicher Art sein. Beliebige schuldrechtliche Bestimmungen könnten nicht als Tarifklauseln in den Vertrag aufgenommen werden[261]. Sollten einzelne derartige Klauseln dennoch in einen Tarifvertrag aufgenommen werden, so seien diese Fremdkörper und nicht nach Tarifrecht zu beurteilen[262].

Wie schon das BAG so fordert auch dieser Teil der Literatur für einen Tarifvertrag, daß die geregelte Rechtsbeziehung arbeitsrechtliche Qualität besitzt. Was unter dieser erforderlichen arbeitsrechtlichen Qualität der Regelung zu verstehen ist, wird von der Literatur etwas differenzierter definiert: Eine arbeitsrechtliche Rechtsbeziehung sei Gegenstand der Regelung, wenn der Regelungsge-

---

258 Zachert in: Kempen/Zachert, TVG, § 1 Rn. 362; Wiedemann, Rn. 662, 663 b, 746; Däubler, Tarifvertragsrecht, Rn. 175 ff.; Gamillscheg, Kollektives Arbeitsrecht, S. 627; Hölters, Harmonie, S. 106 ff.; Runggaldier, S. 138 ff.

259 Zachert in: Kempen/Zachert, TVG, § 1 Rn. 362; Däubler, Tarifvertragsrecht, Rn. 175 ff.

260 Nikisch, Arbeitsrecht Bd. II, S. 210, dort auch Fn. 4, der sich jedoch später für eine eingeschränkte Anwendung des Harmoniesatzes ausgesprochen hat, vgl. derselbe, RdA 1967, 87, 89 f.; Buchner in: AR-Blattei [D] Tarifvertrag V Inhalt, A. II. 1.d), der sich aber grundsätzlich auf Art. 2 Abs. 1 GG beruft; s. auch Löwisch, der die Regelungsmacht auf arbeitsrechtliche Gegenstände beschränkt, Loritz, Tarifautonomie und Gestaltungsfreiheit, S. 30.

261 Nikisch, Arbeitsrecht Bd. II, S. 210 Fn. 4.

262 Nikisch, Arbeitsrecht Bd. II, S. 210 Fn. 4.

genstand auch zum Inhalt einer Inhalts- und Abschlußnorm einer Betriebs- oder betriebsverfassungsrechtlichen Norm hätte gemacht werden können. Darüber hinaus ist eine arbeitsrechtliche Rechtsbeziehung hiernach gegeben, wenn die Tarifvertragsparteien ihre tarifrechtliche Stellung durch Vereinbarungen von Schiedsverfahren für Streitigkeiten aus Tarifverträgen, Vereinbarungen von Schlichtungsverfahren für Tarifvertragsstreitigkeiten bei Neuabschlüssen oder weitergehenden Friedenspflichten regelten[263]. Bei der Beurteilung der arbeitsrechtlichen Qualität derartiger Regelungen sei maßgeblich, daß bei diesen Vereinbarungen auf die Rechtsstellung der Tarifgebundenen eingewirkt werde[264]. Als eine solche Einwirkung genüge auch eine bloß mittelbare Einwirkung. So wirke etwa eine Schlichtungsvereinbarung auf die Rechtmäßigkeit einer Arbeitskampfbeteiligung ein. Bei einem Verstoß gegen Schlichtungsabkommen sei der Streik ein "wilder Streik", d.h. rechtswidrig, und habe von daher Auswirkungen auf die Tarifgebundenen. Allein deshalb sei auf dem Schriftformerfordernis eines Tarifvertrages zu bestehen. Buchner greift damit in seiner Argumentation die Rechtsprechung des BAG zur Schlichtungsvereinbarung auf. Dabei sieht er eine mittelbare Einwirkung auf die Rechtspositionen der tarifgebundenen Arbeitsvertragsparteien, weil ein unter Verstoß gegen eine Schlichtungsvereinbarung geführter Streik sozial inadäquat und die Teilnahme der Arbeitnehmer an einem solchen Streik arbeitsvertraglich rechtswidrig sei[265]. Damit stellt Buchner mehr die Auswirkungen auf die Tarifgebundenen selbst in den Vordergrund und nicht wie das BAG die Tarifvertragsparteien und die durch die Vereinbarung entstandene Einschränkung ihrer tarifpolitischen Möglichkeiten. Für das BAG sind zur Begründung der arbeitsrechtlichen Qualität der Regelung als Voraussetzung für einen Tarifvertrag die Auswirkungen auf die Tarifvertragsparteien selbst wichtiger. Hingegen findet sich bei Buchner durch das Herausstellen der rechtlichen Folgen für die Tarifgebundenen ein Element der Normähnlichkeit als Voraussetzung für einen rein schuldrechtlichen Tarifvertrag.

bbb) Stellungnahme

Die Beschränkung auf arbeitsrechtliche Inhalte gibt noch keinen Aufschluß darüber, woraus diese Eingrenzung zu entnehmen und wie sie zu rechtfertigen sein soll. In Ermangelung einer ausreichenden Begründung vermag dieser Ansatz zur Bestimmung der schuldrechtlichen Regelungsmacht im Tarifvertrag somit nicht zu überzeugen.

---

263 Buchner in: AR-Blattei [D] Tarifvertrag V Inhalt, A.II.1.d).

264 So Buchner in: AR-Blattei [D] Tarifvertrag V Inhalt, A.II.1.d).

265 Buchner in: AR-Blattei [D] Tarifvertrag V Inhalt, A. II. 1d).

bb) Das Begriffspaar "Arbeits- und Wirtschaftsbedingungen" als Rahmen der schuldrechtlichen Regelungsmacht

aaa) Zachert

(1) Darstellung

Auch bei Zachert wird der Umfang der schuldrechtlichen Regelungsmacht Art. 9 Abs. 3 GG entnommen und den Tarifparteien dabei mehr inhaltlicher Gestaltungsspielraum als bei normativen Tarifvertragsvereinbarungen zugesprochen[266].

Nach Zachert würde die Privilegierung des Art. 9 Abs. 3 GG in eine Diskriminierung der Tarifparteien gegenüber anderen Privatrechtssubjekten umschlagen, wenn die schuldrechtliche nicht über die normative Regelungsmacht hinausreichen würde. Denn sonst wären diese durch die in Art. 2 Abs. 1 GG garantierte Vertragsfreiheit besser gestellt und die Tarifvertragsparteien entsprechend diskriminiert[267].

Durch die umfangreiche schuldrechtliche Regelungsmacht gewinne die Tarifautonomie auch ihren vielfach betonten "dynamischen Charakter". So habe die schuldrechtliche Tarifklausel auch historisch betrachtet als Vehikel der tarifvertraglichen Rechtsfortbildung auf Sektoren, die einer normativen Regelung nicht zugänglich waren, gedient[268].

Die Entstehungsgeschichte des Tarifvertragsgesetzes wird von Zachert als weiteres Argument angeführt. Vor Inkrafttreten der Tarifvertragsverordnung im Jahr 1918 hätten die Tarifparteien nur die Möglichkeit zur schuldrechtlichen Regelung besessen. Durch die später geschaffenen Normen sei nie eine Schlechterstellung der Koalitionen bezweckt gewesen[269].

(2) Stellungnahme

Den von Zachert angeführten Argumenten fehlt es in diesem Zusammenhang an Überzeugungskraft:

Das "Diskriminierungsargument" läßt sich nur entkräften, indem man den Tarifvertragsparteien ebenfalls die volle Vertragsfreiheit zugesteht, sei es nun im tariflichen oder zumindest im außertariflichen Bereich. Zachert will zur Begründung der schuldrechtlichen Regelungsmacht aber gerade nicht auf die

266 Zachert in: Kempen/Zachert, TVG, § 1 Rn. 363; siehe allgemein zur Verbreitung schuldrechtlicher Tarifverträge in der Praxis: Zachert, NZA 2000, 121, 124.
267 Zachert in: Kempen/Zachert, TVG, § 1 Rn. 363.
268 Zachert in: Kempen/Zachert, TVG, § 1 Rn. 363.
269 Zachert in: Kempen/Zachert, TVG, § 1 Rn. 363; so auch Bunge, Tarifinhalt, S. 44.

allgemeine Handlungsfreiheit nach Art. 2 Abs. 1 GG zurückgreifen und verkennt, daß auch die Erweiterung der schuldrechtlichen Regelungsmöglichkeiten auf den Schutzbereich des Art. 9 Abs. 3 GG gegenüber der allgemeinen Vertragsfreiheit noch immer eine Einschränkung beinhaltet.

Das von ihm angeführte historische Argument, wonach durch die Einführung der Tarifvertragsverordnung, des Art. 165 Abs. 1 WRV oder Art. 9 Abs. 3 GG die Stellung der Koalitionen gegenüber der vor 1918 herrschenden Situation nicht hätte verschlechtert werden sollen, sagt wenig über die möglichen Inhalte schuldrechtlicher Tarifvertragsvereinbarungen aus und begründet auch nicht die von ihm vorgenommene Beschränkung der schuldrechtlichen Regelungsmacht auf die Arbeits- und Wirtschaftsbedingungen i.S. von Art. 9 Abs. 3 GG. Die Möglichkeit der Tarifparteien zum Abschluß schuldrechtlicher Vereinbarungen trotz ihrer tariflichen Normsetzungsbefugnis ist unbestritten, so daß es verfehlt ist, von einer "Schlechterstellung" zu sprechen.

ccc) Gamillscheg

(1) Darstellung

Gamillscheg verankert – heute anders als früher - schuldrechtliche Tarifvertragsvereinbarungen in Art. 9 Abs. 3 GG. Er ordnet alle schuldrechtlichen Abreden im Schutzbereich des Art. 9 Abs. 3 GG als Tarifvertragsvereinbarungen ein[270]. Von der schuldrechtlichen Regelungsbefugnis seien mithin alle Vereinbarungen im weiten Rahmen der Arbeits- und Wirtschaftsbedingungen gedeckt. Der genaue Umfang dieses Schutzbereichs sei letztendlich von Gesetz oder Rechtsprechung zu konkretisieren[271]. Keinesfalls aber lasse sich der hierzu deckungsgleiche Bereich der Tarifautonomie als Mittelpunkt der durch Art. 9 Abs. 3 GG geschützten Betätigung der Koalitionen auf die in § 1 TVG genannten Gegenstände einengen[272].

Gamillscheg leitet jedoch nicht nur die schuldrechtliche Regelungsbefugnis, sondern auch die Ermächtigung zur Normsetzung unmittelbar aus Art. 9 Abs. 3 GG ab und erstreckt die normative Regelungsmacht auf den gesamten Bereich der Arbeits- und Wirtschaftsbedingungen[273]. Er setzt insoweit den Auftrag der

---

270 Gamillscheg, Kollektives Arbeitsrecht, S. 626.

271 Gamillscheg, Kollektives Arbeitsrecht, S. 626.

272 Gamillscheg, Kollektives Arbeitsrecht, S. 332.

273 Gamillscheg, Kollektives Arbeitsrecht, S. 558; derselbe in: Differenzierung S. 24, 76 f.; grds. ebenso, aber mit voneinander abweichender Definition des Bereichs der Arbeits- und Wirtschaftsbedingungen: v. Mangoldt/Klein/Starck, GG I, Art. 9 Abs. 3 Rn. 234, 178; Biedenkopf, Tarifautonomie, S. 103 f.; derselbe in: Gutachten zum 46. DJT, S. 97, 114; Weber, Gött. Festschrift OLG Celle, S. 239, 249 f.; derselbe in: Koalitionsfreiheit, S. 24; Weyand, Mitbestimmung, S. 91; Kunze, BB 1964, 1311, 1313;

Verfassung zur Ordnung und Befriedung des Arbeitslebens mit der Möglichkeit zur Normsetzung gleich. Da der Auftrag zur Ordnung des Arbeitslebens umfassend für die Gesamtheit der Arbeits- und Wirtschaftsbedingungen erteilt sei, der § 1 TVG jedoch nur einen, wenn auch umfassenden Teil davon abdecke, sei Art. 9 Abs. 3 GG die unmittelbare Ermächtigung zur Normsetzung. Andernfalls hinge die umfassende Normsetzungsbefugnis der Koalitionen für die durch § 1 TVG nicht abgedeckten Teile der Arbeits- und Wirtschaftsbedingungen in der Luft.

Die Einordnung aller schuldrechtlichen Vereinbarungen der Tarifpartner im Bereich der Arbeits- und Wirtschaftsbedingungen als Tarifverträge sei unter dieser Prämisse nur logisch und unproblematisch.

Solche Verträge aber, deren Inhalt diesen Bereich verlasse, seien hingegen keine Tarifverträge. Derartige Verträge, die außerhalb des Schutzbereiches des Art. 9 Abs. 3 GG lägen und mit den Regelungen der Arbeits- und Wirtschaftsbedingungen nichts mehr zu tun hätten, seien statt dessen als Verträge bürgerlichen Rechts dem Schutzbereich des Art. 2 Abs. 1 GG zuzuordnen. Für diese Verträge gelte die Vertragsfreiheit und die Formfreiheit. Zuständig seien die ordentlichen Gerichte[274]. Denn die allgemeine Vertragsfreiheit werde nicht dadurch verkürzt, daß unter erschwerten Bedingungen sogar Normenverträge geschlossen werden könnten[275].

Von daher spricht Gamillscheg den Tarifparteien zwar neben der auf Art. 9 Abs. 3 GG beruhenden Tarifautonomie auch die allgemeine Vertragsfreiheit zu, beschränkt aber die Anwendbarkeit des Tarifvertrages auf Regelungen, die vom Umfang des Art. 9 Abs. 3 GG gedeckt sind. Er stellt dieses Instrumentarium des Tarifvertrages nicht Vereinbarungen mit beliebigem Inhalt zur Verfügung. Für derartige Inhalte sei der Tarifvertrag als Mittel nicht geeignet[276].

(2) Stellungnahme

Die Einordnung schuldrechtlicher Vereinbarungen im Bereich der Arbeits- und Wirtschaftsbedingungen als Tarifverträge fällt weniger leicht, wenn man den Ausgangspunkt von Gamillscheg ablehnt und Art. 9 Abs. 3 GG nicht als Ermächtigungsgrundlage der normativen Regelungsmacht sieht und nicht den

---

Söllner, ArbuR 1966, 257, 260; Badura in: Badura/Stern, Die Rechtmäßigkeit des Beamteneinsatzes, S. 27; Hertwig, RdA 1985, 282, 287; siehe auch Waltermann, RdA 1990, 138, 141 Anm. 23.

274 Gamillscheg, Kollektives Arbeitsrecht, S. 626.

275 Gamillscheg, Kollektives Arbeitsrecht, S. 509.

276 Gamillscheg, Kollektives Arbeitsrecht, S. 332 f.

Umfang des durch Art. 9 Abs. 3 GG erteilten Regelungsauftrags mit dem Umfang der Normsetzungsbefugnis gleichsetzt.

Der in Art. 9 Abs. 3 GG erteilten Regelungsauftrag ist nicht mit dem Umfang der Normsetzungsbefugnis gleichzusetzen. Neben der tariflichen Normsetzung sind auch andere Regelungsmöglichkeiten denkbar, durch die die Koalitionen ihre Aufgabe, das Arbeitsleben zu ordnen, erfüllen können. Die Normsetzung ist nur eine der Möglichkeiten zur Regelung der Arbeits- und Wirtschaftsbedingungen.

Von daher ist eine vereinfachende Gleichsetzung von Tarifautonomie und Normsetzungsbefugnis abzulehnen. Art. 9 Abs. 3 GG mag einen Regelungsauftrag enthalten, dennoch ist daraus noch nicht auf eine Normsetzungsbefugnis zu schließen. Auch die Privatautonomie beinhaltet die Befugnis zur Regelung und Gestaltung privater Rechtsverhältnisse, aber daraus würde niemand eine Normsetzungsbefugnis ableiten wollen.

Insofern ist es nicht zu eng, als Quelle der Normsetzung § 1 TVG anzusehen und die Normsetzungsbefugnis auf die dort genannten Gegenstände zu beschränken. Die restliche Bandbreite der so nicht erfaßten Inhalte der Arbeits- und Wirtschaftsbeziehungen i.S. des Art. 9 Abs. 3 GG kann auch anders, z.B. schuldrechtlich geregelt werden.

ddd) Däubler

(1) Darstellung

Nach Däubler sind im nichtnormativen Bereich die Grenzen der Tarifmacht nur durch die weithin unbestimmten Worte "Arbeits- und Wirtschaftsbedingungen" i.S. des Art. 9 Abs. 3 GG markiert[277]. Für eine sachliche Beschränkung des schuldrechtlichen Teils durch das TVG gebe es keinen Anhaltspunkt, wobei eine zusätzliche Einschränkung der Tarifvertragsparteien im Vergleich zu anderen Rechtssubjekten auch nicht zu rechtfertigen wäre. Demzufolge enthalte Art. 9 Abs. 3 GG die einzige positivrechtliche Anforderung an den Inhalt schuldrechtlicher Tarifvertragsklauseln, und der Katalog des § 1 Abs. 1 HS 2 TVG komme nicht zur Anwendung[278].

---

277 Däubler, Tarifvertragsrecht, Rn. 175 ff.

278 So auch Runggaldier, S. 138 f.; auch Schaub sieht die Regelungsmacht der Tarifparteien durch Art. 9 Abs. 3 GG auf das Recht festgelegt, die Arbeits- und Witschaftsbedingungen zu regeln, ohne gesondert zwischen normativen und schuldrechtlichen Klauseln zu unterscheiden: Schaub, § 200 Rn. 1, S. 1960; derselbe, NZA 1994, 597, 602.

Es könnten somit praktisch auf allen Bereichen der Arbeits- und Wirtschaftsbedingungen tarifliche Bestimmungen getroffen werden[279], womit den schuldrechtlichen Vereinbarungen eine "Auffangfunktion" im Hinblick auf die Beschränkungen des normativen Teils zufalle[280]. Für Fragen außerhalb dieses Bereichs stehe den Tarifparteien der normale zivilrechtliche Vertrag zur Verfügung[281].

(2) Stellungnahme

Anders als Zachert macht Däubler deutlich, daß im Vergleich zur allgemeinen Vertragsfreiheit die Beschränkung der schuldrechtlichen Regelungsmacht auf die Arbeits- und Wirtschaftsbedingungen i.S. des Art. 9 Abs. 3 GG durchaus eine gewisse inhaltliche Einschränkung der Tarifparteien beim Abschluß eines Tarifvertrages mit sich bringt. Von daher steht die Frage, woraus sich diese Beschränkung entnehmen und rechtfertigen läßt, im Mittelpunkt seiner durchaus überzeugenden Analyse.

eee) Schumann

(1) Darstellung

Schumann[282] setzt sich mit den möglichen Inhalten schuldrechtlicher Tarifvertragsvereinbarungen und ihren Grenzen im Hinblick auf die für das Streikrecht entstehenden Konsequenzen auseinander.

Er hält unter Berufung auf die BAG Entscheidung AP Nr. 5 zu Art. 9 GG[283] im obligatorischen Teil eines Tarifvertrages alles für regelbar, was der Individualvertragsfreiheit zugänglich ist. Somit könnten praktisch auf allen Bereichen der Arbeits- und Wirtschaftsbedingungen tarifliche Bestimmungen getroffen werden[284]. Zu beachten sei bei Regelungsgegenständen auf dem Gebiet der Wirtschaftsbedingungen, daß diese gleichzeitig unmittelbare oder zumindest mittelbare Auswirkungen auf die Arbeitsverhältnisse haben müßten[285].

Ein Rechtssatz, der eine inhaltliche Deckungsgleichheit schuldrechtlicher und normativer Tarifvertragsvereinbarungen verlangt, ist für ihn nicht ersichtlich. Ihm zufolge kann auch nicht von einer Umgehung der normativen Bestimmungen gesprochen werden, wenn schuldrechtlich etwas vereinbart wird, das der

---

279 Däubler/Hege, Koalitionsfreiheit, Rn. 217.

280 Däubler, Tarifvertragsrecht, Rn. 175.

281 Däubler, TVG, H Rn. 871; derselbe, Tarifvertragsrecht, Rn. 175 d.

282 Schumann in: Däubler, Arbeitskampfrecht, Rn. 155 ff.

283 BAG, Urteil v. 2.8.1963 – 1 AZR 9/63 AP Nr. 5 zu Art. 9 GG (Bl. 3 R) = BAGE 14, 282.

284 Schumann in: Däubler, Arbeitskampfrecht, Rn. 156.

285 Schumann in: Däubler, Arbeitskampfrecht, Rn. 156; ebenso Seiter, Streikrecht, S. 492.

normativen Regelung nicht zugänglich ist. Denn ob eine Umgehung vorliege, könne nur im Zusammenhang mit konkreten Abmachungen bestimmt werden. Soweit die Rechtsordnung bestimmte Einigungsinhalte mißbillige, könnten diese weder auf normativem noch auf schuldrechtlichem Weg erreicht werden. Dies sei aber eine Frage des Einzelfalls und habe nichts mit der Beschränkung des Streikrechts auf normative Regelungen zu tun.

(2) Stellungnahme

Offen bleibt, woraus Schumann dogmatisch die Beschränkung auf die Arbeits- und Wirtschaftsbedingungen i.S. von Art. 9 Abs. 3 GG herleitet, obwohl er auf den schuldrechtlichen Teil des Tarifvertrages die allgemeine Vertragsfreiheit anwenden will. Eine plausible Erklärung für diesen Widerspruch bleibt Schumann schuldig.

c) Parallele Anwendung von Art. 9 Abs. 3 GG und Art. 2 Abs. 1 GG innerhalb des Instrumentariums des Tarifvertrages

Teile der Literatur sehen die Anwendung des Tarifvertrages nicht auf schuldrechtliche Vereinbarungen im Bereich der Arbeits- und Wirtschaftsbedingungen beschränkt und sehen auch schuldrechtliche Abreden außerhalb dieses Sachbereichs als möglichen Inhalt eines Tarifvertrages. Sie differenzieren jedoch zwischen diesen schuldrechtlichen Vereinbarungen und knüpfen an sie unterschiedliche Rechtsfolgen[286].

aa) Hölters

Hölters spricht den Tarifvertragsparteien für Tarifverträge umfassende Regelungsmacht zu. Neben der in Art. 9 Abs. 3 geschützten Tarifautonomie stehe den Koalitionen auch die allgemeine Vertragsfreiheit aus Art. 2 Abs. 1 GG zu. Dabei diene Art. 9 Abs. 3 GG für den Bereich der Arbeits- und Wirtschaftsbedingungen als verfassungsrechtliche Stütze, aus dem Umfang und Grenzen zu bestimmen seien. Daneben spricht er den Tarifparteien aber auch die allgemeine, auf Art. 2 Abs. 1 GG gestützte Vertragsfreiheit zu, die die Tarifparteien zu weitergehenden Vereinbarungen mittels eines Tarifvertrages berechtige[287].

---

286 Insbesondere Hölters, Harmonie, S. 69 ff.; so auch Bunge, Tarifinhalt, S. 43 f.

287 Ähnlich auch Waltermann, der zwar die durch Art. 9 Abs. 3 bestimmte Regelungszuständigkeit der Tarifvertragsparteien mit der Normsetzungsbefugnis i.S: von §§ 1 I, 4 I TVG gleichsetzt, den Tarifvertragsparteien darüber hinaus die allgemeine Vereinigungsfreiheit des Art. 9 I GG und die allgemeine Vertragsfreiheit des Art. 2 Abs. 1 GG zugesteht, die tarifvertragliche Vereinbarungen mit schuldrechtlicher Wirkung gleichfalls decke: Waltermann, NZA 1991, 754, 758.

Dies führt zu einer Ablehnung einer instrumentalen Gleichschaltung der normativen und nichtnormativen Regelungsbefugnisse der Tarifvertragsparteien[288].

Hölters hat seine These anhand der Auseinandersetzung mit der die Kongruenz von normativen und schuldrechtlichen Klauseln befürwortenden Meinung entwickelt. Insoweit hat er auch die Terminologie übernommen und spricht einheitlich von den Grenzen der Tarifmacht ohne zwischen dem Umfang schuldrechtlicher Regelungsbefugnis und den Grenzen der schuldrechtlichen Regelungsmacht zu differenzieren. Dennoch bauen seine Überlegungen auf verfassungsrechtlichen Erwägungen auf.

Nach Auffassung von Hölters ist der Tarifvertrag nicht als ein einheitliches Ganzes von normativem und obligatorischem Teil zu sehen. Diese Sichtweise sei nur insoweit sinnvoll, als beide Teile in einem äußerlich einheitlichen Vertrag zusammengeführt werden können. Ein innerer Zusammenhang bestehe deshalb noch, weil gewisse schuldrechtliche Pflichten wie die Durchführungspflicht und die Friedenspflicht den normativen Teil stets begleiteten.

aaa) Unterscheidung nach Funktionsbereichen

Hölters geht nicht von einheitlichen Grenzen des normativen und des schuldrechtlichen Teils aus und differenziert zudem anhand der Inhalte zwischen verschiedenen schuldrechtlichen Vereinbarungen. Er stellt differenzierte Betrachtungen an, wonach sich die Grenzen vorrangig an dem durch die Vereinbarung geregelten funktionalen Bereich, und nicht an ihrer jeweiligen Ausgestaltung als Norm bzw. als schuldrechtliche Abrede richten. Diese Unterscheidung leitet er aus den unterschiedlichen Tätigkeitsbereichen der Koalitionen und ihrer daraus resultierenden ambivalenten Stellung als Funktionsträger in zwei verschiedenen funktionellen Handlungssystemen ab: Die Koalitionen nähmen zum einen öffentliche Aufgaben wahr, zum anderen verfolgten sie eigene Verbandsinteressen.

(1) Wahrnehmung auch öffentlicher Interessen

Mit der Wahrnehmung auch öffentlicher Aufgaben sind die Koalitionen nach Hölters immer dann betraut, wenn sie Regelungen von Arbeits- und Wirtschaftsbedingungen treffen. Innerhalb dieses umgrenzten und dem Schutzbereich des Art 9 Abs. 3 GG unterfallenden Bereichs würden die Gewerkschaften als mit Ordnungsaufgaben betraute Berufsorgane und Interessenwalter der Allgemeinheit tätig. Durch Art. 9 Abs. 3 GG und dessen Konkretisierungen sei die Tätigkeit der Koalitionen in diesem Bereich auf ihre gesamtwirtschaftliche

288 Hölters, Harmonie, S. 106 ff.

Funktion und Verantwortung hin geordnet und ausgerichtet[289]. Damit seien sie "Instrumente eines wohlgeordneten Arbeitsablaufs"[290]. Unabhängig davon, ob diese Aufgabe mittels normativer Regelungen oder schuldrechtlich umgesetzt werde, unterliege die Verfolgung öffentlicher Interessen neben der Wahrnehmung privater Interessen als Ausgestaltung des Art. 9 Abs. 3 GG immer auch dessen Grenzen und rechtfertige eine Einschränkung der allgemeinen Handlungsfreiheit, um eine Konfliktlösung durch eine umfassende Güter- und Interessenabwägung zu ermöglichen[291]. Dieser Bereich gehöre somit zu dem funktionellen Handlungssystem zur Erzielung arbeitsökonomischer Marktgerechtigkeit[292].

(2) Interessenwahrnehmung außerhalb des Bereichs der Arbeits- und Wirtschaftsbedingungen

Außerhalb des Bereichs der Regelung von Arbeits- und Wirtschaftsbedingungen fehle es an der gesamtwirtschaftlichen Verantwortung, die eine Einschränkung der allgemeinen Handlungsfreiheit rechtfertige. In diesem Bereich könnten die Verbände die Interessen ihrer Mitglieder frei von Begrenzungen wahrnehmen. Dieser Bereich der freien Verbandstätigkeit der Koalitionen gehöre somit zu einem eigenen sozialen Handlungssystem.

Hölters weist alle Tätigkeiten der Koalitionen einem dieser beiden sozialen Handlungssysteme zu. Einen Indifferenzbereich, in dem sich die öffentlichen und privaten Funktionsschichten der Koalitionen überlagern, und der weder dem Komplex der Arbeits- und Wirtschaftsbedingungen angehöre noch dem der ungetrübten Handlungsfreiheit, lehnt er als überflüssig ab[293].

bbb) Hölters Unterteilung im Einzelnen

Im Einzelnen ergibt sich daraus für Hölters die folgende Unterteilung:

(1) Grenzen des normativen Teils

Die Reichweite und Grenzen des korporativen Normenvertrages ergeben sich nach Hölters aus Art. 9 Abs. 3 GG und dem diese Grundrechtsnorm konkretisierenden Tarifvertragsgesetz. Die im TVG enthaltenen Konkretisierungen bezögen sich dabei nur auf den normativen Teil des Tarifvertrages. Von daher erfüllten die Tarifvertragsparteien einen durch das TVG vermittelten delegatorischen, von Art. 9 Abs. 3 GG verfassungsrechtlich gestützten Regelungsauftrag.

---

289 Hölters, Harmonie, S. 108.
290 Hölters, Harmonie, S. 106.
291 Hölters, Harmonie, S. 108.
292 Hölters, Harmonie, S. 110 ff.
293 Hölters, Harmonie, S. 108.

Die Schranken seien dabei aus dem Begriffspaar "Arbeits- und Wirtschaftsbeziehungen" zu entwickeln und ergäben sich aus den verbindlichen, verfassungskonformen Konkretisierungen des TVG.

(2) Grenzen von schuldrechtlichen Regelungen der Arbeits- und Wirtschaftsbedingungen

Bei schuldrechtlichen Regelungen differenziert Hölters: Betreffen die schuldrechtlichen Abreden des Tarifvertrages die Arbeits- und Wirtschaftsbedingungen, so gelte nicht die in Art. 2 Abs. 1 GG verankerte Vertragsfreiheit, vielmehr sei Art. 9 Abs. 3 GG einschlägig. Dieser Bereich der Arbeits- und Wirtschaftsbedingungen gehöre zu einem Sachkomplex, der mit Art. 9 Abs. 3 GG speziell grundgesetzlich geregelt sei und über ein spezielles, auf die Vereinbarung von Arbeits- und Wirtschaftsbedingungen ausgerichtetes soziales Handlungssystem verfüge[294]. Daneben sei die in dem Auffanggrundrecht des Art. 2 Abs. 1 GG verankerte Vertragsfreiheit hier nur subsidiär und könne nicht zur Anwendung kommen.

Die Grundrechtsnorm Art. 9 Abs. 3 GG regele somit auch den Umfang und die Begrenzung solcher Abreden. Dabei sei Art. 9 Abs. 3 GG unmittelbar heranzuziehen. Aus der Tatsache, daß das TVG lediglich auf die Existenz des schuldrechtlichen Teils hinweist, diesbezüglich aber keine expliziten Anordnungen trifft, zieht Hölters den Schluß, daß das TVG mit seinen Schranken auch nur für den normativen Teil anwendbar sei und von daher eine für den schuldrechtlichen Teil geltende Konkretisierung des Art. 9 Abs. 3 GG durch ein Ausführungsgesetz fehle.

Das bedeute, daß in diesem Bereich die für eine Rechtmäßigkeitsprüfung maßgeblichen Grenzen mangels einer Konkretisierung durch ein Ausführungsgesetz direkt aus Art. 9 Abs. 3 GG zu ermitteln seien. Da bei Art. 9 Abs. 3 GG die Grenzen weniger strikt und deutlich offenlägen als beim TVG, müsse somit immer eine umfangreiche Güter- und Interessenabwägung erfolgen. Auf diesem Wege sei die von den Koalitionen in diesem Bereich übernommene gesamtwirtschaftliche Verantwortung und die von ihnen weiterhin verfolgten Mitgliederinteressen in Ausgleich zu bringen[295].

Um hierfür im einzelnen die Schranken des Art. 9 Abs. 3 GG aufzuzeigen, könne eine Auslegung helfen, die sich von den Werten des TVG leiten lasse. Die Ausgestaltung der normativen Möglichkeiten durch das TVG könne so als Orientierungshilfe bei der Rechtmäßigkeitsprüfung von schuldrechtlichen Abreden dienen.

---

[294] Hölters, Harmonie, S. 107.
[295] Hölters, Harmonie, S. 107.

Das TVG könne als historische Auslegungshilfe herangezogen werden, da der normative Teil eines Tarifvertrages Anhaltspunkte für die Sachgebiete liefere, die nach der Auffassung des damaligen Gesetzgebers zum historisch gewachsenen Problemkreis gehörten, mit denen sich ein Tarifvertrag befassen dürfe. Mittels der objektiven Auslegungsmethode der teleologischen Auslegung[296] könne das TVG Anhaltspunkte für die objektiv-gesetzliche Interessenbewertung aufzeigen[297].

Insgesamt ergebe sich somit für die Ausgestaltung der Arbeits- und Wirtschaftsbedingungen ein in Art 9 Abs. 3 GG niedergelegtes funktional-institutionelles (soziales) Handlungssystem, das für alle Vereinbarungen, die sich mit den Arbeits- und Wirtschaftsbedingungen befassen, relevante Grenzen setze, unabhängig davon, ob es sich um normative oder schuldrechtliche Vereinbarungen handele[298].

Der verbleibende Unterschied zwischen den Grenzen normativer und schuldrechtlicher Abreden bleibe der, daß das TVG als verfassungskonforme Konkretisierung des Art. 9 Abs. 3 GG für den normativen Teil gelte, die Grenzen der schuldrechtlichen Abreden in diesem Bereich hingegen direkt aus Art. 9 Abs. 3 GG ermittelt werden müßten.

(3) Regelungen außerhalb des Bereichs der Arbeits- und Wirtschaftsbedingungen

Anders bewertet Hölters schuldrechtliche Regelungen außerhalb dieses sozialen Handlungssystems, außerhalb des Bereichs der Arbeits- und Wirtschaftsbedingungen. Bei derartigen schuldrechtlichen Tarifverträgen fungierten die Koalitionen nur als Vertreter eigener Interessen, frei von gesamtwirtschaftlicher Verantwortung[299]. Sie nähmen in diesem Bereich keine öffentlichen Interessen wahr. Bei Vereinbarungen über anderweitige Tätigkeiten der Koalitionen gelte somit die Begrenzung des Art. 9 Abs. 3 GG nicht. Da dieser Sachkomplex damit keiner spezielleren Grundrechtsnorm zugeordnet sei, greife Art. 2 Abs. 1 GG als Auffanggrundrecht ein, das auch die allgemeine Vertragsfreiheit regele. Diese allgemeine Handlungsfreiheit i.S. einer privatautonomen Vereinbarungsfreiheit unterscheide sich nicht von den Möglichkeiten anderer Verbände. Weder seien ihre Befugnisse zurückgedrängt, noch seien sie gegenüber normalen Mitgliederverbänden privilegiert. Die Koalitionen dürften sich frei zum Wohle ihrer Mitglieder entfalten, da eine staatliche Kontrolle und Machtbe-

---

296 BVerfGE 1, 299; 8, 274, 307; 10, 234, 244; 11, 126, 130;19, 354, 362; Canaris in: Larenz/Canaris, Methodenlehre, S. 153 ff.

297 Hölters, Harmonie, S. 110 ff.

298 Hölters, Harmonie, S. 107.

299 Hölters, Harmonie, S. 108.

grenzung in diesem Bereich nicht angebracht sei. Denn die Berufsverbände bildeten sich frei und seien keine Zwangskorporationen. Da sie auch keine Zwangsgewalt hätten, bestünden keine Bedenken, sie frei agieren zu lassen[300]. Als Grenzen fungierten insofern nur die Grenzen aus Art. 2 Abs. 1 GG[301] und die dem allgemeinen Schuldrecht immanenten Grenzen.

Die Gefahr einer Umgehung der für den normativen Teil geltenden Schranken sieht Hölters durch die den Koalitionen in diesem Bereich zugesprochene Handlungsfreiheit nicht. Das Problem der Umgehung ist für Hölters ein Problem auslegungs-teleologischer Art. Danach liegt ein Verstoß gegen den betreffenden zwingenden Rechtssatz nur dann vor, wenn durch ihn ein bestimmter Erfolg schlechthin verhindert werden und nicht nur ein bestimmter unter mehreren zu diesem Erfolg führenden Wegen verbaut werden soll. Die pauschale Anwendung des "Umgehungsarguments" lehnt Hölters im Licht dieser Aussage als eine unzulässige Vereinfachung des Problems der Grenzen für schuldrechtlichen und normativen Teil ab. Die Entscheidung, ob eine Umgehung vorliegt, müsse einzelfallbezogen und an einem bestimmten sachlichen Problemkreis orientiert sein. So könne nicht allein aus der Beschränkung der normativen Wirkung auf Tarifgebundene generell eine solche Beschränkung, d.h. ein vom Gesetzgeber mißbilligter Erfolg, für normative und schuldrechtliche Abreden entnommen werden. Eine etwaige Beschränkung müsse von Fall zu Fall sorgfältig und aus der Ratio der jeweiligen Beschränkung, etwa dem Verbot des Eingriffs in die Individualsphäre abgeleitet werden. Von daher müsse die Umgehungsaussage an den zwei Bezugssystemen, einmal dem sozialen Handlungssystem zur Vereinbarung von Arbeits- und Wirtschaftsbedingungen, zum anderen im Bereich der freien Verbandstätigkeit getrennt untersucht werden.

Im Bereich der freien Verbandstätigkeit könne letztendlich kein Umgehungsproblem entstehen, da der Bereich der "Ordnung der abhängigen Arbeit" nicht berührt werde. Die Tarifvertragsparteien hätten gerade keinen durch das TVG vermittelten delegatorischen von Art. 9 Abs. 3 GG ausgehenden Regelungsauftrag, der zur Einhaltung dieser Grenzen verpflichten könnte. Vielmehr gelte Art. 2 Abs. 1 GG und nur die dem Schuldrecht immanenten Schranken.

Für das funktionelle System zur Erzielung arbeitsökonomischer Marktgerechtigkeit, d.h. den Bereich der Regelung der Arbeits- und Wirtschaftsbedingungen, seien die Schranken einheitlich aus dem Begriffspaar der Arbeits- und Wirtschaftsbedingungen zu entwickeln. Dabei habe für die normativen Gestal-

300 Hölters, Harmonie, S. 106.
301 Hölters, Harmonie, S. 107 f.

tungsmöglichkeiten schon eine verfassungskonforme Konkretisierung der Schranken durch den Gesetzgeber mit Schaffung des TVG stattgefunden.

Für den schuldrechtlichen Teil, der durch das auf den normativen Teil zugeschnittene TVG keine Konkretisierung erfahren habe, seien die Schranken direkt dem Art. 9 Abs. 3 GG in der zuvor beschriebenen Weise zu entnehmen.

Im Ergebnis dürften die schuldrechtlichen und normativen Abreden weitestgehend konform sein und schuldrechtlich Abreden in ihren durch Art. 9 Abs. 3 GG gesetzten Grenzen nur dann von dem normativ zulässigen Ergebnis abweichen, wenn im konkreten Fall besondere Umstände für eine objektiv anders gelagerte Interessensituation sprächen[302]. Nur wenn die schuldrechtliche Abrede diesen eigenen von Art. 9 Abs. 3 GG gesetzten Grenzen nicht gerecht werde, sei sie rechtswidrig.

ccc) Stellungnahme

Hölters Ansicht stößt auf Bedenken, da er die Anwendbarkeit des Tarifvertrages letztendlich nicht beschränkt. Er erachtet es für zulässig, wenn sich die Tarifparteien dieses Mittels auch zur Regelung von Gegenständen außerhalb des von Art. 9 Abs. 3 GG geschützten Bereichs bedienen. Ein eigenständiger Anwendungsbereich für außertarifliche schuldrechtliche Vereinbarungen verbleibt daneben nicht. Lediglich die für normative bzw. schuldrechtliche Vereinbarungen maßgeblichen Grenzen entnimmt er unterschiedlichen Normen.

Trotz dieser Differenzierung kommt auch bei Hölters die entscheidende Differenzierung zwischen dem Umfang der Tarifmacht, das heißt den zulässigen Inhalten tariflicher Regelungen und deren Grenzen zu kurz. Dies wird auch deutlich in der von Hölters an Säcker geübten Kritik[303]. Er wirft Säcker vor, dieser vertrete den Grundsatz von der gleichen inhaltlichen Reichweite normativer und schuldrechtlicher Regelungen, halte aber auch die schuldrechtliche Vereinbarung von Außenseiter begünstigenden Klauseln für möglich[304]. Hölters verkennt, daß die Anwendung desselben Sachkatalogs auf den schuldrechtlichen wie auf den normativen Teil nicht zwangsläufig bedeutet, daß auch die Grenzziehung und die Frage der Zulässigkeit bestimmter Regelungen einheitlich bewertet wird. Von daher ist die Argumentation von Säcker im Hinblick auf die von ihm als zulässig erachteten begünstigenden Außenseiterklauseln nicht inkonsequent.

---

302 Hölters, Harmonie, S. 110 ff.

303 Hölters, Harmonie, S. 51.

304 Säcker, Gruppenautonomie, S. 333 ff.; derselbe BB 1966, 1031.

Auch wenn Hölters die für normative Regelungen und die für schuldrechtliche Tarifklauseln verbindlichen Schranken einmal aus dem TVG und einmal aus Art. 9 Abs. 3 GG entnimmt, so kommt er im Ergebnis doch zu einer weitestgehenden Konformität der zulässigen Inhalte. Im Hinblick auf die unterschiedliche Wirkungsweise normativer und schuldrechtlicher Tarifklauseln ist ein solches Konformitätserfordernis aber nicht überzubetonen.

Positiv hervorzuheben ist, daß Hölters die Rolle der Tarifvertragsparteien in dem funktional-institutionellen Handlungssystem der Ausgestaltung der Arbeits- und Wirtschaftsbedingungen unabhängig von der jeweiligen Rechtsnatur der verwendeten Klauseln hervorhebt und in diesem Bereich der Anwendung des Art. 2 Abs. 1 GG für schuldrechtliche Klauseln eine klare Absage erteilt. Er hat auch richtig erkannt, daß eine formelle Betrachtung, die die Grenze strikt zwischen dem normativen und schuldrechtlichen Teil zieht, nicht angebracht ist und daß es einen Bereich bei schuldrechtlichen Vereinbarungen gibt, der der engeren Schranken des Art. 9 Abs. 3 GG bedarf, aber ebenfalls einen Bereich, wo diese Einschränkung nicht gerechtfertigt ist.

Daß sich die Tarifvertragsparteien im Rahmen ihrer anderweitigen Tätigkeit außerhalb dieses Systems auf Art. 2 Abs. 1 GG berufen können, mag im Prinzip zutreffend sein, läßt aber außer Acht, daß der Tarifvertrag als Instrument allein zur Regelung des zuerst genannten Bereichs dient. Für eine auf Art. 2 Abs. 1 GG gestützte Vereinbarung ist es nicht notwendig, als Tarifvertrag abgefaßt und behandelt zu werden. Allein die Erkenntnis, daß auch den Koalitionen außerhalb des Bereichs der Arbeits- und Wirtschaftsbedingungen Raum zur Betätigung eingeräumt werden muß, bedeutet nicht, daß dafür nur das eine Mittel des Tarifvertrages in Frage kommt.

bb) Rüthers und Konertz

aaa) Darstellung

Rüters[305] und auch Konertz[306] halten im Gesamtbereich der Arbeits- und Wirtschaftsbedingungen i.S. des Art. 9 Abs. 3 GG tarifrechtliche schuldrechtliche Regelungen für zulässig[307].

Beide gehen noch einen Schritt weiter und wollen auch die allgemein schuldrechtlichen Abmachungen nicht aus der Kategorie des Tarifvertrages lösen[308].

---

305 Rüthers in: Brox/Rüthers, Arbeitskampfrecht, Rn. 262, 269.
306 Konertz, Tarifrechtliche Regelungsmöglichkeiten, S. 119 ff, 127 f.
307 Rüthers in: Brox/Rüthers, Arbeitskampfrecht, Rn. 262, 269.
308 Rüthers in: Brox/Rüthers, Arbeitskampfrecht, Rn. 243.

Diese halten sie allerdings für nicht erstreikbar[309] und lassen von daher eine Ausuferung des Arbeitskampfrechts auf allgemeine schuldrechtliche Abreden nicht zu. Damit unterscheiden sie innerhalb des Tarifvertrages zwischen schuldrechtlichen tariflichen und allgemeinen schuldrechtlichen Abmachungen.

bbb) Stellungnahme

Indem Rüthers und Konzen den Tarifvertrag auch allgemein schuldrechtlichen Abkommen der Tarifvertragsparteien als Vereinbarungsinstrument zur Verfügung stellen, verlagern sie die notwendige Abgrenzung zwischen tariflichen und allgemein schuldrechtlichen Vereinbarungen auf die Ebene des Streikrechts. Dadurch wird das Kernproblem lediglich verschoben, jedoch keiner konzeptionell schlüssigen Lösung zugeführt.

d) Inhaltliche Deckung der schuldrechtlichen und normativen Regelungsmacht

Dem gegenüber steht die Ansicht, die für eine Kongruenz schuldrechtlicher und normativer Inhalte eintritt und die Beschränkung schuldrechtlicher Tarifvertragsvereinbarungen auf normativ regelbare Inhalte fordert. Der sachlich-gegenständliche Bereich von Tarifnormen ergibt sich aus den §§ 1 Abs. 1 und § 4 Abs. 2 TVG. Dieser Sachkatalog des TVG soll dieser Auffassung nach auch den Inhalt des schuldrechtlichen Teils bestimmen und so einheitlich die Zuständigkeit der Tarifparteien für schuldrechtliche und normative Tarifklauseln festlegen.

Als möglicher Inhalt des schuldrechtlichen Teils käme hiernach dann noch das in Betracht, was auch normativ geregelt werden könnte, d.h. arbeitsvertragliche, betriebliche oder betriebsverfassungsrechtliche Angelegenheiten sowie Regelungen über gemeinsame Einrichtungen. Folgt man dieser Meinung, wäre der Katalog des TVG auch für die Inhalte schuldrechtlicher Vereinbarungen einschlägig und würde eine identische inhaltliche Reichweite der Regelungsmöglichkeiten vorschreiben mit dem verbleibenden Unterschied, daß die Umsetzung dieser Vereinbarungen ohne normative Wirkung über die Einwirkungspflicht auf die Mitglieder erfolgen würde[310].

---

309 Rüthers in: Brox/Rüthers, Arbeitskampfrecht, Rdnr. 264; Konertz, Tarifrechtliche Regelungsmöglichkeiten, S. 128; ähnlich Kraft/Konzen, Arbeiterselbstverwaltung S. 61, die die Erstreikbarkeit schuldrechtlicher Tarifklauseln in Frage stellen, die den Parteien aber die Vertragsfreiheit im Bereich schuldrechtlicher Tarifklauseln zugestehen.

310 Vgl. dazu auch Wallisch, S. 82.

Letztendlich wären den inhaltlichen Regelungsmöglichkeiten schuldrechtlicher Vereinbarungen in dieser normersetzenden Funktion durch die Festlegung auf dieselben Inhalte enge Schranken gesetzt. Insgesamt wäre die Gestaltungsmacht der Koalitionen derart eingeschränkt, daß sie nur noch so weit wie die Auslegungsfähigkeit des Tarifvertragsgesetzes reichen würde[311].

Hervorzuheben ist jedoch, daß sich nach dieser Ansicht lediglich die Inhalte schuldrechtlicher und normativer Klauseln aufgrund der einheitlichen Bestimmung anhand des TVG decken, nicht jedoch deren Grenzen. Von daher können nach dieser Ansicht schuldrechtliche Klauseln durchaus dort zum Einsatz kommen, wo im konkreten Fall eine normative Regelung aus rechtlichen Gründen wegen entgegenstehender Grenzen nicht in Betracht kommt[312].

aa) Säcker und andere

aaa) Darstellung

Zum Teil wird die Begründung für den gleichen Umfang der Regelungsmacht für schuldrechtlichen und normativen Teil gerade anhand des Berührungspunktes von Kollektiv- und Privatautonomie entwickelt[313].

Säcker betont insbesondere den Unterschied zwischen den Selbstpflichten der Tarifparteien und solchen schuldrechtlichen Tarifvertragsvereinbarungen, die zur Einwirkung auf Dritte verpflichten und somit auf diese Dritten Auswirkungen haben. Bezüglich der Eigenverpflichtungen der Tarifparteien seien diese nicht an die den normativen Tarifklauseln gesetzten inhaltlichen Rahmenbedingungen gebunden[314]. Im Übrigen geht Säcker vom Grundsatz gleicher inhaltlicher Reichweite normativer und schuldrechtlicher Regelungen aus[315]. Diesen Grundsatz leitet er aus grundrechtsbetrachtenden Überlegungen ab. Er begründet die Kongruenz der Vereinbarungsbefugnis auf normativen und schuldrechtlichem Gebiet, indem er den Kollektivpartnern die durch Art. 2 Abs. 1 GG garantierte allgemeine Vertragsfreiheit von vornherein abspricht, sofern die Tarifparteien mit ihren Regelungen die "Arbeits- und Wirtschaftsbedingungen" ihrer Mitglieder wahren und fördern. Auch für schuldrechtliche Abreden in diesem Bereich sieht Säcker Art. 9 Abs. 3 GG als maßgebliche Grundrechtsnorm zur Bestimmung von Umfang und Grenzen der Regelungsbefugnisse der Koalitionen. Art. 9 Abs. 3 GG beinhalte als besondere Grundrechtsnorm für

---

311 So auch Clausen, S. 36.

312 Vgl. Säcker/Oetker, S. 157; Beuthien, ZfA 1984, 1, 16; Wallisch, S. 82.

313 Säcker, Grundprobleme, S. 20 ff.; ders. in: Nachtrag zu Hueck/Nipperdey, II/2, S. 1625 zu S. 40 und S. 1633 zu S. 125; Säcker/Oetker, S. 156; Schwendy, S. 107 ff.

314 Säcker/Oetker, S. 156.

315 Säcker, Grundprobleme, S. 28 ff., 56, 147 ff.; derselbe, BB 1966, 1031 f.; zustimmend: Wallisch, S. 80 f.

seinen Bereich eine Konkretisierung des in Art. 2 Abs. 1 GG als Hauptfreiheitsrecht enthaltenen Grundgedankens und stelle damit "lex specialis" dar. Daneben sei den Koalitionen ein Rückgriff auf die allgemeine Handlungsfreiheit verwehrt[316]. Laut Säcker sei die "falsche Ausstattung der Koalitionen mit der allgemeinen Vertragsfreiheit eine simplifizierende Indentifikation von Individual- und Koalitionsautonomie"[317], die einer "teleologischen Verortung der Koalitionsfreiheit als gesellschaftlich-öffentliche Selbstverwaltung entgegenstehe". Das soll heißen, daß die inhaltliche Gleichsetzung der aus Art. 9 Abs. 3 GG abgeleiteten Tarifautonomie und der lediglich durch Art. 2 Abs. 1 GG geschützten Privatautonomie dem besonderen Charakter der Tarifautonomie nicht gerecht werde. Art. 9 Abs. 3 GG gebe den Koalitionen über die Gewährleistung eines bloßen Abwehrrechts hinaus ein Recht auf unmittelbare Teilhabe an den Herrschaftsfunktionen im Staat. Gemäß der von der herrschenden Meinung vertretenen Delegationstheorie beinhalte Art. 9 Abs. 3 GG eine besondere verfassungsrechtliche Legitimation, und zwar das Recht auf unmittelbare Teilhabe an den Herrschaftsfunktionen des Staates[318] im Rahmen einer gesellschaftlich-öffentlichen Selbstverwaltung des Staates, der Dezentralisierung und Demokratisierung der Herrschaft. Der besondere Inhalt der durch Art. 9 Abs. 3 GG eingeräumten Koalitionsfreiheit beruhe auf der spezifischen Aufgabenzuweisung an die Koalitionen, im Interesse einer angemessenen Ordnung des Arbeitslebens Drittinteressen wahrzunehmen und diese zu wahren und zu fördern[319]. Der besondere Inhalt der Verfassungsgarantie sei insofern dessen auf die Mitglieder der Koalitionen zielende drittbezogene Charakter.

Als Gegengewicht zu dieser besonderen verfassungsrechtlichen Privilegierung und Legitimation legt er den Koalitionen eine Beschränkung ihrer allgemeinen Vertragsfreiheit auf, getreu dem Grundsatz, daß besondere Privilegien besonderen Pflichten entsprächen. Art. 9 Abs. 3 GG solle auch nicht nur dann zur Anwendung kommen, wenn es um spezifische koalitionsrechtliche Zwecke gehe[320], und daneben den Rückgriff auf Art. 2 Abs. 1 GG als Auffanggrundrecht zulassen. Es solle vielmehr keine Berufung auf die allgemeine Handlungsfreiheit zulässig sein, selbst wenn die Koalitionen über die funktionellen Kernbereiche der Tarifautonomie hinaus weitere Aufgaben in Anspruch nähmen und ausführten. Art. 2 Abs. 1 GG solle keine subsidiäre verfassungsrechtliche Aufgabenzuständigkeit begründen können[321], d.h. es solle keine inhaltliche Gleichsetzung, keine Identifikation von Tarif- und Privatautonomie erfolgen.

---

316 Säcker/Oetker, S. 160.

317 Säcker, Grundprobleme, S. 31; dem Sinn nach auch: derselbe, RdA 1969, 291, 294 ff.; Krüger, Gutachten für den 46. DJT, S. 7, 32 f.

318 Säcker, Grundprobleme, S. 28 ff.

319 Säcker/Oetker, S. 159.

320 Säcker, BB 1966, 1031 f.

321 Säcker, Grundprobleme, S. 56, 147.

Art. 2 Abs. 1 GG eröffne den Koalitionen keine thematisch über die Sachmaterie der "Arbeits- und Wirtschaftsbedingungen" hinausgehende tarifvertragliche Regelungsbefugnisse[322].

Dieses Verständnis der "kollektiven Koalitionsfreiheit" läßt Säcker bei der Auslegung der einfachgesetzlichen Grundlagen der tarifvertraglichen Regelungsbefugnis einfließen[323]:

Immer wenn die Tarifparteien Regelungen im sachlichen Anwendungsbereich des Art. 9 Abs. 3 GG träfen, seien sie den vom TVG als der einfachgesetzlichen Konkretisierung der Koalitionsfreiheit vorgegebenen sachlichen Beschränkungen unterworfen. Auch schuldrechtliche Vereinbarungen der Tarifvertragsparteien, mit denen die "Arbeits- und Wirtschaftsbedingungen" der Mitglieder gewahrt und gefördert werden sollten, seien an diese vom Gesetzgeber im TVG einfachgesetzlich gezogenen "sachlich-gegenständlichen Grenzen" gebunden[324]. Andere als die im TVG festgelegten Inhalte könnten auch mit schuldrechtlichen Tarifklauseln nicht geregelt werden.

Anderseits würden von der Betätigungsgarantie des Art. 9 Abs. 3 GG keine Regelungen erfaßt, die allein das Verhältnis der Verbände zueinander, d.h. deren Binnenbeziehungen regelten, und nicht auf die "Wahrung und Förderung der Arbeits- und Wirtschaftsbedingungen" der Mitglieder gerichtet seien. Regelungen über die "Rechte und Pflichten der Tarifparteien", d.h. reine "Eigenverpflichtungen" unterfielen nicht dem spezifischen Schutzbereich des Art. 9 Abs. 3 GG. Für diese "Eigenverpflichtungen" der Verbände sei statt dessen der Schutzbereich der allgemeinen Vertragsfreiheit eröffnet und die Regelungsbefugnisse nicht auf den Sachkatalog des TVG beschränkt[325]. Aufgrund der einfachgesetzlichen Regelung des § 1 Abs. 1 TVG sei es den Tarifparteien gestattet, solche "Eigenverpflichtungen" als Tarifvertrag zu vereinbaren. Da das TVG eine Ausgestaltung des Art. 9 Abs. 3 GG darstelle, seien auch die "Eigenpflichten" an das Begriffspaar der "Arbeits- und Wirtschaftsbedingungen" gebunden, so daß die Tarifparteien zwar nicht an den Sachkatalog des TVG gebunden seien, aber trotz der grundsätzlichen Anwendbarkeit des Art 2 Abs. 1 GG für diesen Bereich nicht alle denkbaren Regelungsgegenstände vereinbaren dürften[326].

---

322 Säcker/Oetker, S. 160.
323 Säcker/Oetker, S. 160.
324 Säcker/Oetker, S. 160 f.
325 Säcker/Oetker, S. 160 f.
326 Säcker/Oetker, S. 163.

Säcker versteht somit die im TVG enthaltenen inhaltlichen Beschränkungen als einheitliche Begrenzung für alle drittbezogenen Vereinbarungen, die in den Schutzbereich des Art. 9 Abs. 3 GG fallen, und gewinnt somit seine Theorie aus seinem besonderen Verständnis vom Charakter der Koalitionsautonomie.

Säcker macht jedoch auch deutlich, daß die Festlegung auf identische Inhalte nicht bedeutet, daß auch der Anwendungsbereich für normative und schuldrechtliche Tarifvertragsklauseln identisch sein müßte. So könnten z.B. dort, wo mangels ausreichender Bestimmtheit des Kreises der anspruchsberechtigten Arbeitnehmer normative Regelungen nicht möglich seien, ausschließlich schuldrechtliche Vereinbarungen zum Einsatz kommen[327]. Ein Beispiel in diesem Sinne sei die schuldrechtliche Vereinbarung von kompensatorischen Neueinstellungen[328].

bbb) Stellungnahme

Säckers spezifisches Verständnis von der durch Art. 9 Abs. 3 GG garantierten Tarifautonomie betont zu sehr den "drittbezogenen Charakter" der Tarifautonomie.

Die Herausnahme der "Eigenverpflichtungen" aus dem Schutzbereich des Art. 9 Abs. 3 GG verkürzt diesen unnötig und wird auch der Rolle der "Selbst"- oder "Eigenverpflichtungen" der Tarifparteien nicht gerecht. Denn auch die "Selbstpflichten" wie z.B. eine Schlichtungsvereinbarung dient zumindest mittelbar der "Wahrung und Förderung der Arbeits- und Wirtschaftsbeziehungen" im Interesse der Koalitionsmitglieder, auch wenn eine solche Vereinbarung nicht unter den im TVG aufgestellten Sachkatalog fällt. Säcker verkennt, daß sich die Aufgabe der Koalitionen zur "Wahrung und Förderung der Arbeits- und Wirtschaftsbedingungen" nicht allein durch Einwirkungspflichten vollzieht.

Nach der Ansicht von Säcker ist die Möglichkeit der Tarifparteien, solche "Eigenverpflichtungen" als Tarifvertrag zu vereinbaren nicht verfassungsrechtlich durch Art. 9 Abs. 3 GG garantiert, sondern allein einfachgesetzlich durch § 1 Abs. 1 TVG gestattet. Es ist nicht anzunehmen, daß bei der Schaffung des Grundgesetzes zwischen "Selbstpflichten" und "Eigenverpflichtungen" differenziert werden sollte und ein wichtiger Bereich der bisherigen Tarifpraxis nicht dem verfassungsrechtlichen Schutz des Art. 9 Abs. 3 GG unterstellt werden sollte. Andererseits gibt Säcker den Bereich der "Eigenpflichten" inhaltlich nicht beliebigen Regelungsgegenständen frei, wie es angesichts der Zuordnung dieses Bereichs zum Schutzbereich des Art. 2 Abs. 1 GG zu erwarten wäre. Vielmehr entnimmt er die inhaltliche Beschränkung der "Eigen-

---

327 Säcker/Oetker, S. 158, 163.

328 Säcker/Oetker, S. 163.

pflichten" auf den Bereich der "Arbeits- und Wirtschaftsbedingungen" der einfachgesetzlichen Konkretisierung des Art. 9 Abs. 3 GG, dem TVG. Letztendlich zeigt sich darin, daß auch Säcker nicht auf die gegenständliche Begrenzung der Tarifautonomie durch Art. 9 Abs. 3 GG verzichten kann, wenn es darum geht, den Anwendungsbereich des Tarifvertrages umfassend zu definieren. Allein schon im Hinblick auf diese auch für Säcker notwendige inhaltliche Anbindung an Art. 9 Abs. 3 GG kann die Herausnahme der "Eigenpflichten" aus dem Schutzbereich des Art. 9 Abs. 3 GG nicht überzeugen.

Die von Säcker angeführte verfassungsrechtliche dogmatische Begründung überzeugt somit nicht.

bb) Beuthien

aaa) Inhalte und Grenzen des schuldrechtlichen Teils

Nach der Auffassung von Beuthien steht den Koalitionen für Regelungen im Kernbereich der Arbeits- und Wirtschaftsbedingungen i.S. von Art. 9 Abs. 3 GG nur die besondere Kollektivvertragsart des Tarifvertrages zur Verfügung[329]. Jede Vereinbarung tariffähiger Parteien, die sich im Sachbereich einfachgesetzlicher Ausformungen der Tarifautonomie wie § 1 Abs. 1 TVG und sonstiger einfachgesetzlicher Ermächtigungen zur Tarifregelungen, sowie Regelungen für Gegenstände bewege, deren tarifliche Regelbarkeit sich aus der verfassungsrechtlichen Kernbereichsgarantie des Art. 9 Abs. 3 GG ergebe ohne bislang einfachgesetzlich gestattet worden zu sein, sei notwendig ein Tarifvertrag. Ein Wahlrecht zwischen der Tarif- und Privatautonomie stehe ihnen in diesem Bereich nicht zu.

In diesem Bereich seien die nichtnormative Vereinbarungsbefugnis der Tarifvertragsparteien und die normative Tarifsetzungsmacht als "Funktionsganzes" zu verstehen[330], mit sachlich einheitlichen Höchstschranken[331], die die sachlichen Regelungsbefugnisse der Tarifvertragsparteien einheitlich festlegten.

Der Inhalt eines schuldrechtlichen Tarifvertrages werde durch einfachgesetzliche Vorgaben bzw. durch die Kernbereichsgarantie des Art. 9 Abs. 3 GG fixiert. Denn auch der nichtnormative Teil eines Tarifvertrages fuße nicht etwa auf der allgemeinen Privatautonomie i.S. von Art. 2 Abs. 1 GG, § 305 BGB, sondern gehe auf die besondere Tarifautonomie i.S. von Art. 9 Abs. 3 GG, §§ 1 ff. TVG, § 3 3.VermBG als einem sachlich eigenständigem Teil der allgemeinen Privat-

---

[329] Beuthien, ZfA 1983, 141, 162.
[330] Beuthien, ZfA 1983, 141, 159 ff.
[331] Beuthien, ZfA 1983, 141, 160.

autonomie zurück[332]. Die Tarifautonomie mit den ihr eigentümlichen sachlichen Grenzen lege insofern auch die möglichen Regelungsinhalte nichtnormativer Tarifverträge fest. Daraus ergebe sich für schuldrechtliche Tarifverträge die folgenden inhaltlichen Voraussetzungen:

Es müßten zumindest Arbeits- und Wirtschaftsbedingungen im Sinne von Art. 9 Abs. 3 GG geregelt werden, sachlich insbesondere beschränkt auf den Sachkatalog des § 1 Abs. 1 HS 2 TVG und durch § 3 3. VermBG als einfachgesetzlichen speziellen Ausformungen des Art. 9 Abs. 3 GG. Trotz dieser einheitlichen sachlichen Regelungsbefugnisse will Beuthien jedoch nicht von einer instrumentalen Gleichschaltung der normativen und nichtnormativen Regelungsbefugnis der Tarifvertragsparteien sprechen. Einen allgemeinen Harmoniesatz lehnt er mit Blick auf Außenseiter begünstigende Klauseln ab[333].

Die klare inhaltliche Begrenzung auf die in Art. 9 Abs. 3 GG zugelassenen und einfachgesetzlich durch den Katalog des § 1 Abs. 1 Hs. 2 TVG näher bestimmten Regelungsgegenstände sei wegen der Erkämpfbarkeit des Tarifvertrages zwingend erforderlich[334], um die Tarifautonomie so auf verläßliche Grundbegriffe zurückzuführen[335]. Während bei einem gewöhnlichen schuldrechtlichen Vertrag aufgrund des grundsätzlichen privatrechtlichen Selbsthilfeverbots nicht durch autonome Zwangsmaßnahmen in die Abschlußfreiheit des Verhandlungsgegners eingegriffen werden dürfe, sei der Abschluß eines Tarifvertrages durch Arbeitskampf, insbesondere Streik erzwingbar[336]. Die Erstreikbarkeit sei mithin der Grund, um die allgemeine Privatautonomie im Bereich schuldrechtlicher Tarifverträge nicht zuzulassen, da ansonsten die Arbeitskampffreiheit ausufern könne und nach Inhalt, Zweck und Ausmaß gefährlich unbestimmt und unkontrollierbar wäre[337].

Die schuldrechtliche Vereinbarungsbefugnis, die Rechte und Pflichten der Tarifvertragsparteien i.S. des § 1 Abs. 1 Hs. 1 TVG seien keinesfalls Experimentierklauseln zur außergesetzlichen Fortentwicklung der Tarifautonomie auf bisher nicht regelbare Gegenstände[338]. Vielmehr sei der Kernbereich der Tarifautonomie derzeit im wesentlichen einfachgesetzlich ausgeformt und bedürfe keiner Ausdehnung in andere Bereiche hinein[339].

---

332 Beuthien, ZfA 1983, 141, 161.
333 Beuthien, ZfA 1983, 141, 160.
334 Beuthien, ZfA 1983, 141, 161.
335 Beuthien, ZfA 1983, 141, 162.
336 Beuthien, ZfA 1983, 141, 161.
337 Beuthien, ZfA 1983, 141, 162; so auch Vollmer, Partnerschaftliche Unternehmensverfassungen, S. 115 ff.
338 Beuthien, ZfA 1983, 141, 161.
339 Beuthien, ZfA 1983, 141, 161.

Sollte ausnahmsweise die tarifliche Regelbarkeit von Inhalten aus dem von Art. 9 Abs. 3 GG geschützten Kernbereich noch nicht positivrechtlich gestattet sein, so räumt Beuthien ein, daß es sich bei Vereinbarungen aus diesem Kernbereich um Tarifverträge handelt[340].

bbb) Verhältnis zur Privatautonomie

Neben der Tarifautonomie genössen die Tarifvertragsparteien aber auch die allgemeine Vertragsfreiheit[341], je nach Art ihrer Rechtsperson nach Maßgabe der §§ 21 ff. BGB, §§ 124 Abs. 1, 161 Abs. 2 HGB, § 1 Abs. 1 S. 1 AktG, § 13 GmbHG; § 17 GenG, §§ 1ff., 104 ff. BGB.

Es stehe ihnen aber kein Wahlrecht zwischen Privat- und Tarifautonomie zu. Privatautonomie und Tarifautonomie stünden systematisch nebeneinander und hätten jeweils eigenständige Regelungsbereiche, die sich nicht durchdrängen[342]. Zur Regelung der Arbeits- und Wirtschaftsbedingungen könnten sich die Tarifvertragsparteien nur des Tarifvertrages bedienen.

Die Privatautonomie finde hingegen außerhalb der Tarifautonomie Anwendung. Damit seien allgemeine schuldrechtliche Vereinbarungen zulässig, wenn keine Inhalte im Sachbereich des TVG oder andere einfachgesetzlicher Ausgestaltungen des Art. 9 Abs. 3 GG oder der Kernbereichsgarantie des Art. 9 Abs. 3 GG geregelt würden[343].

Letztendlich könne auch aufgrund dieses Zugeständnisses der allgemeinen Vertragsfreiheit für allgemeine schuldrechtliche Vereinbarungen von einer Benachteiligung der Tarifvertragsparteien nicht die Rede sein.

ccc) Stellungnahme

Im Gegensatz zu Hölters qualifiziert Beuthien alle Vereinbarung außerhalb des sachlichen Regelungsbereichs der Tarifautonomie zwingend als gewöhnliche schuldrechtliche Verträge, während Hölters auch Tarifverträge für möglich hält, die nicht die Arbeits- und Wirtschaftsbeziehungen regeln und für die die Vertragsfreiheit gelten soll. Im Hinblick auf das von Beuthien als Argument angeführte Streikrecht erscheint dies Abgrenzung sinnvoll.

Nicht zu überzeugen vermag jedoch seine Argumentation zur sachlich-gegenständliche Deckung der normativen und schuldrechtlichen Regelungsmacht.

---

340 Beuthien, ZfA 1983, 141, 162.
341 So auch Hölters, Harmonie, S. 80, 108; Brox/Rüthers, Arbeitskampfrecht, Rn. 243.
342 Beuthien, ZfA 1983, 141, 162.
343 Beuthien, ZfA 1983, 141, 162 f.

Diese ergibt sich für Beuthien aus der inhaltlichen Beschränkung des Anwendungsbereichs des Tarifvertrages auf die im wesentlichen im Katalog des § 1 Abs. 1 Hs. 2 TVG näher bestimmten Regelungsgegenstände. Beuthien räumt aber selbst ein, daß der für die Bestimmung der Tarifmacht maßgebliche Kernbereich der Tarifautonomie nur "im wesentlichen" einfachgesetzlich ausgeformt sei, so daß ein Tarifvertrag in Ausnahmefällen auch außerhalb der einfachgesetzlichen Ausgestaltung vorliegen könne. Diese Ausnahme steht somit einer in sich geschlossenen Konzeption im Wege.

cc) Löwisch

aaa) Darstellung

Löwisch geht bei schuldrechtlichen Vereinbarungen der Tarifvertragsparteien grundsätzlich von Vertragsfreiheit aus[344], ohne jedoch den Tarifvertrag i.S. des TVG derartigen Inhalten zur Verfügung zu stellen. Die schuldrechtliche Vereinbarungsmacht der Tarifvertragsparteien sei originär und im Gegensatz zur Rechtsnormsetzungsbefugnis nicht etwa verliehen. Wegen der somit geltenden Vertragsfreiheit sei die schuldrechtliche Vereinbarungsmacht im Prinzip unbegrenzt[345] und die Tarifparteien könnten an sich jeden beliebigen Gegenstand schuldrechtlich regeln, somit auch alle Fragen der Arbeits- und Wirtschaftbedingungen.

Schuldrechtliche Vereinbarungen ordnet Löwisch aber nur dann als Tarifverträge ein, wenn die schuldrechtlichen Vereinbarungen entweder im Dienst des normativen Teils stehen[346] oder wenn sich die schuldrechtliche Regelung innerhalb der Tarifmacht bewegt[347]. Dabei sieht Löwisch den Umfang der Tarifmacht auf die Inhalte beschränkt, die gemäß dem TVG der Normsetzungsbefugnis der Tarifparteien unterliegen[348]. Löwisch spricht im Zusammenhang mit schuldrechtlichen Vereinbarungen der Tarifparteien auf dem der Normsetzung eröffneten Gebiet von "normersetzenden" Veträgen: Bereits die Möglichkeit, daß die Tarifvertragsparteien ihren Regelungen Normcharakter geben, mache es notwendig, auf ihre Verträge das TVG anzuwenden[349].

Reichen die schuldrechtlichen Vereinbarungen über diesen inhaltlichen Rahmen hinaus, ordnet er die Vereinbarungen als außertariflichen Schuldvertrag ein[350].

---

344 MünchArbR/Löwisch, § 271 Rn. 1; Löwisch in: Löwisch/Rieble, TVG, Grundl. Rn. 89, eingehend § 1 Rn. 258 ff.

345 Löwisch in: Löwisch/Rieble, TVG, § 1 Rn. 267.

346 Löwisch in: Löwisch/Rieble, TVG, § 1 Rn. 258.

347 MünchArbR/Löwisch, § 271 Rn. 1.

348 MünchArbR/Löwisch, § 273 Rn. 7.

349 Löwisch in: Löwisch/Rieble, TVG, § 1 Rn. 270.

350 MünchArbR/Löwisch, § 271 Rn. 1, § 273 Rn. 7.

Bewegen sich die Inhalte derartiger außertariflicher Regelungen im Bereich der "Arbeits- und Wirtschaftsbedingungen", so sieht er sie von der Koalitionsfreiheit i.S. des Art. 9 Abs. 3 GG geschützt[351].

Somit kommt Löwisch zu dem Schluß, daß beim Tarifvertrag derselbe inhaltliche Regelungsumfang für den schuldrechtlichen und normativen Teil gilt. Das tariflich Regelbare beschränke sich auf die im TVG fixierten Inhalte.

Löwisch lehnt jedoch in der Auseinandersetzung mit der von Beuthien vertretenen Auffassung[352] ausdrücklich eine "funktionale Einheit" zwischen normativen und schuldrechtlichen Regeln des Tarifvertrages und somit identische Grenzen für den schuldrechtlichen wie den normativen Teil ab[353].

bbb) Stellungnahme

Letztendlich fehlt es auch Löwisch an einem dogmatisch überzeugenden Konzeption, warum einerseits schuldrechtliche Tarifklauseln auf die normativ regelbaren Inhalte des TVG beschränkt sein sollen, diese inhaltliche Begrenzung aber dann nicht gilt, wenn sich eine Klausel als solche "im Dienst des normativen Teils"[354] verstehen läßt. Hier ergeben sich wieder Abgrenzungsschwierigkeiten, wann eine schuldrechtliche Vereinbarung im Dienst von Tarifnormen steht. An dieser ungenügenden Trennschärfe scheitert letztendlich eine dogmatisch saubere Definition des Umfangs der schuldrechtlichen Regelungsmacht.

e) Die These von der Harmonie normativer und schuldrechtlicher Tarifvertragsklauseln

Die Vertreter des Harmoniepostulats legen nicht nur den inhaltlichen Rahmen möglicher schuldrechtlicher Tarifvertragsvereinbarungen und damit die Zuständigkeit auf den vom TVG gesetzten Sachkatalog fest, sondern gehen noch einen Schritt weiter:

Sie messen auch die Grenzen schuldrechtlicher Vereinbarungen, d.h. deren Zulässigkeit anhand der für den normativen Teil u.a. im TVG vorgegebenen Grenzen, und sprechen einheitlich von den Grenzen der Tarifmacht. Daraus ergibt sich der allgemeine Harmoniesatz, der besagt, daß alles, das normativ

---

351 MünchArbR/Löwisch, § 273 Rn. 3.
352 Vgl. Beuthien, ZfA 1983, 141, 160 ff.
353 Löwisch in: Löwisch/Rieble, TVG, § 1 Rn. 267.
354 Vgl. Löwisch in: Löwisch/Rieble, TVG, § 1 Rn. 258 ff.

nicht regelbar ist, auch einer schuldrechtlichen Tarifregelung verschlossen sei[355].

Sie bestimmen somit den Umfang der schuldrechtlichen Regelungsmacht, indem sie die für den normativen Teil geltenden Grenzen bestimmen und diese einheitlich als "Grenzen der Tarifmacht" auch auf schuldrechtliche Tarifklauseln anwenden.

Problematisch an der Lehre von der instrumentalen Gleichschaltung der schuldrechtlichen und normativen Befugnisse ist jedoch, daß die meisten Vertreter dieser Auffassung ihre These nicht auf verfassungsrechtlichen Überlegungen oder anderen positivrechtlichen Inhaltsbestimmungen schuldrechtlicher Regelungsbefugnisse stützen. Vielmehr ziehen sie ihre Schlußfolgerungen aus einer Gegenüberstellung mit den Möglichkeiten des normativen Teils und einer Auseinandersetzung mit den als Gegeninteressen wirkenden Grenzen des Tarifvertrages. Ausgangspunkt ihrer Argumentation sind dabei häufig Tarifausschlußklauseln und Differenzierungsklauseln. Für diese speziellen Tarifklauseln ist die Tarifbindung in persönlicher Hinsicht als mögliche Grenze von besonderer Relevanz. Hintergrund dieser Festlegung schuldrechtlicher Vereinbarungen ist, daß durch identische inhaltliche Reichweite und Begrenzung eine Umgehung der für den normativen Teil vorgeschriebenen Grenzen verhindert werden soll[356], insbesondere der im TVG gezogenen Grenze der personellen Tarifgebundenheit.

Nach dieser Ansicht ergibt sich die inhaltliche Bandbreite schuldrechtlicher Tarifvertragsvereinbarungen mangels einer eindeutigen positivrechtlichen Bestimmung der zulässigen Inhalte somit erst durch die Bestimmung der für die normative Regelungsmacht geltenden Grenzen. Mittels der Konkretisierung dieser Grenzen soll auch der inhaltliche Umfang der schuldrechtlichen Regelungsmöglichkeiten definiert werden. Zumindest faktisch läuft der Grundsatz, daß nur das schuldrechtlich geregelt werden könne, was auch einer normativen Regelung zugänglich sei, auf eine Einengung des Regelungsumfangs auf die im TVG für Normen genannten Gegenstände hinaus.

Der von der Lehre der instrumentalen Gleichschaltung aufgestellte Grundsatz, daß schuldrechtlich nur das geregelt werden kann, was auch normativ zu verein-

---

355 Mayer-Maly, BB 1965, 829, 833; derselbe, BB 1966, 1067, 1069; Richardi, Kollektivgewalt, S. 199 ff.; Ganter, S. 47 ff.; unter Berufung auf das Umgehungsargument i.E. auch Loritz, der jedoch zwischen sachlichen Grenzen und sonstigen Grenzen (Vorschriften und Grundsätze der Rechtsordnung) unterscheidet: Loritz, Tarifautonomie und Gestaltungsfreiheit, S. 125 ff, derselbe in: Zöllner/Loritz, Arbeitsrecht, S. 394.

356 Vgl. Loritz in: Zöllner/Loritz, Arbeitsrecht, S. 394.

baren ist, läßt sich befolgen, indem man das Harmoniepostulat entweder als Grenze versteht, an der die Zulässigkeit einer schuldrechtlichen Klausel zu überprüfen ist, oder aber indem man den direkten Weg wählt und den Umfang der schuldrechtlichen Vereinbarungsmacht und ihre Grenzen direkt dem zugrundeliegenden TVG entnimmt.

Die nachfolgend aufgeführten Vertreter dieser Auffassung differenzieren nicht zwischen der Zuständigkeit der Tarifparteien für bestimmte Regelungsinhalte und der Zulässigkeit bestimmter getroffener Regelungen, sondern behandeln die Problematik des Regelungsumfangs und der Regelungsgrenzen einheitlich unter dem Oberbegriff "Grenzen der Tarifmacht"[357].

Um sich mit den Argumenten dieser Meinung auseinandersetzen zu können und um zu klären, ob das TVG tatsächlich auch den Regelungsinhalten des schuldrechtlichen Teils einen Rahmen setzt, soll - soweit erforderlich - dieser undifferenzierten Sichtweise gefolgt werden. Es sollen bei der Bestimmung des Umfangs der schuldrechtlichen Regelungsmacht die für den schuldrechtlichen Teil geltenden Grenzen mit berücksichtigt werden.

Dies führt zu der Frage, ob die Tarifvertragsparteien auch im schuldrechtlichen Teil den für den normativen Teil geltenden Grenzen der Tarifmacht, insbesondere der im TVG gesetzten Schranke der Tarifgebundenheit unterworfen sind.

Folgt man dieser Auffassung, ist somit zur Bestimmung der Regelungsmacht im schuldrechtlichen Teil auch eine Auseinandersetzung mit den für den normativen Teil geltenden Grenzen notwendig.

aa) Nipperdey

aaa) Darstellung

Nipperdey[358] tritt für eine Kongruenz von schuldrechtlicher und normativer Regelungsmacht ein. Nur die Gegenstände seien schuldrechtlich regelbar, die auch normativen Regelungen zugänglich seien. Neben dem gleichen inhaltlichen Regelungsumfang propagiert er auch einheitliche Grenzen für schuldrechtlichen und normativen Teil. Nipperdey sieht die Grenzen der Tarifmacht auch als maßgebliche Grenze für schuldrechtliche Tarifvertragsvereinbarungen. Der von Nipperdey aufgestellte Obersatz lautet: "Die Grenzen der Tarifautono-

---

357 Zur Differenzierung zwischen "Zuständigkeit" und "Zulässigkeit": Clausen, S. 74 ff., 124; vgl. auch Gamillscheg, Differenzierung, S. 83; derselbe, BB 1967, 45, 50 ff.

358 Hueck/Nipperdey, II/1, S. 329 f., 657.

mie gelten nicht nur für den normativen, sondern auch für den schuldrechtlichen Teil eines Tarifvertrages"[359].

Diese These von den einheitlichen Grenzen des normativen und schuldrechtlichen Teils wird auch als These von der "Harmonie normativer und schuldrechtlicher Klauseln" bezeichnet[360]. Dabei liegt der von Nipperdey vertretenen Ansicht folgende Argumentationskette zugrunde: Zunächst lehnt Nipperdey für Lohnverwendungsabreden schuldrechtliche Abreden ab, da ansonsten ein gesetzliches Verbot, das sich aus § 117 Abs. 2 GewO, den Grenzen der Tarifmacht sowie § 242 BGB ergebe, umgangen würde. Dieses an diesem Spezialproblem gewonnene Umgehungsargument überträgt Nipperdey auf das gesamte Tarifrecht. Er verdichtet diese Teilerkenntnis zu einem grundlegenden Obersatz, zu einem für das Gesamttarifvertragsrecht gültigen Automatismus. Danach sei jede schuldrechtliche Vereinbarung, deren normatives Spiegelbild unzulässig ist, als Umgehung dieses Verbots der normativen Gestaltung ebenfalls unzulässig. Dies führe zu einer gleichen inhaltlichen Reichweite schuldrechtlicher und normativer Klauseln.

So verstößt nach dieser Ansicht eine schuldrechtliche Vereinbarung zwischen den Tarifvertragsparteien über eine Differenzierung zwischen Gewerkschaftsmitgliedern und Nichtmitgliedern wegen der für normative Regelungen nach § 4 Abs. 1 TVG beschränkten Tarifbindung an eben diese Grenzen der Tarifmacht.

Trotz dieses Ergebnisses hält Nipperdey daran fest, daß sich die Tarifvertragsparteien auf die durch Art. 2 Abs. 1 GG geschützte Vertragsfreiheit berufen können. Nach seiner Auffassung zur Grundrechtssystematik schützt Art. 9 Abs. 3 GG nur die Gesamteinrichtung, Art. 2 Abs. 1 GG dagegen die konkrete Einzelbetätigung der Koalitionen[361]. Unter Vertragsfreiheit sei die Freiheit des einzelnen zu verstehen, seine Rechtsstellung und die Rechtslage der von ihm beherrschten Rechtsgüter nach Belieben durch Verträge mit anderen zu ändern: Grundsätzlich könne jeder Verträge mit einem beliebigen Partner abschließen (Abschlußfreiheit) und mit diesen den Inhalt der vertraglichen Regelung frei bestimmen (Freiheit der inhaltlichen Gestaltung) Nur auf Gebieten, auf denen eine umfassende Vertragsfreiheit die Gefahr einer großen Rechtsunsicherheit nach sich ziehe, dürfe sie eingeschränkt werden, wobei sich diese Einschrän-

---

359 Hueck/Nipperdey, II/1, S. 337.

360 Hueck/Nipperdey, II/1, S. 168 (Fn. 34), 330, 337, 402, 508; siehe zu dem Begriff der "Harmonie": Hölters, Harmonie, S. 47.

361 Hueck/Nipperdey, II/1, S.148 ff.: jedoch anders in II/2, S. 914 ff; a.A.: Säcker, Grundprobleme, S. 26 Fn. 35; Schwendy, S. 107 ff.; Weber, Koalitionsfreiheit, S. 35 f.

kung meist auf die Freiheit der inhaltlichen Gestaltung beziehe[362]. Nipperdey bezeichnet die Vertragsfreiheit der Tarifvertragsparteien ausdrücklich nicht nur als "formale, sondern durchaus reale"[363].

Statt dessen begründet er seine Abweichung von seiner auf Art. 2 Abs. 1 GG gestützten Grundposition mit dem engen rechtlichen Zusammenhang beider Tarifvertragsteile, die als einheitliches Gebilde eine einheitliche rechtliche Behandlung verlangten[364].

bbb) Stellungnahme

Nipperdey bleibt trotz seines Umgehungsarguments eine dogmatisch hinreichende Begründung für die von ihm vertretene Kongruenz schuldrechtlicher und normativer Klauseln schuldig. Er sieht trotz der von ihm propagierten einheitlichen Grenzen für normative und schuldrechtliche Klauseln eines Tarifvertrages dieses Problem nicht mit der strittigen Frage des Berührungspunktes von Kollektiv- und Privatautonomie verknüpft[365].

Eine Umgehung im rechtlichen Sinne liegt erst vor, wenn auf einem anderen Weg dieselben, von der Rechtsordnung nicht gebilligten Rechtsfolgen erzielt werden sollen. Die Umsetzung normativer Regelungen und schuldrechtlicher Vereinbarungen ist aber grundsätzlich unterschiedlich. Letztendlich entstehen nicht dieselben Rechtsfolgen. Es ist ein wesentlicher Unterschied, ob die Vereinbarung als Norm unmittelbar oder als schuldrechtliche Vereinbarung wirkt.

Diese mit dem Umgehungsargument am Harmoniegrundsatz festhaltende Ansicht Nipperdeys erscheint somit inkonsequent. Denn welche Vereinbarungsfreiräume sollten verbleiben, die von der Vertragsfreiheit ausgefüllt werden könnten. Offen bleibt auch, ob nach dieser Ansicht entsprechende außertarifliche Abreden zulässig sind. Dabei muß man bedenken, daß auch derartige außertarifliche Vereinbarungen der Tarifvertragsparteien als Umgehung eines Verbots der normativen Gestaltung zu verstehen sein könnten.

---

362 Vgl. auch BVerfGE 8, 274, 328.

363 Hueck/Nipperdey, II/1., S. 392.

364 Hueck/Nipperdey, II/1, S. 336 Fn. 1.

365 So auch Hölters, Harmonie, S. 47.

bb) Mayer-Maly

aaa) Darstellung

Mayer-Maly unterwirft solche schuldrechtlichen Tarifklauseln den auch für den normativen Teil geltenden Grenzen, "die im Ergebnis die erfaßten Arbeitsverhältnisse gestalten"[366]:

Klauseln, die objektiv betrachtet auf eine Ordnung der Arbeitsverhältnisse abzielten, seien unabhängig von ihrer Bezeichnung als "obligatorische Klauseln" und unabhängig von ihrer äußeren Gestaltung als Verpflichtung zwischen den Tarifparteien auf normative Wirkung angelegte Tarifvertragsbestandteile und von daher auch als normative Klauseln zu behandeln. Entsprechend habe sich die Klausel an den für Normen geltenden rechtlichen Grenzen zu messen[367].

Auch Mayer-Maly orientiert sich nicht an der von den Tarifvertragsparteien gewählten Formulierung oder an der gewählten Bezeichnung ("Formulierungskünste derjenigen, die Vertragstexte entwerfen"), sondern allein an der tatsächlichen Funktion und Wirkungsweise einer Klausel.

Seine Ausgangsthese ist somit, daß sich die Grenzen, an denen eine Vereinbarung zu messen sei, nach der Funktion und objektiven Wirkung einer Klausel auf die Arbeitsverhältnisse richten. Habe die schuldrechtliche Klausel materiell betrachtet normative Wirkung, d.h. sei sie auf eine normative Wirkung "angelegt", so müsse sie sich an den durch § 1 und § 3 Abs. 2 TVG konkretisierten Grenzen der Tarifmacht messen lassen[368]. Damit postuliert Mayer-Maly ein "materielles Verständnis des Normativen"[369].

Mayer-Maly läßt für derartige, nach materiellem Verständnis "normative" Klauseln eine erweiterte Grenzziehung auch nicht unter Berufung auf die Verfassung zu, selbst wenn man aus Art. 9 Abs. 3 GG für die Tarifmacht einen weiteren Rahmen herauslese. Man könne nicht die Verfassung als Stütze für eine weitergehende Grenzziehung heranziehen, wenn der Gesetzgeber von seinem Recht zur einfachgesetzlichen Ausgestaltung des nur im Kernbereich durch Art. 9 Abs. 3 GG geschützten Tarifsystems bereits Gebrauch gemacht habe[370]. Die von der einfachen Gesetzgebung gezogenen, verfassungskonformen Grenzen und die damit vom Gesetzgeber für den normativen Teil geschaffene Ordnung mit deren klar festgelegte Wertungen dürfe nicht einfach durchkreuzt

---

366 Mayer-Maly, BB 1966, 1067, 1069.
367 Mayer-Maly, BB 1966, 1067, 1069.
368 Mayer-Maly, BB 1966, 1067, 1069; BB 1965, 829, 833.
369 Mayer-Maly, BB 1966, 1067, 1069.
370 Mayer-Maly, BB 1966, 1067, 1069.

werden[371]. Genausowenig könne die Berufung auf die Vertragsfreiheit für den schuldrechtlichen Teil dazu dienen, die in der gesetzgeberischen Ordnung der normativen Tarifwirkungen deutlich positivierten Wertungen zu durchkreuzen[372]. Diese sei insofern eingeschränkt.

Mit seiner Argumentation steht Mayer-Maly im Ergebnis dem Umgehungsargument Nipperdeys sehr nahe. Das Umgehungsargument Nipperdeys lehnt Mayer-Maly aber als solches ab, da ihm die subjektiven Akzente mißfallen, die allgemein mit der Behauptung einer Umgehung verbunden werden[373].

Mayer-Maly lehnt somit eine traditionelle zivilrechtliche Sicht des Verhältnisses der beiden Vertragsteile eines Tarifvertrages ab und tritt statt dessen für eine flexiblere Einteilung von Klauseln als "normativ" oder als "obligatorisch" ein, die sich an der, u.U. hinter einer Formulierung als schuldrechtliche Vereinbarung verborgenen, Zielsetzung und Wirkung einer Klausel orientiert.

Für schuldrechtlich vereinbarte Außenseiterklauseln, die auf die Begünstigung von Außenseitern abzielen, bedeutet dies, daß hier nach Mayer-Malys Ansicht die Grenzen der Tarifmacht überschritten sind. Derartige Klauseln läßt er auch über die Rechtsfigur des Vertrages zugunsten Dritter (§ 328 BGB) nicht zu, da das TVG gegenüber allgemeinen schuldrechtlichen Konstruktionsmöglichkeiten "lex specialis" sei [374].

An diesem Punkt hat Mayer-Maly starke Kritik erfahren [375] und in Reaktion darauf Ausnahmen bei der Begünstigung von Außenseitern eingeräumt[376]. Er hat die Absolutheit seines Grundsatzes abgeschwächt und für zwei Ausnahmen die Möglichkeit zugestanden, Außenseiter durch den schuldrechtlichen Teil des Tarifvertrages zu begünstigen. Die erste Ausnahme sind Wiedereinstellungsklauseln. Diese Klausel rechtfertige sich aus dem (im Arbeitskampfrecht nicht unumstrittenen[377]) Grundsatz, daß auch der arbeitswillige Außenseiter von der Aussperrung mitbetroffen werde.

---

371 Mayer-Maly, BB 1966, 1067, 1069.

372 Mayer-Maly, BB 1965, 829, 833.

373 Mayer-Maly, BB 1966, 1067, 1069.

374 Mayer-Maly, BB 1966, 1067, 1069.

375 BAG, Beschluß v. 21.2.1967 - 1 AZR 495/65, BAGE 20, 175, 183 = AP Nr. 13 zu Art. 9 GG; Gamillscheg, BB 1967, 45, 52; Hanau, JuS 1969, 213, 218 f.; Weller, ArbuR 1970, 161, 164; Wiedemann, RdA 1969, 321, 334.

376 Mayer-Maly, ZAS 1969, 81, 88.

377 Siehe dazu Gamillscheg, Kollektives Arbeitsrecht, S. 1047.

Die zweite Ausnahme betrifft die schuldrechtliche Einbeziehung von Außenseitern in eine gemeinsame Einrichtung mittels einer Satzungsbestimmung[378]. Eine derartige Einbeziehung könne mit einer Analogie zur tarifgesetzlich anerkannten Regelungsmacht für betriebliche und betriebsverfassungsrechtliche Fragen gem. § 3 Abs. 2 TVG realisiert werden. Derartige Regelungen zu gemeinsamen Einrichtungen beträfen keine betriebliche oder betriebsverfassungsrechtliche Frage, die Eigenart der Institution mache es aber erforderlich, daß alle Arbeitnehmer eines bestimmten Bereichs einbezogen würden, um ihre Funktion erfüllen zu können[379].

bbb) Stellungnahme

Obwohl Mayer-Maly als entscheidender Mitbegründer der These von der Harmonie normativer und schuldrechtlicher Tarifvertragsvereinbarungen gilt[380], führt die Analyse der von ihm vertretenen Ansicht zu folgendem überraschenden Ergebnis:

Seine Konzeption läßt durchaus einen unterschiedlichen Regelungsumfang, d.h. voneinander abweichende sachlich-gegenständliche Anwendungsbereiche für den schuldrechtlichen und normativen Teil zu, und versagt nur da eine inhaltliche Unbegrenztheit, wo diese zu Lasten der für den normativen Teil aufgestellten Wertungen gehe. Mayer-Maly verlangt nicht, daß auch den Vereinbarungen, die nach objektiven Kriterien inhaltlich nur die Beziehung zwischen den Tarifvertragsparteien regeln, ebenfalls die für den normativen Teil geltenden Grenzen zu ziehen sind. Hat eine Klausel keine faktischen Auswirkungen auf die Arbeitsverhältnisse der Tarifgebundenen und fehlt es somit - "materiell betrachtet" - an einer normativen Wirkung, so stoße das Regelbare nicht an die vom einfachen Gesetzgeber vorgegebenen engen Grenzen. Damit läßt seine Auffassung von den Grenzen der Tarifmacht auch einen unterschiedlichen Umfang der Regelungsmacht und somit unterschiedliche Inhalte für schuldrechtliche und normative Klauseln zu, so lange mittels schuldrechtlicher Klauseln nicht versucht wird, Arbeitsverhältnisse zu gestalten und so der Normsetzung entzogene Gestaltungen schuldrechtlich herbeizuführen. Keinesfalls läßt sich aus der von ihm vertretenen Meinung prinzipiell eine instrumentale Gleichschaltung der tarifvertraglichen Elemente herauslesen, auch wenn er in den von ihm angeführten Beispielen jeweils zu dem Ergebnis kommt, daß eine schuldrechtliche Tarifbestimmung keine der Normsetzung entzogene Gestaltung herbeiführen darf[381]. Vielmehr stellt Mayer-Maly nur seine Bewertung, welchem dieser Teile eines Tarifvertrages eine bestimmte Klausel zuzuordnen

---

378 Mayer-Maly, ZAS 1969, 81, 88.

379 Siehe dazu auch Biedenkopf, Gutachten zum 46. DJT, S. 97, 145.

380 So Säcker/Oetker, S. 155.

381 Vgl. Mayer-Maly, BB 1965, 829, 833.

sei, von den Formulierungskünsten der Vertragsparteien zugunsten objektiver Kriterien frei.

Darüber hinaus ist aufgrund der von Mayer-Maly selbst eingeräumten Ausnahmen das von ihm aufgestellte Dogma der einheitlichen Grenzen von normativen und schuldrechtlichen Klauseln mit "normativer" Wirkung, das "Harmoniepostulat", in seiner Strenge nicht aufrechtzuerhalten und nicht mehr schlüssig. Weitere Ausnahmen dürften auch in anderen Punkten gerechtfertigt sein. Die Vielzahl der notwendig erscheinenden Ausnahmen zeigt nur, daß das Dogma nicht stimmt und die Grenzen anders zu bestimmen sind.

Auch dem Argument, mit dem Mayer-Maly einer erweiterten Grenzziehung unter Berufung auf die Verfassung entgegentritt, ist inzwischen weitestgehend die Stütze entzogen worden. Denn das BVerfG hat mittlerweile seine bisherige Rechtsprechung zur Tarifautonomie präzisiert und unter überwiegender Zustimmung der Literatur die "Kernbereichsformel" aufgegeben[382]. Nach dieser Formel sollte Art. 9 Abs. 3 GG die Koalitionsfreiheit und damit die Betätigung der Koalitionen lediglich in einem Kernbereich schützen. Nunmehr soll der Schutzbereich des Art. 9 Abs. 3 GG nicht von vornherein auf den Bereich des Unerläßlichen sein, wenn auch eine Ausgestaltung des Schutzbereichs durch den Gesetzgeber zulässig sei[383].

f) Eingeschränkte Anwendung des Harmoniesatzes

Teile der Literatur berufen sich grundsätzlich zwar auch auf die These von der Harmonie schuldrechtlicher und normativer Tarifvertragsklauseln, jedoch hat dieser Grundsatz für sie keine absolute Geltung. Vielmehr differenzieren sie zwischen verschiedenen Arten schuldrechtlicher Vereinbarungen oder lassen zumindest Ausnahmen zu.

aa) Richardi

aaa) Darstellung

Richardis Untersuchungen über die Begrenzung der Tarifmacht im Verhältnis von normativen und schuldrechtlichen Klauseln orientieren sich streng an einer auf Dritte, d.h. Verbandsmitglieder und Außenseiter zugespitzten Problembetrachtung[384].

---

382 BVerfG (14.11.1995), BVerfGE 93, 352, 354 f.; Wiedemann/Wank, TVG, § 4 Rn. 638; Wiedemann, TVG, Einleitung Rn. 104 ff.; Kempen in: Kempen/Zachert, TVG, Grundlagen Rn. 109 ff.; Bremkamp, S. 262; Wiedemann, Festschrift Stahlhacke, S. 675, 676 ff.; Heilmann, ArbuR 1996, 121 f.; Hanau, ZIP 1996, 447.

383 Vgl. Koberski/Clasen/Menzel, TVG, Einführung Rn. 83 a.

384 Richardi, Kollektivgewalt, S. 197 ff; derselbe verkürzt in: RdA 1968, 427, 429.

Der Ausgangspunkt seiner Überlegungen ist die grundsätzlich geltende allgemeine Vertragsfreiheit. Für die Tarifvertragsparteien werde die Vertragsfreiheit aber gesetzlich durch das TVG eingeschränkt und auf einen bestimmten Umfang an Gestaltungsmacht begrenzt[385]. Richardi zufolge ermögliche es der Tarifvertrag, die Kollektivgewalt geschlossen als Marktmacht für die Gestaltung der Arbeitsbedingungen einzusetzen, und damit den Wettbewerb zu beeinflussen. Dadurch erzeuge der Tarifvertrag eine "Kartellwirkung"[386], die es zu begrenzen gelte. Zur Regulierung dieser "Wettbewerbsbeschränkungen" diene das Tarifvertragsgesetz. Dieses begrenze jedoch nicht positiv-rechtlich die Vertragsfreiheit der Tarifvertragsparteien als "Bedroher" des freien Wettbewerbs. Statt dessen gehe es den umgekehrten Weg, indem es durch die normative Wirkung, das heißt durch Anordnung unmittelbarer Rechtsgeltung, die Vertragsfreiheit der durch die Kartellwirkung "Bedrohten", der tarifgebundenen Dritten begrenze. Nicht die Freiheit des Bedrohers, sondern die der Bedrohten werde eingeschränkt. Das TVG lege dabei genau fest, in welchem Umfang die durch die Kartellwirkung Bedrohten eine Begrenzung ihrer individuellen Vertragsfreiheit hinzunehmen hätten, indem es die normative Regelungsmacht in § 3 TVG auf bestimmte Personen, in den §§ 1 Abs. 1, 4 Abs. 2 TVG auf bestimmte Inhalte und in § 4 Abs. 3 TVG auf einen bestimmten Umfang begrenze. Aus dieser nach Ansicht von Richardi ungewöhnlichen gesetzlichen Gestaltung zieht Richardi den Schluß, daß nach dem Willen des Gesetzgebers die im TVG explizit für den normativen Teil aufgestellten Schranken die maximal zulässigen sein sollen. Sie hätten von daher als Höchstschranken nicht nur Geltung für die normative Gestaltungsmacht, sondern seien generell auf die Macht zur Gestaltung anzuwenden. Insoweit könne für die Tarifvertragsparteien auch nicht mehr die Vertragsfreiheit nach dem allgemeinen Schuldrecht gelten.

Mithin zieht Richardi grundsätzlich den Schluß auf die Geltung einheitlicher Schranken für die Regelungsbefugnisse des normativen und schuldrechtlichen Teils. Bei der näheren Untersuchung, inwieweit die Schranken tarifvertraglicher Gestaltungsmacht die schuldrechtlich wirkenden Abreden beherrschen können, stellt er jedoch folgende differenzierenden Regelungen auf[387]:

Zunächst schafft Richardi eine Unterteilung in Abreden, die die rechtlichen Beziehungen der Tarifparteien zueinander regeln, ohne sich auf Dritte zu beziehen, zweitens in schuldrechtliche Abreden, die aber nach §§ 1,4 TVG auch normativ gelten könnten und drittens in Abreden, die Rechtsverhältnisse Dritter zum Gegenstand haben, aber nicht als Tarifnorm vereinbart werden können.

---

385 Richardi, Kollektivgewalt, S. 200.

386 Richardi, Kollektivgewalt, S. 200, 179.

387 Richardi, Kollektivgewalt, S. 202.

Für Abreden ohne Auswirkungen auf Dritte, die nur rechtliche Auswirkungen auf die Tarifvertragsparteien selbst habe, gelte das allgemeine Schuldrecht mit seiner Vertragsfreiheit[388].

Für schuldrechtliche Abreden, die gemäß §§ 1,4 TVG auch normativ hätten abgefaßt werden können, sieht Richardi die gleichen Beschränkungen, denen auch die normativen Regelungen unterliegen[389].

Problematischer seien dagegen Abreden, die Rechtsverhältnisse Dritter zum Gegenstand hätten, aber nicht als Tarifnorm vereinbart werden könnten. Dabei ist nach Richardi in zweierlei Hinsicht zu differenzieren: Zum einen persönlich zwischen solchen Dritten, die tarifgebunden seien und Dritten als Außenseitern, zum anderen sachlich zwischen Abreden zur Ordnung der abhängigen Arbeit und Abreden im sonstigen Bereich[390].

Im Bereich der Ordnung der abhängigen Arbeit könne schuldrechtlich nicht erreicht werden, was normativ verboten sei. Eine Erfassung von Außenseitern sei von daher nicht möglich. Eine Ausnahme von diesem Grundsatz sei jedoch bei Außenseiter nur begünstigenden Klauseln zulässig, da diese Klauseln sich ihrem Inhalt nach nur gegen die Arbeitgeber richten würden, die wiederum tarifgebunden seien.

Für Abreden, die sich nicht mit der Ordnung der abhängigen Arbeit befaßten, sondern inhaltlich den sonstigen Bereich beträfen, gälten die allgemeinen Vorschriften des Schuldrechts und die Vertragsfreiheit. Dieser Bereich werde durch die funktionelle Stellung der Koalitionen als Parteien des Tarifvertrages nicht tangiert. Unbedenklich sei auch eine Einbeziehung Dritter in die Abreden. Eine Beschränkung könne wie in den rein zivilrechtlichen Bereichen nur durch das Gesetz gegen Wettbewerbsbeschränkungen erfolgen.

bbb) Stellungnahme

Richardi ist anzurechnen, daß er die plakative These von einer Harmonie des schuldrechtlichen und normativen Teils überwindet und eine zwischen Eigenverpflichtungen der Tarifparteien und den auf Dritte abzielenden schuldrechtlichen Vereinbarungen differenzierende Betrachtungsweise zugrundelegt. Er macht so den Kern der Diskussion deutlich, die sich letztendlich an den auf Dritte abzielenden Vereinbarungen entzündet hat.

---

388 Richardi, Kollektivgewalt, S. 202.
389 Richardi, Kollektivgewalt, S. 202.
390 Richardi, Kollektivgewalt, S. 203.

Es bedarf Richardi einiger Anstrengungen um zu begründen, warum nach dem Willen des Gesetzgebers mit der Privilegierung des Tarifvertrages durch das TVG zugleich auch die Macht der Tarifvertragsparteien zur "Wettbewerbsbeeinflussung" in die Grenzen dieser Privilegierung verwiesen worden sein soll.

Der Schwachpunkt seiner Argumentation bleibt jedoch, daß es im TVG an einer eindeutigen, auf den schuldrechtlichen Teil bezogenen Regelung des Gesetzgebers fehlt. Der Wille des Gesetzgebers hat im Wortlaut keinen unmittelbaren Niederschlag gefunden. Richardi muß sich von daher seines Umkehrschlusses und eines Vergleichs mit dem Kartellrecht bedienen. Gerade das Kartellrecht zeigt aber, daß Begrenzungen und Regulierungen sonst mit mehr Deutlichkeit formuliert werden.

bb) Biedenkopf

Gedanklicher Ausgangspunkt der Argumentation Biedenkopfs ist eine Doppelnatur des Tarifvertrages infolge privatrechtlicher Wahrnehmung öffentlichrechtlicher Zuständigkeiten[391]. Die Grenzen der Tarifautonomie seien jedoch nicht etwa die Grenzen der Privatautonomie i.S. der allgemeinen Vertragsfreiheit, sondern die bei der Ausübung einer öffentlich-rechtlichen Zuständigkeit zur Normsetzung geltenden Schranken.

Die Frage, welche Grenzen im Rahmen der Tarifautonomie anzuwenden sind, sei dabei nicht auf den Teil des Tarifvertrages begrenzt, der Normen unmittelbar enthalte: Nicht die gesetzesähnliche Rechtswirkung der Regelung sei entscheidend, sondern die Regelung typischer Sachverhalte als solche[392]. Damit stellt auch Biedenkopf den inhaltlichen Kern der Regelung in den Vordergrund und nicht die konkrete Ausformung des Inhalts als normative oder schuldrechtliche Klausel[393]. Abhängig von der inhaltlichen Zielsetzung seien auch die Grenzen der Tarifmacht entsprechend einheitlich zu beurteilen. Biedenkopf differenziert dabei zwischen zwei verschiedenen Ausgangslagen, in denen Tarifparteien zu schuldrechtlichen Vereinbarungen greifen könnten:

Zum einen gebe es schuldrechtliche Vereinbarungen, die getroffen würden, wenn die Tarifvertragsparteien mangels Tarifmacht nicht zur normativen Regelung des betreffenden Sachverhalts in der Lage seien. Dies sei somit eine Frage des "rechtlichen Dürfens" und als ein Fall der Umgehung der verbindlichen Grenzen zu werten. Im einzelnen untersucht Biedenkopf diese Problematik

---

391 Biedenkopf, Grenzen der Tarifautonomie, S. 12 ff.; derselbe, Gutachten zum 46. DJT, S. 97, 125 ff.

392 Biedenkopf, Tarifautonomie, S. 13.

393 So auch Reuter unter Berufung auf Biedenkopf in: JuS 1997, 184.

anhand schuldrechtlicher Tarifausschlußklauseln, die auf eine Beeinträchtigung von Außenseitern abzielen.

Des weiteren komme es zum Abschluß schuldrechtlicher Vereinbarungen, wenn sich der betreffende "Tatbestand" von Natur aus einer normativen Regelung entziehe. Dabei handele es sich um eine Frage des "tatsächlichen Könnens". Hier beschränke sich die schuldrechtliche Vereinbarungsbefugnis der Tarifparteien nicht auf die einheitliche Regelung sich wiederholender Sachverhalte. Möglich seien z.B. Schlichtungsvereinbarungen, Vereinbarungen über Mitwirkungs- und Mitberatungsrechte, oder die Beteiligung an gemeinsamen Veranstaltungen, die von ihrer Art her normativen Vereinbarungen nicht zugänglich seien.

cc) Nikisch

Nikisch untersucht das Problem der Regelungsgrenzen für schuldrechtlichen und normativen Teil an der Problematik von Außenseiterklauseln. Nikisch erkennt dabei teilweise den Grundsatz an, wonach mittels schuldrechtlicher Klauseln nicht erreicht werden könne, was normativ nicht möglich sei[394]. Er hält schuldrechtliche Klauseln, welche geeignet seien, die Arbeitsbedingungen der Arbeitnehmer zu verbessern oder auf andere Weise ihre soziale oder wirtschaftliche Lage zu fördern oder zu sichern, für den angestammten und allgemein anerkannten Tätigkeitsbereich der Koalitionen und damit insgesamt für zulässig. In diesem Bereich seien dann auch Außenseiter begünstigende Klauseln zulässig.

Die Grenze der Tarifmacht sei aber auch für den schuldrechtlichen Teil überschritten, wo es nicht mehr um die Förderung der Arbeits- und Wirtschaftsbedingungen gehe, sondern wie etwa bei Tarifausschlußklauseln um die Beeinträchtigung von Außenseitern.

dd) Bötticher

Wie schon Nikisch betrachtet auch Bötticher das Problem der Grenzen der Tarifmacht beim schuldrechtlichen Teil nur anhand der Außenseiterproblematik[395]. Auch Bötticher zufolge lassen sich lediglich begünstigende Abreden für Außenseiter - wie z.B. die Öffnung gemeinsamer Einrichtungen für Außenseiter- schuldrechtlich vereinbaren[396].

---

394 Nikisch, RdA 1967, 87, 89.

395 Bötticher, Gemeinsame Einrichtungen, S.142 f. (Fn. 29), 152.

396 Vgl. Bötticher, Gemeinsame Einrichtungen, S. 153 ff.

Hingegen hält Bötticher für den normativen und den schuldrechtlichen Teil einheitliche Grenzen der Tarifmacht für gegeben, wenn es um die Auferlegung von Pflichten für Außenseiter und Koalierte gehe. Generell dürften nicht mittels der Durchführungspflicht Ziele verwirklicht werden, die durch Tarifnormen nicht erreichbar seien[397].

ee) Stellungnahme zu Biedenkopf, Nikisch, Bötticher

Diese drei Autoren stellen die Außenseiterproblematik in den Mittelpunkt ihrer Argumentation. Um eine Beeinträchtigung von Außenseitern z.B. durch Tarifausschlußklauseln auszuschließen, berufen sie sich auf einheitliche Grenzen der Tarifmacht sowohl für den normativen als auch den schuldrechtlichen Teil eines Tarifvertrages.

Anhand dieser Überlegungen zu einem Teilaspekt der Problematik läßt sich jedoch kein allgemein gültiger Grundsatz aufstellen. Auch der Frage, ob nicht die Anwendung der eigenen, spezifischen Grenzen des schuldrechtlichen Teils zu dem selben Ergebnis führt, sind diese Autoren nicht nachgegangen. Von daher ist die Konzeption dieser drei Autoren als dogmatisch unschlüssig abzulehnen.

7) Stellungnahme zur Lehre der inhaltlichen Deckung schuldrechtlicher und normativer Regelungsmacht und zum allgemeinen Harmoniesatz

Den meisten Vertretern der verschiedenen Spielarten dieser Meinung ist vorzuhalten, daß sie sich keine Gedanken über eine positivrechtliche Bestimmung des Regelungsumfangs machen, sondern über ein anhand der Problematik von Außenseiterregelungen gewonnenes Umgehungsargument zu dem generellen Ergebnis kommen, die im TVG für den normativen Teil gesetzten Grenzen hätten als Inhaltsschranken auch für den schuldrechtlichen Teil zu gelten.

Unter Berufung auf das Umgehungsargument setzen sie die Grenzen des normativen Teils als absoluten Maßstab und übersehen dabei, daß die schuldrechtlichen Abreden im Bereich der Arbeits- und Wirtschaftsbeziehungen eigene Grenzen haben, die sich im Ergebnis im wesentlichen mit denen der normativen Abreden decken. Insofern ist es verfehlt, von einer Umgehung der Grenzen für den normativen Teil zu sprechen, wenn man sich auf schuldrechtliche Abreden einigt und diese wiederum deren eigenen Grenzen unterwirft.

---

397 Bötticher, Gemeinsame Einrichtungen, S. 142 f. (Fn.29), 152.

Eine Umgehung findet somit schon deshalb nicht statt, weil der Bereich nicht schrankenlos ist, sondern eigenen Schranken unterliegt. Die in § 3 TVG getroffene Regelung zu Tarifgebundenheit gilt aber eindeutig nur für Normen. Daraus spricht auch eine Wertung des Gesetzgebers, daß von dieser Grenze schuldrechtlich wirkende Vereinbarungen nicht tangiert sein sollen.

Die Autoren, die ihre Argumente für eine instrumentale Gleichschaltung der normativen und der schuldrechtlichen Regelungsmacht aus einer Betrachtung der Außenseiterproblematik entnehmen, übersehen, daß die personelle Grenze der Tarifbindung aus § 3 TVG nicht der einzige Schutz für Außenseiter vor diese belastenden Vereinbarungen ist. Nichtmitglieder der Koalitionen sind allein durch das Grundrecht der negativen Koalitionsfreiheit aus Art. 9 Abs. 3 S. 2 GG vor Vereinbarungen der Tarifparteien, die sich belastend auf Außenseiter auswirken, geschützt.

Von daher bedarf es zum Schutz der Außenseiter nicht der Unterwerfung des schuldrechtlichen Teils unter die für den normativen Teil geschaffene personelle Grenze der Tarifgebundenheit. Noch viel weniger bedarf es aber einer Unterwerfung des schuldrechtlichen Teils unter die sachlichen Schranken, die der Normsetzungsmacht der Tarifparteien im TVG gezogen sind. Die instrumentale Gleichschaltung ist insofern zum Schutz von Außenseitern, der bereits verfassungsrechtlich gewährleistet ist, unnötig.

Auch sind Außenseiter begünstigende Vereinbarungen auf diese Weise zulässig, da diesen nicht die negative Koalitionsfreiheit, die nur vor belastenden Eingriffen schützen soll, entgegensteht[398]. Warum Begünstigungen für Außenseitern zulässig sein sollen, können die Vertreter der Lehre von der instrumentalen Gleichschaltung nicht plausibel begründen, sondern müssen Ausnahmen konstruieren. Denn bei einer konsequenten Anwendung des Grundsatzes von einheitlichen Grenzen für den normativen und schuldrechtlichen Teil wären Außenseiter begünstigende Klauseln nicht möglich[399]. Solche Widersprüche lassen sich vermeiden, wenn die personelle Grenze der Tarifgebundenheit des § 3 TVG auf die Normsetzungsmacht beschränkt bleibt und statt dessen nach den individuellen Grenzen des schuldrechtlichen Teils geforscht wird, die der Wirksamkeit einer auf Außenseiter abzielenden Vereinbarung im Wege stehen können. Nicht zuletzt wegen der von den Harmoniebefürwortern zugestandenen Ausnahmen fehlt es dem an Einzelfällen entwickelte "Umgehungsar-

---

398 Zur Nowendigkeit von Außenseiter begünstigenden Klauseln und der Erfassung von Außenseitern bei gemeinsamen Einrichtungen unter Anführung von Gerechtigkeits- und Praktikabilitätserwägungen: BAG GS, Beschluß v. 29.11.1967 – GS 1/67, BAGE 20, 175, 194 ff. = AP Nr. 13 zu Art. 9 GG, Bl. 9.; Weller, ArbuR 1970, 161, 164.

399 So auch Zöllner, BB 1968, 597, 601 Fn. 58; Wiedemann, RdA 1969, 321, 334.

gument" somit an Überzeugungskraft. Es kann nicht dafür verwendet werden, generell die Inhalte des normativen und des schuldrechtlichen Teils gleichzusetzen.

Die Argumentation der Harmoniebefürworter ist zudem dogmatisch nicht schlüssig. Anhand der Grenzen einer Vereinbarung, die über die "Zulässigkeit" einer getroffenen Vereinbarung bestimmen, lassen sich die regelbaren Inhalte und die Gegenstände, für deren Regelung die Tarifparteien mittels Tarifvertrag zuständig sind, nicht ermitteln. Denn selbst das Ergebnis, daß die Grenze der Tarifgebundenheit auch für den schuldrechtlichen Teil verbindlich ist, würde nicht zwangsläufig bedeuten, daß auch alle möglichen Regelungsgegenstände des schuldrechtlichen und normativen Teils identisch sein müssen. Ebenso könnte dieses anhand der Außenseiterklauseln gewonnene Ergebnis bedeuten, daß die Gestaltungsgrenzen für beide Teile des Tarifvertrages nur in diesem einen Punkt übereinstimmen, ansonsten aber variieren[400]. Aus diesem am Einzelfall gewonnenen Argument läßt sich kein allgemein gültiger Rechtssatz entwickeln. Dafür ist diese an speziellen Tarifklauseln entwickelte plakative These ihrer Sichtweise zu begrenzt[401].

Von den Vertretern der hier kritisierten Auffassung wird letztendlich die Notwendigkeit einer Unterscheidung zwischen der Zuständigkeit der Tarifvertragsparteien für einen bestimmten Tätigkeitsbereich und der Zulässigkeit, d.h. der Vereinbarkeit einer Vereinbarung mit den sonstigen in Verfassung und den einfachen Gesetzen getroffenen Wertentscheidungen nicht gesehen[402]. Während die Frage der "Zuständigkeit" das rechtliche "Können" betrifft, betrifft die "Zulässigkeit" das rechtliche "Dürfen". Wenn man diese Begrifflichkeiten vermischt, läßt sich eine klare Grenzziehung zwischen dem im TVG festgelegten Umfang der normativen Regelungsmacht und der generellen Zuständigkeit der Tarifparteien für tarifliche Regelungen, die auch die schuldrechtliche Regelungsmacht mit abdeckt, nicht mehr vornehmen. Vielmehr muß man erst ermitteln, welche Norm positivrechtlich den inhaltlichen Rahmen für die Tätigkeit der Tarifparteien setzt und so deren Zuständigkeit festlegt. Anhand dieses abgesteckten inhaltlichen Rahmens läßt sich dann auch die begriffliche Einordnung von Vereinbarungen und deren Zuordnung in diesen Zuständigkeitsbereich vornehmen. Erst dann kann man ermitteln, welche Grenzen eine auf diesem Feld getroffene Regelung zu beachten hat, und ob eine Vereinbarung aufgrund eines solchen Verstoßes unzulässig ist. Insofern ließe sich bei dieser notwendigen

400 Vgl. Clausen, S. 40 f.

401 Vgl. Wallisch, S. 80.

402 So auch Gamillscheg, Differenzierung, S. 83; derselbe, BB 1967, 45, 52; Clausen, S. 123 f.

Differenzierung zwischen begrifflicher Einordnung und der Zulässigkeit auch von einer Unterscheidung zwischen "Sein und Sollen" sprechen.

Auch die "traditionelle" Funktion des schuldrechtlichen Teils spricht gegen eine Gleichsetzung von schuldrechtlicher und normativer Gestaltungsmacht. Unstreitig lassen sich bestimmte Vereinbarungen nur schuldrechtlich treffen, z.B. die Gründung gemeinsamer Einrichtungen, die normativ nicht vereinbart werden können. Dies zeigt, daß der schuldrechtliche Teil eines Tarifvertrages schon immer die Aufgabe hatte, andere Aufgaben als der normative Teil zu übernehmen und allein schon deshalb nicht von einer Kongruenz der schuldrechtlichen und normativen Regelungsmacht die Rede sein kann.

Gegen die inhaltliche Gleichsetzung von normativer und schuldrechtlicher Regelungmacht und die abschließende Regelung der Gestaltungsmöglichkeiten spricht auch der "autonome" Charakter der "Tarifautonomie". Eine Gleichschaltung der normativen und schuldrechtlichen Regelungsmacht würde letztendlich bedeuten, daß die normative Regelungsbefugnis mit der Tarifautonomie als solches gleichgesetzt wird. Dies ist jedoch ein fehlerhaftes Verständnis der Tarifautonomie. Die Möglichkeit zur Normsetzung ist nur eine Komponente der Tarifautonomie, wenn auch deren wichtigste und effizienteste[403]. Sie ist mit der Tarifautonomie nicht identisch, sondern umfaßt nur einen Teilbereich. So gibt es neben dem Bereich der Normsetzungsbefugnis auch andere Inhalte und Umsetzungsformen. Um diese Vielfalt würde eine Gleichsetzung der normativen und schuldrechtlichen Regelungsmacht die Tarifautonomie letztendlich berauben. Im Ergebnis würde eine solche inhaltliche Gleichschaltung der schuldrechtlichen und der normativen Regelungsmacht auch die Entwicklungsfähigkeit der Regelungskompetenzen der Tarifvertragsparteien beschneiden und verhindern, daß neue Materien Gegenstand von tariflichen Koalitionsvereinbarungen werden können. Bei einer Beschränkung der schuldrechtlichen Gestaltungsmacht wäre die freie Entwicklung neuer Rechtsfiguren im Tarifvertragsrecht ausgeschlossen oder zumindest behindert[404]. Doch gerade darin ist auch ein wesentlicher Bestandteil der Tarifautonomie zu sehen, was allein schon durch den Wortlaut des Art. 9 Abs. 3 GG, der explizit auch von einer "Förderung" der Arbeits- und Wirtschaftsbedingungen spricht, zum Ausdruck kommt[405].

Damit die Tarifvertragsparteien die ihnen zuerkannte umfassende Gestaltungsfunktion, die von großer Bedeutung für die Sozial- und Wirtschaftsordnung des

---

403 Clausen, S. 124.

404 So auch Zöllner, Differenzierungsklauseln, S. 40; Clausen, S. 37; Vollmer, Partnerschaftliche Unternehmensverfassungen, S. 119 f.

405 So auch Schlaffke, S. 63.

Gemeinwesens ist[406], auch bei Veränderungen der Arbeitswelt effizient wahrnehmen können, ist jedoch Flexibilität bei der inhaltlichen Gestaltung notwendig[407]. Zwar kann die Tarifautonomie, die Gestaltungsmacht der Koalitionen, nicht grenzenlos gelten, sondern muß auch gesetzliche Schranken hinnehmen, diese Schranken dürfen aber nicht zu eng gesetzt sein und sollten nicht alle zukünftigen Ziele und Wege vorschreiben. Denn ansonsten würde jede zukünftige Ausgestaltung der Tarifautonomie den Koaltionen aus der Hand genommen. Statt dessen wäre es erneut der Staat, der zuerst durch eine Erweiterung der gesetzlich vorgegebenen Tarifmacht und eine sachgemäße Fortbildung des Tarifvertragssystems auf Veränderungen der Arbeitswelt reagieren müßte. Eine derart strenge Regulierung widerspricht aber dem dynamischen Wesen der Tarifautonomie und ihrer Funktion, nämlich einen Freiraum zur autonomen Gestaltung der Arbeitswelt zu lassen. Als Freiheitsrecht will Art. 9 Abs. 3 GG in dem von staatlicher Regelung freigelassenen Raum gewährleisten, daß die Beteiligten selbst eigenverantwortlich bestimmen können[408]. Anstatt diesen Bereich durch die Kodifizierung des Tarifvertrages unnötig strikt zu regulieren ist es sinnvoller, die Tarifparteien selbst die Antworten auf sich verändernde gesellschaftliche Verhältnisse und Änderungen der Arbeitswelt finden zu lassen. Nur so können die Koalitionen auch ihre Rolle als ordnende, sozialpolitische Mandatsträger mit eigener Verantwortung gegenüber der Gesellschaft wahrnehmen[409].

Eine starke Regulierung und Beschränkungen der zulässigen Inhalte des Tarifvertrages würde zudem zu "freien", d.h. außertariflichen Vereinbarungen führen und das Problem damit lediglich verlagern[410].

Diese Rolle, wonach die schuldrechtliche Tarifklausel der tarifvertraglichen Rechtsfortbildung auf Sektoren dienen könne, die einer normativen Wirkung nicht zugänglich waren, entspricht auch der historischen Rolle des schuldrechtlichen Teils[411]:

Die schuldrechtliche Tarifklausel gilt historisch geradezu als klassisches Vehikel der tarifvertraglichen Rechtsfortbildung auf normativ nicht regelbare Sektoren. So sind etwa in der Zeit der Weimarer Republik erst durch schuldrechtliche

---

406 Vgl. BVerfG (26.5.1970), BVerfGE 28, 295, 306; Zachert in: Kempen/Zachert, TVG, § 1 Rn. 366.

407 So auch Waltermann, NZA 1991, 754, 757.

408 So das BVerfGE 50, 290, 371.

409 So auch Clausen, S. 37 f.

410 So auch Gamillscheg, Kollektives Arbeitsrecht, S. 509 im Zusammenhang mit einfachen Verträgen bürgerlichen Rechts zwischen den Tarifparteien.

411 Vgl. Wiedemann, RdA 1968, 420, 423; Kraft/Konzen, Arbeiterselbstverwaltung, S. 61.

Tarifvereinbarungen Regelungen über betriebliche und betriebsverfassungsrechtliche Fragen erschlossen worden. Während 1918 mit der TV VO nur dem Bereich der Inhaltsnormen normativer Charakter zuerkannt wurde, wurde ab 1949 der normative Teil um den Kreis von Abreden erweitert, der sich in der tariflichen Diskussion seit 1918 darüber hinaus als gesicherter und wesentlicher Inhalt von Tarifverträgen etablierte[412].

Diesen dynamischen Charakter hat sich der schuldrechtliche Teil des Tarifvertrages bewahrt[413]. Von daher können die möglichen Inhalte der normativen und schuldrechtlichen Regelungen voneinander abweichen.

Auch aus anderen Gründen ist mehr als zweifelhaft, ob das TVG überhaupt eine Schranke für die schuldrechtliche Regelungsmacht darstellen kann. Da der Gesetzgeber nur in verfassungsrechtlich eng gesteckten Grenzen das Betätigungsrecht der Koalitionen beschränken kann, sollte eindeutig sein, ob bestimmte Materien der tarifvertraglichen Zuständigkeit der Koalitionen entzogen sein sollen[414]. Das gilt um so mehr, nachdem die Kernbereichsformel aufgegeben wurde. Das TVG regelt zwar entsprechend umfassend den normativen Teil, erwähnt den schuldrechtlichen Teil aber lediglich problemneutral. Das kann nicht als Anhaltspunkt für einen entsprechenden einschränkenden Willen des Gesetzgebers gewertet werden. Die Fassung des Tarifvertragsgesetzes spricht vielmehr dafür, daß der schuldrechtliche Teil darin nicht mitgeregelt wurde und insofern eine Lücke, die durch die bereits zuvor vorhandenen, allgemeinen zivilrechtlichen Regeln ausgefüllt ist[415].

Gegen eine derart umfassende Beschränkung der schuldrechtlichen Regelungsbefugnisse spricht auch die ausdrückliche Erwähnung der Wirtschaftsbedingungen in Art. 9 Abs. 3 GG. Es ist nicht ersichtlich, aus welchen Gründen dieser Bereich im Gegensatz zu den Arbeitsbedingungen einer tarifvertraglichen Regelung nicht zugänglich sein und auf andere Formen der Regelung verwiesen

---

412 Kraft/Konzen, Arbeiterselbstverwaltung, S. 61a.A. Beuthien ZfA, 1983, 141, 161 (Fn. 57) , demzufolge bei dieser Argumentation übersehen wird, daß diese betrieblichen und betriebsverfassungsrechtlichen Angelegenheiten zum Kernbereich der (heute durch Art. 9 Abs. 3 GG vefassungsrechtlich gewährleisteten) Tarifautonomie gehörten, während dieser Kernbereich derzeit im wesentlichen ausgeformt sein dürfte. Zumindest die Arbeitskampffreiheit sei bei dieser Sichtweise auf sogenannte schuldrechtliche Tarifabreden mitbestimmungsrechtlichen Inhalts zu beschränken.

413 So auch Zachert in: Kempen/Zachert, TVG, § 1 Rn. 304 und 363; Kraft/Konzen, Arbeiterselbstverwaltung, S. 61; Wiedemann, RdA 1968, 420, 423.

414 Vgl. dazu: BVerfG (26.6.1991), BVerfGE 84, 212, 228 = NJW 1991, 2549; BVerfGE (2.3.1993), BVerfGE 88,103,115 = DB 1993, 837; Zachert, NZA 1994, 529 ff.; Plander, DB 1986, 2180 ff.

415 So Clausen, S. 39.

sein sollte. Statt dessen könnte der Bereich der Wirtschaftsbedingungen aufgrund seiner ausdrücklichen Erwähnung in Art. 9 Abs. 3 GG auch dem Kernbereich der Koalitionsbetätigung zugeordnet werden, dem als Mittel der Regelung der Tarifvertrag offen stehen muß. Ein Ausschluß von den Inhalten des Tarifvertrages könnte als Entzug des effizientesten Gestaltungsmittels diesen Kernbereich i.S. von Art. 19 Abs. 2 GG in unzulässiger Weise verletzen[416]. Von daher sollten die Wirtschaftsbedingungen als möglicher Inhalt von Tarifvertragsvereinbarungen auch nicht übergangen werden[417].

Gegen einheitliche Grenzen der Tarifmacht für den schuldrechtlichen und den normativen Teil spricht allein schon der Unterschied zwischen normativer und schuldrechtlicher Wirkung. Normative Regelungen werden von privatautonomen Regelungen zu materiellem Recht aufgewertet. Das diesbezüglich strengere Grenzen gesetzt sein müssen als bei der Wirkungsweise schuldrechtlichen Klauseln, ergibt sich allein schon aus den erhöhten Schutzanforderungen für die Auswirkungen von materiellem Recht. Diese erhöhten Anforderungen haben in § 3 TVG ihren positiv-rechtlichen Niederschlag gefunden[418].

Hingegen sind diese erhöhten Grenzen bei schuldrechtlich wirkenden Vereinbarungen nicht notwendig. Denn hier wirken schon die allgemeinen Grundsätze des Vertragsrechts begrenzend. So läßt sich bei einer schuldrechtlichen Vereinbarung eine rechtliche Verpflichtung nur zwischen den Vertragsparteien erzielen. Eine Belastung eines Dritten, der nicht selbst Vertragspartei ist, läßt sich nicht wirksam vereinbaren. Eine solche Vereinbarung wäre ein "Vertrag zu Lasten Dritter", den das Vertragsrecht so nicht kennt[419].

Gleichwohl können die Verbände bezüglich ihrer Mitglieder einen solchen Vertrag schließen. Doch dieser ist für die Mitglieder rechtlich nicht bindend. Nur mittels der verbandsinternen Durchsetzungsmittel können die Verbände auf das Mitglied einwirken und auf die Durchführung hinwirken. Eine solche Einwirkung ist aber in keinster Weise mit den Wirkungen von materiellem Recht, der unmittelbaren und zwingenden Wirkung der Tarifnormen, zu vergleichen.

Wenn schon der im TVG abgesteckte Sachkatalog nicht für die Inhalte schuldrechtlicher Tarifvertragsvereinbarungen verbindlich ist, sondern nur die Inhalte des normativen Teils regelt, so lassen sich dem TVG erst recht keine verbindlichen Grenzen hinsichtlich der Zulässigkeit schuldrechtlicher Tarifklauseln

---

416 Vgl. Clausen, S. 40.

417 Vgl. Clausen, S. 39; im Einzelnen dazu unter B.III.

418 Vgl. Clausen, S. 123.

419 Buchner in: AR-Blattei SD Tarifvertrag IV Geltungsbereich A.I.3.

entnehmen. Das TVG gibt keine einheitlichen rechtlichen Beschränkungen vor. Vielmehr ist jeweils im Einzelfall und unabhängig zu prüfen, ob eine schuldrechtliche Tarifabrede zulässig ist, auch wenn eine inhaltsgleiche Tarifabrede mit normativer Wirkung unzulässig wäre[420].

Die inhaltliche Gleichsetzung des Umfangs schuldrechtlicher und normativer Regelungsmacht sowie die plakative These von der Harmonie schuldrechtlicher und normativer Tarifbestimmungen sind mithin abzulehnen. Das gilt auch für die Beschränkung schuldrechtlicher Tarifklauseln auf den inhaltlichen Sachkatalog des TVG. Bedeutung gewinnen schuldrechtlich wirkende Tarifvertragsklauseln vielmehr gerade außerhalb des Bereichs, der nach dem Tarifvertragsgesetz normativen Regelungen zugänglich ist.

8) Stellungnahme zum Verhältnis von Tarifautonomie (Art. 9 Abs. 3 GG) und Privatautonomie (Art. 2 Abs. 1 GG)

Wenn schuldrechtlichen Tarifvertragsklauseln im TVG keine inhaltlichen Vorgaben gesetzt werden, ergibt sich der Umfang der Tarifmacht sowie deren Grenzen entweder aus Art. 2 Abs. 1 GG oder aus Art. 9 Abs. 3 GG.

Nach der ständigen Rechtsprechung des Bundesverfassungsgerichts beinhalten die besonderen Grundrechtsnormen für ihren Bereich eine Konkretisierung des in Art. 2 Abs. 1 GG als Hauptfreiheitsrecht enthaltenen Grundgedankens und stellen damit "leges speciales" dar[421]. Zum Verhältnis von Art. 9 Abs. 3 GG und Art. 2 Abs. 1 GG hat das BVerfG ausdrücklich geurteilt, daß der durch das Grundrecht der Koalitionsfreiheit geschützte Betätigungsbereich der Koalitionen nur nach der speziellen Vorschrift des Art. 9 Abs. 3 GG bestimmt werden könne. Art. 2 Abs. 1 GG müsse hier außer Betracht bleiben[422].

Legt man dieses Grundrechtsverständnis zugrunde, dann wird deutlich, daß bei Aktivitäten der Tarifvertragsparteien zur Regelung der Arbeits- und Wirtschaftsbedingungen allein Art. 9 Abs. 3 GG einschlägig ist und den Umfang und die Grenzen des in diesem Bereich Regelbaren bestimmt, Art. 2 Abs. 1 GG und die auf diesem Grundrecht beruhende allgemeine Vertragsfreiheit als subsidiär hingegen nicht zur Anwendung kommen kann. Für den Bereich der "Wahrung und Förderung der Arbeits- und Wirtschaftsbedingungen" ist mit Art. 9 Abs. 3 GG dem Tarifvertrag eine soziale Ordnungsfunktion

---

420 So auch Kraft/Konzen, Arbeiterselbstverwaltung, S. 61.

421 BVerfGE 6, 32, 37; 9, 63, 73; 9, 73, 77; 9, 83, 88; 9, 338, 343; 10, 55, 58; 10, 185, 199; 10, 221, 225; 11, 234, 238; 19, 206, 225; 21, 227, 234.

422 BVerfGE 19, 303, 314.

zugewiesen worden, mit der sich völlig privatautonomes Handeln und die daraus abzuleitende Vertragsfreiheit nicht verträgt[423].

Diese Aussage gilt aber nur für den Bereich der Arbeits- und Wirtschaftsbedingungen i.S. des Art. 9 Abs. 3 GG. Sie hindert nicht die Betätigung der Koalitionen außerhalb dieses Bereichs, der wiederum durch Art. 2 Abs. 1 GG geschützt ist. Von daher läßt sich den Koalitionen die auf Art. 2 Abs. 1 GG beruhende Privatautonomie nicht als solches absprechen, sie ist nur in dem speziell durch Art. 9 Abs. 3 GG geregelten Bereich der Regelung der Arbeits- und Wirtschaftsbeziehungen verdrängt und kann nicht zur Anwendung kommen.

Der Tarifvertrag als solcher ist aber keine Vertragsform, die außerhalb des Bereichs der Arbeits- und Wirtschaftsbedingungen als Vertragstyp zur Verfügung steht. Der Tarifvertrag ist gesetzlich im TVG geregelt, das Art. 9 Abs. 3 GG konkretisiert und insofern zumindest die Regelung von Arbeits- und Wirtschaftsbedingungen voraussetzt. Sinn und Zweck für die Entwicklung des Tarifvertrages als Regelungsinstrumentarium und seine spätere verfassungsrechtliche Anerkennung ist seine Ordnungsfunktion auf dem Gebiet der abhängigen Arbeit im weitesten Sinne[424]. Der Tarifvertrag dient dabei als kollektives Instrument zur Grundrechtsverwirklichung, dort wo der einzelne seine grundrechtlich garantierte individuelle Vertragsfreiheit nicht effizient umsetzen kann[425]. Diese Aussage gilt auch für die Funktion schuldrechtlicher Koalitionsvereinbarungen. Auf diesem, aber auch nur auf diesem Gebiet ist die Privilegierung dieses besonderen Instrumentariums sowie die daran anknüpfenden rechtlichen Folgen und besonderen Grenzen gerechtfertigt.

Nicht jede schuldrechtliche Abmachung zwischen den Tarifvertragsparteien genügt diesen Anforderungen. Für beliebige schuldrechtliche Abmachungen zwischen den Tarifparteien, die keine soziale Ordnungsfunktion im Bereich der Arbeits- und Wirtschaftsbedingungen übernehmen und auch nur zweiseitige Bindungswirkung zwischen den vertragsschließenden Tarifparteien ohne faktische Auswirkungen auf Dritte haben, hätte es der besonderen Entwicklung des Tarifvertrages als Vertragsform und seiner verfassungsrechtlichen Anerkennung in Art. 9 Abs. 3 GG nicht bedurft. Derartige Vereinbarungen als Tarifverträge einzuordnen, hieße die Funktion des Tarifvertrages verkennen und die Aufgaben des Tarifvertrages unzulässig zu verschieben. Der Tarifvertrag kann nicht das Instrumentarium für jede beliebige privatautonome Vereinbarung zwischen den Tarifparteien sein[426]. Er soll nicht zur Verwirklichung der Privatautonomie

---

423 So auch Clausen, S. 122.

424 So auch Clausen, S. 133.

425 Vgl. Heinze, DB 1996, 729, 732 f.

426 Ebenso Wallisch, S. 83.

der Koalitionen und beliebigen Inhalten dienen, sondern ordnet und befriedet im öffentlichen Interesse das Arbeitsleben. Verträge anderen Inhalts erfahren als gewöhnliche schuldrechtliche Verträge durch das BGB ausreichende Reglementierung. Sie sind durch die Privatautonomie und das zur Verwirklichung der Privatautonomie entwickelte Instrumentarium auch ausreichend geschützt und müssen nicht als Tarifverträge verstanden werden. Für derartige in den Bereich der Privatautonomie fallende Inhalte benötigen die Koalitionen zur effizienten Gestaltung ihrer Rechte und durch die Privatautonomie garantierten Freiheiten nicht den Vertragstyp "Tarifvertrag"[427]. Dieser ist vielmehr als besonderer Vertragstyp mit seinen besonderen Regeln und Schranken gerade von derartigen einfachen schuldrechtlichen Verträgen zu unterscheiden.

Als Ergebnis ist damit festzuhalten, daß mit Art. 9 Abs. 3 GG die Zuständigkeit der Tarifparteien verfassungsunmittelbar umschrieben ist. Art. 9 Abs. 3 GG definiert damit auch den verbindlichen inhaltlichen Rahmen für die schuldrechtliche Regelungsmacht beim Tarifvertrag. Wollen sich die Tarifparteien des besonderen Instruments Tarifvertrag bedienen, sind sie entsprechend inhaltlich beschränkt und können sich nicht auf das Postulat der Vertragsfreiheit berufen.

9) Ergebnis: Die Regelungsmacht bei schuldrechtlichen Tarifverträgen umfaßt die Arbeits- und Wirtschaftsbedingungen

Es gibt keinen Grund, den Tarifvertrag beliebigen schuldrechtlichen Vereinbarungen zu öffnen und diese Vertragsart mit ihren Besonderheiten sachlich unbegrenzt jedem nur denkbaren Inhalt zugänglich zu machen. Insofern bedarf es einer Begrenzung.

Der Tarifvertrag setzt voraus, daß Arbeits- und Wirtschaftsbedingungen i.S. von Art. 9 Abs. 3 GG geregelt werden. Diese inhaltliche Vorgabe ist das entscheidende Wesensmerkmal des Tarifvertrages. Unerheblich für die Qualifizierung als Tarifvertrag ist, ob die Wirtschafts- und Arbeitsbedingungen i.S. von Art. 9 Abs. 3 GG normativ oder schuldrechtlich geregelt werden. Den Koalitionen steht insoweit Wahlfreiheit zu, denn beide Formen sieht das TVG vor.

Der Tarifvertrag ist eines der möglichen Mittel, das den Tarifvertragsparteien zur Umsetzung des Auftrages zur Regelung der Arbeits- und Wirtschaftsbedingungen zur Verfügung steht. Die Tarifvertragsparteien sind nicht allein auf den Tarifvertrag verwiesen, sondern können die in Art. 9 Abs. 3 GG gewährte Tarifautonomie auch mit anderen Mitteln umsetzen. Bedienen sie sich jedoch des Tarifvertrages, müssen sie sich an die für den Tarifvertrag geltenden, gesetzli-

---

[427] Ebenso Wallisch, S. 83.

chen Vorgaben halten. Der Gesetzgeber hat von seiner Möglichkeit zur Konkretisierung des Art. 9 Abs. 3 GG Gebrauch gemacht und den Tarifvertrag im TVG mit entsprechenden Vorgaben ausgestaltet. Durch die im TVG vorgesehene Möglichkeit der tariflichen Normsetzung hat er den Tarifvertrag zu einem effektiven Instrument zur Erfüllung des den Tarifparteien in Art. 9 Abs. 3 GG enthaltenen Regelungsauftrages geformt. Das TVG gestaltet in erster Linie den normativen Teil eines Tarifvertrages und grenzt die tarifliche Normsetzungsbefugnis auf bestimmte Inhalte ein. Diese speziellen inhaltlichen Beschränkungen sowie die dem normativen Teil im TVG gesetzten Grenzen finden auf schuldrechtliche Tarifvertragsklauseln keine Anwendung. Der Umfang und die Grenzen der schuldrechtlichen Regelungsbefugnis ergeben sich unmittelbar aus Art. 9 Abs. 3 GG und sind nicht anhand des TVG oder aus Art. 2 Abs. 1 GG zu bestimmen. Das TVG enthält - etwa mit der Anordnung des Schriftformerfordernisses in § 1 Abs. 2 TVG - aber auch Regelungen, die für den schuldrechtlichen Teil verbindlich sind.

Die inhaltliche Beschränkung der Tarifverträge auf den Bereich der Arbeits- und Wirtschaftsbedingungen ist verfassungsrechtlich durch Art. 9 Abs. 3 GG vorgegeben. Sie ist durch die allgemeinwirtschaftliche Verantwortung der Tarifparteien in diesem Bereich und die ihnen eingeräumten Möglichkeit zur Normsetzung gerechtfertigt, unabhängig davon, ob sie von ihrer Normsetzungsbefugnis Gebrauch machen oder nicht.

Vereinbarungen, die einen anderen Inhalt haben, können allenfalls einfache schuldrechtliche Verträge sein. Außerhalb des Bereichs der Arbeits- und Wirtschaftsbedingungen steht die Form des Tarifvertrages für Vereinbarungen der Tarifparteien nicht zur Verfügung. Da hier Art. 9 Abs. 3 GG nicht als das speziellere Grundrecht eingreift, herrscht Vertragsfreiheit i.S. von Art. 2 Abs. 1 GG. Derartige Vereinbarungen brauchen nicht den Status eines Tarifvertrages. Sie müssen weder schriftlich fixiert, noch im Tarifarchiv niedergelegt oder vor den Arbeitsgerichten verhandelt werden.

Solange die Tarifparteien auch die Möglichkeit haben, allgemein schuldrechtliche Verträge zu schließen, sind die Tarifparteien somit nicht generell von der allgemeinen Vertragsfreiheit ausgeschlossen, auch wenn man den Tarifvertrag als Vertragsform für derartige Vereinbarungen nicht zur Verfügung stellt.

III. Was sind Arbeits- und Wirtschaftsbedingungen i.S. des Art. 9 Abs. 3 S. 1 GG?

Der Umfang der schuldrechtlichen Regelungsmacht ist verfassungsunmittelbar aus Art. 9 Abs. 3 GG zu entnehmen.

Es stellt sich die Frage, welche Inhalte von dessen Schutzbereich umfaßt sind. Art. 9 Abs. 3 S. 1 GG nennt als Regelungsgegenstände die "Arbeits- und Wirtschaftsbedingungen" und spricht von deren "Wahrung und Förderung".

Es ist jedoch streitig, welche konkreten Inhalte unter das Begriffspaar "Arbeits- und Wirtschaftsbedingungen" fallen und damit der Zuständigkeit und dem Regelungszugriff der Koalitionen offenstehen.

Umstritten ist bereits, ob Arbeits- und Wirtschaftsbedingungen überhaupt inhaltlich unterschiedlich sind oder einfach als Synonyme verstanden werden müssen[428].

Unstreitig ist hingegen nur, daß sich auch bei einer extensiven Interpretation des Art. 9 Abs. 3 GG allgemeinpolitische Inhalte, die z.B. Fragen der Außen- oder Innenpolitik zum Gegenstand haben, nicht als Vereinbarungen von Arbeits- und Wirtschaftsbedingungen verstehen lassen[429].

1) Der Begriff der Arbeitsbedingungen i.S. des Art. 9 Abs. 3 S. 1 GG

Den Begriff der Arbeitsbedingungen inhaltlich zu füllen bereitet dabei wenig Schwierigkeiten. Hierbei geht es um den Bereich der Lohngestaltung und den des konkreten Arbeitsplatzes.

2) Der Begriff der Wirtschaftsbedingungen

Problematisch ist jedoch, welche Inhalte die Regelung der Wirtschaftsbedingungen eröffnet. Was ist unter Wirtschaftsbedingungen in diesem Sinne zu verstehen? Wie weit oder restriktiv muß dieser Begriff verstanden werden?

---

428 So Zöllner in: Zöllner/Loritz, Arbeitsrecht, S. 111 f.; ähnlich schon Weber, Koalitionsfreiheit, S. 23.

429 Hölters, Harmonie, S. 152 (Fn. 114).

a) Enge Definition

Von Loritz und anderen wird der Begriff der Wirtschaftsbedingungen sehr eingeschränkt interpretiert[430]. Unter "Wirtschaftsbedingungen" sei dasselbe wie unter "Arbeitsbedingungen" zu verstehen, wobei jedoch der Begriff der Arbeitsbedingungen nicht zu eng auszulegen sei[431]. Der Begriff der "Wirtschaftsbedingungen" solle nur verdeutlichen, daß aus der Sicht der Unternehmen Wirtschaftsbedingungen die Kehrseite der Arbeitsbedingungen seien. Der Begriff dürfe jedoch nicht inhaltlich über die Arbeitsbedingungen hinausgreifend interpretiert werden und erfasse nicht den Bereich der sonstigen Bedingungen des Wirtschaftens wie den der Investitionen und Preise[432].

b) Extensive Interpretation der Wirtschaftsbedingungen

Das andere Extrem bildet die Meinung, die unter "Wirtschaftsbedingungen" alle Wirtschafts- und sozialpolitischen Interessen der Koalitionen versteht und dadurch den Gewerkschaften Einflußnahme auf konkrete strukturpolitische Maßnahmen und Subventionen für die Wirtschaft im allgemeinen oder einzelne Gewerbezweige ebenso wie auf die Konstruktion von Konzernverhältnissen zugestehen will[433]. Alle im Produktionsbereich zu treffenden Entscheidungen seien dem tariflichen Zuständigkeitsbereich unterstellt[434]. Die daraus resultierende Reichweite der Regelungsmöglichkeiten ist enorm, erst recht wenn man dabei aus der Zugehörigkeit eines Verhandlungs- oder Kampfziels zu den Wirtschaftsbedingungen auch auf dessen Durchsetzbarkeit mittels Streik schließen will.

c) Herrschende Meinung

Nach der wohl herrschenden Ansicht geht der Begriff der Wirtschaftsbedingungen über den Bereich der Lohngestaltung und den des konkreten Arbeitsplatzes hinaus und eröffnet den regelnden Zugriff auf eine breite Skala wirtschaftlicher Tatsachen und Geschehnisse[435].

---

430 Zöllner in: Zöllner/Loritz, Arbeitsrecht, S. 112; Forsthoff, BB 1965, 381, 385 f.; Weber, Koalitionsfreiheit, S. 22 f.; i.E. auch Beuthien, ZfA 1983, 141, 148 ff.

431 Zöllner in: Zöllner/Loritz, Arbeitsrecht, S. 112.

432 Zöllner in: Zöllner/Loritz, Arbeitsrecht, S. 111 f.; tendenziell ebenso Söllner, JbAR 16 (1979), S. 19 ff.

433 Kittner in: AK I , Art. 9 Abs. 3 GG Rn. 30; Krüger, Gutachten zum 46. Deutschen Juristentag, S. 7, 60 ff.; Wohlgemuth, Staatseingriff, S. 70; unter Berufung auf die Privatautonomie auch Rieth, S. 36.

434 Vgl. Däubler, Grundrecht auf Mitbestimmung, S. 187 f., der diese ursprünglich vertretene Ansicht mittlerweile einschränkt: Däubler, Tarifvertragsrecht, Rn. 175 b, 1099 ff.

435 Löwer in: v.Münch/Kunig, GGK I, Rn. 70 zu Art. 9; Kempen in: Kempen/Zachert, TVG, Grundlagen Rn. 96 ff., 140; Zachert in : Kempen/Zachert, TVG, § 1 Rn. 364,

Zwar wird bei der Bestimmung der konkreten, unter die Wirtschaftsbedingungen fallenden Inhalte den Tarifparteien kein allgemeines wirtschaftspolitisches Mandat zugesprochen, mit dem sie in Konkurrenz zur Wirtschafts- und Sozialpolitik des Staates treten könnten[436]. Der reine Wortlaut des Begriffs wird insofern als zu weit empfunden[437]. Um den Anknüpfungspunkt der Tarifautonomie nicht aus den Augen zu verlieren, müsse zumindest ein Zusammenhang der Regelungsgegenstände mit der Teilhabe der abhängigen Arbeit am gesamtwirtschaftlichen Geschehen vorhanden sein[438]. Ansonsten wird der Begriff aber weit ausgelegt. Auf den spezifischen Zusammenhang zum Bereich der abhängigen Arbeit könne zwar nicht schlechthin verzichtet werden, es bedürfe aber nicht eines engen bzw. unmittelbaren Sachzusammenhangs zum Arbeitsverhältnis. Ausreichend sei, daß bei der Vereinbarung auf diesem Gebiet das Arbeitsverhältnis überhaupt berührt werde[439]. Letztendlich sei eine genaue Abgrenzung zwischen den beiden Begriffen weder immer möglich noch erforderlich. Vielmehr handele es sich um einen "Kombinationssektor" in dem sich beide Begriffe in der gesellschaftlichen Realität überschnitten[440].

Auszunehmen seien hingegen alle Vereinbarungen, die nur den rein internen Verbandsinteressen dienten. Die internen "Funktionsbedingungen" der Koalitionen seien nicht vom Begriff der "Arbeits- und Wirtschaftsbedingungen" erfaßt und der Tarifvertrag nicht das Instrument zu deren Durchsetzung. Diese Interesse hätten die Verbände mit anderen Mitteln durchzusetzen[441].

Zu diesem Ergebnis kommen die Vertreter dieser Meinung in der Regel mittels der klassischen Auslegungsmethoden, indem sie sich mit dem Wortlaut, der Entstehungsgeschichte und dem Sinn und Zweck des Art. 9 Abs. 3 GG auseinandersetzen[442]:

305; Biedenkopf, Gutachten zum 46. DJT, S. 97, 159 ff.; Vollmer, Partnerschaftliche Unternehmensverfassung, S. 111 ff.; Otto/Schwarz, ZfA 1995, S. 639, 665 f.; Waltermann, NZA 1991, S. 754, 757 und 759.

436 Vgl. Gamillscheg, Kollektives Arbeitsrecht, S. 220; Clausen, S. 130.

437 Gamillscheg, Kollektives Arbeitsrecht, S. 220; MünchArbR/Löwisch, § 236 Rn. 16 f.; Rieble, ZTR 1993, 54, 55; Meier-Krenz, DB 1988, 2149, 2152; Friauf, RdA 1986, 188, 189.

438 Löwer in: v.Münch/Kunig, GGK I, Rn. 70 zu Art. 9; Clausen, S. 130; Richardi, Kollektivgewalt, S. 180; Waltermann, NZA 1991, 754, 757 und 759; Otto/Schwarze, ZfA 1995, 639, 666.

439 Clausen, S. 133; Schwarze, Betriebsrat, S. 93; Gamillscheg, Differenzierung, S. 81 f.; Waltermann, NZA 1991, 754, 759.

440 Kempen in: Kempen/Zachert, TVG, Grundlagen Rn. 99; Waltermann, NZA 1991, 754, 759.

441 Clausen, S. 135; Richardi, Kollektivgewalt, S. 185.

442 Kempen in: Kempen/Zachert, TVG, Grundlagen Rn. 96 ff.; Zachert in: Kempen/Zachert, TVG, § 1 Rn. 364; Däubler, Tarifvertragsrecht, Rn. 175 b f.;

Weder die Frage nach dem Sinn und Zweck der Vorschrift noch die Auslegung des Wortlauts oder die historische Interpretation der Norm bringe eine endgültige feststehende Definition hervor[443]:

Zweck des Art. 9 Abs. 3 GG sei die Tarifautonomie, aber eben in den ihr gezogenen Grenzen. Der Wortlaut sei zu weit und damit nicht verläßlich. Die Auslegung aus der Geschichte dürfe nicht überstrapaziert werden[444]: Der Begriff müsse sicherlich in der gleichen Weise wie in der Weimarer Republik verstanden werden[445] und meine von daher sicherlich mehr als die "Lohn- und Arbeitsbedingungen", die man 1918 in § 152 der Reichsgewerbeordnung vorgefunden, aber gerade nicht übernommen habe[446]. Der Art. 159 Satz 1 WRV lautete: "Die Vereinigungsfreiheit zur Wahrung und Förderung der Arbeits- und Wirtschaftsbedingungen ist für jedermann und alle Berufe gewährleistet". In Art. 165 Abs. 1 Satz 1 WRV wurde der Begriff der Arbeits- und Wirtschaftsbedingungen weiter präzisiert: "Die Arbeiter und Angestellten sind dazu aufgerufen, gleichberechtigt in Gemeinschaft mit den Unternehmern an der Regelung der Lohn- und Arbeitsbedingungen sowie der gesamten wirtschaftlichen Entwicklung der produktiven Kräfte mitzuwirken". Damit seien die "Wirtschaftsbedingungen" als eigenständige Regelungsmaterie neben den Lohn- und Arbeitsbedingungen anerkannt worden[447]. Auch in der Literatur seien zur damaligen Zeit unter dem Begriffspaar der Arbeits- und Wirtschaftsbedingungen die sozialpolitischen Interessen in Bezug auf den sozialen Gegenspieler verstanden worden[448]. Es berechtige nichts zu der Annahme, das Bonner Grundgesetz habe den Fortschritt der Weimarer Verfassung gegenüber der Reichsgewerbeordnung zurücknehmen wollen[449]. In diesem Sinne könnten auch heute noch der als zu weit empfundene Wortlaut einschränkend ausgelegt und zumindest die Gegenstände, die nicht auf den sozialen Gegenspieler bezogen seien, ausgeklammert werden[450]. "Wirtschafts-

---

Fabricius, in: Festschrift für Hilger und Stumpf, S. 155, 167 ff.; Runggaldier, 138 ff., 215; Schumann in: Däubler, Arbeitskampfrecht, Rn. 154; Gamillscheg kommt zwar letztlich zu demselben Ergebnis, er sieht aber die herkömmlichen Auslegungsmethoden nicht als geeignetes Mittel um exakt zu ermitteln, was im konkreten Fall unter den Wirtschaftsbedingungen zu verstehen sei, Gamillscheg, Kollektives Arbeitsrecht, S. 219 ff.

443 Gamillscheg, Kollektives Arbeitsrecht, S. 220.

444 Gamillscheg, Kollektives Arbeitsrecht, S. 219; Konzen, ZfA 1980, 77, 90.

445 BAG, Urteil v. 3.4.1990 - 1 AZR 123/89, BAGE 64, 284, 291 = BAG AP Nr. 56 zu Art. 9 GG; so auch v.Mangoldt/Klein, Das Bonner Grundgesetz, 2. Auflage 1957, Art. 9 Anm. V 9.

446 Gamillscheg, Kollektives Arbeitsrecht, S. 219.

447 So auch Clausen, S. 129.

448 Misera, S. 25.

449 Clausen, S. 129.

450 So auch Gamillscheg, Kollektives Arbeitsrecht, S. 219.

bedingungen" seien von daher die wirtschaftlichen Angelegenheiten, die in einem unmittelbaren Zusammenhang mit den Bedingungen der abhängigen Arbeit stünden[451].

Letztendlich ließe sich aber doch keine eindeutige Definition des Inhalts aus dem Begriff ableiten. Vielmehr sei am konkreten Fall das Für und Wider einer Einbeziehung des Gegenstandes in den Bereich des tariflich Regelbaren und durch Streik Erkämpfbaren in offener Argumentation darzulegen[452].

Anstatt den Umfang der Tarifmacht von vornherein auf wenige Inhalte festzulegen, könne man insofern auch die "Wirtschaftsbedingungen" nach ihrem natürlichen Wortsinn verstehen und anschließend die Auseinandersetzung mit den entgegenstehenden Grenzen (Außenschranken) der Tarifmacht führen, die wiederum nicht die "Zuständigkeit" der Tarifparteien für die Regelung einer bestimmten Materie betreffe, sondern die "Zulässigkeit" einer tarifvertraglichen Regelung[453].

d) Stellungnahme

Die Arbeits- und Wirtschaftsbedingungen i.S. von Art. 9 Abs. 3 S. 1 GG können nicht als deckungsgleiche Begriffe verstanden werden, auch wenn aufgrund der inhaltlichen Nähe dieser Begriffe zueinander eine genaue Abgrenzung nicht immer möglich oder erforderlich ist. Durch die Wirtschaftsbedingungen wird der Schutzbereich des Art. 9 Abs. 3 GG über die bloßen Arbeitsbedingungen hinaus inhaltlich erweitert. Eine engere Definition dieses Begriffspaares ist angesichts des Wortlauts der verfassungsrechtlichen Garantie nicht zu rechtfertigen.

Die Wirtschaftsbedingungen sind mithin als Regelungsmaterie nicht zu vernachlässigen. Zumindest immer dann, wenn durch eine Regelung mit inhaltlichem Bezug zu Wirtschaftsbedingungen der Arbeitgeber in seiner Funktion als Arbeitgeber oder der Arbeitnehmer spezifisch in seiner Rolle als Arbeitnehmer, d.h. als Träger von Rechten aus dem Arbeitsverhältnis von der Wirkung einer Tarifbestimmung betroffen ist, fällt diese Vereinbarung in den Schutzbereich des Art. 9 Abs. 3 GG[454].

---

451 Gamillscheg, Kollektives Arbeitsrecht, S. 220; MünchArbR/Löwisch, § 236 Rn. 16 ff.; Rieble, ZTR 1993, 54, 55; Meier-Krenz, DB 1988, 2149, 2152.

452 Gamillscheg, Kollektives Arbeitsrecht, S. 220; Säcker, Grundprobleme, S. 40 f.

453 Gamillscheg, Kollektives Arbeitsrecht, S. 220 f.; derselbe in: Differenzierungen, S. 82; Clausen, S. 130 (Fn. 18).

454 So auch Clausen, S. 134.

Ob eine entsprechende Regelung der Tarifparteien auch wirksam ist oder gegen entgegenstehende einfachgesetzliche Grenzen (Außenschranken) verstößt, ist gesondert zu prüfen und betrifft nicht die Frage der Zuordnung einer Regelungsmaterie zum Schutzbereich des Art. 9 Abs. 3 GG.

3) Teilhabe an der unternehmerischen Willensbildung

Fraglich ist, inwieweit tarifvertragliche Vereinbarungen zulässig sind, die darauf abzielen, den Arbeitnehmer vor den Auswirkungen des Marktrisikos zu schützen, indem sie ihn bei unternehmerischen Entscheidungen mitbestimmen lassen. Denkbar sind dabei Vereinbarungen über die Beeinflussung der Unternehmenspolitik[455] oder zur Erweiterung der Mitbestimmung durch Änderung der Unternehmensverfassung[456].

Nach dem von Art. 9 Abs. 3 GG verfassungsrechtlich geschützten Betätigungskreis der Koalitionen erscheinen entsprechende Tarifvertragsvereinbarungen über "Teilhabe an unternehmerischer Planungs- und Koordinationsfunktion", d.h. über die Teilhabe an der unternehmerischen Willensbildung, nicht als von vornherein ausgeschlossen, sondern können dem Bereich der Wirtschaftsbedingungen zugeordnet werden[457]. Eindeutig ausgeschlossen bleibt jedoch eine tarifliche Normsetzungsmöglichkeit, da § 1 TVG Normen in diesem Bereich nicht vorsieht[458]. Schuldrechtlich ließe sich jedoch zum Beispiel an die Vereinbarung eines Zustimmungsvorbehalts der Gewerkschaften zu bestimmten unternehmerischen Entscheidungen, etwa bei Investitionsvorhaben ab einer bestimmten Größe oder bei Rationalisierungsmaßnahmen denken[459]. Derartige Fragen der Unternehmenspolitik betreffen den einzelnen Arbeitnehmer nachhaltig in seiner wirtschaftlichen Existenz[460]. Zumindest ist denkbar, daß das tarifvertragliche Instrumentarium mit seiner äußerst wirksamen Funktionsgewährleistung des Streiks den Arbeitnehmer vor allgemeinen wirtschaftlichen Risiken, d.h. den Auswirkungen des Marktrisikos schützen will.

---

455 Vgl. Zachert in: Kempen/Zachert, TVG, § 1 Rn. 292 ff.

456 Vgl. Zachert in: Kempen/Zachert, TVG, § 1 Rn. 301 ff.

457 Zachert in: Kempen/Zachert, TVG, § 1 Rn. 293 ff., 301 ff., 364; Däubler, Tarifvertragsrecht, Rn. 175 b; Fabricius, in: Festschrift für Hilger und Stumpf, S. 155, 169; Runggaldier, 138 ff., 214 f.; Schumann in: Däubler, Arbeitskampfrecht, Rn. 156; bejahend für die Erweiterung der betrieblichen Mitbestimmung auch in wirtschaftlichen Angelegenheiten: Bunge, Tarifinhalt, S. 99 ff.

458 Vgl. Hölters, Harmonie, S. 43.

459 Vgl. Biedenkopf, Gutachten zum 46. DJT, S. 97, 159; derselbe, Grenzen der Tarifautonomie, S. 21.

460 Vgl. Biedenkopf, Gutachten zum 46. DJT, S. 97, 160 f.

Letztendlich ist eine derartige Teilhabe an der unternehmerischen Willensbildung, die dem Zweck dienen soll, den Arbeitnehmer durch Einflußnahme vor diesen Risiken zu schützen, jedoch abzulehnen[461], soweit sie an einfachgesetzliche Grenzen stößt[462]. Relevant werden dabei vor allem Einwendungen aus dem Gesellschaftsrecht, insbesondere das Aktiengesetz und das GmbH-Gesetz.

Umstritten ist, ob und inwieweit die Unternehmensverfassung Regelungen durch die Tarifvertragsparteien offensteht.

Nach der einen Ansicht ist z.B. eine zahlenmäßige Ausweitung des Arbeitnehmereinflusses im Aufsichtsrat nicht mit dem AktG in Einklang zu bringen. Ebensowenig decke sich das Gesellschaftsrecht hinsichtlich der Frage, wer entsprechend zu einer Veränderung des Gesellschaftsvertrages befugt ist, mit derartigen tarifvertraglichen Vereinbarungen, die in die Zuständigkeit der Gesellschafter für Grundsatzfragen eingreifen[463]. Das Grundgesetz gehe, so wie es durch die ausführenden Gesetze seine Ausprägung gefunden habe, von einer Wettbewerbsordnung mit dem Grundsatz der Einheit der unternehmerischen Entscheidung aus. Der einzelne Unternehmer treffe seine Entscheidungen aufgrund wirtschaftlicher Daten, die vom Markt bestimmt würden und auf die er selbst keinen Einfluß habe. Durch die Zulassung einer Mitbestimmung der Arbeitnehmer bei diesen Entscheidungen würde das zwar nicht verfassungsrechtliche, aber doch einfachgesetzliche Bekenntnis des Gesetzgebers zur Wirtschafts- und Wettbewerbsfreiheit umgangen[464]. Von daher sei eine Mitbestimmung der Arbeitnehmer und ihre Einflußnahme auf den entscheidungsrelevanten arbeits- und sozialpolitischen Datenkranz nur auf dem Teilmarktgebiet des Arbeitsmarktes zulässig und nicht in jedem Bereich der Wirtschaftsbedingungen[465].

Nach der Gegenansicht sei auch die Unternehmensverfassung nicht generell der Regelungsmacht der Tarifparteien verschlossen. Zu Unrecht werde den gesellschaftsrechtlichen Organisationsprinzipien Vorrang gegenüber der verfassungsrechtlich geschützten Tarifautonomie eingeräumt. Gerade die Offenheit des Art.

---

461 Vgl. Biedenkopf, Gutachten zum 46. DJT, S. 97, 114, 157; so Richardi, Kollektivgewalt, S. 181.

462 Zachert in: Kempen/Zachert, TVG, § 1 Rn. 304; Hölters, Harmonie, S. 43 f., 151 ff.; vgl. Biedenkopf, Gutachten zum 46. DJT, S. 97, 156 ff.; vgl. auch Schnoor, JR 1966, 327, 331; Wiedemann, RdA 1968, 420, 421.

463 Hölters, Harmonie, S. 43; Biedenkopf, Gutachten zum 46 DJT, S. 97, 158; Farthmann, Die AG 1969, S. 205 f.; Beuthien, ZfA 1983, 141, 151 ff.; Hensche, ArbuR 1971, 33, 37 f.

464 Biedenkopf, Gutachten zum 46. DJT, S. 97, 163.

465 Hölters, Harmonie, S. 43 f., 151 f.; Richardi, Kollektivgewalt, S. 181.

9 Abs. 3 GG sowie der dynamische Charakter spreche dafür, die Tarifvertragsparteien auch Einfluß auf diese Fragen nehmen zu lassen[466].

Letztendlich bedarf auch in diesem Punkt jeder Einzelfall einer genauen Prüfung, ob der konkreten Vereinbarung einfachgesetzliche Grenzen gezogen sind, die die Vereinbarung über die Veränderung der Unternehmensverfassung unzulässig machen.

4) Ergebnis: Erweiterung der tariflichen Regelungsbefugnis durch die Wirtschaftsbedingungen i.S. des Art. 9 Abs. 1 S. 1 GG

Als Ergebnis ist festzuhalten, daß nach der Maßgabe des Art. 9 Abs. 3 GG auch tarifliche Regelungen im Bereich der Wirtschaftsbedingungen zulässig sind. Unter Wirtschaftsbedingungen ist dabei ein eigenständiger Sachbereich zu verstehen, der sich nicht mit dem Inhalt der Arbeitsbedingungen deckt, sondern diesen inhaltlich ergänzt und um weitere Regelungsinhalte erweitert. Es ist jedoch eine Frage der Wirksamkeit, ob eine Regelung in diesem Bereich zulässig ist, oder ob ihr entsprechende Grenzen, etwa die Rechte des Unternehmers als Schranken, entgegenstehen.

Die Frage der Zulässigkeit, d.h. der Wirksamkeit einer Vereinbarung tangiert aber die grundsätzliche rechtliche Einordnung als Tarifvertrag nicht. Die Prüfung, ob und inwieweit eine Vereinbarung auf dem Gebiet der Wirtschaftsbedingungen wirklich zulässig ist, spielt somit keine Rolle, wenn es gilt, eine Definition eines Tarifvertrages zu entwickeln und die entsprechenden Merkmale aufzustellen, mit deren Hilfe dann auch eine Abgrenzung zum außertariflichen Bereich möglich sein soll[467].

IV. Weitere Voraussetzungen eines Tarifvertrages

Ein wesentliches Merkmal für die Charakterisierung einer Vereinbarung als Tarifvertrag ist der Vereinbarungsinhalt, die Regelung der Arbeits- und Wirtschaftsbedingungen i.S. des Art. 9 Abs. 3 S. 1 GG. Fraglich ist, welche weiteren Elemente Voraussetzung für einen Tarifvertrag sind.

---

466 Zachert in: Kempen/Zachert, TVG, § 1 Rn. 394; Zachert, ArbuR 1985, 201, 208 f. m.w.N.; Däubler, Tarifvertragsrecht, Rn. 1098 ff. und 175 b; Beck, ArbuR 1981, 333, 339 ff.; Köstler/Kittner/Zachert, Rn. 239.

467 So auch Plander, ZTR 1997, 145, 147.

1) Wille zur Vereinbarung von Rechten und Pflichten (Rechtsbindungswille)

Daß ein Tarifvertrag ein Vertrag ist und dementsprechend alle gängigen Vertragsvoraussetzungen erfüllt sein müssen, bedarf keiner besonderen Erklärung.

Hervorzuheben ist, daß beim Abschluß eines Tarifvertrages - wie auch sonst bei Verträgen - der Wille zur rechtlichen Bindung vorhanden sein muß[468]. Nur das ist ein Tarifvertrag, was gewisse tarifvertragliche beiderseitige Ansprüche unmittelbar begründen soll[469]. Dieses Kriterium kann bei der Abgrenzung von Tarifverträgen zu anderen Übereinkünften zwischen den Tarifparteien durchaus eine Rolle spielen.

Es fehlt an einem übereinstimmenden Rechtsbindungswillen der Vertragsparteien, wenn sie weder gegenseitige oder auch nur einseitige Ansprüche auf Erfüllung noch Sekundärrechte für den Fall der Nichterfüllung begründen wollen. Ferner fehlt es an einem übereinstimmenden Rechtsbindungswillen, wenn sie weder eine Vertragsstrafenverpflichtung noch ein Zurückbehaltungsrecht einer Seite für den Fall begründen wollen, daß die andere Partei eine rechtlich nicht geschuldete Leistung nicht erbringen sollte[470].

Bloße Absichtserklärungen oder Empfehlungen, die keinerlei rechtliche Bindungswirkung entfalten sollen, genügen daher nicht[471].

Insofern ist das Vorliegen einer echten rechtlichen Bindung auch das maßgebliche Kriterium für die Abgrenzung von Empfehlungen und Tarifverträgen[472].

Im Zweifelsfall ist durch Auslegung zu ermitteln, ob der Rechtsbindungswille für eine vertragliche Absprache zwischen den Tarifparteien vorlag oder ob es sich bei einer zwischen den Parteien erzielten Verständigung lediglich um eine ohne Rechtsbindungswillen getroffene "informelle Absprache" handelt[473]. Ob ein bestimmtes willentliches Verhalten überhaupt eine Willenserklärung ist, ist

---

468 Plander, Festschrift Kehrmann, S. 295, 302.
469 Koberski/Clasen/Menzel, TVG, § 1 Rdnr. 12.
470 Plander, Festschrift Kehrmann, S. 295, 304.
471 Wallisch, S. 82; Gamillscheg, Kollektives Arbeitsrecht, S. 627.
472 Plander, Festschrift Kehrmann, S. 295, 303 ff.
473 Vgl. Plander, Festschrift Kehrmann, S. 295, 304.

dabei anhand der anerkannten Auslegungsgrundsätze zu ermitteln. Entscheidend für die Beurteilung ist der jeweilige Empfängerhorizont[474].

2) Tarifvertragsparteien

Ein weiteres Merkmal eines Tarifvertrages ist, daß der Vertrag zwischen tariffähigen Parteien zustande kommt[475]. Die Tariffähigkeit ist als Zugangsvoraussetzung eine wesentliche Voraussetzung, um einen Tarifvertrag schließen zu können. Gerade dadurch wird auch der Tarifvertrag von Vereinbarungen auf der Betriebsebene oder von Verträgen zwischen nicht tariffähigen Koalitionen oder Personen abgegrenzt[476].

3) Schriftform

Die Frage ist, ob die Schriftform eine reine Wirksamkeitsvoraussetzung ist, die von der grundsätzlichen Frage der rechtlichen Qualifizierung zu trennen ist[477], oder ob die Schriftform nicht doch ein Wesensmerkmal des Tarifvertrages ist, das als Merkmal in die Definition eines Tarifvertrages aufgenommen werden muß[478].

Nimmt man in die Definition eines Tarifvertrages mit auf, daß es sich um einen schriftlich geschlossenen Vertrag handeln muß, so hat man ein wirkungsvolles Kriterium, um mündliche, aber dennoch verbindliche Abreden zwischen den Tarifvertragsparteien von tariflichen, schuldrechtlichen Klauseln abzugrenzen. Ein nicht schriftlich festgehaltenes Übereinkommen zwischen den Koalitionen ist rechtlich kein "unwirksamer Tarifvertrag". Insoweit ist ein Tarifvertrag einem Gesetz im formellen Sinne vergleichbar. Auch ein "Gesetz" liegt erst dann vor, wenn der entsprechende Beschluß des gesetzgebenden Organs ausgefertigt und verkündet wurde. Vorher handelt es sich nur um einen "Bundestagsbeschluß". Die Unwirksamkeit eines Tarifvertrages liegt hingegen vor, wenn bei einer zwar schriftlich fixierten Vereinbarung die näheren in § 126 BGB niedergelegten Voraussetzungen der gesetzlichen Schriftform nicht vollständig erfüllt sind; beispielsweise wenn Unterschriften auf der

---

474 Vgl. BGH NJW 1984, 721; BAG, Urteil v. 5.2.1971 - 3 AZR 29/70, NJW 1971, 1423; Palandt-Heinrichs § 133, Rn. 9; Plander, Festschrift Kehrmann, S. 295, 304 und Fn. 52.

475 So auch Wiedemann, TVG, § 1 Rn. 6; Plander, ZTR 1997, 145, 147 f.

476 Plander, ZTR 1997, 145, 148 f.

477 So Plander, ZTR 1997, 145.

478 So Otto, Arbeitsrecht, Rn. 446; Hanau/Adomeit, S. 65; Hueck/Nipperdey, II/1, S. 209 f. (Fn. 9a); Nikisch, Arbeitsrecht Bd. II, S. 209, 212; Schaub, § 198 Rn. 10, S. 1934; Wiedemann, TVG, § 1 Rn. 1, 5; Bremkamp, S. 81.

Vertragsurkunde fehlen oder eine Bezugnahme auf ergänzende Urkunden nicht vorliegt. Von daher ist die schriftliche Fixierung der zwischen den Tarifvertragsparteien getroffenen Abrede als ein wesensbestimmendes Merkmal des Tarifvertrages zu werten. Für die rechtliche Einordnung genügt dabei die grundlegende schriftliche Fixierung. Selbst wenn diese Anforderung erfüllt ist, heißt das nicht, daß wirklich allen Anforderungen des § 126 BGB Genüge getan wurde[479]. So bedarf es z.B. nach § 126 Abs. 2 BGB bei einem Vertrag einer Unterzeichnung derselben einheitlichen Urkunde. Bei der Ausfertigung mehrerer gleichlautender Urkunden ist auch ausreichend, wenn jede Partei die für die Gegenpartei bestimmte Urkunde unterschreibt[480]. Eine detaillierte Prüfung der entsprechenden Wirksamkeitsvoraussetzungen kann gesondert erfolgen, und kann auch zu dem Ergebnis führen, daß der schriftlich festgehaltene Vertrag zwischen den Tarifvertragsparteien dennoch nicht in allen Einzelheiten den Anforderungen des § 126 BGB genügt und mithin unwirksam ist. Dieses Ergebnis würde jedoch die Frage der grundsätzlichen Einordnung als Tarifvertrag nicht mehr berühren. Es stünde auch im Einklang mit dem Grundsatz, daß die Frage der rechtlichen Qualifizierung eines Vertrages von der Frage seiner Wirksamkeit zu unterscheiden ist[481].

4) Abstrakt-generelle Regelung ist kein zwingendes Merkmal des Tarifvertrages

Schuldrechtliche Verpflichtungen, die in einem Tarifvertrag begründet werden, sind in aller Regel dadurch gekennzeichnet, daß sie nicht nur punktuell auf einen Einzelfall gerichtet sind, sondern längerfristige Dauerverbindlichkeiten begründen sollen[482]. So sollen entweder die Rechte und Pflichten zwischen den Tarifvertragsparteien dauerhaft geordnet oder auch die Rechtsbeziehungen im Zusammenhang mit Dritten beeinflußt werden. Genau wie im normativen Teil ist auch bei schuldrechtlichen Vereinbarungen typisch, daß nicht nur ein konkreter Einzelfall geregelt wird, sondern eine generelle Regelung der Arbeits- und Wirtschaftsbedingungen für eine Mehrzahl von Fällen getroffen wird.

Auch das BAG hat in seinen Entscheidungen zu rein schuldrechtlichen Tarifverträgen hervorgehoben, daß die getroffenen schuldrechtlichen Vereinba-

---

479 Zu den Anforderungen des § 126 im einzelnen: Palandt-Heinrichs, § 126 Rn. 2 ff.

480 Vgl. Schaub, § 199 Rn. 27, S. 1955.

481 Vgl. dazu Plander, ZTR 1997, 145 f.; Loritz in: Zöllner/Loritz, Arbeitsrecht, S. 367; a.A. Wiedemann, TVG, § 1 Rn. 1, für den einige der Begriffselemente gleichzeitig auch Wirksamkeitsvoraussetzungen umfassen.

482 Vgl. Wiedemann, TVG, § 1 Rn. 238.

rungen nach dem Willen der Parteien nicht nur für einen Einzelfall, sondern für eine Vielzahl von Anwendungsfällen gelten sollen[483].

Fraglich ist, ob es nicht nur typisch, sondern auch ein wesensbestimmendes Merkmal eines Tarifvertrages ist, daß die in ihm begründeten schuldrechtlichen Verpflichtungen sich nicht auf den Einzelfall beschränken, sondern abstrakt-generelle Regelungen enthalten.

Bei einer Betrachtung der üblichen schuldrechtlichen Tarifvertragsverpflichtungen finden sich aber auch solche, die nur einmal erfüllt werden sollen und auf eine solche einmalige Vornahme beschränkt bleiben. Darunter fallen etwa Verpflichtungen, die im Zusammenhang mit der Gründung einer gemeinsamen Einrichtung nach § 4 Abs. 2 TVG stehen, so zum Beispiel die schuldrechtliche Verpflichtung, ein Grundstück für die gemeinsame Einrichtung zu übertragen.

Bezieht man jedoch den Gesamtkontext einer solchen Vereinbarung in die Betrachtung mit ein, so wird deutlich, daß auch derartige nur einmal zu erfüllende Verpflichtungen im engen Zusammenhang mit der durch die Gründung der gemeinsamen Einrichtung entstehenden Dauerverbindlichkeit und den dazu getroffenen abstrakt-generellen Regelungen stehen. In dieser Dauerbeziehung wirken die im Zusammenhang mit der Gründung erfüllten einmaligen Verpflichtungen fort und bilden mit die Basis der längerfristigen Beziehung. Würde man diese einmal erfüllten Pflichten wegdenken, könnte die Dauerrechtsbeziehung in ihrer konkreten Form nicht bestehen.

Dieses Beispiel macht deutlich, daß die Tarifvertragsparteien grundsätzlich die Möglichkeit haben, einmalige Verpflichtungen tarifvertraglich zu vereinbaren. Entscheidend für den tarifvertraglichen Charakter einer solchen einmaligen Verpflichtung ist jedoch, daß nicht singuläre Individualinteressen mit ihr verfolgt werden, sondern daß sie zur Erfüllung des verfassungsrechtlich in Art. 9 Abs. 3 GG garantierten Regelungsauftrages der Tarifvertragsparteien getroffen wurde. Dieser zielt darauf ab, für eine Vielzahl von Fällen verbindliche, abstrakt generelle Regelungen zur Wahrung und Förderung der Arbeits- und Wirtschaftsbedingungen zu schaffen. Darin enthalten ist die Vorgabe, kollektive Interessen wahrzunehmen, anstatt individuelle Einzelfälle zu regeln. Weist eine einmalig zu erfüllende Vereinbarung diesen kollektiven Bezug auf, ist sie – soweit die weiteren Voraussetzungen erfüllt sind – als tarifliche Vereinbarung zu qualifizieren. Es spielt insofern keine Rolle, ob die Vereinbarung selbst nur einmalig zu erfüllen ist, für eine Vielzahl von Fällen gilt oder eine Dauerrechtsbeziehung begründet. Es ist somit keine

---

483 BAG, Urt. v. 31.10.1958 - 1 AZR 632/57, AP Nr. 2 zu § 1 TVG Friedenspflicht.

Voraussetzung für einen Tarifvertrag, daß eine abstrakt-generelle Vereinbarung getroffen oder eine Dauerverbindlichkeit begründet wird.

Der statt dessen erforderliche kollektive Bezug einer Tarifvertragsvereinbarung muß nicht inhaltlich gesondert durch Aufnahme in die Tarifvertragsdefinition herausgestellt werden. Diese Anforderung an einen Tarifvertrag ist implizit bereits im Auftrag zur Wahrung und Förderung der Arbeits- und Wirtschaftsbedingungen enthalten. In Zweifelsfällen reicht es aus, sich zu vergegenwärtigen, daß die durch Art. 9 Abs. 3 GG auf die Wahrung und Förderung der Arbeits- und Wirtschaftsbedingungen festgelegte tarifliche Regelungsmacht nicht im Zeichen singulärer, sondern kollektiver Interessen steht.

V. Die Definition eines Tarifvertrages

Aus diesen verschiedenen Merkmalen ergibt sich zusammenfassend die folgende Definition eines Tarifvertrages:

> Ein Tarifvertrag ist ein schriftlich geschlossener Vertrag zwischen tariffähigen Parteien, mit dem die Parteien zur Wahrung und Förderung der Arbeits- und Wirtschaftsbedingungen gegenseitige Rechte und Pflichten begründen und zusätzlich Rechtsnormen vereinbaren können.

VI. Konsequenzen der rechtlichen Qualifizierung eines Vertrages als Tarifvertrag

1) Anwendbare Normen und ihre Wirkung

Ob ein Vertrag als Tarifvertrag oder schuldrechtlicher Vertrag einzuordnen ist, hat Konsequenzen für die Rechtsform des Vertrages, da § 1 Abs. 2 TVG für einen Tarifvertrag die Schriftform i.S. des § 126 BGB verlangt und dieses Formerfordernis auch für Tarifverträge mit nur schuldrechtlichen Abreden gilt[484].

Von entscheidender Bedeutung ist die rechtliche Qualifizierung eines Vertrages auch für die Zuständigkeit der Arbeitsgerichte, die für Streitigkeiten aus Tarifverträgen nach § 2 Abs. 1 Nr. 1 ArbGG gegeben ist. Für andere, außertarifliche Vereinbarungen der Tarifparteien sind die ordentlichen Gerichte zuständig. In

---

[484] Gamillscheg, Kollektives Arbeitsrecht, S. 627; Löwisch in: Löwisch/Rieble, TVG, § 1 Rn. 375.

Ermangelung einer Regelungslücke läßt sich auch nicht die Zuständigkeit der Arbeitsgerichte analog § 2 Abs. 1 Nr. 1 ArbGG begründen[485].

Darüber hinaus gelten für Tarifverträge noch folgende Vorschriften:

Tarifverträge werden von der Haftungserstreckung des § 2 Abs. 4 TVG erfaßt[486].

Ferner finden neben § 2 Abs. 1 Nr. 1 ArbGG auch folgende Vorschriften des ArbGG Anwendung, die Sonderbestimmungen über die Zulässigkeit von Rechtsmitteln enthalten: §§ 64 Abs. 3 Nr. 2 a (Berufung), 72a Abs. 1 Nr. 1 (Nichtzulassungsbeschwerde), 76 Abs. 2 Nr. 1 ArbGG (Sprungrevision)[487].

Ferner gibt es für Streitigkeiten von Tarifparteien aus Tarifverträgen die Möglichkeit, gemäß §§ 101 ff ArbGG die Zuständigkeit eines Schiedsgerichts zu begründen.

2) Erstreikbarkeit

Der Abschluß von Tarifverträge kann grundsätzlich durch Arbeitskampf erzwungen werden[488]. Es ist jedoch umstritten, welche Grenzen der Streikfreiheit im einzelnen gezogen sind.

a) Erstreikbarkeit tariflich regelbarer Ziele

Die herrschende Meinung vertritt die Ansicht, daß schuldrechtliche Regelungen erkämpfbar sind, soweit sie dem Bereich der Arbeits- und Wirtschaftsbedingungen angehören und somit tarifvertraglich regelbare Ziele beinhalten[489]. Denn die

---

485 Anderer Ansicht: Plander, ZTR 1997, 145, 151.

486 Siehe dazu: Löwisch in: Löwisch/Rieble, TVG, § 2 Rn.78 ff.

487 Vgl. BAG, Urteil v. 31.10.1958 - 1 AZR 632/57, AP Nr.2 zu § 1 TVG Friedenspflicht; Loritz in: Zöllner/Loritz, Arbeitsrecht, S. 367.

488 Löwisch in: Löwisch/Rieble, TVG, Grundl. Rn. 45; Seiter, Streikrecht, S. 486 ff., 493.

489 Zachert in: Kempen/Zachert, TVG, § 1 Rn. 364; Schumann in: Däubler, Arbeitskampfrecht, Rn. 154; Rüthers in: Brox/Rüthers, Rn. 260 ff. (S. 158 f.); Löwisch/Rieble in: AR-Blattei SD, Arbeitskampf II Zulässigkeit von Arbeitskämpfen, 170.2 Rn. 16; MünchArbR/Otto, § 278 Rn. 19; Kasseler Handbuch/Kalb, 8.2 Rn. 98 f.; Beuthien, ZfA 1983, 141, 161 f.; Hueck/Nipperdey, II/2, S. 1010 (Fn. 35 b); Seiter, Streikrecht, S. 488 ff., 493; Rieth, S. 125; vgl. auch Hölters, Harmonie, S. 125, der die Erstreikbarkeit schuldrechtlicher Abreden für gegeben erachtet, soweit sich die schuldrechtlichen Tarifvertragsvereinbarungen im Bereich des Art. 9 Abs. 3 GG bewegen, während die nach seiner Auffassung zulässigen Tarifklauseln, die lediglich von Art. 2 Abs. 1 GG geschützt seien, nicht erkämpfbar sein sollen.

Tarifvertragsautonomie als Ausdruck kollektiver Selbstbestimmung könne sich nur verwirklichen, wenn sich der Abschluß von Tarifverträgen unter Arbeitskampfdruck erzwingen lasse[490]. Entscheidend bei der Beurteilung der Erstreikbarkeit sei von daher allein, ob es sich um ein tariflich regelbares Ziel handele[491]. Ob ein Tarifstreit durch eine normative oder eine schuldrechtliche Vereinbarung beendet werde, könne nicht über die Zulässigkeit des Streiks entscheiden. Dies gelte unabhängig davon, ob die Tarifparteien zunächst eine normative Regelung angestrebt hätten, der Streit tatsächlich aber mit einer schuldrechtlichen Vereinbarung endet, oder ob die Tarifparteien gleich nur eine schuldrechtliche Vereinbarung erzielen wollten[492].

b) Unterscheidung zwischen Tarifmacht und Erstreikbarkeit

Nach anderer Ansicht erlaubt die Einordnung aller "Arbeits- und Wirtschaftsbedingungen" als Gegenstand eines Tarifvertrages keinen zwingenden Rückschluß auf deren Erstreikbarkeit[493]. Vielmehr sei die Frage der Erstreikbarkeit getrennt zu beurteilen, daß heißt, die Grenzen der Tarifmacht und die Grenzen der Streikfreiheit seien unterschiedlich gezogen. Auch diese Ansicht schließt die Erstreikbarkeit von schuldrechtlichen Tarifvertragsvereinbarungen somit nicht generell aus.

c) Keine Durchsetzung schuldrechtlicher Vereinbarungen durch Streik

Eine weitere Ansicht in der Literatur schließt die Erzwingbarkeit schuldrechtlicher Tarifverträge mittels Arbeitskampf ganz aus[494]: Allein die Normativität legitimiere den Arbeitskampf als Einigungszwang.

d) Stellungnahme

Eines der entscheidenden Durchsetzungsmittel eines Tarifvertrages ist der Streik. Am Anfang eines Arbeitskampfes steht aber keineswegs immer fest, in welcher Form der Inhalt einer Forderung umgesetzt werden soll. Eine

---

490 Vgl. BAG Urteil v. 10.6.1980 - 1 AZR 168/79, AP Nr. 64 zu Art. 9 GG; Zachert in: Kempen/Zachert, TVG, § 1 Rn. 364.

491 Plander, ZTR 1997, 145, 151; Löwisch/Rieble in: AR-Blattei SD, Arbeitskampf II Zulässigkeit von Arbeitskämpfen, 170.2 Rn. 22; Rüthers in: Brox/Rüthers, Rn. 262, S. 159.

492 Plander, ZTR 1997, 145, 151; Rüthers in: Brox/Rüthers, Rn. 262, S. 159; Löwisch/Rieble in: AR-Blattei SD, Arbeitskampf II Zulässigkeit von Arbeitskämpfen, 170.2 Rn. 16 f.

493 Gamillscheg, Kollektives Arbeitsrecht, S. 333, 1069 f.; Vollmer, Partnerschaftliche Unternehmensverfassungen, S. 115 ff.

494 Heinze, DB 1996, 729, 734; Mayer-Maly, BB 1965, 829, 833.

schuldrechtliche Vereinbarung kann dabei durchaus einen Kompromiß zwischen den Tarifparteien darstellen. In welcher Form die Tarifparteien eine Verständigung herbeiführen und ob sie zu einer normativen oder einer schuldrechtlichen Lösung greifen, ist ihnen überlassen. Von der gefundenen Regelung kann jedoch nicht die Zulässigkeit des vorangegangenen Arbeitskampfes abhängen[495]. Anderes kann auch nicht gelten, wenn das tariflich regelbare Ziel von Anfang an schuldrechtlich geregelt werden sollte. Gerade wenn dafür plädiert wird, die Möglichkeiten des schuldrechtlichen Teils eines Tarifvertrages verstärkt und in größerem Umfang als bisher einzusetzen, darf der Streik als Duchsetzungsmittel eines Tarifabschlusses den Tarifvertragsparteien auch für den schuldrechtlichen Teil nicht entzogen werden.

Folglich kann auch der Abschluß eines schuldrechtlichen Tarifvertrages mittels Streik durchgesetzt werden.

3) Unterschiede zwischen schuldrechtlichen und normativ wirkenden Tarifverträgen

a) Rechtsfolgen, die normativen Tarifverträgen vorbehalten sind

Verschiedene Bestimmungen des TVG setzen Normen voraus. Insbesondere die in den §§ 3, 4 TVG enthaltenen Wirkungen gelten insofern nicht für schuldrechtliche Vereinbarungen.

aa) Tarifbindung bei Verbandsaustritt

So bezieht sich die Tarifgebundenheit des § 3 TVG nur auf Normen. Auch die in § 3 Abs. 3 TVG vorgesehene fingierte Tarifgebundenheit bei einem Verbandsaustritt ist für den schuldrechtlichen Teil grundsätzlich bedeutungslos, soweit er nur Rechte und Pflichten der vertragsschließenden Parteien regelt[496]. Das ausgetretene Mitglied unterliegt nach seinem Austritt nicht mehr der Einwirkungsmacht seines früheren Verbandes und ist auch keinen Ansprüchen des gegnerischen Verbandes ausgesetzt, die sich nur gegen den Verband richten.

Ob die fingierte Tarifbindung hingegen auch drittschützende Vorschriften des schuldrechtlichen Teils wie die Friedenspflicht miteinbezieht, ist umstritten.

---

495 So auch Plander, ZTR 1997, 145, 151; MünchArbR/Löwisch, § 246 Rn. 47; widersprüchlich dazu die Ausführungen in: § 239 Rn. 132.

496 Wiedemann/Oetker, TVG, § 3 Rn. 59.

aaa) Bindung an die Friedenspflicht nach Ausscheiden aus dem Verband

Nach einer Ansicht gilt die tarifliche Friedenspflicht auch für das ausgeschiedene Mitglied, soweit es durch sie begünstigt wird[497], so daß während der Fortdauer der Tarifgebundenheit und damit der Fortgeltung des Tarifvertrages ein Arbeitskampf zur Erzwingung eines neuen Tarifvertrages rechtswidrig sei[498]. Eine personelle Begrenzung der Friedenspflicht auf die Verbandsangehörigen widerspreche dem Sinnzusammenhang von Friedenspflicht und Bindung an die tarifvertraglich festgelegten Arbeitsbedingungen[499].

bbb) Keine Geltung der fingierten Tarifbindung für die Friedenspflicht

Nach der Gegenansicht[500] bezieht die fingierte Tarifbindung des § 3 Abs. 3 TVG die schuldrechtliche Friedenspflicht nicht mit ein. Sinn und Zweck des § 3 Abs. 3 TVG sei es, die Flucht aus einem Tarifvertrag zu verhindern, nicht jedoch, die Flucht in einen neuen Tarifvertrag zu unterbinden, selbst wenn dieser durch einen Arbeitskampf zustande komme. Da die Friedenspflicht nicht zugunsten des ausgetretenen Verbandsmitgliedes gelte, sei auch der Streik zulässig[501].

ccc) Stellungnahme

Da der aus einem Verband ausgetretene Unternehmer die Wirkung des § 3 Abs. 3 TVG durch den Abschluß eines Firmentarifvertrages jederzeit beenden kann, ist nicht einleuchtend, warum ein solcher Firmentarifvertrag nicht auch durch einen Streik erzwungen werden sollte. Die fingierte Tarifbindung des § 3 Abs. 3 TVG kann sich von daher nicht auf die schuldrechtliche Friedenspflicht erstrecken.

---

497 Wiedemann/Oetker, TVG, § 3 Rn. 59; ebenso im Ergebnis: Bauer, Festschrift Schaub, S. 19, 22 f.; Bauer/Diller, DB 1993, 1085, 1085 f.; Gamillscheg, Kollektives Arbeitsrecht, S. 729; Hromadka/Maschmann/Wallner, Der Tarifwechsel, Rn. 242; Matthes, Festschrift Schaub, S. 477, 478; Säcker in: AR-Blattei, Tarifvertrag III Tarifgebundenheit, E.1.; Reuter, RdA 1996, 201, 208 f.

498 BAG Urteil v. 4.5.1955 - 1 AZR 493/54 AP Nr. 2 zu Art. 9 GG Arbeitskampf = BB 1955, 732 = DB 1955, 779; Wiedemann/Oetker, TVG, § 3 Rn. 59; differenzierend Konzen, ZfA 1975, 401, 418 ff., 424; Hueck/Nipperdey, II/2, S. 1011 f. (Fn. 37).

499 Wiedemann/Oetker, TVG, § 3 Rn. 59.

500 Löwisch/Rieble, AR-Blattei SD, Arbeitskampf II Zulässigkeit von Arbeitskämpfen, 170.2, Rn. 49 f., 372; Bieback, DB 1989, 477, 481; Däubler, Tarifvertragsrecht, Rn. 304, 1509; derselbe, ZTR 1994, 448, 452; Zachert, Festschrift Kehrmann, S. 335, 341 f.

501 Löwisch/Rieble, AR-Blattei SD, Arbeitskampf II Zulässigkeit von Arbeitskämpfen, 170.2, Rn. 50, Rn. 372; differenzierend auch Konzen, ZfA 1975, 401 ff., 430, der den ausgetretenen Arbeitgeber dem Angriffsstreik aussetzt, die Angriffsaussperrung aber untersagt.

Ebensowenig lassen sich überzeugende Argumente dafür finden, warum sich die fingierte Tarifgebundenheit und die dadurch bezweckte Fortgeltung des Tarifvertrages auf solche schuldrechtlichen Bestimmungen erstrecken sollte, in denen begünstigende schuldrechtliche Ansprüche für die Verbandsmitglieder begründet werden[502]. Denn durch den Verbandsaustritt gehört der Betroffene nicht mehr zu dem Kreis der begünstigten Mitglieder und kann keine Rechte mehr aus der schuldrechtlichen Vereinbarung ableiten.

bb) Geltung des Günstigkeitsprinzips für den schuldrechtlichen Teil

Das in § 4 Abs. 3 TVG normierte Günstigkeitsprinzip, wonach Abweichungen von Tarifverträgen nur dann wirksam sind, wenn sie für den Arbeitnehmer günstiger sind, ist inhaltlich auf die sogenannten "Inhaltsnormen" eines Tarifvertrages zugeschnitten und stößt bereits im Zusammenhang mit anderen Typen von Tarifvertragsnormen auf Beschränkungen[503].

Fraglich ist, ob das Günstigkeitsprinzip auch für schuldrechtliche Vereinbarungen im Tarifvertrag gilt, und ob schuldrechtliche Vereinbarungen der Verbände, die auf einen Ausschluß übertariflicher Leistungen zielen, von daher unzulässig sind.

Praktische Bedeutung hat diese Frage in den Fällen, wenn durch schuldrechtliche Vereinbarungen die Mitglieder des Arbeitgeberverbandes verpflichtet werden sollen, eine Überbietung der im normativen Teil des Tarifvertrages enthaltenen Regelungen, insbesondere der zur Höhe der Vergütung, zu unterlassen[504].

Ein Verstoß des Arbeitgebers gegen eine solche schuldrechtliche Vereinbarung berührt gemäß § 4 Abs. 3 TVG nicht die dem Arbeitnehmer gewährte Begünstigung. Es stellt sich aber die Frage, ob eine derartige schuldrechtliche Vereinbarung der Tarifparteien überhaupt wirksam ist und die Mißachtung des vereinbarten Verbotes für den Arbeitgeber sanktioniert ist.

aaa) Absolute Geltung des Günstigkeitsprinzips

Überwiegend wird dem Günstigkeitsprinzip eine absolute Bedeutung beigemessen und unterschiedslos auf normative wie schuldrechtliche Vereinbarungen

---

502 So aber Wiedemann/Oetker, TVG, § 3 Rn. 59; differenzierend nach der jeweiligen schuldrechtlichen Verpflichtung: Gamillscheg, Kollektives Arbeitsrecht, S. 729.

503 Vgl. ausführlich Zachert in: Kempen/Zachert, TVG, § 4 Rn. 165 ff.; Stein, Tarifvertragsrecht, Rn. 593 ff.

504 Vgl. Stein, Tarifvertragsrecht, Rn. 599.

angewendet[505]. Das Günstigkeitsprinzip sei ein unabdingbarer Rechtsgrundsatz des Tarifrechts[506]. Die Vereinbarung von "Höchstarbeitsbedingungen" soll von daher nicht möglich sein. Es dürfe zum Beispiel nicht vereinbart werden, daß keine höheren Löhne als der tariflich vereinbarte Betrag gezahlt würden. Hintergrund dieser Einschätzung ist, daß dem Günstigkeitsprinzip verfassungsrechtlicher Rang eingeräumt wird, und es somit eine Grenze auch für schuldrechtliche Vereinbarungen bilde[507]. Es sei eine besondere Grenze schuldrechtlicher Tarifverträge[508]. Es mache als Kartellverbot Abreden unwirksam, die im Anschluß an normative Mindestarbeitsbedingungen schuldrechtliche Höchstarbeitsbedingungen setzen wollten[509]. Der Bereich, in dem der einzelne Arbeitnehmer selbst im Rahmen seiner Arbeitsvertragsfreiheit Verbesserungen erzielen könne, sei nicht dem Willen der Tarifvertragsparteien unterstellt[510]

bbb) Keine Geltung des Günstigkeitsprinzips für den schuldrechtlichen Teil

Nach der Gegenauffassung ist das Günstigkeitsprinzip nach dem Wortlaut des § 4 Abs. 3 TVG und seiner systematischen Stellung nur als Beschränkung der tariflichen Normwirkung ausgestaltet[511]. Sowohl Entstehungsgeschichte als auch Systematik und Zweck des § 4 Abs. 3 TVG sprächen gegen eine Erstreckung auf schuldrechtliche Vereinbarungen[512]. In § 4 Abs. 3 TVG werde eine schuldrechtliche Einschränkung des Günstigkeitsprinzips nicht ausdrück-

---

505 Wiedemann/Wank, TVG, § 4 Rn. 396; Neumann in: AR-Blattei SD, Tarifvertrag I D Grenzen der Tarifautonomie, 1550.1.4, Rn. 52; Rieble in: Löwisch/Rieble, TVG, § 4 Rn. 159, 217 ff; Hueck/Nipperdey, II/1, S. 574 f.; Buchner, DB 1990, 1715, 1723; Däubler, Tarifvertragsrecht, Rn. 195; Joost, ZfA 1984, 173, 190 f.; Säcker/Oetker, ZfA 1996, 85, 94 f.; Biedenkopf, Tarifautonomie, S. 75; Herschel, ArbuR 1965, 65, 68; Kaufmann, NJW 1966, 1681, 1683; Kreis, RdA 1961, 97, 99; Maus, RdA 1958, 241, 246; Nikisch, DB 1963, 1254 ff.; i.E. auch Richardi, Kollektivgewalt, S. 373.

506 BAG, Urteil v. 15.12.1960 – 5 AZR 374/58, BAGE 10, 247, 255 ff. = AP Nr. 2 zu § 4 Angleichungsrecht; Buchner in: AR-Blattei Tarifvertrag V Inhalt A. IV.3.b); Kasseler Handbuch/Dörner, 8.1 Rn. 186.

507 BAG, Urteil v. 15.12.1960- 5 AZR 374/58, BAGE 10, 247 ff. = AP Nr. 2 zu § 4 TVG Angleichungsrecht; BAG AP Nr. 3 zu § 4 TVG Angleichungsrecht; BAG AP Nr. 8 zu § 4 TVG Günstigkeitsprinzip; Neumann in: AR-Blattei SD, Tarifvertrag I D Grenzen der Tarifautonomie, 1550.1.4, Rn. 52; Biedenkopf, Tarifautonomie, S. 75 ; Herschel, ArbuR 1965, 65, 68; Kaufmann, NJW 1966, 1681, 1683; Kreis, RdA 1961, 99; G. Küchenhoff, ArbuR 1963, 321, 323; Maus, RdA 1958, 241, 246; Nikisch, DB 1963, 1254; i.E. auch Hueck/Nipperdey, II/1, S. 575.

508 Löwisch in: Löwisch/Rieble, TVG, § 1 Rn. 302; Kasseler Handbuch/Dörner, 8.1 Rn. 186.

509 Rieble in: Löwisch/Rieble, TVG, § 4 Rn. 217 ff.

510 Wiedemann/Wank, TVG, § 4 Rn. 397.

511 Zachert in: Kempen/Zachert, TVG, § 4 Rn. 171 f.; Molitor, BB 1957, 85, 86 f.

512 Stein, Tarifvertragsrecht, Rn. 599; Wiedemann/Wank § 4 Rn. 396 f.

lich untersagt, so daß keine Bedenken bestünden, das Günstigkeitsprinzip durch die Tarifvertragsparteien selbst einschränken zu lassen[513].

ccc) Stellungnahme

So wie das Günstigkeitsprinzip in § 4 Abs. 3 TVG normiert ist, bezieht es sich sicherlich nur auf den normativen Teil. Der hinter dem Günstigkeitsprinzip stehende Gedanke ist jedoch ein allgemeiner und auch für schuldrechtliche Abreden verbindlicher Grundsatz. Die in Art. 9 Abs. 3 GG normierte kollektivrechtliche Regelungsmacht findet dort ihre verfassungsrechtliche Schutzbereichsbegrenzung[514] bzw. Schranke, wo die individuelle Privatautonomie selbst in der Lage ist, gerechte vertragliche Arbeitsbedingungen durchzusetzen[515]. In diesen Bereich können die Tarifparteien nicht zum Nachteil des einzelnen Arbeitnehmers eindringen und den Abschluß übertariflicher Leistungen durch schuldrechtliche Vereinbarungen verhindern. Vor derartigen Eingriffen ist der Einzelne geschützt. Aufgabe der Tarifparteien ist es Mindeststandards, aber keine verbindlichen Höchststandards zu setzen. Die Tarifautonomie ist dazu geschaffen, Grundrechtseffektivität in einem Bereich zu gewährleisten, in dem es dem Einzelnen an Effektivität mangelt[516]. Die Behinderung des Einzelnen bei der Vereinbarung von günstigeren Arbeitsvertragskonditionen gehört hingegen nicht zu ihren Aufgaben und ist nicht die Schutzrichtung des Art. 9 Abs. 3 GG.

Von daher ergibt bereits eine präzise Bestimmung der Reichweite des Schutzbereiches von Art. 9 Abs. 3 GG und nicht erst eine Bestimmung der entgegenstehenden Schranken[517], daß die Vereinbarung von Höchstarbeitsbedingungen nicht unter die "Wahrung und Förderung der Arbeits- und Wirtschaftsbedingungen" fällt und somit schon keine Zuständigkeit der Tarifparteien für derartige Regelungen gegeben ist. Die Tarifautonomie weist den Tarifparteien eine solche Aufgabe nicht zu. Eine derartige Regelung scheitert von daher nicht erst an der Bestimmung der Grenzen der Tarifmacht.

Folglich fehlt es an der schuldrechtlichen Gestaltungsmacht der Tarifparteien, wenn eine Abrede getroffen werden soll, die die Tarifvertragsparteien verpflichtet, Tariflöhne als Höchstlöhne zu behandeln.

---

513 Zachert in: Kempen/Zachert, TVG, § 4 Rn. 172.

514 Vgl. allg. Pieroth/Schlink, Rn. 332.

515 Vgl. Heinze, DB 1996, 729, 731 ff.

516 Vgl. Heinze, NZA 1997, 1, 7; derselbe, DB 1996, 729, 733; Belling, Günstigkeitsprinzip, S. 65 ff.

517 Vgl. dazu allgemein: BAG, Urteil v. 14.2.1968 – 4 AZR 275/67, BAGE 20, 308, 318 = AP Nr. 7 zu § 4 TVG Effektivklausel; Pieroth/Schlink, Rn. 332.; Säcker, Grundprobleme, S. 44 f.

cc) Weitere Normen, die nur für den normativen Teil gelten

Auch die in § 4 Abs. 5 TVG geregelte Nachwirkung erfaßt nur normative Tarifbestimmungen. Von daher gelten nach Ablauf des Tarifvertrages schuldrechtliche Regelungen nicht weiter[518].

Auch für eine Allgemeinverbindlichkeitserklärung nach § 5 TVG, durch die die fehlende Tarifgebundenheit nach § 3 Abs. 1 TVG ersetzt wird, müssen tarifvertragliche Normen vorhanden sein[519].

Auch andere gesetzliche Vorschriften setzen tarifliche Normen voraus. So ist bei schuldrechtlichen Tarifvertragsvereinbarungen keine Berufung auf eine etwaige Tarifdispositivität[520] möglich, weil diese den Tarifnormen vorbehalten ist[521]. Die "zwingende" Wirkung von Tarifnormen ist Voraussetzung, um die gesetzliche Schutznorm verdrängen zu können und eine tarifvertragliche Schlechterstellung der betroffenen Arbeitnehmer zuzulassen[522]. Eine schuldrechtliche Vereinbarung wäre bei einer Verschlechterung der gesetzlichen Bestimmung schon als Vertrag zu Lasten Dritter unwirksam und könnte allein deshalb die gesetzliche Regelung nicht verdrängen. Auch wäre bei einer schuldrechtlichen Vereinbarung in Ermangelung der zwingenden Wirkung von Tarifnormen jeweils eine einzelvertragliche konkrete Umsetzung zwischen den Arbeitsvertragsparteien erforderlich. Tarifdispositives Gesetzesrecht läßt jedoch ausdrücklich nur durch die Tarifvertragsparteien, nicht aber durch die Parteien des Arbeitsvertrages eine Verschlechterung der gesetzlichen Vorschriften zu. Ausnahmen von diesen Grundsatz, wonach tarifdispositives Gesetzesrecht nur unmittelbar durch die zwingenden Vereinbarungen der Tarifparteien abgewandelt werden kann, machen nur wenige gesetzliche Bestimmungen. So kann z.B. gemäß § 622 Abs. 4 BGB die verschlechternde tarifliche Bestimmung auch für Nichtorganisierte gelten, sofern der Arbeitsvertrag auf die Tarifklausel Bezug nimmt[523].

Anderes tarifdispositives Gesetzesrecht ist insbesondere § 13 Abs. 1 S. 1 BUrlG, § 7 Abs. 1 ArbZG und § 6 BeschFG, ferner § 4 Abs. 4 EFZG, § 17 Abs.

---

518 BAG, Urteil v. 14.2.1989 - 1 AZR 142/88, AP Nr. 52 zu Art. 9 GG; Bauer/Haußmann, NZA 1998, 854.

519 Vgl. Wiedemann, TVG, § 1 Rn. 748.

520 Vgl. Löwisch in: Löwisch/Rieble, TVG, § 1 Rn. 236 ff.; Wiedemann, TVG, § 1 Rn. 748; Drüll/Schmitte, NZA 1994, 398, 399.

521 Löwisch in: Löwisch/Rieble, TVG, § 1 Rn. 309.

522 Vgl. im Zusammenhang mit einem "nachwirkenden" Tarifvertrag: Zachert in: Kempen/Zachert, TVG, Grundl. Rn. 224.

523 Vgl. Zachert in: Kempen/Zachert, TVG, Grundlagen Rn. 224.

3 BetrAVG, § 1 Abs. 1, Abs. 3 AÜG, §§ 100a, 104, 140, SeemannsG, § 10 Abs. 3 des 5. VermBG und § 21a JArbSchG[524].

Unterschiede gelten auch hinsichtlich der §§ 77 Abs. 3, 87 Abs. 1 BetrVG, die den Vorrang tariflicher Regelungen gegenüber Betriebsvereinbarungen vorsehen. Sowohl § 77 Abs. 3 BetrVG als auch § 87 Abs. 1 BetrVG setzen das Vorliegen bzw. zumindest die "Üblichkeit" zwingender Normen voraus[525]. Nur diese Entfalten eine Sperrwirkung für Betriebsvereinbarungen[526]. Von daher können rein schuldrechtliche Regelungen, die zwar entsprechende Inhalte regeln, deren Umsetzung für die nicht unmittelbar gebundenen Verbandsmitglieder aber nicht zwingend ist, diesen Tarifvorrang nicht beanspruchen. Sie hindern entsprechende betriebliche Regelungen nicht.

Fraglich ist, ob hinsichtlich der Friedenspflicht zwischen schuldrechtlichen und normativen Tarifvertragsklauseln zu unterscheiden ist.

Laut Kempen ist die Rechtsnormqualität von Tarifvertragsnormen auch die einzige Rechtfertigung der tariflichen Friedenspflicht. Allein die unmittelbare Durchsetzbarkeit der Tarifnormen vor den Gerichten, die an die Normen gebunden seien, rechtfertige den Streikausschluß hinsichtlich von Tarifvertragsinhalten[527].

Geht man jedoch davon aus, daß die Friedenspflicht aus dem allgemeinen schuldrechtlichen Prinzip der Vertragstreue erwächst, dann besteht kein Grund, die Friedenspflicht auf Tarifverträge mit normativer Wirkung beschränken zu wollen und den Streik für Inhalte, zu deren Regelung die Tarifvertragsparteien schuldrechtliche Tarifklauseln vorgezogen haben, zuzulassen. Auch schuldrechtliche Tarifregelungen lassen sich gerichtlich geltend machen, wobei auch hier die Gerichte bei ihrer Entscheidungsfindung an den in zulässiger Weise vereinbarten Vertragsinhalt gebunden sind. Bei drittbezogenen Pflichten kann zumindest die entsprechende Einwirkung auf den Tarifpartner eingeklagt werden.

Auch bei einem schuldrechtlichen Tarifvertrag schaffen die Tarifvertragsparteien auf schuldrechtlichem Wege eigene Verpflichtungen und bei drittbezogenen Vereinbarungen zumindest die Voraussetzungen für konkrete Arbeitsbedin-

---

524 Weitere Beispiele bei Zachert in: Kempen/Zachert, TVG, Grundl. Rn. 221; Wiedemann, TVG, Einleitung Rn. 388.

525 Hess/Schlochauer/Glaubitz, BetrVG, § 77 Rn.81.

526 Fitting/Kaiser/Heither/Engels, BetrVG, § 87 Rn. 40 f., § 77 Rn. 73; Berg in: Däubler/Kittner/Klebe, § 77 Rn. 70; Kreutz in: Gemeinschaftskommentar BetrVG, § 77 Rn. 87; vgl. auch Kempen in: Kempen/Zachert, TVG, Grundlagen Rn. 262.

527 Kempen in: Kempen/Zachert, TVG, Grundl. Rn. 156, 62.

gungen. Genau wie bei normativen Vereinbarungen würde es dem Sinn des Vertragsschlusses widersprechen, wenn eine der Parteien, nachdem sie solchen Vereinbarungen zugestimmt hat, mit Mitteln des Arbeitskampfes eine Abänderung eben dieser Regelungen zu erreichen suchen dürfte[528]. Daß die Friedenspflicht mit der Beendigung des Tarifvertrages endet und keine Nachwirkung i.S. des § 4 Abs. 5 TVG entfaltet, hängt nicht mit dem Ende der "zwingenden Wirkung" der Tarifnormen zusammen[529], sondern liegt daran, das zwischen den Vertragsparteien selbst keine Vertragsbindung mehr besteht und der Tarifvertrag allenfalls über die gesetzlich angeordnete Nachwirkung Wirkung entfaltet.

Von daher ist eine Differenzierung zwischen schuldrechtlichen und normativen Tarifklauseln hinsichtlich der Friedenspflicht abzulehnen.

b) Unterschiede bei der Durchsetzung tariflicher Pflichten

Schuldrechtliche Verpflichtungen sind rechtlich bindend und gerichtlich durchsetzbar. Ihre Verletzung verpflichtet zum Schadensersatz. Für die Friedenspflicht waren diese Grundsätze stets selbstverständlich[530]. Aber auch die Durchführungspflicht wird immer häufiger zum Gegenstand gerichtlicher Auseinandersetzungen.

aa) Unterschiede bei der Einwirkungsklage

Das charakteristische an schuldrechtlichen Tarifvertragsklauseln ist gerade, daß sie nicht unmittelbar und zwingend gelten, sondern der vertraglichen Umsetzung durch die Vertragsparteien bedürfen. Eine entscheidende Rolle übernimmt dabei die Durchführungspflicht. Die Durchführungspflicht ist eine Konkretisierung der vertraglichen Verpflichtung, Verträge auch einzuhalten[531]. Dabei handelt es sich um eine im materiellen Sinne hinreichend bestimmte Leistungspflicht[532]. Grundsätzlich ist jede Tarifvertragspartei aufgrund der Einwirkungsdurchführungspflicht gehalten, alles zu tun, um den vereinbarten

---

528 Vgl. allgemein zum Geltungsgrund der Friedenspflicht: Wiedemann, TVG, § 1 Rn. 665.

529 Vgl. dazu Wiedemann, TVG, § 1 Rn. 679.

530 Gamillscheg, Kollektives Arbeitsrecht, S. 627, 1216.

531 BAG, Urteil v. 11.9.1991 - 4 AZR 71/91, NZA 1992, S. 321, 322.

532 vgl. BAG in ständiger Rechtsprechung: vgl. statt vieler BAG, Urteil v. 9.6.1982 - 4 AZR 274/81, AP Nr. 1 zu § 1 TVG Durchführungspflicht; BAG, Urteil v. 29.4.1992 - 4 AZR 432/91, BAGE 70, 165, 172 = AP Nr. 3 zu § 1 TVG Durchführungspflicht; BAG, Urteil v. 14.6.1995 - 4 AZR 915/93, AP Nr. 4 zu § 1 TVG Durchführungspflicht; Wallisch, S. 60.

Leistungserfolg herbeizuführen und zu sichern[533]. Der konkrete Inhalt dieser Pflicht bestimmt, daß die Tarifvertragsparteien verpflichtet sind, ihre Mitglieder mit allen zur Verfügung stehenden Mitteln zur faktischen Umsetzung der Tarifverträge zu bewegen[534].

Diese Durchführungspflicht und ihre prozessuale Durchsetzung bereiten jedoch nur dann keine signifikanten Probleme, wenn die Verpflichtungen die Tarifvertragsparteien selbst treffen, wie z.B. bei der Einrichtung von Schiedsgerichten oder der Stellung eines Antrags auf Allgemeinverbindlicherklärung[535]. In diesen Fällen handelt es sich um rein zweiseitige Verpflichtungen, deren Erfüllung notfalls auch mittels einer Leistungsklage zwischen den Tarifvertragskontrahenten durchgesetzt werden kann. Dies gilt gleichermaßen, wenn an Stelle eines Verbandstarifvertrages ein Firmentarifvertrag vorliegt, bei dem der einzelne Arbeitgeber selbst Tarifvertragspartei ist und von daher unmittelbar von der vertragschließenden Gewerkschaft auf Erfüllung der schuldrechtlichen Vereinbarungen in Anspruch genommen werden kann[536].

aaa) Durchsetzung der Durchführungspflicht bei schuldrechtlichen Vereinbarungen mit Auswirkungen auf Dritte

Problematisch ist hingegen die Durchsetzung der Durchführungspflicht, wenn die schuldrechtliche Vereinbarung zwischen den Tarifparteien auf beiden Seiten Auswirkungen auf Dritte, d.h. die Verbandsmitglieder hat, die nicht selbst Partei des regelaufstellenden Vertrages sind, zwischen denen jedoch die von den Verbänden getroffene Vereinbarung umgesetzt werden soll.

Entscheiden sich die Tarifvertragsparteien zur bloß schuldrechtlichen Regelung von Inhalten, die üblicherweise normativ geregelt würden, dann überlassen sie die praktische Umsetzung bewußt der Einwirkungspflicht der Verbände auf ihre Mitglieder. Den Arbeitsvertragsparteien selbst erwächst aus derartigen Vereinbarungen in aller Regel keine eigene tarifliche Rechtsposition, sofern nicht ausnahmsweise dem Mitglied aufgrund eines Vertrages zugunsten Dritter unmittelbar ein Anspruch auf Durchführung der Tarifvereinbarung gegen den gegnerischen Tarifverband zusteht[537]. Ansonsten hat das Mitglied nicht die Möglichkeit zur Durchführung eines Individualprozesses, um die Umsetzung der rein schuldrechtlichen Tarifbestimmung zu erzwingen.

---

533 BAG Urteil v. 29.4.1992 - 4 AZR 432/91, AP Nr. 3 zu § 1 TVG Durchführungspflicht; BAG Urteil v. 9.6.1982 - 4 AZR 274/81, BAGE 39, 138, 142 = AP Nr. 1 zu § 1 TVG Durchführungspflicht.

534 Wallisch, S. 62, 69.

535 Vgl. Zachert in: Kempen/Zachert, TVG, § 1 Rn. 352.

536 Vgl. Stein, Tarifvertragsrecht, Rn. 671.

537 Vgl. Wallisch, S. 27 (Fn. 79).

Den Tarifparteien ist beim Abschluß rein schuldrechtlicher Tarifvertragsvereinbarungen bewußt, daß die Durchführungspflicht ohnehin nur begrenzte Möglichkeiten bietet, die tariflichen Bestimmungen praktisch werden zu lassen[538]. Denn grundsätzlich entscheidet der Verband selbst über die Art und Intensität der dabei anzuwendenden Mittel. Das Prinzip der Verbandsautonomie, das auf Art. 9 Abs. 1 und 3 GG beruht, garantiert den Tarifparteien die Wahl hinsichtlich der Art und der Intensität der zur Einwirkung auf die Mitglieder benutzten Mittel[539]. Eine bestimmte Form oder Intensität der Einwirkung läßt sich von daher gerichtlich nicht erzwingen[540].

Genausowenig läßt sich ein bestimmter Erfolg einklagen. Denn geschuldet ist lediglich eine Einwirkung auf die Mitglieder, jedoch kein bestimmtes Verhalten der Mitglieder in Folge einer solchen Einwirkung[541]. Denn diese sind gerade nicht normativ gebunden, sondern können mehr oder weniger frei entscheiden, ob sie ihrer Verbandspflicht folgen wollen und die von den Tarifparteien getroffene schuldrechtliche Vereinbarung umsetzen oder nicht. Geschuldet ist insofern nur eine Leistungshandlung, aber kein Leistungserfolg. Für das tatsächliche tarifkonforme Verhalten aller Mitglieder fehlt es den Tarifparteien am Einstandswillen. Von daher handelt es sich bei der Einwirkungspflicht regelmäßig nicht um eine Garantiepflicht[542]. Insofern haften die Verbände auch nur für eine schuldhafte Verletzung ihrer Einwirkungspflicht, nicht jedoch bei einem Mißerfolg ihrer Bemühungen oder für die Schäden, die durch tarifwidriges Verhalten ihrer Mitglieder entstehen[543].

Grundsätzlich ist das Mitglied aufgrund der vereinsrechtlichen Folge- und Treuepflicht verpflichtet, einen geschlossenen Tarifvertrag mitzutragen und sowohl normative als auch schuldrechtliche Regelungen des Tarifvertrages zu beachten und zu vollziehen[544].

---

538 Vgl. zum praktischen Nutzen der Einwirkungspflichten und der Effektivität einer Einwirkungsklage: Däubler, ArbuR 1995, 305, 308; derselbe, Tarifvertragsrecht, Rn. 1382, 1390; Kempen in: Kempen/Zachert, TVG, § 4 Rn. 111; Buchner, DB 1992, 572, 583; Grunsky, DB 1990, 526, 529.

539 Wallisch, S. 55.

540 BAG in ständiger Rechtsprechung: BAG Urteil v. 29.4.1992 - 4 AZR 432/91, AP Nr. 3 zu § 1 TVG Durchführungspflicht; BAG, Urteil v. 9.6.1982 - 4 AZR 274/91, AP Nr. 1 zu § 1 TVG Durchführungspflicht; Buchner, DB 1992, 572, 573; Riesenhuber, BB 1993, 1001, 1005; Wallisch, S. 54 f.; a.A. Kasper, DB 1993, 682, 685, der sich für ein bestimmtes Einwirkungsmittel ausspricht.

541 Wallisch, S. 35, 53 f.

542 Riesenhuber, BB 1993, 1001, 1005.

543 Wallisch, S. 53 f.; Hueck/Nipperdey, II/1, S.312.

544 Löwisch in: Löwisch/Rieble, TVG, § 1 Rn. 319; Dütz, Festschrift für Hilger und Stumpf 1983, S. 99, 119 ff, 121 f.; Wallisch, S. 64.

Weigert sich ein Mitglied, der Einwirkung seines Verbandes nachzukommen und eine schuldrechtliche Vereinbarung umzusetzen, so sind jedoch rein faktisch die Sanktionsmöglichkeiten der Verbände oftmals begrenzt. Dem Verband stehen zur Erfüllung der Einwirkungspflicht allein die vereinsrechtlichen Einwirkungsmöglichkeiten zur Verfügung[545]. Dabei kommen in Verbandssatzungen die folgenden vereinsrechtlichen Strafen vor, die die Folgepflicht sicherstellen sollen: Förmliche Verweise, Geldstrafen oder die Einschränkung oder der Entzug von Verbandsunterstützung bzw. Mitgliedschaftsrechten. Im äußersten Fall droht dem widerstrebenden Mitglied der Ausschluß aus dem Verband. Theoretisch sind die Verbände auch so lange zur Erfüllung ihrer Handlungspflicht verpflichtet, bis sich das vormals tarifwidrig handelnde Mitglied tarifkonform verhält, oder aber keine weiteren Einwirkungsmöglichkeiten mehr bestehen[546]. Jedoch wird von einem solchen Mittel in der Praxis kein Gebrauch gemacht werden, da es den Verbänden gerade um den Erhalt ihrer Mitglieder geht. Zudem macht das Mitglied letztendlich nur von seiner rechtlichen Möglichkeit, eine nicht normativ wirkende Vereinbarung zu ignorieren, Gebrauch und begeht von daher gerade keinen Tarifbruch, wenn es auch gegen die vereinsrechtliche Folgepflicht verletzt, der sich das Mitglied durch seinen Eintritt in den Verband unterworfen hat. Faktisch stehen somit auch die eigenen Verbände einem solchen Verhalten ihrer Mitglieder häufig ohnmächtig gegenüber.

Im Hinblick auf die Tatsache, daß sich die Tarifparteien bewußt gegen eine zwingende normative Regelung entschieden und statt dessen die Durchsetzung der schuldrechtlichen Vereinbarung der Einwirkungspflicht der Verbände auf ihre Mitglieder überlassen haben, wird man auch nicht erwarten können, daß ein Verband alle ihm zur Verfügung stehenden Einwirkungsalternativen bis hin zum effektivsten, dem Verbandsausschluß ausschöpfen muß. Eine tarifliche Ordnung, die nicht zwingend gilt, kann auch nicht im Wege schuldrechtlicher Tarifpflichten garantiert werden[547]. Eine solche Verpflichtung mag noch im Zusammenhang mit der Durchsetzung normativer Tarifvertragsvereinbarungen postuliert werden können[548], nicht jedoch, wenn es um die Umsetzung schuldrechtlicher Tarifvereinbarungen mit Auswirkungen auf Dritte geht. Die Einwirkungspflicht des Verbandes kann nicht immer zum Ausschöpfen aller Handlungsmöglichkeiten verpflichten, selbst wenn ein tarifgemäßes Verhalten des Mitglieds noch nicht bewirkt wurde und weitere drastische, aber rechtlich zulässige Einwirkungsmaßnahmen zur Verfügung stehen. Im Zweifel würde

545 Wallisch, S. 68; Kempen, ArbuR 1989, 261, 265; Hueck/Nipperdey, II/1, S. 304, 711 f. (Fn. 23).

546 Wallisch, S. 188; Riesenhuber, BB 1993, 1001, 1005.

547 Vgl. Wallisch, S. 137.

548 So Wallisch, S. 62 f.

einer solch weitgehenden Durchführungsverpflichtung bei schuldrechtlichen Vereinbarungen mit Auswirkungen auf Dritte bereits der Wille der vertragsschließenden Parteien entgegenstehen, sofern sie bei einer normativ regelbaren Frage bewußt eine schuldrechtliche Vereinbarung als Alternative gewählt haben. Auch die Mitgliedschaftsrechte des Mitglieds dürften einer drakonischen Strafe bei einem nur geringfügigen Verstoß gegen die schuldrechtlichen Tarifvertragsvereinbarungen entgegen stehen. Auch das einzelne Mitglied ist in solchen Fällen durch Art. 9 Abs. 1, Abs. 3 GG vor der unverhältnismäßigen Strafe und dem Verlust seiner Mitgliedschaft geschützt. Von der grundsätzlichen Verpflichtung, immer alle Einwirkungsalternativen ausschöpfen zu müssen, besteht somit zumindest in diesen Fällen im Hinblick auf den Parteiwillen der Tarifvertragsparteien, die Mitgliedschaftsrechte des einzelnen Mitglieds und die Verbandsautonomie, die den Parteien die Wahl probaten des Mittels zugesteht, eine Ausnahme[549].

Einschränkungen bestehen auch, wenn entsprechende Satzungsbestimmungen ganz fehlen sollten. Dann fehlt einem Verband auch die Rechtsgrundlage für das weitere Vorgehen gegen die Mitglieder[550]. Die Möglichkeiten des Verbandes beschränken sich dann im wesentlichen auf bloße Aufforderungen an das Mitglied[551] und andere satzungsunabhängige Möglichkeiten zur Disziplinierung der eigenen Mitglieder.

Von daher ist ein Vereinbarungsinhalt, der die Verbandmitglieder in der Sache überzeugt und somit keiner zwangsweisen Durchsetzung bedarf, noch immer die beste Garantie für die Akzeptanz von Verbandstarifverträgen und ein funktionierendes Tarifvertragssystem[552].

bbb) Einwirkungsklage zwecks Durchsetzung normativer Vereinbarungen

Unproblematisch ist es auch dann nicht, wenn sich die Einwirkungspflicht nicht auf den schuldrechtlichen, sondern auf den normativen Teil bezieht. So kann die Einwirkungspflicht beim Verbandstarif, bei dem die Tarifvertragsparteien dazu verpflichtet sind, auf die Einhaltung des an die einzelnen Mitglieder adressierten normativen Teils im vollen Umfang zu achten, Schwierigkeiten bereiten[553]. In diesen Fällen ist, anders als beim ebenfalls weitestgehend unproblematischen Firmentarifvertrag, der Adressat der schuldrechtlichen

549 Vgl. Wallisch, S. 137.
550 Wallisch, S. 65, 68.
551 Vgl. Däubler, Tarifvertragsrecht, Rn. 546; Kasper, DB 1993, 682, 683.
552 So auch Buchner, NZA 1999, 897, 900 f.
553 Vgl. Zachert in: Kempen/Zachert, TVG, § 1 Rn. 354.

Durchführungspflicht der Verband, der Adressat der normativen Regelung hingegen das einzelne Mitglied[554].

Bei der Durchsetzung eines Tarifvertrages ist der grundsätzliche Vorteil der normativen Wirkung gegenüber bloß schuldrechtlich wirkenden Tarifverträgen, daß die Durchsetzung des Tarifvertrages in die Hände der Normadressaten gelegt ist[555]. Diese können ihre gegenseitigen Ansprüche aus dem normativen Teil eines Tarifvertrages wie Ansprüche durchsetzen, die auf einem anderen Rechtsgrund, etwa dem Individualarbeitsvertrag oder dem Gesetz beruhen[556].

Die schuldrechtliche Pflicht der Tarifvertragsparteien, auf den Normenvollzug zu achten, ist dennoch nicht entbehrlich. Denn es ist nicht gewährleistet, daß die Normadressaten ihre tariflichen Rechte selbst wahrnehmen[557].

Auch kann der Weg über die Tarifparteien effektiver sein als über das Gericht. Zum Beispiel kann durch das Einschalten des Arbeitgeberverbandes eine Reihe von Individualprozessen überflüssig werden.

Ebenso können Normen über gemeinsame Einrichtungen erst dann vollzogen werden, wenn diese errichtet wurden, was normativ nicht möglich ist[558].

Die praktische Durchsetzbarkeit von Einwirkungspflichten auf dem Klagewege ist aber deshalb problematisch, weil aufgrund der geltenden Vereinsautonomie von der anderen Tarifvertragspartei grundsätzlich nicht die Vornahme einer ganz bestimmten Einwirkungsmaßnahme verlangt werden kann[559].

Umstritten ist von daher die richtige Klageart, mit der die Einwirkungspflicht hinsichtlich normativer Tarifklauseln durchgesetzt werden kann.

Zum Teil wird generell die Möglichkeit der gerichtlichen Durchsetzung der Einwirkungspflicht mit dem Argument in Frage gestellt, sie scheitere prozessual am Bestimmtheitserfordernis. Auch könne darüber hinaus den Tarifvertragspar-

---

554 Zachert in: Kempen/Zachert, TVG, § 1 Rn. 353.

555 Löwisch in: Löwisch/Rieble, TVG, § 1 Rn. 282; Rieble in: Löwisch/Rieble, TVG, § 4 Rn. 68; Wallisch, S. 18.

556 Stein, Tarifvertragsrecht, Rn. 671.

557 Wallisch, S. 18.

558 Rieble in: Löwisch/Rieble, TVG, § 4 Rn. 98 ff.

559 BAG, Urteil v. 14.6.1995 – 4 AZR 915/93, AP Nr. 4 zu § 1 TVG Durchführungspflicht = NZA 1996, 43 ff.; BAG, Urteil v. 29.4.1992 – 4 AZR 432/91, BAGE 70, 165 = AP Nr. 3 zu § 1 TVG Durchführungspflicht = NZA 1992, 846, 848; Kasper, DB 1993, 682, 683; Buchner, DB 1992, 572, 576.

teien bei umstrittenen Tarifnormen nicht zugemutet werden, entgegen der eigenen Rechtsauffassung auf die Mitglieder einzuwirken[560].

Die frühere Auffassung des BAG hielt mit Rücksicht auf die Vereinsautonomie einen auf eine konkrete Einwirkungsmaßnahme gerichteten Klageantrag für unzulässig und nur die Klage auf Feststellung einer Einwirkungspflicht für zulässig[561]. Ausnahmsweise sollte die Leistungsklage in den Fällen zulässig sein, in denen die Vereinssatzung nur ein einziges Einwirkungsinstrument zuließ und dessen Anwendung begehrt war[562].

Nach anderer Auffassung[563], der sich auch das BAG neuerdings weitestgehend angeschlossen hat[564], ist eine Leistungsklage generell die richtige Klageart. Zwar könne die konkrete Einwirkungsmaßnahme nicht vorgeschrieben werden, die Einwirkung selbst sei also unvertretbare Handlung[565]. Der Klageantrag sei bei der Durchsetzung der Einwirkungspflicht im Einwirkungsprozeß bereits hinreichend bestimmt, wenn das durch die Einwirkung zu erreichende Ergebnis bezeichnet werde[566].

Zu beachten ist, daß die Bewirkung dieses im Klageantrag bezeichneten Erfolges auch nach der Auffassung des BAG nicht geschuldet wird.

Nach anderer Ansicht dient die Angabe des durch die Einwirkung erstrebten Erfolges allein dazu, die geschuldete Leistungshandlung durch die Bezeichnung der konkreten Umstände und des angestrebten Zieles zu konkretisieren. Da mit der Einwirkung allein die Leistungshandlung, aber nie der Erfolg geschuldet werde, liege für einen Einwirkungsleistungsklage ein hinreichend bestimmter Leistungsantrag vor, wenn im Antrag klar zum Ausdruck gebracht werde, daß eine Einwirkung mit allen Mitteln begehrt werde[567].

---

560 Buchner, DB 1992, 572, 574 ff., 583.

561 BAG, Urteil v. 11.9.1991 - 4 AZR 71/91, NZA 1992, 321, 322; BAG, Urteil v. 9.6.1982 - 4 AZR 274/81, BAGE 39, 138 = AP Nr. 1 zu § 1 TVG Durchführungspflicht; BAG, Urteil v. 3.2.1988- 4 AZR 513/87, BAGE 57, 268, 274 = NZA 1988, 702 = AP Nr. 20 zu § 1 TVG Tarifverträge: Druckindustrie.

562 BAG, Urteil v. 9.6.1982 - 4 AZR 274/81, AP Nr. 1 zu § 1 TVG Durchführungspflicht; BAG, Urteil v. 3.2.1988 - 4 AZR 513/87, BAGE 57, 268, 274 = AP Nr. 20 zu § 1 TVG Tarifverträge: Druckindustrie.

563 Löwisch in: Löwisch/Rieble, TVG, § 1 Rn. 283; Stein, Tarifvertragsrecht, Rn 671.

564 BAG, Urteil v. 29.4.1992 - 4 AZR 432/91, BAGE 70, 165, 168 = AP Nr. 3 zu § 1 TVG Durchführungspflicht = EzA § 1 TVG, Durchführungspflicht Nr. 2 mit Anm. Rieble = AiB 1992, 643 mit Anm. Zachert, S. 646, siehe dazu auch Gamillscheg, Kollektives Arbeitsrecht, S. 638.

565 Löwisch in: Löwisch/Rieble, TVG, § 1 Rn. 322, 283.

566 Löwisch in: Löwisch/Rieble, TVG, § 1 Rn. 322, 283.

567 Wallisch, S. 186 ff.

Nach einer weiteren Ansicht bleibt es zwar auch dem Arbeitgeberverband überlassen, welche Maßnahme er zur Erzwingung der Tarifvereinbarung ergreift, für die Zulässigkeit der Klage müßten im Klageantrag jedoch mehrere Einwirkungsmöglichkeiten zur Auswahl benannt werden[568].

Das BAG macht aber auch in seinen jüngeren Entscheidungen insoweit eine Einschränkung, als daß es die Leistungsklage nur dann für zulässig erachtet, wenn der Tarifinhalt eindeutig oder rechtskräftig festgestellt ist sowie wenn die verklagte Tarifvertragspartei selbst von der Tarifwidrigkeit des Verhaltens des Verbandsmitgliedes ausgeht. Andernfalls verweist es auf das Verfahren nach § 9 TVG[569].

Die vom BAG gemachten Einschränkung ist in der Literatur auf Kritik gestoßen[570]. Dadurch daß selbst im Rahmen des Gerichtsverfahrens die Einwirkungspflicht nur ausnahmsweise, nämlich bei offensichtlicher Tarifwidrigkeit, verbindlicher Entscheidung durch ein Feststellungsurteil oder eine tarifliche Schlichtungsstelle bzw. Konsens über den Tarifinhalt bestehen solle, werde diese Klageart faktisch entwertet[571].

Die vom BAG für eine Leistungsklage aufgestellten Bedingungen seien zudem unnötig und auch aus Gründen der Prozeßökonomie abzulehnen[572]:

Der Leistungsantrag auf Einwirkung umfasse bei nicht eindeutigem oder umstrittenem Inhalt des Tarifvertrages bereits einen entsprechenden Feststellungsantrag[573]. Ein Streit über die richtige Auslegung des Tarifvertrages im Einwirkungsprozeß sei auch keineswegs unzumutbar, ebensowenig wie die Pflicht, das rechtskräftige Urteil zu beachten und entsprechend auf die Mitglieder einzuwirken[574].

---

568 LAG Frankfurt, Urteil v. 27.6.1991 - 12 Sa 1067/90, DB 1991, 2390, 2391; Gamillscheg, Kollektives Arbeitsrecht, S. 640.

569 Vgl. BAG Urteil v. 29.4.1992 - 4 AZR 432/91, BAGE 70, 165 ff. = AP Nr. 3 zu § 1 TVG Durchführungspflicht = EzA § 1 TVG, Durchführungspflicht Nr. 2 mit Anm. Rieble = AiB 1992, 643 mit Anm. Zachert, S. 646.

570 Zachert in: Kempen/Zachert, TVG, § 1 Rn. 355; Löwisch in: Löwisch/Rieble, TVG, § 1 Rn. 283; Stein, Tarifvertragsrecht, Rn. 671; Däubler, Tarifvertragsrecht, Rn. 547; BAG Urteil v. 29.4.1992 - 4 AZR 432/91, BAGE 70, 165 ff. = AP Nr. 3 zu § 1 TVG Durchführungspflicht = EzA § 1 TVG, Durchführungspflicht Nr. 2 mit Anm. Rieble; Kittner, Festschrift Stahlhacke, S. 247, 253; a.A. Buchner, DB 1992, 572, 578 f., 583.

571 Zachert in: Kempen/Zachert, TVG, § 1 Rn. 355.

572 Vgl. Stein, Tarifvertragsrecht, Rn. 671; Rieble, Anm. zu BAG, Urteil v. 29.4.1992 – 4 AZR 432/91, EzA § 1 TVG Durchführungspflicht Nr. 2.

573 vgl. allgemein BGH (20.1.1989), NJW 1989, 2064.

574 Löwisch in: Löwisch/Rieble, TVG, § 1 Rn. 283.

Für die Leistungsklage als Klageart im Einwirkungsprozeß sprechen folgende Erwägungen:

Es gehört zu dem von Art. 9 Abs. 3 GG garantierten Tarifvertragssystem, daß die Tarifparteien die Einhaltung ihrer Tarifverträge sicherstellen können. Trotz ihrer Schwächen ist dabei die Leistungsklage gegenüber einer Feststellungsklage noch immer die effizientere Klageart und verdient von daher den Vorzug. So wäre ohne die Möglichkeit einer Leistungsklage die Einwirkungspflicht faktisch undurchsetzbar. Denn mißachtet die unterlegene Partei das Feststellungsurteil, verbleiben der obsiegenden Partei keine Durchsetzungsmöglichkeiten[575]. Bei einer Verurteilung zu einer Leistung ist der unterlegene Verband verpflichtet, seiner Einwirkungspflicht nachzukommen, wobei ihm die Wahl der einzusetzenden Mittel überlassen bleibt. Bleibt das zuerst gewählte Mittel ohne Erfolg, so sind weitere Maßnahmen zu ergreifen. Die Handlungspflicht ist erfüllt, sobald sich das vormals tarifwidrig verhaltende Mitglied tarifkonform verhält, oder wenn nach erfolglosem Einsatz aller Einwirkungsmöglichkeiten keine weiteren Handlungsalternativen mehr bestehen[576].

Kommt der unterlegene Verband seiner Leistungspflicht nicht nach, so richtet sich eine Zwangsvollstreckung des Urteils nach § 888 Abs. 1 ZPO mittels Zwangsgeld[577].

Sofern zwischen den Parteien Streit darüber entsteht, ob die geschuldete Einwirkung nach der Urteilsverkündung erfüllt wurde oder nicht, so muß der Erfüllungseinwand im Wege der Vollstreckungsgegenklage (§ 767 ZPO) geltend gemacht werden. Dabei gilt wieder der folgende Maßstab:

Ist durch eine Einwirkungshandlung das tarifkonforme Verhalten der Mitglieder eingetreten bzw. bestehen noch weitere vereinsrechtliche Einwirkungsmöglichkeiten des verurteilten Verbandes?[578]

ccc) Übertragbarkeit der Rechtsprechung zur richtigen Klageart bei der Einwirkungsklage

Diese Rechtsprechung zu der Frage, mit welcher Klageart die Einwirkungspflicht der Verbände auf ihrer Mitglieder vom gegnerischen Verband durchgesetzt werden kann, ist auf die Fälle übertragbar, in denen lediglich schuldrechtliche Tarifvertragsvereinbarungen im Wege der Einwirkung zwischen den Verbandsmitgliedern durchgesetzt werden sollen. Auch hier ist nur

575 Vgl. LAG Frankfurt a.M. (27.6.1991), DB 1991, 2391 (nicht rechtskräftig).
576 Wallisch, S. 188.
577 BAG, BB 1992, 2214; Riesenhuber, BB 1993, 1001, 1005.
578 Vgl. Wallisch, S. 190.

eine Leistungshandlung geschuldet, ein konkreter Erfolg ist nicht einklagbar. Ein solcher konkreter Erfolg wäre auch gar nicht zu benennen. Denn es fehlt allein schon an einer konkreten tarifwidrigen Arbeitsbedingung, die von der Klägerseite gezielt angegriffen werden könnte. Der Arbeitgeber, der die zwischen den Tarifparteien schuldrechtlich getroffene Regelung nicht umsetzt, handelt nämlich nicht tarifwidrig, da er nicht selbst unmittelbar und zwingend aus dem Tarifvertrag verpflichtet ist. Tarifwidrig ist allein das Unterlassen des Verbandes, auf sein Mitglied einzuwirken. Das Mitglied als solches schuldet keine tarifliche Leistung, sondern schuldet allenfalls Verbandstreue gegenüber dem eigenen Verband. Nur zu diesem Ergebnis kann selbst ein eindeutig festgestellter Tarifinhalt führen.

Von daher kann mit Klage nur eine Verurteilung des gegnerischen Verbandes dahingehend erreicht werden, daß dieser mit allen Mitteln zur Einwirkung auf seine Mitglieder verpflichtet ist. Die Intensität der Einwirkung, d.h. das konkrete Mittel der Einwirkungspflicht kann – wie bereits ausgeführt wurde - dem Verband aufgrund der Verbandsautonomie nicht aufgegeben werden.

Von daher besteht hinsichtlich der Wahl der richtigen Klageart im Einwirkungsprozeß kein Unterschied zwischen normativen und schuldrechtlichen Verpflichtungen.

bb) Unterschiede hinsichtlich eines Unterlassungsanspruchs gegen gegnerische Verbandsmitglieder

Dem weiteren Leerlaufen prozessualer Rechte gegenüber einem tarifwidrigen Verhalten könnte aber durch die Entscheidung des BAG vom 20.4.1999 entgegengewirkt worden sein[579].

Bislang waren Klagen einer Gewerkschaft gegen einzelne gegnerische Verbandsunternehmen nur unter engen Voraussetzungen zugelassen[580]: Mittels des Unterlassungsanspruchs aus § 23 Abs. 3 BetrVG konnten die Gewerkschaften gegen einen groben Verstoß des Arbeitgebers gegen Verpflichtungen aus dem BetrVG vorgehen. Gegen § 77 Abs. 3 BetrVG verstoßende Betriebsvereinbarungen wurden als grobe Pflichtverletzungen dem Unterlassungsan-

579 BAG, Beschluß v. 20.4.1999 – 1 ABR 72/98, AP Nr. 89 zu Art. 9 GG = ArbuR 1999, 408.

580 Vgl. BAG, Beschl. v. 20.8.1991 – 1 ABR 85/90, BAGE 68, 201 = AP Nr. 2 zu § 77 BetrVG 1972 Tarifvorbehalt; Bedenken dagegen jedoch BVerfG, Nichtannahmebeschluß v. 29.6.1993 – 1BvR 1916/91, AP Nr. 2a zu § 77 BetrVG 1972 Tarifvorbehalt = EzA § 77 BetrVG 1972 Nr. 41a = NZA 1994, 34; vgl. Zachert in: Kempen/Zachert, TVG, § 1 Rn. 355, Kempen in: Kempen/Zachert, TVG, § 4 Rn. 101 ff.

spruch aus § 23 Abs. 3 BetrVG zugeordnet. Der § 23 Abs. 3 BetrVG dient jedoch dem Schutz der betriebsverfassungsrechtlichen Ordnung und nicht dem Schutz des von den Tarifparteien erstellten Tarifsystems. Von daher weigerte sich das BAG in seiner Entscheidung vom 20.8.1991 ausdrücklich, den Gewerkschaften einen allgemeinen Unterlassungsanspruch gegen tarifunterlaufende betriebliche Absprachen einzuräumen[581]. So waren Verstöße gegen § 87 Abs. 1 BetrVG nicht von § 23 Abs. 3 BetrVG gedeckt, der im Gegensatz zu § 77 Abs. 3 BetrVG nicht als Grundnorm der betriebsverfassungsrechtlichen Ordnung herausgestellt wurde[582]. Die Gewerkschaften konnten diesbezüglich nicht gegen einen einzelnen Arbeitgeber die Unwirksamkeit einer vermeintlich tarifwidrigen Betriebsvereinbarung feststellen lassen[583].

Im Hinblick auf das unmittelbare Klagerecht der Gewerkschaftsmitglieder wurde der Gewerkschaft zudem das Rechtsschutzinteresse abgesprochen, wenn nur ein Tarifrechtsverstoß auf individueller Ebene vorlag. Der Individualrechtsschutz gehe hier vor[584]; dem Beschäftigten sei selbst die Durchsetzung der Tarifgeltung überlassen.

Das BAG hat in seiner Entscheidung vom 20.4.1999[585] den Gewerkschaften zur eigennützigen Wahrnehmung ihrer Rechtsposition nunmehr einen allgemeinen Unterlassungsanspruch gegen tarifwidrige betriebliche Regelungen mit kollektivem Charakter zuerkannt[586], auch wenn diese nicht gegen § 77 Abs. 3 BetrVG und damit gegen die betriebsverfassungsrechtliche Ordnung i.S. des § 23 Abs. 3 BetrVG verstoßen[587].

---

581 Vgl. BAG, Beschl. v. 20.8.1991 – 1 ABR 85/90, BAGE 68, 201 = AP Nr. 2 zu § 77 BetrVG 1972 Tarifvorbehalt.

582 Vgl. Buchner, NZA 1999, 897, 898 f.; Wallisch, S. 18 (Fn. 30); Kocher, ArbuR 1999, 382, 385.

583 Vgl. BAG, Beschl. v. 23.2.1988 – 1 ABR 75/86, AP Nr. 9 zu § 81 ArbGG 1979; BAG, Beschl. v. 18.8.1987 – 1 ABR 65/86, BAGE 56, 44 = AP Nr. 6 zu § 81 ArbGG 1979 = DB 1987, 2263; vgl. auch Wallisch, S. 18 (Fn. 30).

584 BAG, Urteil v. 8.11.1957 – 1 AZR 274/56, BAGE 5, 115 = AP Nr. 7 zu § 256 ZPO; BAG, Urteil v. 8.2.1963 – 1 AZR 511/61, AP Nr. 42 zu § 256 ZPO; weitergehend aber BAG, Urteil v. 9.6.1982 – 4 AZR 274/81, BAGE 39, 138 ff. = AP Nr. 1 zu § 1 TVG Durchführungspflicht.

585 BAG, Beschluß v. 20.4.1999 - 1 ABR 72/98, NZA 1999, 887 = ArbuR 1999, 408.

586 vgl. Wohlfarth, NZA 1999, 962; Kocher, ArbuR 1999, 382, 384 f.; Buchner, NZA 1999, 897, 899.

587 In dem am 20.4.1999 vom BAG entschiedenen Fall war § 77 Abs. 3 BetrVG nicht verletzt, da anstatt einer Betriebsvereinbarung eine Betriebsabrede als Gestaltungsmittel gewählt worden war.

Durch diese Entscheidung ist der Rechtsschutz der Tarifparteien gegen tarifwidrige Abmachungen auf betrieblicher Ebene erheblich erweitert worden[588], nicht jedoch die faktische Akzeptanz von Verbandstarifverträgen durch die Arbeitgeber gefestigt worden, die sich noch immer durch einen Verbandsaustritt der Wirkungen eines solchen Tarifvertrages entziehen können[589].

Für schuldrechtliche Tarifverträge, die nicht nur Selbstpflichten der Tarifparteien beinhalten, sondern auf ein bestimmtes Verhalten Dritter abzielen, ist an sich klar: Diese Verträge können nach dem Willen der vertragsschließenden Tarifparteien nur mittels der Einwirkungspflicht der Verbände auf ihre Mitglieder umgesetzt werden. Dem einzelnen Arbeitnehmer ist kein Individualanspruch und somit auch keine Klagemöglichkeit zugewendet worden.

Gerade deshalb ist es interessant zu prüfen, ob sich durch diesen Beschluß des BAG vom 20.4.1999 nicht neue Wege zur Durchsetzung solcher schuldrechtlicher Tarifverträge ergeben könnten.

Fraglich ist, ob dieser Beschluß nicht nur Auswirkungen bei Verstößen gegen normative Bestimmungen, sondern auch Folgen für Verstöße gegen schuldrechtliche Tarifverträge mit "normersetzender" Funktion hat. Könnte die Gewerkschaft mit Erfolg gegen ein einzelnes Verbandsunternehmen klagen, daß sich der Einwirkung seines Verbandes entzieht, die tarifvertraglichen Absprachen nicht durchführt, sondern statt dessen eine eigene Betriebsvereinbarung oder Betriebsabrede schafft?

Der Gewerkschaft müßte ein entsprechender Unterlassungsanspruch gegen dieses Verhalten des Verbandsunternehmens zustehen. Der Unterlassungsanspruch selbst ist dogmatisch aus §§ 1004 Abs. 1 S. 2, 823 BGB abzuleiten. Er dient der Verteidigung des absoluten Rechts aus Art. 9 Abs. 3 GG[590]. In diesem Recht müßte die Gewerkschaft durch das Verhalten des Unternehmers verletzt sein. Eine Verletzung dieses Rechts setzt ein tarifwidriges Verhalten, eine Verletzung eines beim Arbeitgeber geltenden Tarifvertrages voraus. Es kommt ein Verstoß gegen § 87 Abs. 1 BetrVG in Betracht, der bestehenden abschließenden tariflichen Regelungen Vorrang gegenüber Betriebsvereinbarungen einräumt. Fraglich ist, ob ein schuldrechtlicher Tarifvertrag überhaupt als tarifliche Regelung i.S. des § 87 Abs. 1 BetrVG gilt. Der § 87 Abs. 1 BetrVG setzt aber genau

588 Wolfarth, NZA 1999, 962; so auch Buchner, NZA 1999, 897, 898; Kocher, ArbuR 1999, 382, 387.

589 Buchner, NZA 1999, 897, 900; Buchner gib zu Recht zu bedenken, daß ein Tarifvertrag, dessen Inhalt "stimmt", nicht der zwangsweisen Durchsetzung bedarf.

590 Wohlfahrt, NZA 1999, 962, 963; Kocher, ArbuR 1999, 382, 383; Buchner, NZA 1999, 897, 898; Berg, Festschrift Däubler 1999, S. 495, 499.

wie § 77 Abs. 3 BetrVG das Vorliegen zwingender Normen voraus. Nur diese entfalten eine Sperrwirkung für Betriebsvereinbarungen[591]. So verlangt § 87 Abs. 1 BetrVG, daß eine tarifliche Regelung für den Betrieb "besteht". Beim normativen Tarifverträgen ist diese Bedingung dann erfüllt, wenn der Arbeitgeber tarifgebunden ist[592].

Der schuldrechtliche Tarifvertrag besteht im einzelnen Betrieb aber erst, wenn das Unternehmen die Bestimmungen umsetzt. Vorher kann von einem "Bestehen" der tariflichen Regelung nicht die Rede sein. Erst wenn der schuldrechtliche Tarifvertrag freiwillig umgesetzt ist, gewährleistet er den erforderlichen Schutz, der den Ausschluß einer betrieblichen Regelung rechtfertigt. Von daher liegt in einem solchen Fall, in dem die schuldrechtliche Tarifvertragsvereinbarung noch nicht umgesetzt wurde und für den Betrieb nicht "besteht", kein Verstoß gegen § 87 Abs. 1 BetrVG und damit kein Verstoß gegen den Geltungsanspruch tarifvertraglicher Vorschriften vor. Mangels einer im Betrieb tatsächlich bestehenden tariflichen Regelung können durch eine Maßnahme des Arbeitgebers die Arbeitsverhältnisse der tarifgebundenen Arbeitnehmer auch nicht den tariflichen Wirkungen "entzogen" werden. Die betriebliche Regelung tritt nicht an die Stelle der tariflichen Regelung.

Allgemein ist festzustellen, daß der von den Tarifvertragsparteien abgeschlossene Tarifvertrag nicht erst durch die betriebliche Absprache in seiner Bedeutung gemindert und ein Durchschlagen der tarifvertraglichen Wirkungen auf die Arbeitsverhältnisse der Mitglieder verhindert wird, sondern bereits dadurch, daß die Tarifparteien sich für schuldrechtliche und nicht normative Abreden entschieden haben. Selbst mit einer solchen Unterlassungsklage könnte die Gewerkschaft nicht durchsetzen, daß ihre Mitglieder unter die Wirkung der tariflichen Vereinbarung gelangen, da die Umsetzung vom einzelnen, nicht selbst verpflichteten Verbandsuntermehmen nicht erzwungen werden kann. Die Funktion des Tarifvertrages als Ordnungsinstrument kann insofern nicht auf diese Weise gesichert werden. Allein deshalb kann in einem solchen Fall der Schutzbereich des Koalitionsrechts nicht verletzt sein. Eine Verletzung der Rechte der Gewerkschaft aus Art. 9 Abs. 3 GG scheidet mithin aus.

Folglich führt der Beschluß des BAG vom 20.4.1999 nicht zu neuen Möglichkeiten bei der Durchsetzung schuldrechtlicher, normersetzender Tarifverträge.

---

591 Fitting/Kaiser/Heither/Engels, BetrVG, § 87 Rn. 40 f., § 77 Rn. 73; Hess in Hess/Schlochauer/Glaubitz, BetrVG, § 77 Rn. 81 f.; Berg in: Däubler/Kittner/Klebe, BetrVG § 77 Rn. 70; Kreutz in: Gemeinschaftskommentar BetrVG, § 77 Rn. 87.

592 BAG, Beschluß v. 24.2.1987 – 1 ABR 18/85, BAGE 54, 191 = AP Nr. 21 zu § 77 BetrVG 1972 = DB 1987, 1435; BAG, Beschluß v. 20.12.1988 – 1 ABR 57/87, BAGE 60, 323 = DB 1989, 1340; Fitting/Kaiser/Heither/Engels, BetrVG, § 87 Rn. 42.

Deren Durchsetzung muß weiterhin allein über die Einwirkungspflicht der Verbände auf ihre Mitglieder betrieben werden.

VII. Grenzen schuldrechtlicher Tarifvertragsvereinbarungen

Die Grenzen der Regelungsmacht geben Aufschluß über die Zulässigkeit tariflicher Regelungen. Es geht dabei um die durch die Verfassung und einfachgesetzlichen Normen gesetzten Schranken, die als Gegeninteressen die Regelungsmacht begrenzen. Diese definieren nicht den Bereich, auf den sich die grundrechtlich geschützte Zuständigkeit der Tarifparteien erstreckt, sondern verwehren innerhalb dieses Bereichs bestimmte Verhaltensweisen der Tarifparteien. Die Grenzen der tariflichen Regelungsmacht betreffen von daher das rechtliche "Dürfen" und nicht das rechtliche "Können"[593].

Wie bereits mehrfach betont wurde, ist dabei die rechtliche Qualifizierung als Tarifvertrag nicht abhängig von der Erfüllung aller Wirksamkeitsvoraussetzungen[594]. Tarifvertrag kann auch die Vereinbarung sein, die zwar die notwendigen Merkmale eines Tarifvertrages erfüllt, aber gegen die Grenzen verstößt und daher unwirksam ist.

Würde anders verfahren und Fragen, die die Wirksamkeit einer Regelung betreffen, in die Begriffsdefinition eines Tarifvertrages aufgenommen, dann würden zahlreiche, auf einzelne Fälle und Konstellationen bezogene Wertungen in die Definition mit einfließen. Dies würde aber den Begriff überlasten und zur praktikablen Abgrenzung von anderen Vereinbarungsformen unbrauchbar machen. Die rechtliche Einordnung kann nicht immer von komplexen Wertungen abhängen, sondern muß auch die Möglichkeit unwirksamer Vereinbarungen umfassen. Andernfalls würden auch Fragen wie die Zuständigkeit der Arbeitsgerichte nach § 2 Abs. 1 Nr. 1 ArbGG schon mit von der detaillierten Prüfung der Wirksamkeitsvoraussetzung beeinflußt[595]. Von daher darf die Prüfung der Wirksamkeitsvoraussetzung nicht am Anfang einer rechtlichen Prüfung stehen und Einfluß auf die rechtliche Qualifizierung eines Vertrages nehmen.

Aus der Bestimmung des Umfangs der Regelungsmacht und der gesonderten Bestimmung der Grenzen ergibt sich jedoch als einheitliches Bild die tarifliche Regelungsmacht.

---

593 Clausen, S. 123.

594 Plander, Festschrift Kehrmann, S. 295, 302 f.; derselbe, ZTR 1997, 145, 146; Loritz in: Zöllner/Loritz, Arbeitsrecht, S. 367.

595 Plander, ZTR 1997, 145, 146 f.

Auch wenn der Rahmen des schuldrechtlich Regelbaren bereits bestimmt wurde, ist die Bestimmung der Grenzen von Bedeutung, um zu erfahren, ob die konkrete Tarifvertragsvereinbarung auch wirksam oder ob sie unzulässig ist.

Die Festlegung der möglichen Inhalte auf die Wahrung und Förderung der Arbeits- und Wirtschaftsbedingungen i.S. von Art. 9 Abs. 3 GG als Voraussetzung für einen Tarifvertrag setzt noch einen weiten Rahmen und bietet so einen breiten Regelungsbereich für schuldrechtliche Vereinbarungen.

Es bedarf bei einem derart breit angelegten Regelungsbereich zur exakten Bestimmung der schuldrechtlichen Regelungsmacht noch einer genauen Auseinandersetzung mit den zusätzlich zu berücksichtigenden Grenzen, die die negative Eingrenzung der geltenden Regelungsbefugnisse übernehmen.

Das heißt, nach der positiven Abgrenzung zwecks Definition des Umfangs sind im konkreten Einzelfall die Grenzen des Regelbaren aufzeigen. Erst dann zeigt sich, ob eine von den Tarifparteien getroffene Regelung auch wirklich zulässig ist und ihre Wirkung entfalten kann.

Wie bereits festgestellt wurde, gibt das TVG anders als für den normativen Teil, der erhöhten Anforderungen unterliegt, keine Grenzen vor. Die Grenzen sind von daher gesondert zu bestimmen.

1) Die Grundrechte als Grenze

a) Unmittelbare oder mittelbare Grundrechtsbindung für schuldrechtliche Tarifvertragsklauseln

Für den normativen Teil eines Tarifvertrages besteht - mit unterschiedlichen dogmatischen Begründungen - überwiegend Einigkeit darüber, daß die Grundrechte unmittelbar anwendbar sind[596].

Umstritten ist hingegen, in welcher Form die Grundrechte Bindungswirkung für schuldrechtliche Tarifvertragsvereinbarungen entfalten.

---

596 BAG, Urteil v. 29.10.1998 – 6 AZR 241/97, NZA 1999, 1051, 1052; MünchArbR/Richardi, § 10 Rn. 23 ff. m.w.N.; Schaub, § 200 Rn. 14; Schwarze, ZTR 1996, 1, 18; Waltermann, RdA 1990, 138, 141; Baumann, RdA 1994, 272, 273; Söllner, NZA 1996, 897, 901 f.; Singer, ZfA 1995, 611, 626 ff; differenzierend Käppler, NZA 1991, 745, 748 f.; vgl. aber auch Belling, ZfA 1999, 547, 553 ff.; a.A. Rieth, S. 51 ff.; Dieterich, Festschrift Schaub, S. 117, 120 f.

aa) Unmittelbare Grundrechtsbindung für schuldrechtliche Tarifvertragsklauseln

Nach einer Ansicht in der Literatur sind die Tarifparteien auch im schuldrechtlichen Teil unmittelbar an die Grundrechte gebunden, zumindest soweit sich die schuldrechtlichen Tarifvertragsvereinbarungen im Bereich der Arbeits- und Wirtschaftsbedingungen bewegen[597].

Werden auch die Tarifparteien für den schuldrechtlichen Teil unmittelbar durch die Grundrechte verpflichtet, so sind folglich auch die Schranken der Grundrechte von ihnen bei ihren Vereinbarungen zu beachten.

So sind nach dieser in der Literatur vertretenen Ansicht die gegebenen Schranken des schuldrechtlichen Teils eines Tarifvertrages die Bindung an höherrangiges Recht, d.h. neben den staatlichen Gesetzen und dem Gemeinschaftsrecht insbesondere die Bindung der Tarifverträge an die Grundrechte[598].

Die Grundrechtsbindung wird dabei unterschiedlich hergeleitet[599]: Nach der (eingangs erwähnten) Delegationstheorie ergibt sich die Grundrechtsbindung im Hinblick auf die Wahrnehmung der vom Staat zugestandenen rechtsetzenden Gewalt[600]. Nach anderer Auffassung ergibt sie sich aus der "gesetzgeberähnlichen" Funktion der Tarifvertragsparteien, die sie in gleichem Maße wie den staatlichen Gesetzgeber zur unmittelbaren Beachtung der Grundrechte der Betroffenen verpflichtet[601]. Dabei könne die Bindung an die Grundrechte für normative und schuldrechtliche Klauseln nicht unterschiedlich beurteilt werden. Die Eigenart des von den Tarifparteien genutzten Instrumentariums könne nicht die Bindung an die Grundrechte beeinflussen[602].

---

597 Vgl. Hölters, Harmonie, S. 115; Neumann in: AR-Blattei SD, Tarifvertrag I D Grenzen der Tarifautonomie, 1550.1.4, Rn. 12.

598 Neumann in: AR-Blattei SD, Tarifvertrag I D Grenzen der Tarifautonomie, 1550.1.4, Rn. 12.

599 Vgl. Neumann in: AR-Blattei SD, Tarifvertrag I D Grenzen der Tarifautonomie, 1550.1.4, Rn. 13 ff.

600 Vgl. Säcker in: AR-Blattei, D-Blatt Tarifvertrag I D Grenzen der Tarifautonomie, II.

601 Kempen in: Kempen/Zachert, TVG, Grundlagen Rn. 157; Reuter, ZfA 1978, 1, 36 f.

602 Reuter, ZfA 1978, 1, 36; Biedenkopf, Tarifautonomie, S. 73 f.; für Einwirkungspflichten: Däubler, Grundrecht auf Mitbestimmung, S. 235.

bb) Mittelbare Grundrechtsbindung über die privatrechtlichen Generalklauseln

Nach anderer Ansicht ist - wenn überhaupt[603] - nur der normative Teil unmittelbar an die Grundrechte gebunden[604]. Die tarifautonome Regelungsbefugnis, die es von der Normsetzungsbefugnis zu unterscheiden gelte, werde vom Staat zwar durch die Verfassung förmlich gewährleistet, sei aber nicht als solche vom Staat übertragen worden. Die privatautonome Konzeption der Tarifautonomie stehe von daher einer unmittelbaren Drittwirkung der Grundrechte auf den schuldrechtlichen Teil eines Tarifvertrages entgegen[605]. Während die unmittelbare Gültigkeit der Grundrechte beim normativen Teil aus dessen gesetzesgleichen Wirkung, die ihn unter den Begriff der Gesetzgebung i.S. des Art. 1 Abs. 2 GG fallen lasse, resultiere, komme dem schuldrechtlichen Teil diese Wirkung gerade nicht zu. Wie im sonstigen Privatrecht hätten die Grundrechte über die zivilrechtlichen Generalklauseln nur mittelbare Drittwirkung[606].

cc) Stellungnahme und Bedeutung der unmittelbaren Drittwirkung gemäß Art. 9 Abs. 3 S. 2 GG

Dieser Streit verliert in der Praxis an Bedeutung, da allgemein dem Wortlaut des Art. 9 Abs. 3 S. 2 GG die Anordnung der unmittelbaren Drittwirkung eines Grundrechts für den Privatrechtsverkehr entnommen wird[607]. Danach ist die Koalitionsfreiheit auch unmittelbar im Verhältnis zwischen Privaten, nämlich Organisierten und ihren Koalitionen einerseits und Nichtorganisierten andererseits gewährleistet. Kraft dieser besonderen Anordnung wirkt das Grundrecht des Art. 9 Abs. 3 GG unmittelbar zwischen den verschiedenen Grundrechtsträgern und nicht bloß "mittelbar" über die Privatrechtsordnung[608]. Die Koalitionsfreiheit beinhaltet neben der "Freiheit" der Zugehörigkeit zu einer Koalition naturgemäß auch die "Freiheit", einer solchen Koalition fernzubleiben. Art. 9 Abs. 3 GG schützt beide Aspekte dieser Freiheit gleichermaßen vor Abreden, die das Recht aus Art. 9 Abs. 3 S. 1 GG einschränken oder zu behindern suchen

---

603 Rieth lehnt die unmittelbare Grundrechtsbindung generell ab: Rieth, S. 51 ff.; ebenso Dürig in: Maunz/Dürig, GG, Art. 1 III Anm. 116.

604 Wiedemann, TVG, Einleitung Rn. 205; Clausen, S. 171; Buchner in: AR-Blattei (D) Tarifvertrag V Inhalt A.IV.2.a) cc); Löwisch in: Löwisch/Rieble, TVG, § 1 Rn. 301; Belling, ZfA 1999, 547, 553; vgl. auch BAG, Beschl. v. 26.8.1997 - 1 ABR 16/97, AP Nr. 74 zu § 87 BetrVG 1972 Arbeitszeit.

605 Clausen, S. 169 ff.

606 Buchner in: AR-Blattei Tarifvertrag V Inhalt A. IV.2.a) cc); Löwisch in: Löwisch/Rieble, TVG, § 1 Rn. 301.

607 BVerfGE 57, 220, 245; Löwer in: von Münch/Kunig, GGK I, Rn. 85 zu Art. 9; Jarass in: Jarass/Pieroth, GG, Art. 9 Rn. 32; Kemper, in: v. Mangoldt/Klein/Starck, GG I, Art. 9 Abs. 3, Rn. 278 ff.; Buchner in: AR-Blattei Tarifvertrag V Inhalt, A. IV.2.a) cc).

608 Kemper in: v. Mangoldt/Klein/Starck, GG I, Art. 9 Abs. 3, Rn. 279.

sowie darauf gerichteten Maßnahmen[609]. Damit schützt die Norm auch vor jedem unmittelbaren wie auch mittelbaren Koalitionszwang und sichert so allseitig die negative Koalitionsfreiheit[610]. Außenseiter, also Nichtorganisierte, dürfen insbesondere durch Koalitionssatzungen und tarifliche Vereinbarungen nicht benachteiligt oder belastet werden[611].

Da Art. 9 Abs. 3 GG die für beide Teile des Tarifvertrages geltende Regelungsbefugnis umschreibt, erzeugt Art. 9 Abs. 3 S. 2 GG von daher auch eine unmittelbare Bindung für den schuldrechtlichen Teil[612]. Der umfassende Schutz der negativen Koalitionsfreiheit differenziert nicht nach der Rechtsnatur des Eingriffs, sondern gilt gleichermaßen in bezug auf normative, schuldrechtliche oder rein faktische Eingriffe. Aufgrund dieser ausdrücklichen Anordnung in Art. 9 Abs. 3 S. 2 GG bleibt es bei der unmittelbaren Drittwirkung des Art. 9 Abs. 3 GG[613], so daß als Folge auch schuldrechtlich keine Differenzierungsklauseln von den Tarifvertragsparteien vereinbart werden könnten[614].

Diese Grenze gilt es insbesondere zu beachten, wenn mit schuldrechtlichen Tarifvereinbarungen betriebliche Regelungen getroffen werden, die zwangsläufig auch Auswirkungen auf die nichtorganisierten Arbeiter haben[615]. Um auszuloten, ob die Rechte von Außenseitern durch eine schuldrechtliche betriebliche Regelung verletzt sind, bietet sich in der Praxis ein Vergleich mit den normativen Regelungsmöglichkeiten zu diesen Fragen an. Dabei ist zu prüfen, ob die "Ratio" eines normativen Regelungsverbots auch für die schuldrechtliche Absprache gilt[616].

Auf der anderen Seite steht die negative Koalitionsfreiheit aber nicht den von Vereinbarungen der Tarifparteien ausgehenden Begünstigungen im Wege, weil vor Begünstigungen die Außenseiter nicht zu schützen sind[617].

---

609 Wiedemann, TVG, Einleitung Rn. 294; vgl. Kemper in: v. Mangoldt/Klein/Starck, GG I, Art.9 Abs. 3, Rn. 219 f., 284.

610 Löwer in: von Münch/Kunig, GGK I, Rn. 85 zu Art. 9; Kemper in: v. Mangoldt/Klein/Starck, GG I, Art. 9 Abs. 3, Rn. 291.

611 Kemper in: v. Mangoldt/Klein/Starck, GG I, Art.9 Abs. 3 Rn. 220.

612 Clausen, S. 172 (Fn. 15).

613 Dazu in MünchArb/Löwisch § 236 Rn 71.

614 BAG GS, Beschl. v. 2911.1967 – GS 1/67, BAGE 20, 175, 193 ff. = BAG AP Nr. 13 zu Art. 9 GG; differenzierend Wiedemann, nach dem die Verfassungswidrigkeit nur gegeben ist, wenn die Differenzierung tatsächlich geeignet ist, die Entscheidungsfreiheit des Einzelnen zu beeinträchtigen: Wiedemann, TVG, Einleitung Rn. 303 f.

615 Vgl. Wiedemann, TVG, § 1 Rn. 751.

616 Wiedemann, TVG, § 1 Rn. 746; Zöllner, Differenzierungsklauseln, S. 41.

617 Wiedemann, TVG, § 1 Rn. 751.

Bei anderen Grundrechten fehlt es an der Anordnung einer solchen unmittelbaren Drittwirkung und somit an einer Ausdehnung der Grundrechtswirkung auf schuldrechtliche Absprachen[618]. Geht man davon aus, daß die Tarifautonomie als solche originär entstanden ist und nicht auf die Tarifvertragsparteien übertragen wurde, dann handelt es sich bei ihren schuldrechtlichen Vereinbarungen auch nicht um "staatliche" Rechtsetzung. Da allein die staatliche Gewalt unmittelbar an die Grundrechte gebunden ist, ist somit eine grundsätzliche unmittelbare Bindung der Tarifparteien an die Grundrechte abzulehnen. Gesichert ist hingegen, daß die Tarifparteien in den zur verfassungsmäßigen Ordnung gehörenden Gesetzen ihre Grenzen finden. Dadurch entfalten auch die Grundrechte ihre mittelbare Wirkung, da die Gesetzgebung und die Rechtsprechung die Privatrechtsverhältnisse aktiv an der Wertordnung der Verfassung ausrichten[619]. So wirken die in den Grundrechten der Art. 3 oder Art. 6 GG, aber auch der Art. 5 und 12 GG zum Ausdruck kommenden Wertprinzipien über § 138 BGB auf das Vertragsrecht ein und ziehen auf diesem Wege widersprechenden schuldrechtlichen Tarifvertragsvereinbarungen entsprechende Grenzen[620].

b) Gegnerfreiheit als Grenze

Eine besondere immanente Grenze tariflicher Regelungen bildet der zwingende Grundsatz der Gegnerfreiheit[621], der wiederum aus der Verbandsautonomie – speziell auf der Grundlage des Art. 9 Abs. 1 und Abs. 3 GG – entspringt[622]. Auch hier schützt wiederum Art. 9 Abs. 3 S. 2 GG vor allen Abreden oder Maßnahmen, aus denen sich eine Einschränkung der Freiheitsgarantie des Art. 9 Abs. 3 S. 1 GG ergibt[623]. Der Schutz der verbandsautonomen Willensbildung vor der Beeinflussung von Dritten hat somit auch Einfluß auf die Gestaltung der schuldrechtlichen Beziehungen zwischen dem Verband und Dritten. Eine Vereinbarung darf nicht zu einer Abhängigkeit vom Gegner führen, durch die die Tariffähigkeit gefährdet ist[624]. Eine Vereinbarung, die diese Grenze überschreitet, ist unwirksam[625]. Die Vereinbarung führt nicht zum automatischen Verlust der Tariffähigkeit, auch wenn es theoretisch möglich ist, daß eine Tarifvertragspartei freiwillig auf ihre Tariffähigkeit verzichtet[626]. Es verträgt sich aber nicht

618 Siehe dazu Buchner in: AR-Blattei Tarifvertrag V Inhalt A. IV.2.a) cc).

619 Wiedemann, TVG, Einleitung Rn. 204 f.

620 So auch Buchner in: AR-Blattei Tarifvertrag V Inhalt A. IV.2.a) cc).

621 Buchner in: AR-Blattei Tarifvertrag V Inhalt A. IV.3.a).

622 Wallisch, S. 54; Ramm, Willensbildung, S. 74 ff., 114 .

623 Vgl. grds. Kemper in: v.Mangoldt/Klein/Starck, GG I, Art. 9 Abs. 3 Rn. 279 ff.

624 Kasseler Handbuch/Dörner, 8.1 Rn. 84 f.; Löwisch in: Löwisch/Rieble, TVG, § 1 Rn. 303 f., § 2 Rn. 8 ff.

625 Löwisch in: Löwisch/Rieble, TVG, § 1 Rn. 303.

626 Löwisch in: Löwisch/Rieble, TVG, § 1 Rn. 303, § 2 Rn. 47.

mit dem Grundsatz der Tarifautonomie, wenn infolge einer solchen Vereinbarung die gegnerische Seite eine solche Vereinbarung erkämpfen und ihre Durchführung verlangen kann und damit quasi einen Anspruch auf Aufgabe der Tariffähigkeit hat[627]. Der Verlust der Tariffähigkeit tritt infolge einer solchen Vereinbarung erst ein, wenn die Vereinbarung tatsächlich durchgeführt wird[628].

Tarifrechtlich sind die Tarifvertragsparteien jedoch nicht daran gehindert, Leistungen zu vereinbaren, die den Gewerkschaften bloß zugute kommen sollen, die sie aber nicht abhängig machen, beispielsweise der Einzug von Gewerkschaftsbeiträgen[629].

2) Gesetzliche Grenzen

Grenzen werden den Tarifparteien bei schuldrechtlichen Vereinbarungen durch staatliches Recht dort gesetzt, wo sie als Vertragsparteien dessen Adressaten sind. Sie haben sich an die zwingenden Gesetze als höherrangiges Recht zu halten[630]. Darin unterscheiden sich die Tarifvertragsparteien nicht von anderen Privatrechtssubjekten. So gewinnen auch die Grundrechte für die Regelungen der Tarifparteien Bedeutung. Denn wenn diese auch nicht unmittelbar gelten[631], so wenden sie sich zumindest mittelbar über die zivilrechtlichen Generalklauseln (§§ 138, 242 BGB) an die Vertragsparteien[632].

Verbindliche Grenzen sind so vor allem die allgemeinen Grenzen der Vertragsfreiheit[633]. Eine natürliche Grenze des Vertragsrechts ist, daß die Vertragsparteien Dritte nicht verpflichten können. Sie können Ihnen zwar immer einen eigenen Anspruch einräumen, ein Vertrag zu Lasten Dritter läßt sich jedoch nicht rechtlich bindend vereinbaren[634]. Diese Grenze ist immer dann bedeutsam, wenn die Verbände schuldrechtliche Vereinbarungen treffen, die nicht nur die

---

627 Löwisch in: Löwisch/Rieble, TVG, § 1 Rn. 303.

628 Vgl. zum Parallelproblem bei den Verbandssatzungen Löwisch in: Löwisch/Rieble, TVG, § 2 Rn. 49.

629 Löwisch/Rieble, TVG, § 1 Rn. 303, 553 ff.; Gamillscheg, Kollektives Arbeitsrecht, S. 422 f.

630 Neumann in: AR-Blattei SD, Tarifvertrag I D Grenzen der Tarifautonomie, 1550.1.4, Rn. 49; Buchner in: AR-Blattei Tarifvertrag V Inhalt A. IV.2.a) cc).

631 Vgl. Löwisch in: Löwisch/Rieble, TVG, § 1 Rn. 156.

632 Dazu Canaris, AcP 184 (1984), 201, 243 ff.

633 Vgl. die von Löwisch/Rieble angeführten Parallelen zwischen schuldrechtlichen Tarifverträgen und außertariflichen Regelungen der Arbeits- und Wirtschaftsbedingungen in Löwisch/Rieble, TVG, Grundl. Rn. 89.

634 BAG GS, Beschl. v. 2911.1967 – GS 1/67, BAGE 20, 175, 193 ff. = BAG AP Nr. 13 zu Art. 9 GG (Bl. 8); Clausen, S. 29 ff.; Wallisch, S. 54 (Fn. 257); Buchner in: AR-Blattei SD Tarifvertrag IV Geltungsbereich A.I.3.

Vertragsparteien selbst betreffen, sondern auch die Verbandsmitglieder als Dritte. Stellt die getroffene Vereinbarung für den Dritten, etwa für das einzelne Unternehmen eine Belastung dar, so ist diese für ihn rechtlich nicht bindend. Dennoch steht es ihm frei, der von Seiten der Verbände eingegangene Verpflichtung in Erfüllung seiner Verbandstreue nachzukommen, wie es auch seinem Verband zusteht, mit zulässigen Verbandsmitteln auf ihn einzuwirken.

Sehen die getroffenen schuldrechtlichen Vereinbarungen Durchführungspflichten vor, so führt deren Umsetzung über die Verbandsgewalt und gegebenenfalls das einzelne Arbeitsverhältnis[635] zu weiteren Grenzen:

Zum einen fungiert die Verbandsgewalt als Grenze. So wird die Verbandsgewalt durch das Vereinsrecht des BGB und die Satzung begrenzt[636].

Eine Einwirkungspflicht, die ihr Ziel nicht erreichen kann, da die Einwirkung mit den Mitteln der Verbandsgewalt entweder unzulässig ist oder eine unwirksame Vereinbarung zwischen den Arbeitsvertragsparteien herbeiführen würde, verstößt entweder gegen ein gesetzliches Verbot (§ 134 BGB) oder ist im Sinne von § 306 BGB auf eine rechtsunwirksame Leistung gerichtet[637].

Da die Verbandsgewalt nur Mitglieder erfaßt, können sich die Tarifvertragsparteien im Unterschied zu dem für den normativen Teil geltenden § 3 Abs. 3 TVG nicht verpflichten, auf ausgetretene Mitglieder einzuwirken[638]. Ebensowenig läßt sich als Sanktion vereinbaren, auf Verstöße gegen die schuldrechtliche Vereinbarung sofort mit Ausschluß zu reagieren, wenn die Satzung dies nicht zuläßt[639].

Eine Grenze findet die Verbandsgewalt zudem in einer Billigkeitskontrolle der Satzungsgestaltung, so daß sich ein "mächtiger" Verband wie zum Beispiel eine Gewerkschaft auch seinem Mitglied gegenüber nicht treuwidrig verhalten darf. Mächtige Verbände dürfen ihre Mitglieder nicht willkürlichen oder unbilligen, Treu und Glauben widersprechenden Satzungsgestaltungen unterwerfen. Anders als bei Verbänden, aus denen das einzelne Mitglied jederzeit ohne schwerwiegende wirtschaftliche oder soziale Nachteile austreten könne, und der Verband um der Erhaltung seines Mitgliederverbandes von allein gezwungen sei, auf das Setzen von unbillig belastenden Normen zu verzichten, entfällt diese Korrektur bei mächtigen Verbänden. Die sich daraus ergebenden Mög-

---

635 Vgl. Löwisch in: Löwisch/Rieble, TVG, § 1 Rn. 323 f.
636 Löwisch in: Löwisch/Rieble, TVG, § 1 Rn. 305.
637 Löwisch in: Löwisch/Rieble, TVG, § 1 Rn. 304 ff.
638 Löwisch in: Löwisch/Rieble, TVG, § 1 Rn. 305.
639 Löwisch in: Löwisch/Rieble, TVG, § 1 Rn. 305.

lichkeiten des Machtmißbrauchs sind nicht von der Satzungsautonomie oder der kollektiven Koalitionsfreiheit geschützt. Vielmehr setzt sich die individuelle Koalitionsfreiheit des Mitgliedes durch[640]. Von daher kann sich der Verband zu einer entsprechenden treuwidrigen Behandlung seiner Mitglieder auch nicht gegenüber seinem Tarifpartner verpflichten. Somit sind zum Beispiel Sonderopfer der Mitglieder oder bestimmter Arbeitnehmergruppen nicht zu vereinbaren[641]. Wird etwa eine Arbeitnehmergruppe im schuldrechtlichen Teil eines Tarifvertrages im Verhältnis zu anderen, etwa was Vergütung und Arbeit angeht, besonders schlecht behandelt, so ist das unbillig.

Zu betonen ist auch die Bindung der Tarifvertragsparteien an zwingende arbeitsrechtliche Gesetze. So sind auch die rechtsgeschäftlichen Grenzen der Arbeitsvertragsparteien zu beachten. Es sind keine Vereinbarungen zulässig, die die Verpflichtung zur Herbeiführung unwirksamer Vereinbarungen zwischen den Arbeitsvertragsparteien beinhalteten[642]. Daraus folgt, daß alle zwingenden Arbeitnehmerschutzvorschriften bindend sind, so daß sich zum Beispiel nicht die schuldrechtliche Unterschreitung des gesetzlichen Mindesturlaubs oder der Lohnfortzahlung im Krankheitsfall vereinbaren läßt.

3) Grenzfälle der Tarifmacht: Beispiele des Regelbaren

Eine kurze Übersicht soll einen Eindruck über die Zulässigkeit von viel diskutierten schuldrechtlichen Vereinbarungen der Tarifparteien geben.

a) Außenseiterklauseln (Gleichstellungsklauseln)

Unter Außenseiterklauseln versteht man eine Vereinbarung zwischen den Tarifparteien, wonach nicht tarifgebundene Außenseiter oder anders organisierte Arbeitnehmer zu tariflichen Bedingungen beschäftigt werden sollen[643].

Ziel solcher Vereinbarungen ist, in Zeiten von Arbeitslosigkeit und eines Überangebots von Arbeitskräften die Verdrängung von Gewerkschaftsmitgliedern durch Einstellung untertariflich bezahlter Außenseiter und damit eine Störung der Kartellwirkung des Tarifvertrages zu verhindern[644].

---

640 Vgl. allgemein für Vereine und Verbände: BGH, Urteil v. 24.10.1988 – II ZR 311/87, BGHZ 105, 306 = ZIP 1989, 14, 18.

641 Löwisch in: Löwisch/Rieble, TVG, § 1 Rn. 307.

642 Löwisch in: Löwisch/Rieble, TVG, § 1 Rn. 308.

643 Wiedemann, TVG, Einleitung Rn. 291.

644 Gamillscheg, Kollektives Arbeitsrecht, S. 640, 715.

Außenseiterklausel werden heute überwiegend als eine Begünstigung der Außenseiter verstanden und von daher als zulässig erachtet[645]. So ist etwa die Gewerkschaft nicht nur berechtigt, die Arbeits- und Wirtschaftsbedingungen ihrer Mitglieder zu regeln, sondern kann sich umfassend auf dem Gebiet der Arbeits- und Wirtschaftsbedingungen betätigen, was auch die Interessenwahrnehmung der gesamten Arbeitnehmerschaft mit einschließt[646].

Schuldrechtliche Tarifvereinbarungen sind der einzige Weg, um auf die Arbeitsverhältnisse von Außenseitern Einfluß zu nehmen, da die Außenseiter selbst einer normativen Wirkung nicht unterliegen[647]. Die Außenseiter selbst werden durch derartige Vereinbarungen nicht berechtigt oder verpflichtet[648].

Zwar haben die Vertragsparteien auch die Möglichkeit, dem Außenseiter einen vertraglichen Anspruch zuzuwenden, indem sie die Außenseiterklausel i.S. von § 328 BGB als Vertrag zugunsten Dritter ausgestalten. Ein entsprechender Wille zu einer solchen Regelung wird in aller Regel aber nicht vorhanden sein, da die Tarifpartner zwar für ein einheitliches Angebot sorgen wollen, aber nicht dem einzelnen Nichtmitglied einen Anspruch zuwenden wollen[649]. Ein Vertrag zugunsten Dritter ließe sich zudem nur wirksam bei einem Firmentarifvertrag vereinbaren, da sich nur der einzelne Arbeitgeber gegenüber der Gewerkschaft zu Leistungen an den Außenseiter verpflichten könne, nicht jedoch der Arbeitgeberverband[650]. Denn ein Vertrag zugunsten Dritter zwischen dem Arbeitgeberverband und der Gewerkschaft würde sich auf der Kehrseite als unzulässiger Vertrag zu Lasten Dritter, nämlich der einzelnen Arbeitgeber darstellen[651].

---

645 Zachert in: Kempen/Zachert, TVG, § 1 Rn. 361, § 3 Rn. 112; Zachert, ArbuR 1995, 1, 9 (zur tariflichen Außenseiterklausel in der Präambel des VW-Tarifvertrages vom 1.1.1994, abgedruckt in: ArbuR 1994, S. 230 f.); Nikisch, RdA 1967, 87, 89 f.; a.A. Reuter, ZfA 1995, 1, 41, 88 f., nach dessen Ansicht die Außenseiterklausel keine Begünstigung, sondern eine unzulässige Belastung darstellt, die in die geschützte Rechtsposition der Außenseiter eingreift: Durch die Außenseiterklausel werde den Außenseitern die Möglichkeit genommen, ihre eigene Position auf dem Arbeitsmarkt durch das Angebot untertariflicher Bedingungen zu verbessern.

646 Vgl. Zöllner, Differenzierungsklauseln, S. 49; Gamillscheg, Differenzierung, S. 95 ff.

647 Gamillscheg, Kollektives Arbeitsrecht, S. 625, 640.

648 BAG GS, Beschl. v. 29.11.1967 – GS 1/67, BAGE 20, 175, 193 ff. = BAG AP Nr. 13 zu Art. 9 GG; Wiedemann, TVG, § 1 Rn. 662, Wiedemann/Oetker, TVG, § 3 Rn. 280; Zachert in: Kempen/Zachert, TVG, § 3 Rn. 112; Däubler, Tarifvertragsrecht, Rn. 328; Gamillscheg, Kollektives Arbeitsrecht, S. 641.

649 Vgl. Gamillscheg, Kollektives Arbeitsrecht, S. 641; Clausen, S. 30.

650 BAG GS, Beschl. v. 29.11.1967 – GS 1/67, BAGE 20, 175, 193 ff. = BAG AP Nr. 13 zu Art. 9 GG; Gamillscheg, Kollektives Arbeitsrecht, S. 641, 633 f.; Clausen, S. 30.

651 Clausen, S. 30 f.

Hingegen kann im Verbandstarif eine Begünstigung des Außenseiters immer nur ein "Reflex" aus der Erfüllung der Verbandspflicht des Arbeitgebers sein, die dem Außenseiter keinen Erfüllungsanspruch zuwenden und damit keine unmittelbare Belastung des einzelnen tarifgebundenen Arbeitgebers mit sich bringt[652].

b) Wiedereinstellungsklauseln zugunsten von Außenseitern

Wiedereinstellungsklauseln gehören zum schuldrechtlichen Teil eines Tarifvertrages, wenn es an einem hinreichend bestimmbaren Personenkreis fehlt und wenn Außenseiter begünstigt werden. Die Wiedereinstellung kann nach einem rechtswidrigen Arbeitskampf[653] eine Rolle spielen aber auch nach Massenkündigungen[654].

c) Tarifausschlußklauseln / Differenzierungsklauseln

Tarifausschlußklauseln sollen es dem Arbeitgeber untersagen, nicht organisierten Arbeitnehmern die tarifvertraglichen Arbeitsbedingungen zu gewähren[655]. Sie sind ein Typus der Differenzierungsklauseln, die den Arbeitgeber zu einer Differenzierung zwischen tarifgebundenen Arbeitnehmern und nicht tarifgebundenen Arbeitnehmern verpflichten sollen, um das Gewerkschaftsmitglied in den Genuß höherer Leistungen zu bringen[656].

Derartige Klauseln verstoßen gegen die negative Koalitionsfreiheit, die aufgrund der in Art. 9 Abs. 3 S. 2 GG normierten unmittelbaren Drittwirkung auch von den Koalitionen zu beachten ist. Von daher sind derartige Vereinbarungen unwirksam[657].

d) Organisationsklauseln (Absperrungsklauseln)

Durch derartige Klauseln soll der Arbeitgeber verpflichtet werden, keine nicht organisierten Arbeitnehmer in seinem Unternehmen zu beschäftigen. Differenziert wird zwischen der allgemeinen (absoluten) Organisationsklausel, die den tarifgebundenen Arbeitgeber verpflichtet, nur organisierte Arbeitnehmer in

---

652 Clausen, S. 30 f.

653 Gamillscheg, Kollektives Arbeitsrecht, S. 1240.

654 Gamillscheg, Kollektives Arbeitsrecht, S. 641.

655 Gamillscheg, Kollektives Arbeitsrecht, S. 355 f., 640.

656 Wiedemann, TVG, Einleitung Rn. 289; Löwer in: von Münch/Kunig, GGK I, Rn. 87 zu Art. 9.

657 Löwer in: von Münch/Kunig, GGK I, Rn. 87 zu Art. 9; Kemper, in: v. Mangoldt/Klein/Starck, GG I, Art. 9 Abs. 3, Rn. 289; Neumann in: AR-Blattei SD, Tarifvertrag I D Grenzen der Tarifautonomie, 1550.1.4, Rn. 36 ff.; differenzierend Wiedemann, TVG, Einleitung Rn. 292, 303.

seinem Unternehmen zu beschäftigen, und der beschränkten (relativen) Organisationsklausel, die dem Arbeitgeber aufgibt, keine konkurrierenden Gewerkschaften angehörende Arbeitnehmer einzustellen. Derartige Klauseln verstoßen gegen die negative Koalitionsfreiheit und sind unzulässig[658].

e) Vereinbarung von Höchstarbeitsbedingungen

Eine tarifvertragliche Vereinbarung, durch die die von den Tarifparteien getroffenen Regelungen zu Höchstarbeitsbedingungen gemacht werden sollen[659], dürfte schon an einer präzisen Bestimmung des Schutzbereiches des Art. 9 Abs. 3 GG scheitern[660]. Aufgabe der Tarifparteien ist das Setzen von Mindestarbeitsbedingungen, nicht jedoch eine Behinderung und Beschränkung der Individualvertragsparteien[661].

VIII. Vorteile und Nachteile schuldrechtlicher Tarifvertragsvereinbarungen

Der entscheidende Nachteil schuldrechtlicher Tarifvertragsvereinbarungen gegenüber normativen Tarifklauseln liegt auf der Hand:

Die normative Vereinbarung besitzt durch ihre unmittelbare und verbindliche Wirkung die höhere Effizienz und entspricht somit in der Regel am ehesten dem Interesse der Tarifparteien[662].

Daß schuldrechtliche Tarifvertragsvereinbarungen dennoch ihre Berechtigung und ihren eigenen Anwendungsbereich haben, hat die vorausgehende Untersuchung bestätigt[663]:

Durch den weiter gefaßten inhaltlichen Regelungsbereich erschließt der schuldrechtliche Teil des Tarifvertrages den Tarifparteien zusätzliche Regelungsbereiche, die zudem nicht den selben eng gefaßten Grenzen des normativen Teils unterworfen sind. Daneben bietet sich die schuldrechtliche Regelung auch normativ regelbarer Inhalte an, wenn aus Zweckmäßigkeitsgründen oder takti-

---

658 Wiedemann, TVG, Einleitung Rn. 287; Löwer in: v Münch/Kunig, GGK I, Rn. 87 zu Art. 9 f.

659 vgl. Gamillscheg, Kollektives Arbeitsrecht, S. 844.

660 Vgl. grundsätzlich Pieroth/Schlink, Rn. 332; siehe auch unter B.VI.3)a)bb).

661 vgl. Herschel, Referat zum 46. DJT, Band II, Teil D, S. 7, 19 f.

662 Vgl. Wallisch, S. 81 f.; Däubler, Tarifvertragsrecht Rn. 174; Buchner in: AR-Blattei (D) Tarifvertrag V Inhalt, C I.

663 Zu deren Verbreitung in der Praxis siehe auch: Zachert, NZA 2000, 121, 124.

schen Erwägungen heraus[664] auf die effektivere Möglichkeit der normativen Regelung verzichtet und in Anbetracht der allein in die Hände der vertragsschließenden Tarifparteien gelegte Durchsetzung eine gewisse Flexibilität in der Praxis erreicht werden soll[665].

IX. Ausblick auf den zweiten Teil

Die in diesem ersten Teil der Arbeit aufgestellte Definition eines Tarifvertrages wird im anschließenden zweiten Teil praktisch angewandt und zur Abgrenzung zwischen schuldrechtlichen Tarifverträgen und außertariflichen Übereinkünften der Koalitionen herangezogen werden. Dabei steht im Mittelpunkt des zweiten Teils zunächst die Frage, ob die Abgrenzung zwischen den verschiedenen Abkommen tatsächlich anhand dieser, nur aus objektiven Merkmalen bestehenden Definition vorgenommen werden kann, oder ob die Definition des Tarifvertrages um ein subjektives Element, nämlich den Willen der Tarifparteien zum Abschluß eines Tarifvertrages, ergänzt werden muß. Anschließend werden die verschiedenen "außertariflichen Sozialpartner-Vereinbarungen" der Chemischen Industrie mit Hilfe dieser Definition rechtlich qualifiziert.

---

664 Vgl. Buchner in: AR-Blattei (D) Tarifvertrag V Inhalt, A II. 1.c); Wiedemann, TVG, § 1 Rn. 745; Löwisch in: Löwisch/Rieble, TVG, § 1 Rn. 268; MünchArbR/Löwisch, § 246 Rn. 45 f.; Wallisch, S. 82.

665 Vgl. Buchner in: AR-Blattei (D) Tarifvertrag V Inhalt, C I.; Wallisch, S. 82.

C. 2.Teil: Außertarifliche Sozialpartner-Vereinbarungen

I. Vorkommen

Neben dem Tarifvertrag haben die Tarifparteien auch die Möglichkeit, außertarifliche Übereinkünfte abzuschließen. Die den Tarifparteien zuerkannte umfassende Gestaltungsfunktion gibt den Tarifparteien neben dem Tarifvertrag auch andere Gestaltungsinstrumente an die Hand. In diesem Punkt sind sich Rechtsprechung und Literatur einig[1]. Diese Möglichkeit zur Verwendung anderer Gestaltungsmittel gilt sowohl innerhalb als auch außerhalb des tariflichen Regelungsbereichs[2].

Dieser Konsens ist unabhängig davon, wie man einen Tarifvertrag definiert:

Wird der Tarifvertragsbegriff auf Verträge mit normativen Bestimmungen beschränkt, dann sind Verträge mit nur schuldrechtlich wirkendem Inhalt zumindest als Verträge eigener Art verbindlich[3].

Auch wenn - wie in dieser Arbeit - der Tarifvertragsbegriff weiter gefaßt wird und bestimmte schuldrechtliche Vereinbarungen der Tarifvertragsparteien auch ohne normativen Teil als Tarifverträge qualifiziert werden können, bedeutet das nicht, daß der Anwendungsbereich für außertarifliche Vereinbarungen entfällt. Denn nicht jede schuldrechtliche Vereinbarung beliebigen Inhalts kann rechtlich als Tarifvertrag eingeordnet werden[4]. Ebensowenig können formlose, ohne Rechtsbindungswillen getroffene Abreden der besonderen Vertragskategorie des Tarifvertrages zugeordnet werden.

Von daher bleibt auch bei dieser Definition des Tarifvertrages ein Freiraum, der durch außertarifliche Übereinkommen gestaltet werden kann.

Umstritten ist jedoch, wie die konkrete Abgrenzung zwischen tariflichen und außertariflichen Übereinkommen zu erfolgen hat.

---

1 Vgl. BVerfGE 50, 290, 371; BAG (5.11.1997) BAGE 87, 45 = NZA 1999, 654; Wiedemann, TVG, § 1 Rn. 17 ff.; Däubler, TVG, H Rn. 869; MünchArbR/Löwisch, § 239 Rn. 130 ff., § 273 Rn. 1 ff.; Säcker/Oetker, S. 164 f.; Zachert, Festschrift Hanau, S. 137, 142.

2 Vgl. zur Möglichkeit alternativer Gestaltungsmittel im Bereich des Art. 9 Abs. 3 GG: BVerfGE 50, 290, 371.

3 So auch BAG, Urteil v. 31.10.1958 - 1 AZR 632/57, AP Nr.2 zu § 1 TVG Friedenspflicht, Bl. 9; Plander, Festschrift Kehrmann, S. 295, 307.

4 Buchner in: AR-Blattei [D] Tarifvertrag V Inhalt, A.II.1.d).

In den Fällen, in denen die Voraussetzungen der im ersten Teil aufgestellten Tarifvertragsdefinition eindeutig nicht erfüllt sind, ist die Zuordnung zum außertariflichen Bereich noch unproblematisch.

Diese anhand der Tarifvertragsdefinition eindeutig zuzuordnenden Fallgruppen sollen zunächst dargestellt werden, bevor eine Auseinandersetzung mit den verbleibenden umstrittenen Fällen erfolgt, in denen die Grenze nicht so leicht zu ziehen ist.

1) Verträge außerhalb des Bereichs der Arbeits- und Wirtschaftsbedingungen

Durch die Möglichkeit der Tarifvertragsparteien, unter Einhaltung bestimmter Voraussetzungen Tarifverträge zu schließen, wird ihnen nicht das Recht genommen, Verträge bürgerlichen Rechts zu schließen, die aufgrund ihres Inhalts oder aus anderen Gründen nicht den erhöhten Anforderungen von Tarifverträgen entsprechen[5]. Denn die von Art. 2 Abs. 1 GG geschützte allgemeine Vertragsfreiheit der Tarifvertragsparteien wird außerhalb des Regelungsbereichs des Art. 9 Abs. 3 GG nicht dadurch verkürzt, daß unter erschwerten Bedingungen auch Tarifverträge geschlossen werden können.

Von daher fallen Verträge, deren Inhalt außerhalb des Bereichs der Arbeits- und Wirtschaftsbeziehungen liegt, weder unter den Schutzbereich des Art. 9 Abs. 3 GG noch unter das TVG[6]. Auch wenn es sich bei diesen Verträgen nicht um Tarifverträge handeln kann, so sind sie dennoch zulässig und wirksam. Sie unterliegen als Verträge bürgerlichen Rechts nach § 311 BGB n.F. der allgemeinen Vertragsfreiheit und sind wie jeder Vertrag von den Parteien zu erfüllen[7].

Der wesentliche Unterschied solcher außertariflicher Regelungen zu Tarifverträgen ist darin zu sehen, daß sie weder der Schriftform bedürfen, noch der Haftungserstreckung des § 2 Abs. 4 TVG unterfallen.

Wesentlich ist auch, daß das Mittel des Arbeitskampfes zur direkten Durchsetzung solcher Übereinkünfte außerhalb des Schutzbereichs des Art. 9 Abs. 3 GG nicht zur Verfügung steht. Nur im Rahmen des vom Gesetzgeber ausgestalteten

---

5 Vgl. BAG, Urteil v. 28.9.1983 - 4 AZR 200/82 BAGE 43, 312, 320 = AP Nr. 2 zu § 1 TVG Tarifverträge: Seniorität, m.w.N.; BAG, Urteil v. 28.7.1988 - 6 AZR 349/87, BAGE 59, 177, 185 = AP Nr. 1 zu § 5 TVG Arb Bundespost, m.w.Nachw.; BAGE 87, 45, 53 = BAG NZA 1998, 654, 657; Däubler, TVG, H Rn. 870; Wallisch, S. 83 f.; Säcker/Oetker, S. 164 ff.

6 Gamillscheg, Kollektives Arbeitsrecht, S. 509.

7 Däubler, TVG, H Rn. 871; Gamillscheg, Kollektives Arbeitsrecht, S. 509.

Tarifvertragssystem[8] bzw. innerhalb der inhaltlichen Vorgaben des Art. 9 Abs. 3 GG[9] besteht auch das Recht zum Arbeitskampf.

2) Außertarifliche Koalitionsvereinbarungen zwischen nichttariffähigen Parteien

Tarifverträge sind Vereinbarungen, die zwischen tariffähigen Parteien geschlossen werden. Fehlt es an dieser Voraussetzung, so kann es sich bei einer Vereinbarung nicht um einen Tarifvertrag handeln.

Von daher ist die rechtliche Einordnung als sonstige schuldrechtliche Vereinbarung immer dann unproblematisch, wenn an Stelle von tariffähigen Koalitionen andere Vereinigungen Vereinbarungen treffen. Da solchen nichttariffähigen Koalitionen nicht die Möglichkeit zum Abschluß eines Tarifvertrages eröffnet ist, verbleiben ihnen nur anderweitige Vereinbarungsformen zur Regelung der Arbeits- und Wirtschaftsbedingungen[10].

Eine Vereinbarung kann selbst dann nicht als Tarifvertrag gewertet werden, wenn zwar zwei tariffähige Vertragspartner an ihr beteiligt waren, aber daneben als weiterer Vertragspartner eine nichttariffähige Partei in die Vereinbarung einbezogen wird[11]. Von daher kann es sich etwa bei Vereinbarungen, bei denen neben den Tarifparteien z.B. der Betriebsrat am Abschluß der Vereinbarung beteiligt war, nicht um Tarifverträge handeln.

3) Mündlich geschlossene Vereinbarungen der Tarifvertragsparteien

Verträge, die von den Tarifvertragsparteien bewußt nicht schriftlich abgeschlossen werden, sind keine Tarifverträge, auch wenn sie sich inhaltlich im Bereich der Arbeits- und Wirtschaftsbedingungen bewegen. Nach der im ersten Teil auf-

---

8 BAG, Urteil v. 5.3. 1985 - 1 AZR 468/83, AP Nr. 85 zu Art. 9 GG Arbeitskampf II 3, Bl. 4; BAG, Urteil v. 7.6.1988 - 1 AZR 372/86, AP Nr. 106 zu Art. 9 GG Arbeitskampf, Bl. 3 R; Seiter, Streikrecht, S. 485 f.; Loritz in: Zöllner/Loritz, Arbeitsrecht, S. 451 f.; MünchArbR/Löwisch, § 239 Rn. 127.

9 Schumann in: Däubler, Arbeitskampfrecht, Rn. 147, der in der Verfolgung tariflich regelbarer Ziele keine zwingende Voraussetzung für einen Arbeitskampf sieht; siehe auch Scholz in: Maunz/Dürig, Komm. z. GG, Art. 9 Rn. 316, der die durch Art. 9 Abs. 3 GG gewährleistete Arbeitskampffreiheit weiter faßt als den Rahmen der tarifvertragsrechtlichen Regelungsgegenstände.

10 Gamillscheg, Kollektives Arbeitsrecht, S. 509; MünchArbR/Löwisch, § 239 Rn. 122 ff., § 273 Rn. 2; Däubler, TVG, H Rn. 870.

11 Vgl. Zachert, Festschrift Hanau, S. 137, 141.

gestellten Definition ist der schriftliche Vertragsschluß nicht allein Wirksamkeitsvoraussetzung, sondern Wesensmerkmal des Tarifvertrages.

Allein deshalb kann die von Buchner als Beispiel angeführte fernmündliche Zusage eines der Verhandlungspartner, einen Verhandlungsraum sowie einen Protokollführer für Tarifvertragsverhandlungen zur Verfügung zu stellen, nicht als Tarifvertrag qualifiziert werden[12]. Zudem ist auch fraglich, ob den Tarifvertragsparteien bei einer solcher Absprache der für einen Vertrag nötige Rechtsbindungswille unterstellt werden kann.

Gleichwohl sind auch mündlich geschlossene Verträge der Tarifvertragsparteien zulässig und wirksam[13].

4) Rechtlich unverbindliche Übereinkünfte der Tarifvertragsparteien

Ein Tarifvertrag liegt auch dann nicht vor, wenn die Tarifvertragsparteien eine rechtlich unverbindliche Übereinkunft treffen. In einem solchen Fall fehlt schon der für einen Vertrag notwendige Rechtsbindungswille.

5) Außertarifliche Sozialpartner-Vereinbarungen im Bereich der Arbeits- und Wirtschaftsbedingungen

Dennoch werden auch zwischen tariffähigen Koalitionen Vereinbarungen getroffen, die die Schriftform wahren, die sich inhaltlich im Bereich der Arbeits- und Wirtschaftsbedingungen bewegen und mit denen Rechte und Pflichten der Vertragsschließenden begründet werden sollen, die aber dennoch nicht als Tarifverträge bezeichnet werden.

Aufgrund der objektiv erfüllten Voraussetzungen für einen Tarifvertrag erscheint eine Zuordnung derartiger Übereinkünfte in den Bereich außertariflicher Vereinbarungen als problematisch und fragwürdig.

In diesem Bereich ist streitig, wie die exakte Grenzziehung zwischen dem tariflichen und dem außertariflichen Bereich zu erfolgen hat. Diese wird ganz

---

12 Vgl. Buchner unter Berufung auf A. Hueck in der Vorauflage der Blattreihe in: AR-Blattei [D] Tarifvertrag V, A.II.1.b) und d).

13 Wiedemann, TVG, § 1 Rn. 18; Zachert in: Kempen/Zachert, TVG, § 1 Rn. 366; Gamillscheg, Kollektives Arbeitsrecht, S. 509; Däubler, Tarifvertragsrecht, Rn. 1616; derselbe, TVG, H Rn. 876; Säcker/Oetker, S. 166 f.; MünchArbR/Löwisch, § 273 Rn. 7.

unterschiedlich vorgenommen, zum Teil nur anhand von objektiven Abgrenzungskriterien, zum Teil aber auch unter Berücksichtigung des Willens der Beteiligten.

a) Der Wille der Vertragsschließenden

So ist es bei diesen Vereinbarungen häufig der erklärte Wille der vertragsschließenden Koalitionen, daß diese Vereinbarungen gerade keine Tarifverträge sein sollen, was von ihnen auch deutlich in der gewählten Bezeichnung, etwa als "außertarifliche Sozialpartner-Vereinbarungen" zum Ausdruck gebracht wird. Andere gebräuchliche Namen für derartige Vereinbarungen sind "Koalitionsvertrag", einfach nur "Sozialpartner-Vereinbarung" oder auch "soft agreement"[14].

Fraglich ist, welche Rolle der erklärte Wille der Tarifparteien bei der Abgrenzung von Tarifverträgen und außertariflichen Vereinbarungen spielt. Kann der entgegenstehende Wille der Tarifparteien eine ansonsten aufgrund des Sachverhalts gebotene Einordnung als tarifliche Vereinbarung hindern?

Grundsätzlich spielt der Wille der Tarifvertragsparteien in Form des Rechtsbindungswillens eine Rolle. Die Qualifizierung eines Abkommens als Tarifvertrag kommt nur dann in Betracht, wenn auch tatsächlich ein auf dieser Basis geschlossener Vertrag vorliegt.

Der erklärte Wille der Vertragsschließenden, keinen Tarifvertrag zu schließen, wäre in diesem Sinne erheblich, wenn sich daraus ergibt, daß es den Tarifvertragsparteien am nötigen Rechtsbindungswillen für einen Vertrag mangelte und die Übereinkunft von daher als rechtlich unverbindliches Abkommen verstanden werden muß.

Darüber hinaus bestimmen die Vertragsschließenden mit ihrem Willen den Inhalt ihrer Vereinbarungen und dadurch die sich aus der Vereinbarung ergebenden Rechtsfolgen sowie die gebotene rechtliche Qualifizierung. Insofern ist der Wille der Vertragsschließenden auch bei der Bestimmung des Inhalts einer Vereinbarung und der daraus resultierenden rechtlichen Einordnung beachtlich. Diesen Willen der Vertragsparteien gilt es auch im Wege der Auslegung zu erforschen, wenn sich der Wille im Vertragstext nicht eindeutig niedergeschlagen hat und Zweifel darüber bestehen, was die Vertragsparteien mit ihrer Vereinbarung regeln wollten.

---

14 Vgl. BAG, Urteil v. 5.11.1997 - 4 AZR 872/95, BAGE 87, 45, 57 f. = BAG NZA 1998, 654, 657; Zachert in: Kempen/Zachert, TVG, § 1 Rn. 366; Zachert, Festschrift Hanau, S. 137, 138; Däubler, Tarifvertragsrecht, Rn. 1630; Gamillscheg, Kollektives Arbeitsrecht, S. 510; Löwisch in: Löwisch/Rieble, TVG, Grundlagen Rn. 85 ff.

Der gegen einen Tarifvertrag gerichtete Wille könnte somit darauf hindeuten, daß die Tarifparteien in ihrer Vereinbarung auch tatsächlich von einem Tarifvertrag abweichende Regelungen getroffen haben und die einzelne außertarifliche Vereinbarung mithin nicht alle Voraussetzungen eines Tarifvertrages erfüllt. Sie müßten insofern in der außertariflichen Vereinbarung etwas vereinbart haben, was sich inhaltlich vom Inhalt eines Tarifvertrages abhebt, und deshalb andere Rechtsfolgen als bei einem Tarifvertrag begründet. Worin bestehen jedoch diese Unterschiede zu einem Tarifvertrag? Welches sind die inhaltlichen Nuancen, die die Tarifparteien in ihrer außertariflichen Vereinbarung anders als in einem Tarifvertrag regeln wollten?

Wie wäre der Wille der Tarifvertragsparteien zu beurteilen, wenn sich in bestimmten Fällen herausstellen sollte, daß die objektiven Voraussetzungen von sogenannten "außertariflichen" Vereinbarungen und Tarifverträgen identisch sind und insoweit nach der im ersten Teil aufgestellten Definition objektiv kein Unterschied zwischen diesen beiden Vereinbarungsformen feststellbar ist? Welche Bedeutung hat der Wille der Tarifparteien bei einer Vereinbarung, die nach Inhalt und Form alle Voraussetzungen und erhöhten Anforderungen eines Tarifvertrages zu erfüllen scheint, die die Koalitionen aber dennoch nicht als Tarifvertrag gewertet wissen wollen?

Fraglich ist, ob die Tarifparteien bei gleichen Voraussetzungen die Wahlfreiheit zwischen den Vertragsformen Tarifvertrag und außertarifliche Vereinbarung haben. Liegt es in ihrer Hand, die Anwendung des TVG auf ihre Verträge abzulehnen? Dann müßte das Tarifvertragsrecht insoweit dispositiv sein, so daß die Tarifvertragsparteien selbst entscheiden können, wann sie sich dem Anwendungsbereich dieses Gesetzes unterwerfen wollen. Bestünde für die Koalitionen die Wahl, ob sie statt dem vom Gesetzgeber geschaffenen und den Tarifvertragsparteien zur Verfügung gestellten TVG ihre Verträge außerhalb dieses Systems stellen wollen, so könnten sie dadurch die Rechtsfolgen bis hin zur sachlichen Zuständigkeit der Gerichte selbst bestimmen.

Der erklärte oder erkennbare Wille, einen Tarifvertrag zu schließen, wäre mithin ein weiteres subjektives Begriffsmerkmal eines Tarifvertrages, daß zusätzlich zu den im ersten Teil herausgearbeiteten Kriterien erfüllt sein müßte. Entsprechend müßte die im ersten Teil aufgestellte Definition ergänzt werden.

Für eine derartige Wahlmöglichkeit der Tarifparteien spricht, daß Art. 9 Abs. 3 GG auch andere Systeme zur Regelung der Arbeits- und Wirtschaftsbedingungen zulassen würde und nicht ausschließlich das Tarifvertragssystem schützt, so wie es durch das TVG seine Ausgestaltung gefunden hat[15].

---

[15] Vgl. BAGE 50, 290, 371.

Andererseits hat der Gesetzgeber seinen Verfassungsauftrag, die Betätigung der Koalitionen im Bereich der Arbeits- und Wirtschaftsbedingungen zu ermöglichen, durch das Schaffen eines konkreten Tarifvertragssystems erfüllt und darin bestimmte, verfassungskonforme Wertungen vorgenommen wie auch der Betätigung der Koalitionen bestimmte Grenzen gezogen[16]. Warum sollte es den Koalitionen freistehen, dieses System gänzlich auszuschlagen?

Statt dessen könnte es sein, daß die Tarifvertragsparteien zwar mit ihrem Willen die inhaltliche Gestaltung der Vereinbarung beeinflussen, daß dann aber die Bestimmung der Vertragsart und der daran anknüpfenden Rechtsfolgen objektiv zu erfolgen hat und ihrer Bewertung entzogen ist. Denn auch sonst bestimmen Vertragsparteien mit ihrem Willen nur was sie regeln wollen, nicht aber, wie sie es rechtlich zu bewerten ist[17]. So können die Vertragsparteien z.B. auch nicht inhaltlich einen Kaufvertrag vereinbaren, diesen jedoch ausdrücklich als Leasingvertrag gewertet wissen wollen. Die rechtliche Bewertung dessen, was die Vertragsparteien inhaltlich geregelt haben, ist normalerweise nicht in die Hände der Parteien gelegt.

Um diese Fragen beantworten zu können, sollen als Beispiel die in der Chemischen Industrie vorkommenden "Außertariflichen Sozialpartner-Vereinbarungen" zunächst dargestellt und anschließend ihre etwaigen Unterschiede zu Tarifverträgen näher untersucht werden.

b) "Außertarifliche Sozialpartner-Vereinbarungen" der Chemischen Industrie

Die Tarifparteien in der Chemischen Industrie verstehen sich seit etwa zwei Jahrzehnten weniger als soziale Gegenspieler, sondern als "Sozialpartner"[18]. Sozialpartnerschaft besteht dort, wo sich die Tarifvertragsparteien als Partner verstehen, die im Rahmen der Ausübung der Tarifautonomie gemeinsam nach wirtschaftlich und gesellschaftlich ausgewogenen, der jeweiligen Situation angepaßten Lösungen suchen[19].
Die stilprägenden Verhaltensweisen im gegenseitigen Umgang lassen sich in ihrer idealen Form wie folgt beschreiben:

---

16 Vgl. Säcker/Oetker, S. 166.

17 Plander, Festschrift Kehrmann, S. 295, 303; derselbe, Flucht aus dem Normalarbeitsverhältnis, S. 115 ff.; derselbe, Gutachten, B 3), S. 7 f.

18 Goos, Festschrift Arbeitsgerichtsbarkeit Rheinland-Pfalz, S. 85, 87; Weinspach, Festschrift Schlemmer, S. 117, 125; vgl. zur Entwicklung und den Hintergründen: Molitor, Festschrift Schlemmer, S. 103, 106 ff.

19 Schlemmer, Festschrift Karl Molitor, S. 309, 311.

Der Arbeitgeberverband und die Gewerkschaften respektieren sich als gleichberechtigte Partner. Das beschränkt sich nicht darauf, die Existenzberechtigung des Partners als volkswirtschaftlichen Ordnungsfaktor anzuerkennen. Vielmehr steht in den Verhandlungen um die Gestaltung der Arbeits- und Wirtschaftsbedingungen das ehrliche Bemühen der Partner im Vordergrund, auf friedlichem Wege zu einem fairen Interessenausgleich zu gelangen und dabei den Arbeitskampf als "ultima ratio" zu begreifen. Lösungen lassen sich auf diesem Wege nur erzielen, wenn einerseits keine Forderungen gestellt werden, die objektiv von dem Verhandlungspartner nicht zu erfüllen sind. Andererseits sollte keine Seite der anderen vorenthalten, was aus sachlichen Gründen zugestanden werden kann. Auf dieser Basis findet sich ein Kompromiß zwischen den Erfordernissen einer marktwirtschaftlichen Unternehmensführung und dem Wunsch der Arbeitnehmer nach Teilhabe am ökonomischen und sozialen Fortschritt[20].

Zu dieser Form der Sozialpartnerschaft bekennen sich auf Seiten der Gewerkschaften sowohl die aus dem Zusammenschluß der Gewerkschaften IG Chemie-Papier-Keramik und der IG Bergbau-Chemie entstandene IG Bergbau, Chemie, Energie, die auch der wichtigste Tarifpartner der Arbeitgeberseite ist[21], als auch die Deutsche Angestellten Gewerkschaft (DAG)[22]. Auch der ebenfalls im Bereich der Chemischen Industrie aktive VAA, der Verband angestellter Akademiker und leitender Angestellter der Chemischen Industrie, hat ein entsprechendes Bekenntnis abgelegt[23]. Auf der Arbeitgeberseite steht der Bundesarbeitgeberverband Chemie e.V. (BAVC) zu den Grundsätzen der Sozialpartnerschaft.

Die Chemie-Sozialpartner haben im Rahmen dieser Sozialpartnerschaft zahlreiche "außertarifliche Sozialpartner-Vereinbarungen" geschlossen, die teils die Sozialpartner verpflichtenden Charakter haben, teils Empfehlungen an die Unternehmen aussprechen[24].

---

20 Vgl. die Charakterisierung der Sozialpartnerschaft in der Schweiz bei Eisold, S. 269.

21 Vgl. Molitor, Festschrift Schlemmer, S. 103, 106.

22 Vgl. Molitor, Festschrift Schlemmer, S. 103, 110; Schlemmer, Festschrift Karl Molitor, S. 309, 330.

23 Vgl. Molitor, Festschrift Schlemmer, S. 103, 110; siehe auch homepage des VAA: http://www.vaa.de .

24 Alle bis 1997 entstandenen Sozialpartner-Vereinbarungen sind abgedruckt in: BAVC (Hrsg.), Außertarifliche Sozialpartner-Vereinbarungen, (Stand: Dezember 1997).

aa) Vertrauensleute

aaa) Vereinbarung aus dem Jahr 1983

Die älteste Sozialpartner-Vereinbarung stammt aus dem Jahr 1983. Gegenstand der Vereinbarung sind Grundsätze über Vertrauensleute. Die Vereinbarung über "Vertrauensleute" wurde erstmalig am 25. Januar 1983 zwischen dem BAVC und der IG Chemie-Papier-Keramik geschlossen. Diese Vereinbarung gilt als die erste "außertarifliche Sozialpartner-Vereinbarung"[25], obwohl zum Zeitpunkt ihrer Entstehung diese Bezeichnung noch nicht von den Sozialpartnern geschaffen worden war. Erst später wurde diese Vereinbarung zusammen mit anderen unter diesem Oberbegriff zusammengefaßt[26].

Auf der einen Seite soll die Vereinbarung in Betrieben mit über 700 Beschäftigten die Wahl gewerkschaftlicher Vertrauensleute in den Betrieben sicherstellen. Der BAVC hat sich verpflichtet, den Betrieben in seinem Mitgliedsbereich die Wahl solcher gewerkschaftlicher Vertrauensleute außerhalb der Arbeitszeit zu empfehlen[27].

Im Gegenzug verpflichtet sich die Gewerkschaft, daß die organisatorischen Einzelheiten der Wahl zwischen den die Wahl organisierenden Gewerkschaftsmitgliedern und dem Arbeitgeber jeweils so rechtzeitig abgestimmt werden, daß betriebsorganisatorische Schwierigkeiten irgendwelcher Art vermieden werden[28].

In Ziffer 6 der Vereinbarung wird klargestellt, daß die gewerkschaftlichen Vertrauensleute ausschließlich gewerkschaftliche und keine betriebliche Funktion ausüben.

Dem Schutz dieser gewerkschaftlichen Vertrauensleute dient die übereinstimmende Bekundung, daß gewerkschaftlichen Vertrauensleuten aus dieser Eigenschaft und ihren Tätigkeiten keine Nachteile erwachsen dürfen und daß ihre Pflichten aus dem Arbeitsverhältnis hiervon unberührt bleiben[29].

Auf der anderen Seite gewährleistet die Vereinbarung aber neben den gewerkschaftlichen Vertrauensleuten auch die Stellung von "betrieblichen Vertrauensleuten".

---

25 Vgl. Molitor, Festschrift Schlemmer, S. 103, 113.

26 Debler führt erst die 1987 geschlossene Vereinbarung über den Chemie-Berufsbildungsrat als den Beginn der Sozialpartner-Vereinbarungen an, NZA 1997, 529, 530.

27 Vgl. Ziffer 2 der Vereinbarung vom 25. Januar 1983.

28 Vgl. Ziffer 5 der Vereinbarung vom 25. Januar 1983.

29 Vgl. Ziffer 7 der Vereinbarung vom 25. Januar 1983.

Hierzu hat sich die Gewerkschaft verpflichtet, Regelungen über die betrieblichen Vertrauensleute nicht in Frage zu stellen[30].

Die Position der Arbeitgeberverbände zu dieser Vereinbarung wird von Eich, dem Geschäftsführer des Arbeitgeberverbandes Chemie und verwandte Industrien für das Land Hessen e.V., dahingehend formuliert, daß es nicht Aufgabe der Arbeitgeber sei, die IG Chemie stark zu machen, aber Aufgabe der Arbeitgeber, die IG Chemie nicht daran zu hindern, stark zu werden, denn nur starke Sozialpartner seien selbstbewußt genug, unkonventionelle Wege zu gehen[31].

bbb) Neue Vereinbarungen über Vertrauensleute aus dem Jahr 1998

Am 19. Januar 1998 wurde eine neue Vertrauensleute-Vereinbarung geschlossen. Vertragsparteien bei dieser Vereinbarung sind nunmehr der BAVC und die IG BCE.

Abgesehen von zwei inhaltlichen Änderungen wurde der Text der ersten Vertrauensleute-Vereinbarung aus dem Jahr 1983 beibehalten. So wurde in Ziffer 2 die Größe der Betriebe, denen der BAVC die Wahl von gewerkschaftlichen Vertrauensleuten empfehlen will, von einer Zahl von 700 Beschäftigten auf 500 Beschäftigte abgesenkt. In Ziffer 6 wurde hinzugefügt, daß unabhängig von der rein gewerkschaftlichen und nicht betrieblichen Funktion der gewerkschaftlichen Vertrauensleute Vertreter des Unternehmens bei Bedarf die Vertrauensleute über die wirtschaftliche Situation des Unternehmens unterrichten können.

bb) Chemie-Berufsbildungsrat 1987

Am 13. April 1987 haben die Koalitionen eine Vereinbarung über einen Chemie-Berufsbildungsrat geschlossen[32]. Vereinbart wurde die Einsetzung eines paritätisch besetzten, mit alternierenden Vorsitz ausgestatteten Chemie-Berufsbildungsrats, dem insgesamt 16 Personen angehören.

Dabei wurden folgende Aufgaben dieses Rates festgelegt:

- Die Behandlung und Erörterung bildungspolitischer Themen, soweit sie für die Aus- und Weiterbildung in der Chemischen Industrie von Interesse sind.

---

[30] Vgl. Ziffer 4 der Vereinbarung vom 25. Januar 1983.
[31] Eich, NZA 1995, 149, 154.
[32] Auch abgedruckt in NZA 1987, 483 f.

- Die Erarbeitung bildungspolitischer Zielvorstellungen, Meinungsbildung und gegebenenfalls Stellungnahmen zu aktuellen bildungspolitischen Entwicklungen.
- Die Erarbeitung von Empfehlungen zur Förderung der Berufsbildung der Chemischen Industrie.
- Der Informations- und Erfahrungsaustausch über Angelegenheiten der Aus- und Weiterbildung.
- Die Beratung und Beschlußfassung zur Neu- und Weiterentwicklung von Ausbildungs- und Fortbildungsverordnungen.

Beschlüsse des Rates bedürfen der Zweidrittelmehrheit. Er tagt regelmäßig und hat eine Geschäftsführung, der insbesondere die Einladungen des Rates und die Vorbereitung der Tagesordnung obliegen.

In den folgenden Jahren wurden vom Berufsbildungsrat Erklärungen und Empfehlungen zu folgenden Themen verabschiedet: Zur Förderung von Behinderten, zur zeitgemäßen Ausbildung von Industriekaufleuten, zu den Berufsschulen im dualen System und zur betrieblichen Weiterbildung. Ferner hat der Berufsbildungsrat Musterpläne für die betriebliche Ausbildung von und zu neuen Chemie-Betriebswerkern und Chemie-Laborwerkern entworfen.

Unter der Regie des Berufsbildungsrates wurden auch Wettbewerbe unter Ausbildern der Chemischen Industrie mit folgendem Themenschwerpunkten durchgeführt:

- Arbeitssicherheit in der Ausbildung
- Neue Techniken in der Ausbildung
- Frauenförderung in Aus- und Weiterbildung
- Förderung von Jugendlichen mit Lernproblemen
- Umweltschutz in der Ausbildung
- Vermittlung des Qualitätsgedankens in der Ausbildung
- Förderung von Handlungskompetenzen in der Ausbildung

Über das Abhalten derartiger Wettbewerbe sowie deren Finanzierung hatten sich die Chemie-Sozialpartner zuvor verständigt.

cc) Umweltschutzübereinkunft

aaa) Die Rahmenvereinbarung 1987

Die 1987 zustande gekommene Umweltschutzübereinkunft, an der neben den beiden Chemie-Sozialpartnern auch der Wirtschaftsverband, nämlich der Verband der Chemischen Industrie (VCI) beteiligt ist, enthält die Bestätigung einer Reihe von gemeinsamen Positionen zu einer breiten Bandbreite von Umweltschutzthemen.

Hintergrund für den Abschluß einer solchen Umweltschutzübereinkunft war die Chemiekatastrophe von Sandoz in Basel, durch die die Produktionsstandorte der Chemischen Industrie unter den Druck der Öffentlichkeit gerieten[33].

Neben der Festlegung gemeinsamer Grundsätze zum Umweltschutz vereinbarten die Sozialpartner auch, daß beide Seiten dafür eintreten, den Umweltschutz in den Unternehmen zum Gegenstand der Wirtschaftsausschußsitzungen oder ersatzweise zum Gegenstand der Arbeitsschutzausschußsitzungen zu machen.

Ausdrücklich erwähnt wird in dieser Empfehlung die Erörterung der Umweltschutzvorsorge bei Einführung neuer Produktionslinien, von Fragen der Lagerung und des Transports gefährlicher Güter, der Jahresberichte der Betriebsbeauftragten für Gewässerschutz, Abfall und Immissionsschutz sowie der Fortbildungsarbeit auf dem Gebiet des Umweltschutzes.

Diese Übereinkunft hat dazu geführt, daß in zahlreichen Unternehmen Betriebsvereinbarungen zur Umsetzung der gemeinsamen Grundsätze zur Umweltpolitik abgeschlossen wurden[34].

Verabredet wurde auch, eine gemeinsame Einrichtung zur Information der Betriebsräte auf dem Gebiet des Umweltschutzes zu schaffen. Dadurch sollte sichergestellt werden, daß sich Betriebsräte in den Unternehmen, insbesondere in den Wirtschaftsausschüssen, an der Behandlung von Umweltfragen sachkundig beteiligen können. Es wurde vereinbart, daß die IG Chemie zusammen mit dem BAVC eine Gesellschaft mit dem Namen GIBUCI (Gesellschaft für Information von Betriebsräten über Umweltschutz in der Chemischen Industrie) bildet, die als Träger der Informationsveranstaltungen fungieren soll.

bbb) GIBUCI-Gesellschaftsvertrag 1987[35]

Die 1987 getroffene Verabredung, eine gemeinsame Einrichtung zur Information der Betriebsräte auf dem Gebiet des Umweltschutzes zu schaffen, hat im Dezember 1987 zu dem sogenannten GIBUCI-"Gesellschaftsvertrag" geführt.

---

33 Hermann, Erfahrungen eines Betriebsrates mit 10 Jahren GIBUCI - Anforderungen an die kommenden Jahre, S. 19, in: GIBUCI (Hrsg.), 10 Jahre erfolgreiche Sozialpartnerschaft im Umweltschutz; Schlemmer, Festschrift Karl Molitor, S. 309, 329.

34 Vgl. Eich, NZA 1995, 149, 154; Froschauer, S. 205.

35 Siehe zur Tätigkeit der GIBUCI : Schultze, DMitbest. 1989, 642, 646 f.; Teichert/Küppers, WSI Mitteilungen 1990, 755, 760 f.

Beide Sozialpartner haben eine BGB-Gesellschaft errichtet, die von beiden Gesellschaftern gemeinsam verwaltet wird. Deren Zweck ist die Vermittlung von Informationen über den Umweltschutz in der Chemischen Industrie an die Betriebsräte in der Chemischen Industrie unabhängig von der Organisationszugehörigkeit.

In diesem Rahmen werden gemeinsame Informationsveranstaltungen durchgeführt, die auf regionaler Ebene über zwei Tage abgehalten werden. Es werden dafür kostendeckende Gebühren erhoben, wobei diese die Unternehmen tragen, deren Betriebsräte daran teilgenommen haben. Soweit zusätzlich noch finanzielle Zuschüsse erforderlich sind, so sind diese von den beiden Gesellschaftern zu gleichen Teilen aufzubringen.

dd) Frauenförderung

aaa) Frauenförderung in der Chemischen Industrie 1989

Im Februar 1989 vereinbarten die Chemie-Sozialpartner BAVC und die IG Chemie-Papier-Keramik gemeinsame Grundpositionen zur Frauenförderung in der Chemischen Industrie, in der zehn Positionen und Hinweise an die Betriebsparteien zur Gestaltung der Frauenförderung enthalten sind. Diese sollen den Betriebsparteien als Rahmenrichtlinien dienen. Ihnen werden die Maßnahmen zur Frauenförderung aufgezeigt, die Notwendigkeit einer Überprüfung der innerbetrieblichen Möglichkeiten zur Umsetzung sowie das dazu notwendige Verfahren nahe gebracht[36].

Neben den gestalterischen Hinweisen enthielt diese Sozialpartner-Vereinbarung eine gemeinsame Absage an Quotenregelungen und Frauenbeauftragte. Die Diskussion zu diesen Punkten sollte nicht in die Betriebe hineingetragen werden[37]. Statt dessen sprach man sich für gemeinsame betriebliche Arbeitskreise zu diesem Thema aus.

Nach zehn Jahren des Bestehens der Sozialpartner-Vereinbarung haben die Chemie-Sozialpartner im Jahr 1999 ein Resümee gezogen und die Grundsatzpositionen zur Frauenförderung als Erfolg gewertet. In zahlreichen Unternehmen der Chemischen Industrie seien Betriebsvereinbarungen abgeschlossen und weitere Initiativen entwickelt worden, die sich der Herstellung und Sicherung von Chancengleichheit widmen, insbesondere der Vereinbarkeit von Familie und Beruf[38]. Insgesamt gelten mittlerweile für die Hälfte aller rund 600.000

---

36 Vgl. Debler, NZA 1997, 529, 530.

37 So Debler, NZA 1997, 529, 531.

38 BAVC/ IG BCE (Hrsg.), 10 Jahre Sozialpartnervereinbarung Chancengleichheit in der Chemischen Industrie, S. 5 ff.und S. 13; vgl. auch Debler, NZA 1997, S. 529, 530 f.

Beschäftigten im Organisationsbereich der Chemie-Sozialpartner Betriebsvereinbarungen mit frauenfördernden Regelungen, die auf den 1989 getroffenen Grundsatzpositionen basieren. Schwerpunkte dieser Regelungen sind neben den Maßnahmen zur Vereinbarkeit von Familie und Beruf Angebote zur Teilzeit, Qualifizierungsmaßnahmen während und nach einem Erziehungsurlaub, Kontaktmöglichkeiten zum Betrieb, sowie eine Vielzahl von Regelungen zur flexiblen Gestaltung der Arbeitszeit und Engagement im Bereich der Kinderbetreuung[39].

bbb) Chancengleichheit für weibliche Fach- und Führungskräfte in der Chemischen Industrie 1992

Im Januar 1992 schloß der BAVC mit dem Verband angestellter Akademiker und leitender Angestellter (VAA) eine entsprechende Vereinbarung unter der Überschrift "Chancengleichheit für weibliche Fach- und Führungskräfte in der Chemischen Industrie". Diese aus 9 Thesen bestehende Rahmenrichtlinie hat, auf den speziellen Personenkreis zugeschnitten, sinngemäß denselben Inhalt wie die Vereinbarung zur "Frauenförderung in der Chemischen Industrie" aus dem Jahr 1989. Lediglich das Thema der Berufsausbildung wird in der Übereinkunft aus dem Jahr 1992 nicht mehr aufgegriffen.

ee) Auslegungsgrundsätze zum Begriff des Leitenden Angestellten 1989

Im April 1989 wurden in einer Sozialpartner-Vereinbarung gemeinsame Grundsätze für die Abgrenzung der leitenden Angestellten in der Chemischen Industrie niedergelegt[40].

Partner dieser Vereinbarung waren der Arbeitgeberverband Chemie, und auf Arbeitnehmerseite alle im Bereich der Chemischen Industrie miteinander konkurrierenden Arbeitnehmerorganisationen: Die IG Chemie, der Verband angestellter Akademiker und leitender Angestellter der Chemischen Industrie (VAA) und nachfolgend die Deutsche Angestelltengewerkschaft (DAG)[41].

Diese Abgrenzung war insofern erheblich, als in der Chemischen Industrie ein hoher Anteil hochqualifizierter Naturwissenschaftler tätig ist.

Hintergrund dieser Vereinbarung war dabei, daß am 1.1.1989 mit Inkrafttreten des SprAuG gesetzlich Sprecherausschüsse eingeführt wurden, während es zuvor nur schuldrechtliche Vereinbarungen über Sprecherausschüsse gegeben

---

[39] BAVC (Hrsg.), Pressemitteilung vom 16. Oktober 1999; BAVC/ IG BCE (Hrsg.), 10 Jahre Sozialpartnervereinbarung Chancengleichheit in der Chemischen Industrie, S. 5.

[40] Auch abgedruckt in NZA 1989, 499 ff. und RdA 1989, 283 f.

[41] Vgl. Molitor, Festschrift Schlemmer, S. 103, 113; Weinspach, Festschrift Schlemmer, S. 117, 127.

hatte. Im Zusammenhang mit der Einführung gesetzlicher Sprecherausschüsse befürchtete man eine große Zahl von Statusverfahren nach § 5 Abs. 3 BetrVG und durch diese Statusverfahren eine Belastung des Verhältnisses zwischen den Betriebsräten und den neu gewählten gesetzlichen Sprecherausschüssen[42].

Nach Darstellung des Arbeitgeberverbandes hatte diese Vereinbarung erhebliche Auswirkungen und konnte tatsächlich Streitigkeiten über die Abgrenzung im Zusammenhang mit den Betriebsrats- und Sprecherausschußwahlen im Frühjahr 1990 in den Chemiebetrieben verhindern[43].

ff) Vereinbarung zur gesamtdeutschen Entwicklung 1990

Im März 1990 schlossen die Chemie-Sozialpartner eine Vier-Punkte-Vereinbarung zur gesamtdeutschen Entwicklung, in der sie sich über gemeinsame Verfahrensgrundsätze verständigten. Diese Übereinkunft sieht gegenseitige Information, gegenseitige Veranstaltungshilfe und das gegenseitige Vorleben der "Chemie-Sozialpartnerschaft" in den neuen Bundesländern vor. Ferner vereinbarten die Sozialpartner kurzfristig einzuberufende, paritätisch besetzte ad-hoc-Arbeitskreise zum Thema "DDR Fragen", um mit der Entwicklung in der DDR zusammenhängende Probleme und gemeinsam interessierende Fragen zu besprechen.

gg) Betriebsratskontakte auf europäischer Ebene 1990

Im August 1990 kam es zu einer Sozialpartner-Vereinbarung, in der die Chemie-Sozialpartner gemeinsame Hinweise zu Betriebsratskontakten auf europäischer Ebene gaben[44].

Die Sozialpartner hatten diese Materie 1989 aufgegriffen und zum Gegenstand von Beratungen gemacht. Sie betrachteten die Frage, wie sich die Arbeitnehmer und Arbeitgeber in der Chemischen Industrie auf den europäischen Einigungsprozeß vorbereiten und einstellen können, als Teil der eigenverantwortlich im Rahmen der Tarifautonomie zu regelnden Aufgaben[45]. Im Mittelpunkt der Überlegungen stand dabei ein grenzüberschreitendes Informations- und Dialoggremium, das den Meinungsaustausch über grenzüberschreitende

---

42 Vgl. Eich, NZA 1995, 149, 154; Weinspach, Festschrift Schlemmer, S. 117, 125.

43 So Molitor, Festschrift Schlemmer, S. 103, 113; derselbe in: BAVC/ IG Chemie-Papier-Keramik (Hrsg.), Sozialpartner-Forum -Arbeitsplatz Chemie-, S. 109, 110; so auch Weinspach, Festschrift Schlemmer, S. 117, 127.

44 Ebenfalls abgedruckt bei Goos, Fetstschrift Arbeitsgerichtsbarkeit Rheinland-Pfalz, S. 85, 92 ff.

45 Goos, Festschrift Arbeitsgerichtsbarkeit Rheinland-Pfalz, S. 85, 87 f.

Vorgänge fördern sollte. Dieses sollte jedoch nicht wie die Betriebsräte nach deutschem Recht mit Mitbestimmungsrechten ausgestattet werden[46].

In der aus den Beratungen zwischen den Chemie-Sozialpartnern hervorgegangenen Sozialpartner-Vereinbarung wird klargestellt, daß die grundsätzliche Entscheidung zur Kontaktaufnahme zwischen Betriebsräten und vergleichbaren Arbeitnehmervertretungen von Tochtergesellschaften in anderen europäischen Ländern bei den einzelnen Unternehmen liegt. Die gemeinsamen Hinweise sollen als Hilfe zur Organisation solcher Kontakte unter Einbeziehung der Unternehmensleitungen und auch als Regularien dienen, wenn die Entscheidung für eine solche Kontaktaufnahme getroffen wurde[47]. Dabei gehen die Sozialpartner davon aus, daß solche Kontakte der gegenseitigen Information und nicht Verhandlungen oder etwaigen Verhandlungen dienen.

Es ist darauf hinzuweisen, daß diese Sozialpartner-Vereinbarung der Chemie-Sozialpartner deutlich vor der "Richtlinie über die Einsetzung eines Europäischen Betriebsrats oder die Schaffung eines Verfahrens zur Unterrichtung und Anhörung der Arbeitnehmer in gemeinschaftsweit operierenden Unternehmen und Unternehmensgruppen vom 22. September 1994"[48] sowie dem am 1. November 1996 in Kraft getretenen deutschen Umsetzungsgesetz, dem Gesetz über Europäische Betriebsräte (EBRG)[49], zum Abschluß gebracht wurde[50]. Zum Zeitpunkt der Entstehung der Sozialpartner-Vereinbarung waren noch keine Einzelheiten der von der Europäischen Kommission geplanten Richtlinie bekannt. Erst im Dezember 1990 lag der erste Richtlinienentwurf vor[51].

Diese gemeinsamen Hinweise haben dazu geführt, daß die weitaus größte Zahl der europaweit operierenden Chemie-Unternehmen auf Unternehmens- bzw. Konzernebene Vereinbarungen über europäische Betriebsratskontakte getroffen haben und entsprechend diesen Vereinbarungen Gesprächskontakte durchführen[52]. Maßstäbe wurden dabei zunächst von der Bayer AG gesetzt, das als erstes

---

46 Vgl. Goos, Festschrift Arbeitsgerichtsbarkeit Rheinland-Pfalz, S. 85, 94 f.

47 Vgl. Zachert, Festschrift Hanau, S. 137, 139 f.

48 Richtlinie des Rates 94/45/EG vom 22. September 1994, ABl. EG 1994 Nr. L 254 vom 30.9.1994, S. 64 - 72; siehe auch Wirmer, DB 1994, 2134 ff.

49 BGBl. I vom 31.10.1996, S. 1548 - 1557; s. auch Müller, EBRG, Einleitung Rn. 1-13.

50 Molitor in: BAVC/ IG Chemie-Papier-Keramik (Hrsg.), Sozalpartner-Forum -Arbeitsplatz Chemie-, S. 109. 110.

51 Vgl. zur Darstellung der Entstehungsgeschichte der Sozialpartner-Vereinbarung: Goos, Festschrift Arbeitsgerichtsbarkeit Rheinland-Pfalz, S. 85, 88; zur Genese des Richtlinien-Vorschlags: Lerche, Der Europäische Betriebsrat, S. 87 ff..

52 Eich, NZA 1995, 149, 154; Molitor, in: BAVC/ IG Chemie-Papier-Keramik, Sozialpartner-Forum -Arbeitsplatz Chemie-, S. 109, 110.

deutsches Chemie-Unternehmen im Juni 1990 die Hinweise der Sozialpartner-Vereinbarung aufgriff und in einer freiwilligen Regelung über eine länderübergreifende Unterrichtung und Anhörung ihrer Arbeitnehmer umsetzte. Über 80 % der zur Bildung eines Europäischen Betriebsrates verpflichteten deutschen Chemie-Unternehmen konnten noch vor Inkrafttreten der "Europäische Betriebsräte-Richtlinie" eine ähnliche Regelung vorweisen, d.h. daß bereits über 30 freiwillige Vereinbarungen bestanden[53], wobei sich eine große Übereinstimmung bei den Regelungsstandards herausgebildet hat[54].

Ein Vorteil dieser Vorgehensweise war unter anderem, daß der europäische Gesetzgeber in Art. 13 der Richtlinie bis zur Umsetzung der Richtlinie in nationales Recht eine Schutzfrist für die bis zum 22.9.1996 vereinbarten freiwilligen Regelungen festgelegt hat. Den bereits bei Erlaß der Richtlinie in einigen Unternehmen existierenden freiwilligen Regelungen wurde Vorrang und Bestandsschutz gegenüber den gesetzlich vorgesehenen Alternativen eingeräumt[55].

Die Vorzüge einer eigenverantwortlich ausgehandelten Regelung liegen in der inhaltlichen Gestaltungsfreiheit sowie einer vereinfachten Verhandlungsprozedur. Auch ließen sich mit solchen freiwilligen Regelungen frühzeitig, noch vor Inkrafttreten der Richtlinie Erfahrungen mit diesem Kommunikationsforum sammeln, die man gegenüber anderen Unternehmen als Wettbewerbsvorteil bei der Umsetzung der eigenen grenzüberschreitenden strategischen Unternehmensziele einzusetzen versuchen konnte[56].

Als typische Themen der als "Europa-Forum", "Europa-Dialog" oder "Europäische Arbeitnehmervertretung" bezeichneten Gremien haben sich herausgebildet[57]:

- Unternehmensstrukturen,
- die wirtschaftliche und finanzielle Lage und Entwicklung des Konzerns und der Konzern-Unternehmen,
- die Investitionspolitik,
- die Beschäftigungssituation der Unternehmen,

---

53 Goos, Festschrift Arbeitsgerichtsbarkeit Rheinland-Pfalz, S. 85, 94; BAVC (Hrsg.), Pressemitteilung vom 19. März 1999, siehe auch http:// www.bavc.de .

54 Müller, EBRG, Einleitung Rn. 13; Goos, Festschrift Arbeitsgerichtsbarkeit Rheinland-Pfalz, S, 85, 99.

55 Vgl. Goos, Festschrift Arbeitsgerichtsbarkeit Rheinland-Pfalz, S. 85, 86; BAVC (Hrsg.), Pressemitteilung vom 19. März 1999.

56 Goos, Festschrift Arbeitsgerichtsbarkeit Rheinland-Pfalz, S. 85, 86 f.

57 Vgl. Goos, Festschrift Arbeitsgerichtsbarkeit Rheinland-Pfalz, S. 85, 96 f.

- wesentliche Änderungen in der Organisation und Einführung neuer Arbeitsverfahren oder Produktionsprozesse, die für den Konzern von Bedeutung sind,
- sonstige wesentliche, die Mitarbeiterinteressen berührende Themen, die Auswirkungen auf Unternehmen in wenigstens zwei Ländern haben.

Daneben ist es auch üblich, Überblicke über die Unterschiede in den einzelnen nationalen Systemen zu vermitteln.

Für die Weiterentwicklung des sozialen Dialogs auf transnationaler Unternehmensebene wollen die Chemie-Sozialpartner folgende Schwerpunkte setzen:

- Optimierung des Informationsflusses und der Kommunikationsstrukturen,
- Entwicklung von Europakompetenz durch Qualifizierungsmaßnahmen,
- Verfahrensregelungen bei außergewöhnlichen Vorgängen zwischen den turnusmäßigen Treffen der Euro-Betriebsräte[58].

hh) Stiftung zur Förderung und Weiterbildung in der Chemischen Industrie 1993

Im Januar 1993 wurde in einer "Rahmenvereinbarung" die Errichtung einer Stiftung zur Förderung der Weiterbildung vereinbart. Als deren Satzungszweck wurde darin die Förderung der berufsbezogenen Weiterbildung in der Chemischen Industrie festgelegt. Als die in der Satzung festzulegenden Aufgaben wird folgendes genannt: Die Analyse genereller Weiterbildungserfordernisse, die Entwicklung von Weiterbildungskonzepten und Programmen, die Erstellung von Unterrichtsmaterialien, die Veranstaltungsträgern zur Verfügung gestellt werden, die Vermittlung von Lehrkräften und Seminarleitern, die Entwicklung von planmäßigen beruflichen Fortbildungsmodellen, sowie die Beratung der Unternehmen und Betriebsräte, die Veröffentlichung von Publikationen und die Durchführung von Tagungen.

Die Aufgabenstellung der gemeinnützigen Stiftung umfaßt dabei alle Arbeitnehmergruppen.

Die Sozialpartner haben sich in der "Rahmenvereinbarung" auch verpflichtet, sich dafür einzusetzen, daß von den Ergebnissen der Stiftung praktischer Gebrauch gemacht wird.

Die Chemie-Sozialpartner und der VCI haben in der Sozialpartner-Vereinbarung "Übereinkunft zu Responsible Care" vom 5. November 1999 als einen

---

58 BAVC (Hrsg.), Pressemitteilung vom 19. März 1999.

ihrer Kernpunkte beschlossen, die Weiterbildungsstiftung zu beauftragen, unter Beteiligung von Experten aus den Unternehmen Schulungs- und Weiterbildungsprogramme zu Responsible Care, insbesondere für die kleinen und mittleren Unternehmen zu entwickeln.

Sie ist ebenfalls an der Initiative "Europakompetenz" beteiligt, die zum Ziel hat, den Gedanken der Sozialpartnerschaft auf europäische Ebene zu fördern sowie branchenspezifische Ansätze zur Entwicklung europäischer Schlüsselkompetenzen zu entwickeln und praktische Austauschprogramme für Facharbeiter anzubieten[59].

Hinsichtlich der Organisationsstruktur wurde vereinbart, daß der Vorstand als Organ der Stiftung paritätisch mit jeweils drei Vertretern beider Träger und mit alternierenden Vorsitzenden besetzt wird. Zudem hat die Stiftung eine hauptamtliche Geschäftsführung, ferner soll die Effizienz der Stiftungsarbeit zusätzlich durch einen Beirat, Arbeitskreise und Arbeitsgruppen sichergestellt werden.

Als Stiftungsvermögen verpflichteten sich die IG Chemie und der BAVC jeweils 4 Millionen DM einzubringen. Zukünftige Erträge der Stiftung sollten zur Erfüllung der Aufgaben verwandt werden.

ii) Empfehlungen zur Beschäftigungsförderung 1994

Zusätzlich zum Schlichtungsspruch vom 11. Januar 1994 sind als Teil des Chemietarifrunden-Gesamtergebnisses von den Tarifpartnern auf Bundesebene Empfehlungen zur Beschäftigungsförderung vereinbart worden.

Darin bekennen sich die Tarifparteien zu ihrer gemeinsamen Verantwortung für die Beschäftigungsförderung und Standortsicherung. Sie fordern die Betriebsparteien auf, bei Beschäftigungsproblemen die in der Vereinbarung aufgelisteten Möglichkeiten zur Beschäftigungsförderung im Rahmen ihrer Zuständigkeiten in ihre Entscheidungsprozesse prüfend einzubeziehen. Dabei wird auf die in den geltenden Tarifverträgen enthaltenen Regelungen zur Beschäftigungsförderung verwiesen. Als Maßnahmen und Instrumentarien zur Beschäftigungsförderung werden flexible Arbeitszeit, Arbeitszeitverkürzung, Freizeitausgleich, Kurzarbeit, Teilzeitarbeit, unbezahlte Freistellung von der Arbeit, berufliche Weiterbildung und diverse Möglichkeiten zur Übernahme von Auszubildenden aufgelistet. Zu diesen Möglichkeiten weisen die Sozialpartner auf die dazu vorhandenen Regelungen im Gesetz, Chemie-

---

[59] BAVC (Hrsg.), Pressemitteilung vom 2. Februar 1999.

Manteltarifvertrag und Teilzeittarifvertrag hin oder sprechen zumindest eine Empfehlung für deren Nutzung aus.

jj) Initiative zur Standortsicherung und Beschäftigung 1996

Diese Empfehlung enthält eine Information an die Betriebsparteien und die Aufforderung, die neuen tarifvertraglichen Möglichkeiten und Instrumente in konkrete Beschäftigungsmöglichkeiten vor dem jeweiligen betrieblichen Hintergrund umzusetzen. In allgemeiner Form werden Hinweise und Anregungen gegeben, wie das Tarifergebnis umgesetzt werden kann. Die Betriebsparteien werden auch auf ihre Pflicht hingewiesen, zur Erörterung der Umsetzungsmöglichkeiten Beratungen aufzunehmen, wenn eine Seite dies fordert.

kk) Gruppenarbeit 1996

In dieser Übereinkunft vom 8. Juli 1996[60] sprechen sich die Sozialpartner gemeinsam für den Nutzen von Gruppenarbeit aus. Die Chemische Industrie war damit der erste Industriebereich, in dem Hinweise zur Gruppenarbeit als moderner und zeitgemäßer Form der Arbeitsorganisation existierten[61]. Enthalten sind eine Definition des Begriffs "Gruppenarbeit" sowie praktische Hinweise zur Einführung arbeitsgruppenbezogener Arbeitsorganisationen. Enthalten sind ebenfalls Hinweise zur Gruppenorganisation, etwa der Wahl eines Gruppensprechers sowie die Aufforderung, entsprechend geeignete Qualifizierungsmaßnahmen für Vorgesetzte durchzuführen.

An der Aufstellung derartiger Hinweise zur Gruppenarbeit bestand allein schon deshalb Bedarf, da im Sommer 1995 jede siebte Firma in der Chemischen Industrie Gruppenarbeit plante oder schon praktizierte[62].

ll) Keine Drogen in der Arbeitswelt 1996

Diese Übereinkunft vom 25. Oktober 1996 enthält gemeinsame Hinweise des BAVC, der IG Chemie-Papier-Keramik und des VCI (Verband der Chemischen Industrie), die in Zusammenarbeit mit Werksärzten der Chemischen Industrie entstanden sind. Darin bringen die Beteiligten zum Ausdruck, wo nach ihrer Ansicht noch Handlungsbedarf zur Weiterentwicklung rechtlicher und sicherheitsrechtlicher Rahmenbedingungen bzw. vorhandener Betriebsvereinbarungen besteht, um dem Konsum illegaler Drogen entgegenzuwirken. Es wird auf die Gefahren illegaler Drogen hingewiesen und auf die Möglichkeit, die im Zusam-

---

60 Abgedruckt bei Schack, NZA 1996, 923, 925.

61 Schack, NZA 1996, 923.

62 Schack, NZA 1996, S. 923, 924.

menhang mit Alkoholmißbrauch gesammelten Erfahrungen zu nutzen und die Konzepte zu deren Bekämpfung weiterzuentwickeln.

Die Unternehmensleitungen, Betriebsräte und Beschäftigten werden zur Entwicklung und Umsetzung neuer betrieblicher Denkmodellen aufgefordert, die geeignet sind, den Schutz der betroffenen Mitarbeiter, deren Kollegen und der Allgemeinheit zu gewährleisten.

mm) Prävention arbeitsbedingter Gesundheitsgefahren 1997

Der BAVC, die IG Chemie-Papier-Keramik sowie die Berufsgenossenschaft der Chemischen Industrie (BG Chemie) haben im Juli 1997 ein gemeinsames Positionspapier zur Umsetzung des Arbeitsschutzgesetzes und des erweiterten Präventionsauftrages des SBG VII herausgegeben.

Mit diesem Papier wollen die Parteien im Hinblick auf den im Arbeitsschutzgesetz und im Unfallversicherungsrecht des SGB VII hervorgehobenen Präventionsauftrag einen Prozeß initiieren, um die gewachsenen Strukturen im Bereich der sicherheitsfachlichen und betriebsärztlichen Betreuung, der Berufsgenossenschaft, der gesetzlichen Krankenkassen und der Interessenvertretungen zu verknüpfen. Durch die Verbindung des vorhandenen Wissens aller an der Prävention Beteiligten versprechen sich diese bei der Umsetzung des Präventionsauftrags Synergieeffekte, mit denen das Niveau des Arbeitsschutzes in der Chemischen Industrie weiter verbessert und Kostenentlastungen realisiert werden können. Konkret werden in dem Papier Ansätze und Wege für die Umsetzung der neuen rechtlichen Regelungen im Arbeitsschutz aufgezeigt, sowie Hilfestellungen durch die BG Chemie und die Sozialpartner bei der Wahrnehmung der Präventionsaufgabe in Form von Informationen, Schulungen und Empfehlungen zur Durchführung von Gefährdungsbeurteilungen angeboten. Auch den überbetrieblichen Erfahrungsaustausch und die überbetriebliche Zusammenarbeit bei der Umsetzung des Präventionsauftrags wollen die an dem Positionspapier Beteiligten unterstützen.

nn) Gemeinsame Grundsätze für die Freistellung von Betriebsräten für Schulungs- und Bildungsveranstaltungen 1997

Am 8. Oktober 1997 schlossen der Bundesarbeitgeberverband Chemie e.V. und die Industriegewerkschaft Bergbau, Chemie, Energie eine ausdrücklich als "Sozialpartnervereinbarung" bezeichnete Übereinkunft, die sich der Freistellung von Betriebsräten für Schulungs- und Bildungsveranstaltungen i.S. des § 37 Abs. 6 und 7 BetrVG befaßt. Die Sozialpartner-Vereinbarung soll dabei der frühzeitigen Abstimmung zwischen den Organisationen, die

Vermeidung unnötiger rechtlicher Meinungsverschiedenheiten sowie eine flexible Vorgehensweise bei neuartigen Themenstellungen gewährleisten[63].

Unterschieden wird in der Sozialpartner-Vereinbarung zwischen Veranstaltungen, die ausschließlich von der Gewerkschaft bzw. freien Trägern angeboten werden, und solchen, die gemeinsam von den Sozialpartnern empfohlen bzw. gefördert werden. Zunächst wird darin klargestellt, daß der Anspruch von Betriebsräten für Schulungsveranstaltungen, die ausschließlich von der Gewerkschaft oder einem freien Träger angeboten werden, gemäß § 37 Abs. 6 und Abs. 7 BetrVG und der dazugehörigen Rechtsprechung zu beurteilen ist. Hervorgehoben wird auch, daß die entsprechende Beschlußfassung und Prüfung bei den Betriebsparteien liegt. In der Sozialpartner-Vereinbarung heißt es weiter, daß bei Unklarheiten auf Arbeitgeberseite zunächst die zuständigen Arbeitgeberverbände eingeschaltet werden. Die Entscheidung verbleibe aber bei den Unternehmen.

Weiterhin setzen sich die Sozialpartner im Hinblick auf die Effizienz und die Kosten der Qualifizierung für Betriebsratsmitglieder für die vorrangige Nutzung ihrer eigenen Bildungsangebote ein. Deutlich halten die Sozialpartner in dieser Vereinbarung auch fest, daß für diese Angebote, sofern die Erforderlichkeit im Betrieb gegeben ist, die Anmeldung im Auftrag des Arbeitgebers erfolgt und somit die Rechnungslegung an den Arbeitgeber vorzunehmen ist.

Die Sozialpartner haben auch vereinbart, daß sie gemeinsam selbst dann Veranstaltungen empfehlen und fördern können, wenn die gesetzlichen Voraussetzungen i.S. des § 37 Abs. 6 und 7 BetrVG nicht vorliegen. Dies gelte sowohl für Veranstaltungen, die im gemeinsamen Interesse liegen, als auch für Teilnehmer, die für zu übernehmende Aufgaben zu qualifizieren sind.

Untereinander verpflichten sich die Sozialpartner bei solchen gemeinsam empfohlenen oder geförderten Veranstaltungen zu frühzeitiger gegenseitiger Abstimmung und Übereinstimmung über das Vorliegen eines gemeinsamen Interesses an der Durchführung der Veranstaltung, sowie zur Beachtung des Grundsatzes der Verhältnismäßigkeit der Freistellungskosten.

Als Vorgänger zu dieser Sozialpartner-Vereinbarung aus dem Jahr 1997 existierten zu diesem Thema bereits gemeinsame Grundsätze, die im Jahr 1993 festgelegt worden waren und mit der neuen Vereinbarung der aktuellen Interessenlage beider Seiten angepaßt wurden. Die Veränderungen betreffen das gemeinsame Interesse an einer vorrangigen Nutzung von eigenen Bildungsangeboten

---

[63] Arbeitgeberverband der Chemischen Industrie Niedersachsen e.V. (Hrsg.), Sozialpolitisches Rundschreiben Nr. 20/97, S. 2.

der Sozialpartner. Damit erkennen die Gewerkschaften erstmals auch die Gleichwertigkeit von Schulungsangeboten der Arbeitgeberverbände für Betriebsräte an. Eine Änderung stellt auch die Vereinbarung über die Rechnungsstellung dar.

Nach der Rechtslage war die frühere Praxis für die Unternehmen nachteilig: Die Betriebsratsmitglieder bezahlten selbst die von den Veranstaltern in Rechnung gestellten Beträge für Unterbringung und Verpflegung. Den in den Rechnungen ausgewiesenen Mehrwertsteuerbetrag konnten sie gegenüber dem Finanzamt nicht geltend machen, da sie nicht vorsteuerabzugsberechtigt sind. Gemäß § 40 I BetrVG mußten die gesamten Kosten einschließlich der Mehrwertsteuer vom Arbeitgeber erstattet werden, was zur Folge hatte, daß die Mehrwertsteuer beim Fiskus verblieb. Nach der neuen Vereinbarung erbringt der Veranstalter die Schulungen für die Arbeitgeber und stellt diesen auch die Kosten in Rechnung, so daß die Unternehmen die Mehrwertsteuer im Wege des Vorsteuerabzugs geltend machen können[64].

oo) Transfer Sozialplan 1998

Die Chemie-Sozialpartner, der BAVC und die IG Chemie, haben sich am 29. Mai 1998 auf eine gemeinsame Erklärung zu den Grundzügen des Transfer-Sozialplankonzepts geeinigt, in der sie sich mit Anregungen an die Betriebsparteien richten[65].

Der Transfer-Sozialplan soll neue Handlungsmöglichkeiten im Zusammenhang mit Betriebsänderungen eröffnen. Der Transfer-Sozialplan setzt eine Einigung zwischen den Betriebsparteien voraus und tritt an die Stelle des klassischen Interessenausgleichs und Sozialplans. Es geht im wesentlichen darum, für die von Arbeitslosigkeit bedrohten Mitarbeiter durch ein vielfältiges System abgestufter Qualifizierungs- und Transferleistungen neue Beschäftigungschancen einschließlich der Existenzgründung innerhalb und außerhalb der Chemischen Industrie zu eröffnen. Dadurch soll eine Alternative zur Abfindungspraxis geschaffen werden, bei der die Sozialpartner nicht mehr genügend Gestaltungsmöglichkeiten sehen[66].

---

64 Vgl. Arbeitgeberverband der Chemischen Industrie Niedersachsen e.V. (Hrsg.), Sozialpolitisches Rundschreiben Nr. 20/97, S. 2.

65 Abgedruckt in: BAVC (Hrsg.), Transfer-Sozialplan; diese Übereinkunft zwischen den Chemie-Sozialpartnern wird in die nächste Ausgabe der vom BAVC herausgegebenen Broschüre "außertarifliche Sozialpartner-Vereinbarungen" aufgenommen.

66 Gemeinsame Erklärung von BAVC und IG BCE, Transfer-Sozialplan - Neues Denken und neue Wege zur gemeinsamen Gestaltung des Strukturwandels in der Chemischen Industrie, Absatz 4. und 5., abgedruckt in: BAVC (Hrsg.), Transfer-Sozialplan.

Die Chemie-Sozialpartner erklären ihre Bereitschaft, durch Beratung und geeignete Unterstützung bei Transfermaßnahmen, der Qualifikation und der Personalentwicklung ihren Beitrag zu dieser gemeinsamen Zukunftsaufgabe zu leisten[67].

pp) Sozialpartner-Vereinbarung zu "Responsible Care" 1999

Die jüngste Sozialpartner-Vereinbarung in der Chemischen Industrie ist die Übereinkunft zu "Responsible Care"[68]. Diese wurde am 5. November 1999 von der IG BCE dem BAVC, und auch dem Verband der Chemischen Industrie e.V. (VCI) geschlossen.
Diese Übereinkunft hat folgenden Hintergrund:

"Responsible Care - Verantwortliches Handeln im Chemiehandel" ist eine weltweite Initiative der Chemischen Industrie, die auf eine zukunftsverträgliche Entwicklung des Chemiehandels abzielt, wobei Handeln und Produkte der teilnehmenden Unternehmen auf Produktverantwortung, Anlagensicherheit, Arbeitsicherheit, Gesundheitsschutz und Umweltschutz ausgerichtet werden sollen.

Als Gegenleistung für ihre Anerkennung der "Responsible Care"-Initiative wurde den Chemie-Gewerkschaften auf der Konferenz der internationalen Arbeitsorganisation (ILO) in Genf im Februar 1999 in Aussicht gestellt, auf geeignetem Wege bei der Umsetzung von "Responsible Care" beteiligt zu werden. Ferner sollte der gewerkschaftlichen Forderung nach verstärkter Aus- und Weiterbildung der Mitarbeiter zum Thema "Responsible Care" entsprochen werden. Zur Umsetzung dieser Übereinkunft auf nationaler Ebene hat der BAVC den Abschluß einer Sozialpartner-Vereinbarung "Responsible Care" vorgeschlagen, deren Inhalt von Vertretern der IG BCE, des VCI und des BAVC entwickelt wurde.

Die Sozialpartner-Vereinbarung "Responsible Care" baut auf dem Umweltschutz-Abkommen aus dem Jahre 1987 auf und enthält in der Präambel die in Genf bestätigten Grundsätze mit einem gemeinsamen Bekenntnis zu "Responsible Care". Kernpunkt der Vereinbarung ist die Einrichtung eines gemeinsamen Informations-, Erfahrungsaustausch- und Diskussionsgremiums auf Spitzenebene. In dieses Gremium werden je drei Vertreter der Beteiligten entsandt. Es tritt zweimal im Jahr zusammen, um sich über die Umsetzung von "Responsible Care" zu informieren, Erfahrungen auszutauschen und eine strate-

---

67 Gemeinsame Erklärung von BAVC und IG BCE, Transfer-Sozialplan - Neues Denken und neue Wege zur gemeinsamen Gestaltung des Strukturwandels in der Chemischen Industrie, Absatz 9, abgedruckt in: BAVC (Hrsg.), Transfer Sozialplan.

68 Bislang noch nicht veröffentlicht.

gische Weiterentwicklung von "Responsible Care" zu diskutieren. Dabei soll unter anderem auch der Dialog mit Politik, Umwelt- und Verbraucherschutzverbänden sowie anderen interessierten Kreisen und der Öffentlichkeit erörtert werden[69]. Ferner wird die von den Sozialpartnern der Chemischen Industrie getragene Weiterbildungs-Stiftung beauftragt, insbesondere für kleine und mittlere Unternehmen Schulungs- und Weiterbildungsprogramme zu "Responsible Care" unter Beteiligung von Experten aus den Unternehmen zu entwickeln[70].

qq) Zukünftige Sozialpartner-Vereinbarungen

Die Chemie-Sozialpartner planen, gemeinsam eine Sozialpartner-Vereinbarung zum Thema "Telearbeit" zu entwickeln.

Während früher zentrales tarifliches Schwerpunktthema die wöchentliche Arbeitszeit war, so rückt nunmehr verstärkt die Frage nach veränderten Arbeitszeitstrukturen in den Vordergrund. Einen Gestaltungsspielraum eröffnet hier bereits der erstmalig 1987 geschlossene Teilzeittarifvertrag in der Chemischen Industrie[71].

Daneben wurde aber auch erkannt, daß die Telearbeit als neue Arbeitsform in Zukunft steigende Bedeutung für neue Beschäftigungsmöglichkeiten erlangen wird[72]. Es besteht insofern Bedarf an entsprechenden Konzepten, die den Betriebsparteien Hilfe bei der Einführung der Telearbeit bieten. Eine tarifvertragliche Regelung gibt es dazu in der Chemischen Industrie bislang aber nicht und soll durch eine Sozialpartner-Vereinbarung, die Lösungsmodelle anbietet, aber keine einheitlich verbindliche Regelung schaffen will, auch vermieden werden. Von Seiten des BAVC heißt es zu diesem Thema schon jetzt:

> "Die Einführung von Telearbeit kann zum einen den in Telearbeit Beschäftigten und zum anderen dem einzelnen Unternehmen positive Impulse geben. Gerade für Mitarbeiterinnen und Mitarbeiter, die Beruf und Familie vereinbaren wollen, bietet die Telearbeit Chancen. Durch die größere Flexibilität und Zeitsouveränität und die Vermeidung von Arbeitswegen und -zeiten werden flexible Lösungen eröffnet. Ein weiterer Vorteil besteht in der Erhaltung der Qualifikation während der Familienphase"[73].

---

69 Übereinkunft zu Responsible Care, Absatz 1.

70 Übereinkunft zu Responsible Care, Absatz 2.

71 Vgl. BAVC/IG BCE (Hrsg.), 10 Jahre Sozialpartnervereinbarung Chancengleichheit in der Chemischen Industrie, S. 20 f.

72 Vgl. BAVC/IG BCE (Hrsg.), 10 Jahre Sozialpartnervereinbarung Chancengleichheit in der Chemischen Industrie, S. 23.

73 BAVC/IG BCE (Hrsg.), 10 Jahre Sozialpartnervereinbarung Chancengleichheit in der Chemischen Industrie, S. 23.

Auch auf anderen Themengebieten sind weitere gemeinsame Initiativen der Chemie-Sozialpartner und weitere "außertarifliche Sozialpartner-Vereinbarungen" zu erwarten.

c) Grobe Einteilung der "außertariflichen Sozialpartner-Vereinbarungen"

Es wird deutlich, daß es sich um sehr unterschiedliche Vereinbarungsinhalte handelt, die rechtlich unterschiedlich zu bewerten sind. Auch ohne tiefergehende rechtliche Analyse dieser Vereinbarungen bietet sich zunächst als grobe sachliche Einteilung die Unterscheidung von drei Gruppen von Vereinbarungen an:

- Vereinbarungen, die Richtlinien und Empfehlungen an die Betriebsparteien enthalten,
- Vereinbarung, die die Gründung und Aufgaben gemeinsamer Einrichtungen regeln und
- Vereinbarungen, die unmittelbar Pflichten zwischen den Vertragsparteien begründen.

II. Mögliche Unterschiede zwischen "außertariflichen Sozialpartner-Vereinbarungen" und Tarifverträgen

Fraglich ist, worin sich diese sogenannten "außertariflichen Sozialpartner-Vereinbarungen" vom Inhalt entsprechender Tarifverträge unterscheiden. Was soll durch "außertarifliche Sozialpartner-Vereinbarungen" anders als in Tarifverträgen geregelt werden?

1) Unterschiede bei den Vertragsparteien

Bei den aufgeführten "außertariflichen Sozialpartner-Vereinbarungen" handelt es sich in der Regel um Übereinkommen zwischen dem BAVC und der IG BCE, bzw. deren Vorläufer, der IG Chemie- Papier-Keramik und damit um Übereinkünfte tariffähiger Koalitionen.

Ausnahme ist die "außertarifliche Sozialpartner-Vereinbarung" zur Chancengleichheit für weibliche Fach- und Führungskräfte in der Chemischen Industrie aus dem Jahr 1992. Diese wurde zwischen dem Verband angestellter Akademiker und leitender Angestellter der Chemischen Industrie (VAA) und dem BAVC abgeschlossen.

Fraglich ist, ob es sich beim VAA um eine tariffähige Arbeitnehmerkoalition handelt. Dann müßte es sich beim VAA um eine Gewerkschaft i.S. des § 2 TVG handeln. Denn gemäß § 2 TVG sind auf Arbeitnehmerseite nur Gewerkschaften berechtigt, Tarifverträge abzuschließen. Der Begriff der Gewerkschaft kommt insoweit nur tariffähigen Arbeitnehmervereinigungen zu[74]. Zunächst müßte es sich beim VAA, der auch die Interessen von leitenden Angestellten vertritt, um eine Arbeitnehmerkoalition handeln. Rechtlich sind auch leitende Angestellte Arbeitnehmer, wenn auch die von ihnen teilweise ausgeübten Arbeitgeberfunktionen in einigen Beziehungen eine rechtliche Sonderbehandlung erfordern[75]. Grundsätzlich sind deshalb auch Tarifverträge zugunsten von leitenden Angestellten möglich, wenn sie auch, von Ausnahmen abgesehen, in der Praxis nicht vorkommen[76].

Der VAA hat auf Bundesebene einen Manteltarifvertrag für akademisch gebildete Angestellte in der Chemischen Industrie sowie einen Gehaltstarifvertrag für technisch - naturwissenschaftliche Akademiker mit dem BAVC abgeschlossen. Von daher ist hier auch ohne weitere rechtliche Prüfung davon auszugehen, daß der VAA alle Begriffsmerkmale einer Gewerkschaft erfüllt und daß es sich in diesem Sinne beim VAA um eine tariffähige Arbeitnehmervereinigung handelt.

Zum Teil wurden jedoch auch Dritte als Vertragspartei in "außertarifliche Sozialpartner-Vereinbarungen" mit einbezogen. Die Einbeziehung einer dritten Partei steht einer etwaigen Einordnung als Tarifvertrag nicht im Wege, sofern es sich bei der dritten Partei ebenfalls um eine tariffähige Koalition handelt. So war neben der Deutschen Angestellten Gewerkschaft, der IG Chemie-Papier-Keramik und dem BAVC auch der Verband angestellter Akademiker und leitender Angestellter der Chemischen Industrie (VAA) bei der Aufstellung der "Grundsätze für die Abgrenzung der leitenden Angestellten in der Chemischen Industrie" beteiligt.

Jedoch sind nicht alle "außertariflichen Sozialpartner-Vereinbarungen" nur unter Beteiligung tariffähiger Koalitionen zustande gekommen. So ist die Vereinbarung zum Arbeitsschutz aus dem Jahr 1997 als gemeinsames Positionspapier von der Berufsgenossenschaft der Chemischen Industrie sowie den tariffähigen Koalitionen BAVC und IG Chemie-Papier Keramik geschlossen worden. Auch die Sozialpartner-Vereinbarung zu "Responsible Care" aus dem Jahr 1999 sowie die Übereinkunft "Keine Drogen in der

---

74 BAG, Beschluß v. 15.3.1977 - 1ABR 16/75, DB 1977, 772, 773 ff.

75 Bauer in: Küttner, Personalbuch, § 24 Arbeitnehmer (Begriff) Rn. 23; Kania in: Küttner, Personalbuch, § 265 Leitende Angestellte, Rn. 3; Schaub, § 14 III 1.

76 Vgl. Kania in: Küttner, Personalbuch, § 265 Leitende Angestellte, Rn. 3.

Arbeitswelt" vom 25. Oktober 1996 wurden von den Chemie-Sozialpartnern und dem Wirtschaftsverband der Chemischen Industrie, dem VCI als dritter Partei geschlossen.

Diese Vereinbarungen scheiden bereits aufgrund der Beteiligung von nicht tariffähigen Vereinigungen als etwaige Tarifverträge aus.

Fraglich ist, ob die der Errichtung der GIBUCI zugrundeliegende Übereinkunft aus dem 1987 von tariffähigen Koalitionen geschlossen wurde. Denn an den Gesprächen, die schließlich zu der Umweltschutzübereinkunft vom 20.8.1987 geführt haben, war neben den Chemie-Sozialpartnern auch der Verband der Chemischen Industrie (VCI) beteiligt. Bei diesem handelt es sich um den Wirtschaftsverband der Chemischen Industrie, der keine tariffähige Koalition ist.

Der aus diesen Gesprächen hervorgegangene Beschluß zur Errichtung der gemeinsamen Einrichtung GIBUCI stellt sich jedoch als zweiseitige Übereinkunft zwischen den eigentlichen Sozialpartnern BAVC und der Gewerkschaft dar, die als die einzigen Gesellschafter der neu zu gründenden Gesellschaft fungieren sollten[77]. Die Teilnahme des VCI an den vorausgegangenen Gesprächen stört insoweit nicht. Die eigentliche, für die Gründung der GIBUCI maßgebliche Übereinkunft wurde somit von tariffähigen Parteien geschlossen[78].

Beim Vorliegen aller weiterer Voraussetzungen kann mithin die Einbeziehung des VCI in die Beratungsgespräche einer rechtlichen Einordnung dieser Vereinbarung als schuldrechtlicher Tarifvertrag nicht im Wege stehen.

2) Unterschiede beim Vereinbarungsinhalt

Ebenso unproblematisch ist es, wenn die Koalitionen Regelungen über Inhalte treffen, die in einem Tarifvertrag nicht regelbar sind[79]. Das heißt, alle Regelungsinhalte außerhalb des Bereichs der Arbeits- und Wirtschaftsbedingungen i.S. des Art. 9 Abs. 3 GG lassen sich nur außertariflich regeln.

a) Umweltschutz als Inhalt der Übereinkünfte aus den Jahren 1987 und 1999

Bei den "außertariflichen Sozialpartner-Vereinbarungen" der Chemischen Industrie stellt sich im Zusammenhang mit der Gesellschaft zur Information von

---

77 Vgl. Molitor, Festschrift Schlemmer, S. 103, 113; derselbe in: BAVC/ IG Chemie-Papier-Keramik (Hrsg.), Sozialpartner-Forum -Arbeitsplatz Chemie-, S. 109, 111.

78 Anderer Ansicht: Zachert, Festschrift Hanau, S. 137, 141.

79 Vgl. Gamillscheg, Kollektives Arbeitsrecht, S. 509.

Betriebsräten über Umweltschutz in der Chemischen Industrie (GIBUCI) sowie der auf dem Umweltschutz-Abkommen von 1987 aufbauenden Übereinkunft zu "Responsible Care" aus dem Jahr 1999 die Frage, ob die geregelte Materie in den Bereich der Arbeits- und Wirtschaftsbeziehungen fällt.

Die Gründung der gemeinsamen Einrichtung zur Information der Betriebsräte auf dem Gebiet des Umweltschutzes (GIBUCI) wurde in der Umweltschutzübereinkunft vom 20.8.1987 vom BAVC und der IG Chemie-Papier-Keramik beschlossen. Bei der Zwecksetzung einer gemeinsamen Einrichtung i.S. des TVG ist der Gestaltungsspielraum der Tarifparteien auf den von Art. 9 Abs. 3 GG vorgegebenen Rahmen inhaltlich festgelegt[80]. Ob sich die Vereinbarung zur Errichtung der gemeinsamen Einrichtung im Rahmen des Art. 9 Abs. 3 GG bewegt, richtet sich somit nach der Zwecksetzung der gemeinsamen Einrichtung GIBUCI. Gemäß der zugrundeliegenden Sozialpartner-Vereinbarung und § 2 des "GIBUCI-Gesellschaftsvertrages" verfolgt diese Gesellschaft den Zweck, Betriebsräte der Chemischen Industrie unabhängig von ihrer Organisationszugehörigkeit Informationen über den Umweltschutz zu vermitteln. Hierzu werden gemeinsame Informationsveranstaltungen durchgeführt. In der Umweltschutzübereinkunft wird näher ausgeführt, durch die gemeinsame Einrichtung solle sichergestellt werden, daß sich die Betriebsräte in den Unternehmen, insbesondere in den nach dem BetrVG bestehenden Wirtschaftsausschüssen, an der Behandlung von Umweltfragen sachkundig beteiligen können. Nach der Umweltschutzübereinkunft gehören zu den Fragen des Umweltschutzes, die auf Empfehlung der Sozialpartner in den Wirtschaftsausschüssen oder beim Fehlen eines Wirtschaftsausschusses in den bestehenden Arbeitsschutzausschüssen erörtert werden sollen insbesondere

- die Unterrichtung über den Stand von Genehmigungsverfahren, Genehmigungsbescheiden und Sicherheitsanalysen nach der Störfallverordnung,
- die Unterrichtung über die behördlichen Sicherheits- und Umweltschutzauflagen sowie der gesetzlichen Bestimmungen und Verordnungen,
- die Erörterung der Umweltvorsorge bei Einführung neuer Produktionslinien, von Fragen der Lagerung und des Transports gefährlicher Güter, der Jahresberichte der Betriebsbeauftragten für Gewässerschutz, Abfall und Immissionsschutz, der Fortbildungsarbeit auf dem Gebiet des Umweltschutzes.

Der in der Umweltschutzübereinkunft festgelegte Gesellschaftszweck zielt somit zunächst auf die Weiterbildung der Betriebsräte. Veranstaltung zum Zwecke der Schulung und Bildung von Betriebsräten sind geregelt in § 37 Abs. 6 BetrVG. Bei beruflicher Weiterbildung handelt es sich um einen vom

80 Kempen in: Kempen/Zachert, TVG, § 4 Rn. 140.

Schutzbereich des Art. 9 Abs. 3 GG gedeckten Regelungsgegenstand, solange die Inhalte der vermittelten Informationen nicht den Bereich der Allgemeinbildung betreffen.

Fraglich ist, in welchen Bereich die vermittelten Informationen zum Umweltschutz einzuordnen sind.

Grundsätzlich wird das Thema Umweltschutz, soweit es über den direkten Arbeitsschutz hinausgeht, außerhalb des von Art. 9 Abs. 3 GG gesteckten Rahmens der Arbeits- und Wirtschaftsbedingungen eingeordnet[81]. Der allgemeine Umweltschutz wird allenfalls als Wirtschaftsbedingung angesehen, der jedoch der - nach der h.M. notwendige - Zusammenhang mit dem Bereich der abhängigen Arbeit fehlt. Haben die auf einer Weiterbildungsveranstaltung vermittelten Informationen zum Umweltschutz hingegen einen Bezug zum Bereich der abhängigen Arbeit, fallen sie hiernach in den Regelungsbereich des Art. 9 Abs. 3 GG. Dazu bedarf es nach der h.M. keines engen oder unmittelbaren Sachzusammenhangs mit dem Bereich der abhängigen Arbeit. Es reiche aus, wenn das Arbeitsverhältnis zumindest berührt wird[82].

Beim Umweltschutz könnte man zunächst grundsätzlich daran denken, einen solchen Zusammenhang zum Bereich der abhängigen Arbeit abzulehnen. Die unter dem Oberbegriff "Umweltschutz" zusammengefaßten Inhalte sind aber zu facettenreich, um eine pauschale Aussage treffen zu können. Tatsächlich sind Arbeits- und Umweltschutz in vielen Bereichen miteinander verknüpft[83].

Zu beachten ist, daß der Umweltschutz als solcher auch Bestandteil des Gemeinwohls ist und damit eine immanente Schranke für Regelungen der Tarif- und Betriebsparteien darstellt. Betriebsräte, Gewerkschaften, Arbeitgeber und Arbeitgeberverbände müssen bei ihren Beschlüssen die Belange des Gemeinwohls und damit auch des Umweltschutzes beachten und müssen solches tarifautonomes bzw. betriebsverfassungsrechtliches Handeln unterlassen, das sich offensichtlich umweltschädigend auswirken kann[84].

Diese Verpflichtung besitzt gerade für die Chemische Industrie besondere Bedeutung, denn zahlreiche innerbetriebliche Entscheidungen haben unmittel-

---

81 Siehe Zachert in: Kempen/Zachert, TVG, § 4 Rn. 140; Däubler, Tarifvertragsrecht, Rn. 852a ff.

82 Gamillscheg, Differenzierung, S. 81 f.

83 Zachert in: Kempen/Zachert, TVG, § 1 Rn. 258; Froschauer, S. 51 (Fn. 126).

84 Froschauer, S. 61 f.

bare Auswirkungen auf verschiedene Umweltfaktoren und somit für den Umweltschutz innerhalb und außerhalb des Betriebes[85].

Noch mehr als in anderen Industriezweigen hängen in der Chemischen Industrie die Produktionsbedingungen und die Wirtschaftlichkeit eines Standortes auch maßgeblich von den Faktoren des Umweltschutzes ab. So sind Fragen des Umweltschutzes für ein Unternehmen der Chemischen Industrie im Hinblick auf diese Produktionsbedingungen und den Absatz unmittelbar mit den Wirtschaftsbedingungen verknüpft. Im Hinblick auf Umweltabgaben, Schadensersatzansprüche und Sanktionen hat ein umweltvorschriftsmäßiges Verhalten einen erheblichen Bezug zur wirtschaftlichen Situation eines Unternehmens[86]. So kann z.B. jede umweltrechtliche Auflage und selbst ein in dieser Hinsicht negatives Bild der Konsumenten von einem Unternehmen die wirtschaftlichen Faktoren verändern und damit zumindest mittelbar auch die Beschäftigungszahlen beeinflussen[87]. Letztendlich können die Arbeitsplätze in der Chemischen Industrie nur durch frühzeitiges Einplanen aller notwendigen Umweltschutzmaßnahmen gesichert werden[88]. Eine solche Auswirkung auf die Arbeitsplätze könnte jedoch noch als zu weitläufig anzusehen sein, um einen Zusammenhang zwischen der Regelungsmaterie und dem Bereich der abhängigen Arbeit zu bejahen.

Die konkreten Inhalte der auf den GIBUCI Veranstaltungen an die Betriebsräte vermittelten Informationen zeigen hingegen, daß durchaus Zusammenhänge zwischen den vermittelten umweltbezogenen Themen zum Bereich der abhängigen Arbeit bis hin in den Bereich des Arbeitsschutzes bestehen. Schon die Tatsache, daß es bei den Betriebsräten ein Informationsbedürfnis zum Thema "Umweltschutz" gibt und daß diese Inhalte nach der Empfehlung der Sozialpartner zum Gegenstand der Sitzungen der Wirtschaftsausschüsse gemacht werden sollen, zeigt, daß offensichtlich auch in diesen Fragen das Bedürfnis nach Mitsprache von Seiten der Belegschaft besteht und daß diese Fragen des Umweltschutzes durchaus auf die abhängige Arbeit in den Betrieben einwirken. Zudem werden die Fragen des Umweltschutzes, die einen erkennbaren Bezug zur wirtschaftlichen Situation des Unternehmens aufweisen, wie zum Beispiel kostenintensive Umweltschutzinvestitionen oder alle öffentlich-rechtlichen Fragen des Umweltschutzes, im Hinblick auf ihre Bedeutung für den Arbeitsprozeß bereits vom gesetzlichen Mitwirkungsrecht nach § 106 BetrVG erfaßt[89]. Tatsächlich werden in der Praxis die von der GIBUCI durchgeführten Informationsveran-

85 Vgl. Froschauer, S. 63.
86 Froschauer, S. 207.
87 Vgl. Kley in: 10 Jahre erfolgreiche Sozialpartnerschaft im Umweltschutz, S. 11, 17.
88 Schultze, Die Mitbestimmung 1989, 642, 645.
89 Froschauer, S. 207, 210.

staltungen auch als Veranstaltungen i.S. des § 37 Abs. 6 BetrVG und somit als Veranstaltungen angesehen, in denen Betriebsräten das für ihre Arbeit notwendige Wissen vermittelt wird[90]. Auch in den im Anschluß an die Umweltschutzübereinkunft vom 20.8.1987 geschlossenen Betriebsvereinbarungen ist der Umweltschutz als Fortbildungsgegenstand im Sinne der Berufsbildung anerkannt[91]. Gerade bei der umfassenden Materie des Umweltschutzes wird erst durch die Fortbildung der Betriebsratsmitglieder und die Vermittlung der nötigen Sachkenntnis eine der Voraussetzungen für eine effiziente Betriebsratsarbeit geschaffen[92]. Dabei hat sich seit der Gründung der GIBUCI der Schwerpunkt der Veranstaltungen verlagert. Von der Vermittlung allgemeiner Themen des Umweltschutzes hin zu speziellen Einzelfragen, wie z.B. der Abfallwirtschaft, dem Recycling oder der Initiative des Verbandes der Chemischen Industrie für ein Verantwortliches Handeln ("Responsible Care") mit deren Schwerpunkten, nämlich der Anlagensicherheit und Gefahrenabwehr, Arbeitssicherheit und Gesundheitsschutz, Transportsicherheit, Umweltschutz, Produktverantwortung sowie Dialog zwischen der Unternehmensleitung und der Belegschaft[93]. Folgende Inhalte lassen sich im einzelnen als Themenschwerpunkte der GIBUCI-Veranstaltungen auflisten[94]:

- Umweltgesetzliche Grundlagen (allgemein)
- Wasserhaushaltsgesetz und seine Auswirkungen
- Abfallwirtschaft, Sonderabfallproblematik
- Bundesimmissionsschutzgesetz und seine Auswirkungen auf die Unternehmen
- Störfallverordnung
- Öko-Audit; Umweltmanagement
- Verantwortliches Handeln – "Responsible Care"
- Öko-Steuern und Öko-Abgaben

Zumindest die Themen, die sich unmittelbar mit Sicherheitsanalysen nach der Störfallverordnung, behördlichen Sicherheits- und Umweltschutzauflagen bis hin zur Umweltvorsorge im Zusammenhang mit der Einführung neuer Produktionslinien und Fragen des Transports und der Lagerung gefährlicher Güter beschäftigen, haben einen direkten Zusammenhang zu Sicherheitsfragen bei der Produktion. Diese haben dabei in jedem Fall unmittelbar Einfluß auf die Arbeits- und Produktionsprozesse.

---

90 Vgl. Hermann in: 10 Jahre erfolgreiche Sozialpartnerschaft im Umweltschutz, S. 19.
91 Froschauer, S. 212 f.
92 Vgl. Froschauer, S. 219.
93 Vgl. Frey, in: 10 Jahre erfolgreiche Sozialpartnerschaft im Umweltschutz, S. 7, 9.
94 Vgl. GIBUCI-Kurzinformation, in: 10 Jahre erfolgreiche Sozialpartnerschaft im Umweltschutz, Anhang, S. 37.

Folglich geht es keineswegs nur um allgemeine Informationen zum Thema Umweltschutz, die in keinem Zusammenhang zum Bereich der abhängigen Arbeit stehen, sondern um Fragen des Umweltschutzes, die auch direkten Einfluß auf den Bereich der abhängigen Arbeit haben.

Von daher fällt der Gesellschaftszweck der GIBUCI in den Bereich der Arbeits- und Wirtschaftsbedingungen i.S. des Art. 9 Abs. 3 GG.

Entsprechendes gilt für den Inhalt der Übereinkunft zu "Responsible Care" aus dem Jahr 1999. Auch diese fällt in den Bereich der Tarifmacht im Sinne von Art. 9 Abs. 3 GG.

b) Vereinbarung über gewerkschaftliche Vertrauensleute

Fraglich ist, ob die Vereinbarungen aus den Jahren 1983 und 1998, die auch dem Schutz der gewerkschaftlichen Vertrauensleute dienen und die Wahl gewerkschaftlicher Vertrauensleute in den Betrieben sichern sollen, in den Schutzbereich des Art. 9 Abs. 3 GG fallen und somit zum Regelungsgegenstand eines Tarifvertrages gemacht werden können.

Dann müßten diese Vereinbarungen im Sinne von Art. 9 Abs. 3 GG der Wahrung und Förderung der Arbeits- und Wirtschaftsbedingungen dienen.

Derartige Regelungen über die Stellung und die Wahl von Vertrauensleuten in den Betrieben verbessern in diesen die Arbeitsbedingungen der Gewerkschaften und dienen so deren Stärkung und Festigung. Dadurch können die Gewerkschaften ihren verfassungsrechtlich in Art. 9 Abs. 3 GG gewährleisteten Auftrag, die Arbeits- und Wirtschaftsbedingungen ihrer Mitglieder zu wahren und zu fördern, weitaus wirkungsvoller erfüllen. Zumindest mittelbar dienen somit derartige Vereinbarungen zwischen den Tarifvertragsparteien der Wahrung und Förderung der Arbeits- und Wirtschaftsbedingungen[95].

Eine solche mittelbare Förderung ist im Sinne von Art. 9 Abs. 3 GG ausreichend. Es läßt sich aus der Verfassung keine Beschränkung auf unmittelbare Förderungsmaßnahmen ableiten[96].

Somit fallen Vereinbarungen über die Stellung von Vertrauensleuten in den Betrieben unter die tarifliche Regelungsmacht[97].

---

95 Struck, S. 98 f.; Zachert, BB 1976, 514, 518.

96 BVerfGE 19, 303, 313; 28, 295, 305; 50, 290, 372; Struck, S. 101 f.; Zachert, BB 1976, 514, 518.

97 So auch die heute überwiegend vertretene Meinung. Im einzelnen ist dabei streitig, ob derartige Regelungen zwingend zum schuldrechtlichen Teil gehören - so

3) Unterschiede bei der Errichtung und Ausgestaltung gemeinsamer Einrichtungen

Das TVG beinhaltet keine Definition dessen, was genau eine gemeinsamen Einrichtung ist oder welche Zwecksetzung sie haben muß. Der § 4 Abs. 2 TVG ordnet lediglich an, daß die im Tarifvertrag für gemeinsame Einrichtungen getroffenen Regelungen unmittelbar und zwingend für die Satzung der Einrichtung und das Verhältnis der Einrichtung zu den tarifgebundenen Arbeitgebern und Arbeitnehmern gelten.

Unter gemeinsamen Einrichtungen der Tarifparteien i.S. des TVG versteht man privatrechtliche Institutionen, die unmittelbar durch einen Tarifvertrag oder auf der Grundlage eines Tarifvertrages von den Tarifparteien geschaffen werden[98]. Diese werden zu dem Zweck gegründet, bestimmte Pflichten aus den Arbeitsbeziehungen zwischen den einzelnen Arbeitgebern und Arbeitnehmern zur rechtlich selbständigen Erledigung zu übernehmen[99]. Dabei müssen Zweck und Organisationstruktur von den Tarifparteien selbst festgelegt werden[100]. Die Verselbständigung der Einrichtung darf auch nicht so weit reichen, daß diese von den Tarifparteien unabhängig ist und nicht mehr deren Einflußnahme unterliegt. Ansonsten könnte die in § 4 Abs. 2 TVG vorgesehene unmittelbare und zwingende Wirkung für Normen, die das Verhältnis der jeweiligen Einrichtung zu den Tarifgebundenen regeln, nicht mehr eintreten[101]. Die Zwecksetzung einer solchen Einrichtung ist dabei inhaltlich durch Art. 9 Abs. 3 GG auf die Wahrung und Förderung der Arbeits- und Wirtschaftsbeziehungen festgelegt[102].

Zwecks Erledigung der auf die gemeinsame Einrichtung übertragenen Aufgaben können gemäß § 4 Abs. 2 TVG neue Rechtsbeziehungen zwischen den Tarifge-

---

Bauer/Haußmann, NZA 1998, 854, 855 f. - oder ob auch normative Regelungen möglich sind, - siehe dazu BAG Urt. v. 8.10.1997 - 4 AZR 87/96, NZA 1998, 492 f. Dabei wird wiederum im einzelnen um die Zulässigkeit und die Zuordnung zu den Organisations- oder den Inhaltsnormen gestritten - im Ergebnis differenzierend: Struck, S. 69 f.; vgl. auch Löwisch in: Löwisch/Rieble, TVG, § 1 Rdnr. 549; Zachert, BB 1976, 514, 518 f.; Bötticher, RdA 1978, 133, 136 f.; Kraft, ZfA 1976, 243, 246 ff. - a.A. Bulla, BB 1975, 889 ff., der tarifvertragliche Vertrauensleutevereinbarungen für nichtig hält.

98 Kempen in: Kempen/Zachert, TVG, § 4 Rn. 147.

99 Kempen in: Kempen/Zachert, TVG, § 4 Rn. 147.

100 Schlaffke, S. 212; Wiedemann/Oetker, TVG, § 1 Rn. 615.

101 Schlaffke, S. 212.

102 Kempen in: Kempen/Zachert, TVG, § 4 Rn. 140; Wiedemann/Oetker, TVG, § 1 Rn. 627.

bundenen und der gemeinsamen Einrichtung begründet werden, die sich als tariflich begründete gesetzliche Schuldverhältnisse darstellen[103].

In der Regel übernimmt die gemeinsame Einrichtung soziale Verpflichtungen gegenüber Arbeitnehmern. So gibt es z.B. in der Chemischen Industrie als gemeinsame Einrichtung einen Unterstützungsfonds, der bei Kurzarbeit und Arbeitslosigkeit aus Arbeitgeberbeiträgen Zuschüsse zum staatlichen Kurzarbeiter- und Arbeitslosengeld zahlt[104].

a) Die GIBUCI

Die GIBUCI wurde gemeinsam von den Tarifparteien ins Leben gerufen. Von beiden Seiten wurde die Zwecksetzung und die Organisationsstruktur festgelegt. Die GIBUCI wird auch von beiden Sozialpartnern paritätisch getragen und unterliegt somit einer gemeinsamen Kontrolle. Insofern unterscheidet sich die GIBUCI nicht von gemeinsamen Einrichtungen i.S. des § 4 Abs. 2 TVG.

Unterschiede werden jedoch bei dem von der GIBUCI verfolgten Zweck deutlich, der sich von der üblichen Zweckrichtung anderer gemeinsamer Einrichtungen abhebt. Ihre Zwecksetzung läßt sich wie folgt zusammenfassen:

Die GIBUCI hat keine soziale Verpflichtung im engeren Sinne übernommen. Die ihr übertragene Funktion ist es, selbständig und rechtlich unabhängig von den Tarifpartnern für die Betriebsratsmitglieder Veranstaltungen i.S. des § 37 Abs. 6 BetrVG anzubieten. Damit übernimmt die GIBUCI genau wie auch andere gemeinsame Einrichtungen überbetrieblich eine Aufgabe, deren technisch-organisatorische Ausführung nur unter erschwerten Bedingungen für jeden Betrieb individuell erbracht werden kann.

Fraglich ist, ob die Besonderheiten der GIBUCI, insbesondere der von ihr verfolgte Zweck und das Fehlen von unmittelbaren Auswirkungen auf tarifgebundene Dritte durch normative Regelungen, einer Qualifikation als tarifliche gemeinsame Einrichtung i.S. des § 4 Abs. 2 TVG entgegenstehen.

---

103 Kempen in: Kempen/Zachert, TVG, § 4 Rn. 138; Zöllner, Gutachten zum 48. DJT, Band I, Teil G, S. 1, 65 f.

104 Vgl. Kempen in: Kempen/Zachert, TVG, § 4 Rn. 142.

aa) Normativ geregelte Auswirkungen auf Dritte als Voraussetzung einer tariflichen gemeinsamen Einrichtung?

Für gewöhnlich zeichnet eine gemeinsame Einrichtung i.S. des TVG aus, daß dem tarifgebundenen Arbeitnehmer normativ Ansprüche gegenüber der gemeinsamen Einrichtung eingeräumt werden.

Im Unterschied zu dieser typischen Zweckgestaltung gemeinsamer Einrichtungen wird bei der GIBUCI dem einzelnen Betriebsrat kein unmittelbarer Leistungsanspruch auf das von der GIBUCI angebotene Angebot eingeräumt. Auch Finanzierungspflichten der tarifgebundenen Arbeitgeber werden nicht festgelegt. Von daher fehlt es an einem unmittelbaren Rechtsverhältnis zwischen den einzelnen Arbeitnehmern, in diesem Fall dem jeweiligen Betriebsratsmitglied, und der GIBUCI. Der Anspruch des Betriebsratsmitglieds gegenüber seinem Arbeitgeber auf bezahlte Freistellung zwecks Besuchs einer solchen Bildungsveranstaltung ergibt sich bereits aus § 37 Abs. 6 BetrVG.

Im Zusammenhang mit gemeinsamen Einrichtungen können die Tarifparteien auch Normen schaffen, die Finanzierungspflichten der tarifgebundenen Arbeitgeber mit unmittelbarer und zwingender Wirkung regeln[105]. Auch solche Normen, wonach tarifgebundene Arbeitgeber gegenüber der gemeinsamen Einrichtung beitragspflichtig wären, finden sich im Zusammenhang mit der GIBUCI nicht. Vielmehr haben gemäß § 3 des GIBUCI-Gesellschaftsvertrages allein die Tarifparteien die Beitragspflicht übernommen, soweit Zuschüsse zur Kostendeckung erforderlich sind.

Fraglich ist, ob dieses Fehlen von Normen i.S. des § 4 Abs. 2 TVG, und damit das Fehlen von unmittelbaren Auswirkungen auf die Interessen Dritter, die Bewertung der GIBUCI als gemeinsame Einrichtung im Sinne des TVG ausschließt.

Es ist jedoch für die tarifliche Gründung einer gemeinsamen Einrichtung bzw. für die schuldrechtliche Verpflichtung im Tarifvertrag zur Vornahme der erforderlichen Rechtshandlungen keine Voraussetzung, daß später Normen i.S. des § 4 Abs. 2 TVG vereinbart werden müssen. Es handelt sich vielmehr um eine Option, derer sich die Tarifparteien im Zusammenhang mit einer von ihnen geschaffenen gemeinsamen Einrichtung bedienen können. Von daher kann es sich auch bei einer auf Grundlage eines Tarifvertrages gegründeten gemeinsamen Einrichtung auch dann um eine gemeinsame Einrichtung i.S. des TVG handeln, wenn das Verhältnis der gemeinsamen Einrichtung zu den

---

105 Schlaffke, S. 216.

Tarifgebundenen nicht bzw. noch nicht durch Normen i.S. des § 4 Abs. 2 VG ausgestaltet ist[106].

Mithin könnte es sich, sofern die weiteren Voraussetzungen vorliegen, bei der GIBUCI um eine tarifliche gemeinsame Einrichtung handeln, auch wenn diesbezüglich keine Normen geschaffen wurden.

bb) Soziale Zwecksetzung als Voraussetzung einer tariflichen gemeinsamen Einrichtung

Anders als sonst bei gemeinsamen Einrichtung übernimmt die GIBUCI auch keine Leistungen mit sozialpolitischem Inhalte, sondern übernimmt die Schulung und Weiterbildung von Betriebsräten als Aufgabe.

Fraglich ist, ob eine sozialpolitische Zielsetzung zwingende Voraussetzung für eine tarifliche gemeinsame Einrichtung ist.

Die Beschränkung der Zielsetzung einer gemeinsamen Einrichtung auf sozialpolitische Inhalte würde aber dem von Art. 9 Abs. 3 GG gesetzten weiten Rahmen widersprechen und läßt sich auch nicht anderweitig ableiten. Der bei der Zwecksetzung gemeinsamer Einrichtungen einzuhaltende inhaltliche Rahmen ist von daher nicht enger als der durch Art. 9 Abs. 3 GG gesetzte Rahmen[107]. Vielmehr ist von einem weiten und offenen Gestaltungsspielraum hinsichtlich der inhaltlichen Zwecksetzung auszugehen[108]. So ist z.B. auch eine überbetriebliche Berufsausbildung durch eine gemeinsame Einrichtung denkbar, durch die die Ausbildungsverpflichtung des einzelnen Arbeitgebers gegenüber dem konkreten Auszubildenden auf einen Dritten übertragen wird.

Eine Einrichtung, deren Aufgabe es ist, Betriebsräten die erforderliche weitere Qualifikation für den Umgang mit komplexer gewordenen Strukturen und Inhalten zu vermitteln, weist zu einer solchen überbetrieblichen Berufsausbildungseinrichtung keine relevanten Unterschiede auf. Eine solche Schulungseinrichtung ist ohne weiteres in Gestalt einer gemeinsamen Einrichtung nach § 4 Abs. 2 TVG möglich[109].

---

106 Vgl. Otto/Schwarze, ZfA 1995, 639, 697.

107 Kempen in: Kempen/Zachert, TVG, § 4 Rn. 140; Wiedemann/Oetker, TVG, § 1 Rn. 627; Däubler, Tarifvertragsrecht, Rn. 1143; Otto/Schwarze, ZfA 1995, 639, 663; a.A. Blomeyer, ZfA 1980, 1, 71n nach dem mit der gemeinsamen Einrichtung nur Zwecke verfolgt werden dürfen, die sich im Rahmen der durch § 1 Abs. 1 TVG umschriebenen Tarifmacht halten.

108 Kempen in: Kempen/Zachert, TVG, § 1 Rn. 139.

109 Vgl. im Zusammenhang mit Beratungseinrichtungen zur Qualifizierung von Betriebsräten und Unternehmensleitungen für den Umgang mit einem komplexer gewordenen

Folglich steht die konkrete Zielsetzung der GIBUCI einer Einordnung als tarifliche gemeinsame Einrichtung nicht im Wege.

cc) Auseinanderfallen von Sozialpartner-Vereinbarung und Gründungsakt

Die Gründung der GIBUCI wurde in der Umweltschutzübereinkunft vom 20.8.1987 vereinbart. Die Gründung als BGB-Gesellschaft erfolgte am 17.12.1987 durch einen Gesellschaftsvertrag i.S. von §§ 705 ff. BGB.

Fraglich ist, ob bei einer tariflichen gemeinsamen Einrichtung der Tarifabschluß und der Gründungsakt zusammenfallen müssen und ob von daher die GIBUCI keine tarifliche gemeinsame Einrichtung sein kann.

Es ist möglich, eine gemeinsame Einrichtung i.S. des TVG unmittelbar durch einen Tarifvertrag und ohne einen weiteren Gründungsakt zu gründen, sofern die für die gemeinsame Einrichtung gewählte Rechtsform nicht die Einhaltung weitere gesetzlicher Formvorschriften verlangt[110].

Ein derartiges Zusammenfallen ist jedoch keine zwingende Voraussetzung. Es genügt, wenn die Gründung einer gemeinsamen Einrichtung auf der Grundlage eines Tarifvertrages erfolgt[111].

dd) Zwischenergebnis

Folglich könnte es sich bei der GIBUCI um eine tarifliche gemeinsame Einrichtung handeln, sofern nur die zugrundeliegende Umweltschutzübereinkunft alle Voraussetzungen eines Tarifvertrages erfüllt.

b) Die Weiterbildungsstiftung

Die Sozialpartner in der Chemischen Industrie haben in einer "Rahmenvereinbarung" am 21. Januar 1993 die Errichtung einer gemeinsamen Einrichtung zur Förderung der berufsbezogenen Weiterbildung in der Chemischen Industrie in der Rechtsform einer Stiftung vereinbart.

Fraglich ist, ob diese Einrichtung die Voraussetzungen einer gemeinsamen Einrichtung i.S. des § 4 Abs. 2 TVG erfüllt. Dann müßte es sich bei der Weiter-

---

Mitbestimmungssystem: Komission Mitbestimmung, Empfehlungen zur zukünftigen Gestaltung der Mitbestimmung, Nr. 25), in: Bertelsmann Stiftung / Hans-Böckler-Stiftung (Hrsg.), Mitbestimmung und neue Unternehmenskulturen.

110 Kempen in: Kempen/Zachert, TVG, § 4 Rn. 147; Wiedemann/Oetker, TVG, § 1 Rn. 637, 630.

111 Kempen in: Kempen/Zachert, TVG, § 4 Rn. 147.

bildungsstiftung um eine Organisation handeln, die von den Tarifparteien durch bzw. auf Grundlage eines Tarifvertrages geschaffen wurde, die von den Tarifparteien abhängig ist und deren Zweck und Organisationsstruktur von den Tarifparteien selbst festgelegt wurde, wobei sich ihre Zweckrichtung im Rahmen der Vorgaben des Art. 9 Abs. 3 GG bewegt.

aa) Gründung und Zwecksetzung durch die Tarifparteien

Die Weiterbildungsstiftung wurde vom BAVC und der IG Chemie-Papier-Keramik gemeinsam ins Leben gerufen. Grundlage für die Errichtung einer gemeinsamen Einrichtung in Form einer Stiftung war die Rahmenvereinbarung vom 21. Januar 1993. In dieser Rahmenvereinbarung wird bereits die Rechtsform als Stiftung, der satzungsgemäße Zweck der Stiftung, ebenso wie die Organisationsstruktur in ihren Eckdaten festgelegt.

Die Möglichkeit, für eine gemeinsame Einrichtung als Rechtsform eine privatrechtliche Stiftung (§ 80 BGB) zu wählen, ist anerkannt[112].

Im einzelnen wurden der Zweck und die Organisation, d.h. die Satzung der Stiftung ausführlich in deren Verfassung vom 7. Juni 1993 geregelt, was unschädlich ist, da das Organisationsstatut sowie der Gründungsakt nicht unbedingt bereits in der zugrundeliegenden tariflichen Vereinbarung enthalten sein muß[113].

bb) Abhängigkeit der Organisation von den Tarifparteien

Voraussetzung für eine gemeinsame Einrichtung i.S. des § 4 Abs. 2 TVG ist auch, daß die Verselbständigung der Einrichtung eine Einflußnahme durch die Tarifparteien nicht ausschließt[114]. Dabei entspricht es dem Zweck des § 4 Abs. 2 TVG, daß beiden Seiten hinreichende Einflußmöglichkeiten gewährt werden, damit nicht von einer Seite die tarifliche Regelung unterlaufen werden kann[115].

Diese Voraussetzung wird bei der Weiterbildungsstiftung der Chemischen Industrie durch die paritätische Trägerschaft der Tarifparteien ausreichend sichergestellt.

---

112 Schlaffke, S. 213; Kempen in: Kempen/Zachert, TVG, § 4 Rn. 148; vgl. Wiedemann/Oetker, TVG, § 1 Rn. 632.

113 Vgl. Kempen in: Kempen/Zachert, TVG, § 4 Rn. 147.

114 BAG, Urteil v. 25.1.1989 - 5 AZR 43/88, AP Nr. 5 zu § 1 GesamthafenbetriebsG., Bl. 4 R; Wiedemann/Oetker, TVG, § 1 Rn. 612; Kempen in: Kempen/Zachert, TVG, § 4 Rn. 153; Schlaffke, S. 214.

115 Schlaffke, S. 214.

Eine über diese paritätische Trägerschaft hinausreichende gemeinsame Beteiligung an der Verwaltungstätigkeit und den täglichen Geschäften ist nicht erforderlich, um zu gewährleisten, daß die Einrichtung tatsächlich von beiden Parteien getragen wird[116].

cc) Zwecksetzung im Rahmen des Art. 9 Abs. 3 GG

Über die Vorgaben des Art. 9 Abs. 3 GG hinaus finden sich weder im TVG noch in anderen Normen Beschränkungen für die Zwecksetzung einer gemeinsamen Einrichtung.

Zweck der Weiterbildungsstiftung ist die Förderung der berufsbezogenen Weiterbildung.

Die Arbeitnehmerweiterbildung wird als Förderung einer Arbeitsbedingung i.S. des Art. 9 Abs. 3 GG gewertet und ist von daher als zulässiger Zweck und Regelungsgegenstand einer gemeinsamen Einrichtung zu erachten[117].

dd) Zwischenergebnis

Mithin erfüllt die Weiterbildungsstiftung der Chemischen Industrie alle Voraussetzungen einer gemeinsamen Einrichtung i.S. des § 4 Abs. 2 TVG[118]

c) Der Berufsbildungsrat

Der paritätisch besetzte Berufsbildungsrat der Chemischen Industrie gründet sich auf die Vereinbarung zwischen dem BAVC und der IG Chemie-Papier-Keramik vom 13. April 1987. Er wird paritätisch von beiden Seiten getragen und ist im Bereich der beruflichen Aus- und Weiterbildung tätig. Dieser Berufsbildungsrat erfüllt somit hinsichtlich Struktur und Zwecksetzung alle Voraussetzungen einer gemeinsamen Einrichtung nach § 4 Abs. 2 TVG. Das die Tarifparteien auch in diesem Fall keine Ansprüche oder Pflichten der tarifgebundenen Arbeitnehmer und Arbeitgeber vorgesehen haben[119], ist für die Bewertung unerheblich.

---

116 Gamillscheg, Differenzierung, S. 103; Däubler, Tarifvertragsrecht, Anm. 1134 f.; Kempen in: Kempen/Zachert, TVG, § 4 Rn. 153; Schlaffke, S. 215.

117 Vgl. BVerfG, Beschl. v. 15.7.1980, E 55, 7, 9; BVerfG, Beschl. v. 15.12.1987, E 77, 308, 329; Wiedemann/Oetker, TVG, § 1 Rn. 621; Schlaffke, S. 67 ff., 216; Eisold, S. 277.

118 Ebenso Schlaffke, S. 217, 236.

119 Vgl. Zachert, Festschrift Hanau, S. 137, 142.

4) Unterschiede beim Bindungswillen

Fehlt es den Beteiligten beim Abschluß ihrer Vereinbarungen am Rechtsbindungswillen, so fehlt eine entscheidende Voraussetzung für eine vertragliche Vereinbarung.

Auch ein Tarifvertrag ist ein Vertrag, der insofern auch den Rechtsbindungswillen der Vertragsparteien voraussetzt. Übereinkünfte, bei denen es an dieser Voraussetzung fehlt, können somit kein Tarifvertrag sein.

Unter Umständen sollen in diesem Sinne durch verschiedene außertarifliche Vereinbarungen zwischen den Sozialpartnern auch keine unmittelbaren Rechte und Pflichten zwischen den Vertragsparteien begründet werden. Dies könnte der Fall sein, soweit die "außertariflichen Sozialpartner-Vereinbarungen" nur Empfehlung enthalten, die mit keinerlei Durchführungspflichten für die Tarifvertragsparteien verbunden sind.

Bei verschiedenen "außertariflichen Sozialpartner-Vereinbarungen" haben sich die Tarifvertragsparteien ganz bewußt darauf beschränkt, Richtlinien aufzustellen oder Empfehlungen an die Tarifvertragsparteien zu richten. Diese Form wurde gewählt, um Flexibilität zu bewahren und keine verbindliche Regelung aufzustellen. Es handelt sich insoweit nur um ein unverbindliches Hilfsangebot an die Betriebsparteien, das diese jedoch nicht verpflichtet[120]. Alle durch diese Empfehlungen angeregten Leistungen sind somit freiwillige Leistungen.

Fraglich ist, ob diese als Richtlinien, Hinweise oder Empfehlungen bezeichneten Übereinkünfte nur für die Betriebsparteien freiwillig und unverbindlich sind, diese Abkommen aber für die Beteiligten eigene, rechtlich verbindliche Pflichten beinhalten.

In Betracht käme eine rechtsverbindliche Einwirkungs- und Durchsetzungspflicht, die die Beteiligten zur Einwirkung und entsprechenden Durchsetzung der aufgestellten Richtlinien verpflichten könnte.

Eine explizite dahingehende Verpflichtung der Tarifparteien findet sich im Wortlaut dieser Sozialpartner-Vereinbarungen nicht. Es könnte sich jedoch auch um vertragsimmanente Pflichten handeln, so wie sie bei Tarifverträgen bestehen.

---

120 Molitor in: BAVC/ IG Chemie-Papier-Keramik (Hrsg.), Sozialpartner-Forum -Arbeitsplatz Chemie-, S. 109, 111 f; in diesem Sinne auch Kittner in: Festschrift Schaub, 1998, S. 389, 392 f.

Es ist jedoch zu bedenken, daß es sich bei den immanenten Pflichten eines Tarifvertrags um Nebenpflichten handelt, die sich bereits aus der Pflicht zur Vertragstreue und somit aus den allgemeinen vertragsrechtlichen Grundsätzen ergeben[121]. Sie haben insoweit "dienende" Funktion und sollen die Umsetzung der von den Tarifvertragsparteien vereinbarten Hauptpflichten sichern. Bei den Empfehlungen und Richtlinien der Sozialpartner fehlt es jedoch im Gegensatz zu einem Tarifvertrag an vertraglichen Hauptpflichten. Es sollen gerade keine verbindlichen Regelungen geschaffen werden, deren Umsetzung die "immanenten Pflichten" dienen könnten.

Fraglich ist, ob bei Übereinkommen ohne eigentliche Hauptpflichten derartige "immanente" Pflichten überhaupt bestehen, die als einzige verbindliche Rechtspflichten quasi in die Funktion von Hauptpflichten aufgerückt sein könnten.

Vertragsimmanente Nebenpflichten sollen die Erfüllung einer Hauptpflicht sichern. Eine derartige Sicherung ist jedoch nicht erforderlich, wenn keine Hauptpflicht gegeben ist. So wäre es widersprüchlich, dort eine Durchsetzungspflicht zu vereinbaren, wo es nichts durchzusetzen gilt. Der Durchsetzung bedarf es nur dort, wo es auch eine bindende Verpflichtung gibt, jedoch nicht da, wo nur eine Hilfestellung angeboten wird, deren Annahme freiwillig ist; dies ist aber gerade der Sinn dieser Form der "außertariflichen Sozialpartner-Vereinbarungen".

Von daher kann in den Fällen, in denen es für den Adressaten nicht die Pflicht zur Umsetzung gibt, nicht von einer immanenten Einwirkungs- und Durchsetzungspflicht der am Abkommen Beteiligten ausgegangen werden.

Dem Hineininterpretieren derartiger schuldrechtlicher Durchsetzungs- und Einwirkungspflichten in ansonsten unverbindliche Sozialpartner-Vereinbarung steht auch der Grundsatz entgegen, daß alle in einem Tarifvertrag vereinbarten Pflichten der schriftlichen Fixierung bedürfen. Die Ausnahme bilden die dargestellten immanenten Pflichten, die sich statt dessen aus den allgemeinen vertragsrechtlichen Grundsätzen ergeben. Aber bereits jede Änderung dieser Pflichten bedarf wiederum der Schriftform. Eine solche Änderung wäre auch die Aufwertung von einer "Neben-" zu einer "Hauptpflicht". Eine diesbezügliche Änderung ist jedoch nicht schriftlich in den "außertariflichen Sozialpartner-Vereinbarungen" festgehalten worden.

Eine andere Bewertung könnte nur erfolgen, wenn die Beteiligten ausdrücklich die Pflicht zur Information ihrer Mitglieder über die unverbindlichen Richtli-

121 Vgl. Wallisch, S. 39.

nien, Hinweise und Empfehlungen vereinbart hätten, woran es im Wortlaut der Übereinkunft jedoch fehlt.

Von daher können ohne eine entsprechende explizite Vereinbarung der Beteiligten derartige Einwirkungs- und Durchsetzungspflichten nicht als vertragliche Hauptpflichten von ansonsten unverbindlichen Sozialpartner-Vereinbarungen qualifiziert werden.

Ebensowenig wie die Adressaten dieser Übereinkünfte sollen mithin die Beteiligten gebunden und zu bestimmten Handlungen oder zu bestimmten Schritten zur Durchsetzung dieser Abkommen verpflichtet werden. Derartige bindende Durchsetzungs- oder Informationspflichten hätten ausdrücklich geregelt werden müssen und lassen sich nicht ohne weiteres einfach bei unverbindlichen Übereinkünften unterstellen.

Folglich fehlt es bei diesen Übereinkommen an vertraglich geregelten "Rechten und Pflichten" der Tarifparteien. Derartige Vereinbarungen sind daher keine Tarifverträge.

5) Unterschiede bei der verbandsinternen Willensbildung

Die "außertariflichen Sozialpartner-Vereinbarungen" der Chemischen Industrie sind, abgesehen von wenigen Ausnahmen, nicht bei Tarifverhandlungen im üblichen Sinne als Teil des Tarifergebnisses entstanden. Ausnahmen sind die Empfehlungen zur Beschäftigungsförderung vom 11. Januar 1994 und die Initiative für Standortsicherung und Beschäftigung vom März 1996, die als Teil des Verhandlungsergebnisses von den Tarifkommissionen der Tarifparteien vereinbart wurden[122].

Die anderen Sozialpartner-Vereinbarungen hingegen sind unter anderen Umständen entstanden. Die Inhalte dieser Vereinbarung sind im Rahmen von Spitzengesprächen zwischen den Tarifparteien aufgekommen. Ausgehandelt, beschlossen und vereinbart wurden diese Übereinkünfte in gesonderten Gesprächen auf Vorstandsebene und nicht im Rahmen von sogenannten "Tarifverhandlungen". Der Unterschied im Zustandekommen des Abkommens und in der Beschlußfassung liegt darin, daß die verbandsinterne Willensbildung nicht durch eine für die Tarifverhandlung gebildete Tarifkommission, sondern unmittelbar beim Hauptvorstand erfolgt ist.

---

122 Vgl. BAVC (Hrsg.), Außertarifliche Sozialpartner-Vereinbarungen, S. 51 und 54; vgl. zu den "Empfehlungen zur Beschäftigungsförderung" von 1994: Molitor in: BAVC/ IG Chemie-Papier-Keramik (Hrsg.), Sozialpartner-Forum -Arbeitsplatz Chemie-, S. 109, 111.

Fraglich ist jedoch, ob dieser Unterschied bei der verbandsinternen Willensbildung der rechtlichen Qualifizierung einer Sozialpartner-Vereinbarung als Tarifvertrag entgegen steht. Ist eine Vereinbarung, sofern sie auch alle weiteren Merkmale eines Tarifvertrages erfüllt, nur dann ein Tarifvertrag, wenn sie wie sonst bei Tarifverträgen üblich von einer Tarifkommission beschlossen wurden? Oder kann der Abschluß von Tarifverträgen zumindest nach außen wirksam auch direkt durch den Hauptvorstand als dem vertretungsberechtigten Organ erfolgen?

Gemäß § 19 Ziffer 6. und 7.a) der IG BCE Satzung[123] vertritt der Hauptvorstand der Industriegewerkschaft Bergbau, Chemie, Energie die Interessen der IG BCE nach innen und außen. Dem Hauptvorstand ist in § 10 der IG BCE Satzung auch die Gesamtverantwortung für die Tarifpolitik zugewiesen. Die interne Aufgabenverteilung ist im einzelnen in der am 31. Oktober 1997 vom Hauptvorstand beschlossenen "Richtlinie Tarifpolitik" geregelt, die in II.1. und III. Absatz 1 die Zuständigkeit des Vorstandsbereichs "Tarifpolitik – Humanisierung" vorsieht. Im Auftrag und in Vertretung des Hauptvorstandes ist dieser Vorstandsbereich nach vorangegangenem Beschluß der zuständigen Tarifkommission auch für den Abschluß von Tarifverträgen zuständig.

Der Umstand, daß für die Regelungsmaterie der vereinbarten Sozialpartner-Vereinbarungen keine Tarifkommissionen gebildet wurden und keine Beschlüsse der Tarifkommissionen dem Abschluß der Vereinbarung vorangegangen sind, stellt allenfalls einen Verstoß gegen III. Absatz 1 der "Richtlinie Tarifpolitik" dar. Diese ist jedoch als interne Zuständigkeitsordnung nur intern gültig. Interne verbandsrechtliche Beschränkungen wie z.B. die Zustimmungspflicht anderer Verbandsorgane oder die Weisungsgebundenheit der Vorstandsmitglieder sind bei der Vertretungsmacht der Organe einer Tarifvertragspartei nicht zu berücksichtigen[124].

Von daher wirkt sich ein Verstoß gegen die "Richtlinie Tarifpolitik" nicht auf die Vertretungsmacht des Hauptvorstandes nach außen aus. Folglich können tarifliche Vereinbarung direkt durch den Hauptvorstand ohne Einbeziehung einer Tarifkommission wirksam abgeschlossen werden.

Es ist auch nicht erforderlich, daß die Verhandlungen, in denen die Sozialpartner-Vereinbarungen ausgehandelt wurden, ausdrücklich als Tarifverhandlungen bezeichnet werden oder nach der Vorstellung der Beteiligten "Tarifvertragsverhandlungen" sind[125].

---

123 Satzung der Industriegewerkschaft Bergbau, Chemie, Energie, Stand Januar 1998.

124 Wiedemann, Entscheidungsanmerkung zu AP Nr. 29 zu § 2 TVG, unter III. am Ende.

125 Plander, Gutachten, B.3), S. 7.

Die rechtliche Qualifizierung verschiedener "außertariflicher Sozialpartner-Vereinbarungen" als Tarifverträge ist folglich nicht aufgrund der Unterschiede bei der internen Willensbildung ausgeschlossen.

6) Wahl der Vereinbarungsform

Fraglich ist, wann und aus welchen Gründen die Sozialpartner sich für eine "außertarifliche Sozialpartner-Vereinbarung" an Stelle eines Tarifvertrages entscheiden.

Es könnte sich um Vereinbarungen handeln, bei denen zumindest von einer Seite ursprünglich eine tarifliche Lösung angestrebt war, für die sich jedoch kein Konsens erzielen ließ, so daß auf eine außertarifliche Übereinkunft als schwächere Vereinbarungsvariante zurückgegriffen werden mußte. Die Verhandlungspartnern könnte aber auch von Anfang an bestrebt gewesen sein, die Vereinbarung nur in Form einer sogenannten "außertariflichen Sozialpartner-Vereinbarung" umzusetzen.

Nach der Darstellung von Molitor wurde bei den Regelungsinhalten, die über die traditionellen Tarifthemen wie Entgelt, Arbeitszeit und Urlaub hinausreichen, zunächst nach inhaltlichen Lösungen gesucht. Erst wenn diese sichtbar geworden seien, sei auch entschieden worden, in welche Form sie abgefaßt werden sollten. Es sei erst nach dem Finden eines Verhandlungskompromisses festgelegt worden, ob der Tarifvertrag mit seinen strengen und zwingenden Wirkungen oder statt dessen gemeinsame Empfehlungen bzw. Hinweise für die Betriebsparteien als Gestaltungsmittel geeignet gewesen seien[126].

In der so von Molitor beschriebenen Verfahrensweise dürften die gemeinsamen Hinweise zu Betriebsratskontakten auf europäischer Ebene entstanden sein, bei der unter anderem Zweifel an der Zuständigkeit der Tarifparteien für eine verbindliche Regelung einer solchen grenzüberschreitenden Angelegenheit den Ausschlag für die Wahl einer unverbindlichen Vereinbarung gegeben haben dürften[127]. Gleiches trifft auf die Empfehlungen zur Beschäftigungsförderung vom 11. Januar 1994 sowie die Initiative für Standortsicherung und Beschäftigung vom 29. März 1996 zu, die jeweils als Teil des Gesamtergebnisses neben tariflichen Vereinbarungen getroffen wurden[128].

---

126 Molitor, Festschrift Schlemmer, S. 103, 112; derselbe in: BAVC/ IG Chemie-Papier-Keramik (Hrsg.), Sozialpartner-Forum -Arbeitsplatz Chemie- , S. 109 f.

127 Vgl. die Darstellung bei Goos, Festschrift Arbeitsgerichtsbarkeit Rheinland-Pfalz, S. 85, 92.

128 Vgl. zu den "Empfehlungen zur Beschäftigungsförderung" von 1994 Molitor in: BAVC/ IG Chemie (Hrsg.), Sozialpartner-Forum -Arbeitsplatz Chemie-, S. 109, 111.

Auch im Verhandlungsergebnis zwischen dem BAVC und der IG Bergbau, Chemie, Energie vom 9. Mai 1998 sind neben eindeutig tarifvertraglichen Ergebnissen auch unverbindliche Empfehlungen und gemeinsame Verlautbarungen enthalten. So sind etwa in der unter II. angeführten "Erklärung der Bundestarifvertragsparteien zur Ausbildungsplatzsituation" zunächst bloße Erwartungen und Empfehlungen fixiert, die später weder Eingang in die eigentliche Fassung des Tarifvertrages gefunden haben noch als sogenannte "außertarifliche Sozialpartner-Vereinbarungen" veröffentlicht wurden. So heißt es im Verhandlungsergebnis z.B. unter II. beim 1. Spiegelstrich:

> "Die Chemie-Arbeitgeber erwarten für den Bereich der westlichen Bundesländer im Zeitraum von 1998 bis Ende 2000 eine nochmalige Steigerung des Ausbildungsplatzangebots um nochmals 5 % gegenüber der Sollzahl des Jahres 1997"[129].

Daran schließt sich die Aufforderung insbesondere an diejenigen Betriebe an, die bislang nicht ausbilden, im Interesse der Zukunftssicherung Ausbildungsplätze zur Verfügung zu stellen.

In diesem Abschnitt finden sich aber neben diesen außertariflichen Verlautbarungen auch tarifvertragliche Ergebnisse. So ist die beim 4. Spiegelstrich angeführte Vereinbarung als Tarifvertragsbestandteil zu qualifizieren. Nach dieser erhalten Auszubildende, die sich zum Stichtag 9. Mai 1998 in einem Ausbildungsverhältnis befinden, eine Einmalzahlung von 200.- DM.

Ein solches Miteinander tariflicher und außertariflicher Vereinbarungen im Gesamtergebnis, die dann entweder in die endgültige Fassung des Tarifvertrages aufgenommen oder als außertarifliche Vereinbarungen veröffentlicht werden, ist jedoch nicht der Regelfall. So ist zumindest die Vereinbarung über die gewerkschaftlichen Vertrauensleute, die erste sogenannte "außertarifliche Sozialpartner-Vereinbarung" aus dem Jahr 1983 vor einem anderen Hintergrund entstanden. Ursprünglich war hier von Seiten der Gewerkschaft eine tarifliche Regelung angestrebt, die sich jedoch gegenüber der Arbeitgeberseite lange Zeit aufgrund verhärteter ideologischer Fronten nicht durchsetzen ließ[130]. Die Arbeitgeber hatten vielmehr ein Interesse daran, in den Betrieben die Stellung der gewerkschaftsunabhängigen "betriebliche Vertrauensleute" zu stärken, die wiederum der Gewerkschaft ein Dorn im Auge waren. Zum "Schutz" der betrieblichen Vertrauensleute war die Arbeitgeberseite schließlich bereit, auf die Gewerkschaft zuzugehen und ihrerseits Zugeständnisse bezüglich der gewerkschaftlichen Vertrauensleute zu machen. Der schließlich gefundene

---

129 Siehe dazu auch: BAVC (Hrsg.), Pressemitteilung vom 22. Oktober 1999.

130 Vgl. zu den Hintergründen: Schlemmer, Festschrift Karl Molitor, S. 309, 315 ff.

Kompromiß sicherte sowohl die Stellung der gewerkschaftlichen als auch der betrieblichen Vertrauensleute.

Die Tarifparteien vermieden es, die getroffene Regelung als "Tarifvertrag" zu bezeichnen. Statt dessen wurde die Vereinbarung schlicht als "Vereinbarung" überschrieben. Die rechtliche Qualifizierung dieser Vereinbarung blieb zunächst offen. Die Einordnung und Bezeichnung als "außertarifliche Sozialpartner-Vereinbarung" erfolgte bei dieser ersten Sozialpartner-Vereinbarung erst nachträglich, nachdem bereits weitere Übereinkünfte dieser Art zwischen den Sozialpartnern zustande gekommen waren. Zusammenfassend entstand für diese Vereinbarungen die Bezeichnung "außertarifliche Sozialpartner-Vereinbarungen", und als solche wurden die verschiedenen Vereinbarungen dann veröffentlicht. Dieser später erfolgten Einordnung als "außertarifliche Sozialpartner-Vereinbarung" wurde von keiner der beteiligten Parteien widersprochen.

In diesem Fall war also durchaus eine eindeutig tarifliche Vereinbarung von Seiten der Gewerkschaft angestrebt. Die schließlich statt dessen abgeschlossene Übereinkunft war nur eine aufgrund von Nachgeben auf Seiten der Gewerkschaft erzielte schwächere Kompromißlösung.

Bei den anderen Vereinbarungsinhalten, zu denen sogenannte "außertarifliche Sozialpartner-Vereinbarungen" abgeschlossen wurden, stand jedoch der Abschluß eines Tarifvertrages nie zur Debatte. Allein schon der Umstand, daß keine offizielle Tarifkommission geschaffen wurde, sondern die Inhalte der Vereinbarungen in einem anderen Forum ausgehandelt und beschlossen wurden, zeigt, daß hier von den Tarifparteien von vornherein "außertarifliche Sozialpartner-Vereinbarungen" angestrebt waren.

Dabei ging es den Sozialpartnern durch die frühzeitige Kennzeichnung bestimmter Themen als "außertariflich" nicht um die Verhinderung von Arbeitskämpfen zu diesen Themen. Zwar sind nach einer verbreiteten Ansicht[131] Arbeitskämpfe, die gezielt auf den Abschluß einer außertariflichen Vereinbarung gerichtet sind, unzulässig, jedoch bestand für eine derartige Vorsicht keine Notwendigkeit. Denn zumindest die gezielt in "außertariflichen Sozialpartner-Vereinbarungen" behandelten Themen sind keine zentralen Inhalte der Tarifpolitik. Die Mobilisierung der Gewerkschaftsmitglieder zum Arbeitskampf ist jedoch faktisch nur bei tariflichen Auseinandersetzungen um die Kernfragen des Arbeitsrechts möglich. Der einzelne Arbeitnehmer muß sich

---

[131] MünchArbR/Löwisch, § 239 Rn. 132; Gamillscheg, Kollektives Arbeitsrecht, S. 508; ob bzw. inwieweit diese Behauptung zutrifft wird in Abschnitt VII.1) untersucht werden.

auch einen persönlichen Vorteil von der Durchsetzung einer Tarifforderung bzw. einer Tarifvertragsvereinbarung mittels Streik versprechen. Dies ist in der Regel aber nur der Fall, wenn es um "Geld und Zeit" geht. Andere Themen sind nicht in der selben Weise emotionsgeladen und zur Motivierung der Arbeitnehmer geeignet[132].

Ebensowenig gibt es Hinweise dafür, daß sich die Chemie-Sozialpartner durch das von Ihnen gewählte Regelungsinstrument der "außertariflichen Sozialpartner-Vereinbarung" gezielt den Rechtsfolgen eines Tarifvertrages - z.B. der in § 2 Abs. 4 TVG vorgesehenen Haftung der Spitzenorganisationen für die Erfüllung der gegenseitigen Verpflichtungen der Tarifvertragsparteien - entziehen wollten.

7) Zwischenergebnis

Den unterschiedlichen Typen von sogenannten "außertariflichen Sozialpartner-Vereinbarungen" ist gemeinsam, daß diesen Übereinkommen nach dem Willen der Beteiligten keine normative Wirkung zukommen sollte. Die Beteiligten hatten keinen "Normsetzungswillen".

Das Fehlen eines Normsetzungswillens und das Fehlen normativer Regelungen weist die sogenannten "außertariflichen Sozialpartner-Vereinbarungen" nach der hier vertretenen Definition eines Tarifvertrages nicht zwingend dem außertariflichen Bereich zu.

Einigen der Übereinkünfte fehlen jedoch aus anderen Gründen eindeutig die objektiven Merkmale eines Tarifvertrages. So ist die Sozialpartner-Vereinbarung "Responsible Care" nicht nur zwischen tariffähigen Koalitionen geschlossen worden. Diese Vereinbarung ist daher dem außertariflichen Bereich zuzuordnen. Gleiches gilt für die "außertarifliche Sozialpartner-Vereinbarung" zum Arbeitsschutz aus dem Jahr 1997, die zusammen mit der Berufsgenossenschaft der Chemischen Industrie abgeschlossen wurde.

Hinzu kommt bei einigen dieser Vereinbarungen, die sich auf Empfehlungen an die Betriebsparteien beschränken, daß diese Abkommen auch keine gegenseitigen schuldrechtlichen Verpflichtungen der Sozialpartner enthalten. Bei diesen Abkommen ist ein Rechtsbindungswille der Sozialpartner nicht festzustellen. Eine Vereinbarung, die weder einen normativen Teil enthält noch die "Rechte und Pflichten" der Vertragsparteien regelt, ist kein "Vertrag" und erfüllt somit auch nicht die Voraussetzungen eines Tarifvertrages. Von daher sind die ohne

[132] Vgl. Molitor, Festschrift Schlemmer, S. 103, 106.

Rechtsbindungswillen geschlossenen Übereinkünfte zwischen den Sozialpartnern dem außertariflichen Bereich zuzuweisen.

Diese letzte Feststellung trifft jedoch nicht auf alle diese Vereinbarungen zu. Vielmehr beinhalteten einige dieser Verpflichtungen durchaus gegenseitige schuldrechtliche Verpflichtungen der Sozialpartner. Zu nennen sind hier die Vereinbarungen, die die Gründung von gemeinsamen Einrichtungen betreffen, die Vereinbarungen über Vertrauensleute aus den Jahren 1983 und 1998 sowie die Vier-Punkte-Vereinbarung zur gesamtdeutschen Entwicklung aus dem Jahr 1990. Auch die mit diesen Vereinbarungen geregelten Inhalte hindern die Eingruppierung als Tarifvertrag nicht, da es sich jeweils um Regelungen der "Arbeits- und Wirtschaftsbedingungen" i.S. des Art. 9 Abs. 3 GG handelt.

Entgegen der von den Beteiligten gewählten Bezeichnung erscheinen alle objektiven Merkmale eines schuldrechtlichen Tarifvertrages bei dieser Gruppe von "außertariflichen Sozialpartner-Vereinbarungen" erfüllt.

Die rechtliche Einordnung dieser letzten Gruppe von Koalitionvereinbarungen ist aber aufgrund dieses Widerspruchs zwischen der Bezeichnung, in der die Vorstellung der Tarifparteien von der rechtlichen Qualifizierung zum Ausdruck kommt, und der anhand des Vereinbarungsinhalts ermittelten objektiven Sachlage keineswegs eindeutig, sondern streitig. Bevor eine rechtliche Bewertung der einzelnen "außertariflichen Sozialpartner-Vereinbarungen" erfolgt, sollen zunächst die von der Rechtsprechung und den verschiedenen Vertretern der Literatur vorgetragenen Argumente dargestellt und einer kritischen Prüfung unterzogen werden.

III. Rechtsprechung zur Abgrenzung von außertariflichen Vereinbarungen und Tarifverträgen

Das BAG hat mehrfach die Möglichkeit außertariflicher Abkommen zwischen den Tarifvertragsparteien angesprochen. Es ist der Auffassung, daß sich tariffähige Koalitionen zur Regelung der Arbeitsbedingungen nicht zwingend des Gestaltungsmittels des Tarifvertrages bedienen müssen. Die früheren Entscheidungen, in denen nichttarifliche Vereinbarungen der Tarifvertragsparteien angesprochen werden, sind jedoch weitestgehend unergiebig, wenn es gilt, einheitliche Kriterien für die Abgrenzung von Tarifverträgen und außertariflichen Übereinkünften aufzustellen.

1) Frühere Rechtsprechung

a) BAGE 43, 312[133]

In diesem Verfahren war vom BAG zu entscheiden, ob der Kläger vor anderen einen Anspruch auf Umschulung und Beschäftigung als Co-Pilot eines Flugzeugs vom Typ A 300 gehabt hätte. Dies richtete sich nach den in einem Förderungs-Tarifvertrag enthaltenen Auswahlregeln. Teil des Tarifvertrages waren Bestimmungen über die Erstellung von Auswahllisten. Entsprechend dieser Vereinbarung wurde von den Tarifparteien eine solche "Senioritätsliste" aufgestellt und als Anlage dem Tarifvertrag beigefügt. Bei der Festlegung der konkreten Rangfolge unterlief den Parteien jedoch ein Fehler, der dem Kläger einen günstigeren Rang auf der Liste eintrug als ihm bei einer korrekten Berechnung der Rangfolge zugestanden hätte. Die Vergabe der Umschulungsplätze erfolgte dann auch nach einer korrekten Berechnung der Rangfolge, und nicht anhand der für den Kläger vorteilhaften Auswahlliste, wodurch sich der Kläger benachteiligt sah.

Das BAG geht in seiner Entscheidung von dem Grundsatz aus, daß nicht jede schriftliche Vereinbarung zwischen den Tarifvertragsparteien einen Tarifvertrag darstelle. So unterliege es der Regelungsmacht der Tarifparteien, ob sie eine Vereinbarung "konstitutiv", d.h. normativ wirkend ausgestalten wollten, oder ob eine Vereinbarung nur eine "deklaratorische" und damit keine tarifrechtliche Wirkung haben solle[134].

Das BAG kam hier zu dem Ergebnis, daß nur die tariflichen Regelungen zur Listenerstellung normativ wirkten, hingegen die Liste, in der die auf dieser Grundlage berechnete Rangfolge konkret festgehalten wurde, rechtlich nicht binde. Sie habe nur deklaratorische Bedeutung[135]. Das bedeutet, daß die Liste der Veranschaulichung der abstrakten, normativen Regelung zur Erstellung der Rangliste dient. Ein an anderer Stelle begründetes Recht wird lediglich festgestellt, bezeugt, oder klargestellt. Die rechtliche Bedeutung der Listen bestehe darin, daß eine tatsächliche Vermutung dafür spreche, daß die von den Tarifvertragsparteien erstellte Liste richtig sei. Die tatsächliche Vermutung der Richtigkeit könne jedoch durch Tatsachen, aus denen sich die Unrichtigkeit ergebe, widerlegt werden[136].

---

133 BAG (Urteil v. 28.9.1983) - AZR 200/83 - BAGE 43, 312, 320 = AP Nr. 2 zu § 1 TVG Tarifverträge: Seniorität.

134 BAG AP Nr. 2 zu § 1 TVG Tarifverträge:Seniorität.

135 BAG AP Nr. 2 zu § 1 TVG Tarifverträge:Seniorität.

136 BAG AP Nr. 2 zu § 1 TVG Tarifverträge:Seniorität.

In dieser Entscheidung hat das BAG deutlich gemacht, daß eine schriftliche Übereinkunft dann keine tarifliche Wirkung haben kann, wenn sie keine eigene Regelung enthält, sondern nur die an anderer Stelle getroffene Regelung umsetzen, erläutern und veranschaulichen soll. Somit könnte eine solche "Übereinkunft" isoliert auch kein eigenständiger Tarifvertrag sein.

Eine solche Übereinkunft wirkt weder normativ noch hat sie schuldrechtliche Wirkung. Es geht keine rechtliche Bindungswirkung von einer solchen Vereinbarung aus, sie regelt keinerlei Rechte oder Pflichten, sondern illustriert nur eine an anderer Stelle getroffene tarifliche Vereinbarung. Der Tarifvertrag ist die Regelung, die Liste ist nur der erste Schritt für die Umsetzung und Anwendung der tariflichen Vereinbarung. Sie wirkt als "Tatsache", und enthält keinen "Rechtssatz"[137].

Insofern ist dem BAG zuzustimmen. Der auf einem Tarifvertrag basierenden Umsetzung der tariflichen Regelungen kann isoliert unmöglich selbst wieder tarifrechtliche Wirkung zugesprochen werden. Von daher geht es bei dieser Entscheidung nicht um die Frage, ob die Liste eine speziell "tarifrechtliche" Wirkung hat, sondern um die Frage, ob die Liste selbst eine eigene rechtliche Bindungswirkung entfaltet, die über die tatsächliche Vermutung der Richtigkeit hinausgeht. Letztendlich kann eine Vereinbarung, die nichts regelt, auch kein Tarifvertrag i.S. des § 1 I TVG sein. Sie ist aber auch kein alternatives "Gestaltungsmittel" zur "Regelung" der Arbeitsbedingungen[138].

Diese Entscheidung ist insofern nicht geeignet, um Abgrenzungskriterien für solche tarifliche und außertarifliche Vereinbarungen aufzustellen, die rechtlich verbindliche Regelungen enthalten.

b) BAGE 59, 177[139]

Diese Entscheidung ist noch weniger als die vorangehende geeignet, Grundsätze für die Abgrenzung tariflicher und außertariflicher Vereinbarungen aufzustellen:

In diesem Verfahren mußte das BAG darüber entscheiden, ob die Klägerin, die als Arbeiterin bei der Beklagten, der Deutschen Bundespost, beschäftigt war,

---

137 So Herschel, Entscheidunsanmerkung zu BAG AP Nr. 2 zu § 1 TVG Tarifverträge:Seniorität.

138 In diesem Zusammenhang wird diese Entscheidung des BAG jedoch zitiert, vgl. Stoffels, ZfA 1999, 49, 136.

139 BAG (Urteil v. 28.7.1988) - 6 AZR 349/87 - BAGE 59, 177, 185 = AP Nr. 1 zu § 5 TV Arb Bundespost = EzA § 242 BGB Betriebliche Übung = NZA 1989, S. 363 (Leitsätze).

eigene Ansprüche aus einer am 20.9.1974 zwischen der Deutschen Bundespost und der Deutschen Postgewerkschaft geschlossenen Vereinbarung herleiten konnte. In dieser Vereinbarung hatten die Tarifvertragsparteien ihr "Einvernehmen" darüber erklärt, daß es der Zustimmung der Deutschen Postgewerkschaft bedürfe, bevor eine nachteilige Änderung der für die Beamten geltenden arbeitszeitlichen Bestimmungen auch auf Arbeiter und Angestellte der Deutschen Bundespost angewendet werde.

Das BAG hat Ansprüche der Klägerin aus dieser Vereinbarung zwischen den Tarifvertragsparteien abgelehnt. Das BAG hat zu Recht den "Normcharakter" für diese gemeinsame Erklärung der Tarifvertragsparteien abgelehnt. Die vom BAG gelieferte Begründung ist jedoch zu kritisieren:

Das BAG prüft, ob die Vereinbarung "Teil" der Tarifverträge geworden sein könnte. Es lehnt dies ab, da die Vereinbarung zeitlich vor den maßgeblichen Tarifverträgen abgeschlossen wurde und eine Bezugnahme nicht erfolgt war. Deshalb handele es sich auch nicht um eine Tarifnorm, aus der die Klägerin anspruchsbegründende unmittelbare tarifliche Wirkungen ableiten könne[140].

Richtigerweise wäre vom BAG zu prüfen gewesen, ob die Vereinbarung selbst die Voraussetzungen für eine eigenständige tarifliche Regelung erfüllt.

Das BAG prüft auch, ob die Vereinbarung als eine die Tarifverträge ergänzende Vereinbarung den von der Klägerin geltend gemachten Anspruch begründen könnte. Hier spricht das BAG die Möglichkeit der Tarifvertragsparteien an, im Zusammenhang mit oder aus Anlaß des Tarifabschlusses Abreden verschiedenster Art zu treffen, aus denen sich auch Verpflichtungen und Ansprüche ergeben können. Durch die in diesem Zusammenhang vom BAG zitierten Entscheidungen wird aber deutlich, daß das BAG an dieser Stelle nicht zwischen rein schuldrechtlich wirkenden Tarifverträgen und nach Ansicht des BAG nichttariflichen Vereinbarungen, in diesem Falle Vorverträgen, differenziert. Beide Formen nennt das BAG in einem Atemzug[141], ohne zwischen beiden Formen abzugrenzen. Diese Abgrenzung mußte auch deshalb nicht erfolgen, weil nur zu entscheiden war, ob die Klägerin als Dritte eigene Rechte unmittelbar aus dieser Vereinbarung der Tarifvertragsparteien herleiten konnte. Daran fehlte es jedoch in diesem Fall, da sich die Vereinbarung weder

---

140 BAG AP Nr. 1 zu § 5 TV Arb Bundespost.

141 Vgl. BAG AP Nr. 1 zu § 5 TV Arb Bundespost: Das BAG zitiert sowohl BAGE 6, 321, 341 = AP Nr. 2 zu § 1 TVG Friedenspflicht, bei der es um einen rein schuldrechtlichen Tarifvertrag geht, als auch BAGE 28, 225, 230 = AP Nr. 6 zu § 1 TVG Form und BAGE 39, 346, 348 = AP Nr. 23 zu § 72a ArbGG 1979 Grundsatz = EzA § 72a ArbGG 1997 Nr. 41, die Vorverträge der Tarifparteien betreffen.

als Vertrag zugunsten Dritter noch als Vertrag mit Schutzwirkung zugunsten Dritter verstehen ließ[142].

Kriterien, mittels derer sich eine Abgrenzung von schuldrechtlichen Tarifverträgen und außertariflichen Vereinbarungen der Tarifparteien vornehmen ließe, finden sich somit in dieser Entscheidung nicht. Diese Entscheidung ist auch nicht geeignet, um zu dokumentieren, daß von den Tarifvertragsparteien die Form des Tarifvertrages absichtlich vermieden worden wäre und eine solche Vorgehensweise unbedenklich sei[143].

2) BAGE 87, 45 und die Vorinstanz LAG Sachsen LAGE Nr. 6 zu § 1 TVG

Mit der Abgrenzung von Tarifverträgen und außertariflichen Vereinbarungen setzen sich jedoch die nachfolgend dargestellte Entscheidung des BAG[144] sowie die Entscheidung der Vorinstanz, des LAG Sachsen[145] auseinander.

Der hier relevante Leitsatz der Entscheidung des BAG lautet:

"Ein von tariffähigen Parteien geschlossener Vertrag kann nicht gegen den eindeutig erklärten Willen der Vertragsparteien rechtlich als Tarifvertrag gewertet werden".

a) Sachverhalt

Diese Entscheidung befaßt sich mit der rechtlichen Qualifizierung einer zwischen dem Freistaat Sachsen und dem Landesverband der Gewerkschaft Erziehung und Wissenschaften (GEW Sachsen) am 15.6.1992 geschlossenen Vereinbarung und den hieraus abzuleitenden Rechten. Gegenstand der Vereinbarung war die Einführung eines Teilzeitarbeitsmodells auf freiwilliger Basis für die an öffentlichen Schulen beschäftigten Lehrkräfte und Erzieher. Den Parteien ging es mit dieser Regelung darum, Massenkündigungen durch eine breit gestreute Teilzeitarbeit zu vermeiden. Die zu einer Teilzeitbeschäftigung bereiten Arbeitnehmer sollten für einen bestimmten Zeitraum vor

---

142 BAG AP Nr. 1 zu § 5 TV Arb Bundespost.

143 In diesem Sinne aber Wiedemann, TVG, § 1 Rn. 19 (Fn. 36).

144 BAG (Urteil vom 5. November 1997) - 4 AZR 872/95 - BAGE 87, 45 = AP Nr.29 zu § 1 TVG = EzA § 1 TVG Nr. 41 = NZA 1998, 654 = ZTR 1998, 265 = AR-Blattei ES 1550.2 Nr. 20 = AuA 1999, 233.

145 LAG Sachsen (Urteil vom 15. November 1995) - 3 Sa 411/95 - LAGE Nr. 6 zu § 1 TVG = AuA 1996, 33 (Presseinformatin des LAG Sachsen) und AuA 1996, 184 (Leitsätze 1. und 2.); Vorinstanz: ArbG Dresden, Urteil vom 12. September 1995 - 2 Ca 8434/93.

Kündigungen mangels Bedarf geschützt sein. Im Rahmen der Teilzeitregelung nahm die am 15. Juni 1992 geschlossene Vereinbarung auf das jeweils geltende Regelstundenmaß vollzeitbeschäftigter Arbeitnehmer Bezug, das in der Anlage der Vereinbarung durch eine Verwaltungsvorschrift konkretisiert wurde. In der Niederschriftserklärung zu der Vereinbarung wurde zudem festgelegt, daß diese dem Sächsischen Kabinett zur Entscheidung, ob eine entsprechende tarifliche Regelung angestrebt werden solle, vorzulegen sei. Unabhängig davon wurde die Vereinbarung aber schon auf Betreiben der Gewerkschaft in das Bundes- und in das Landestarifregister eingetragen. Zu der Anrufung der Arbeitsgerichte durch die Gewerkschaft kam es, nachdem der Freistaat Sachsen eine Bindung an das Regelstundenmaß ablehnte und einseitig die Regelstundenzahl heraufgesetzt hatte.

b) Urteilsbegründung

Unabhängig von den sonstigen Fragen dieses Verfahrens findet hier nur eine grundsätzliche Auseinandersetzung mit den zur rechtlichen Bewertung dieser Vereinbarung angeführten Argumenten statt.

aa) Entscheidungsgründe des LAG Sachsen

Nach Ansicht des Sächsischen Landesarbeitsgerichts können tariffähige Koalitionen, um die unmittelbare und zwingende Wirkung des § 4 Abs. 1 TVG zu vermeiden, auch nicht normative Regelungen treffen. Dies gelte auch für Regelungsgegenstände, die in den Bereich des § 1 Abs. 1 TVG fielen. Art. 9 Abs. 3 GG verpflichte die Tarifparteien nicht, die in § 1 Abs. 1 TVG genannten Regelungsgegenstände ausschließlich durch Tarifvertrag zu regeln. Das LAG hat die rechtliche Qualifizierung der Vereinbarung offengelassen: Es bedürfe diesbezüglich keiner Entscheidung, denn wenn es sich nicht um einen Tarifvertrag handele, dann doch um einen schuldrechtlichen Koalitionsvertrag zugunsten Dritter im Sinne des § 328 BGB, aus dem die im Verfahren geltend gemachten Forderungsrechte erwachsen würden[146].

bb) Entscheidungsgründe des BAG

Nach Ansicht des BAG konnte die rechtliche Bewertung der Vereinbarung nicht dahinstehen. Denn die in § 4 Abs. 1 TVG angeordnete Wirkung tarifvertraglicher Inhaltsnormen unterscheide sich grundlegend von den Rechtswirkungen eines Vertrages zugunsten Dritter[147]. Dem BAG zufolge ist die Vereinbarung vom 15.6.1992 kein Tarifvertrag i.S. des § 1 TVG.

---

146 LAG Sachsen, LAGE § 1 TVG Nr. 6, S. 1 f. = AuA 1996, 33.

147 BAG, NZA 1998, 654, 657.

Allein die Bezeichnung als "Vereinbarung" hätte einer Bewertung als Tarifvertrag beim Vorliegen der entsprechenden sachlichen Voraussetzungen nicht im Wege gestanden. Entscheidend für die Beurteilung des BAG war aber der "erklärte anderslautende Wille der Vertragsparteien", der sich "mit einer jeglichen Zweifel ausschließenden Eindeutigkeit" aus Niederschriftserklärung zu dieser Vereinbarung ergeben habe. Der darin vorgesehenen Vorlage an das Sächsische Kabinett zwecks Entscheidung, ob eine entsprechende tarifliche Regelung angestrebt werden solle, hätte es nicht bedurft, wenn die Vereinbarung nach dem Willen der Vertragsparteien bereits Tarifvertragsqualität gehabt hätte. Dieser Wille der Tarifparteien stehe einer Einordnung als Tarifvertrag zwingend entgegen. Die Tatsache der unzulässigerweise erfolgten Eintragung in das Tarifregister könne daran nichts ändern[148].

Indes fehlen im Urteil des BAG Ausführungen zu der Frage, warum der erklärte Wille der Vertragsparteien die Bewertung als Tarifvertrag selbst beim Vorliegen der sachlichen Voraussetzungen unmöglich mache. Anstatt eine eigene tragfähige Begründung zu entwickeln, verweist das BAG statt dessen die in der Literatur von Gamillscheg und von Plander vertretenen Auffassungen.

Bei einer Auseinandersetzung mit diesen beiden Autoren zeigt sich jedoch, daß sich die vom BAG vertretene Auffassung keineswegs mit den von Gamillscheg und Plander vertretenen Auffassungen stützen läßt, Plander sogar in der Kernaussage völlig entgegengesetzter Ansicht ist. Dies ist bei der bislang veröffentlichten Entscheidungsanmerkung zu diesem Urteil und den Vertretern der Literatur, die dieses Urteil aufgegriffen haben, nicht gesehen worden[149].

Dabei hat Plander 1995 für den schließlich vor dem BAG unterlegenen Landesverband Sachsen der Gewerkschaft Erziehung und Wissenschaft zu diesen Fragen ein Rechtsgutachten für die zweite Instanz vor dem LAG Sachsen angefertigt[150], das dem BAG bei seiner Entscheidung auch vorlag. Das BAG sah jedoch einen Widerspruch zwischen der im Gutachten vertretenen Ansicht und den sonstigen veröffentlichten Schriften Planders, auf welche sich das BAG in seinem Urteil dann auch berufen hat.

Die von beiden Autoren vertretenen Ansichten werden im Anschluß noch ausführlich dargestellt und analysiert. Vorweg kann aber schon gezeigt werden,

---

148 BAG, NZA 1998, 654, 657.

149 Vgl. Oetker, AuA 1999, 233, 234; Stoffels, ZfA 1999, 49, 136 f.; Wiedemann, TVG, § 1 Rn. 22 (Fn. 39 u. 42); Zachert, Festschrift Hanau, S. 137, 141.

150 Plander, Rechtsgutachten betr. die Entscheidung des Arbeitsgerichts Dresden - 2 Ca 8434/93 - vom 12. September 1995.

daß die vom BAG zur Stütze dieser Entscheidung vorgenommene Interpretation der von Gamillscheg und Plander vertretenen Auffassungen fehlerhaft ist.

aaa) Der Verweis des BAG auf Gamillscheg

An der vom BAG zitierten Stelle führt Gamillscheg die sogenannten "außertariflichen Sozialpartner-Vereinbarungen" der Chemischen Industrie als Beispiel dafür an, daß die Sozialpartner zuweilen Vereinbarungen schlössen, die sie ausdrücklich nicht als Tarifverträge oder Teile davon gewertet wissen wollten[151].

Es fehlt jedoch an einer rechtlichen Stellungnahme, ob und wenn ja, aus welchen Gründen in diesen Fällen dem Willen der Tarifparteien bei der rechtlichen Bewertung zu folgen ist.

Zu beachten ist, daß es bei dem überwiegenden Teil der "außertariflichen Sozialpartner-Vereinbarungen" in der Chemischen Industrie an einem Rechtsbindungswillen der Beteiligten fehlt. Vom Fehlen des Rechtsbindungswillens ist das BAG aber bei der von ihnen zu prüfenden Vereinbarung nicht ausgegangen, sondern hat den Vertrag vielmehr als rechtlich verbindlichen schuldrechtlichen Vertrag zugunsten Dritter bewertet.

bbb) Der Verweis des BAG auf Plander

(1) Die vom BAG zitierten Literaturstellen

Das BAG interpretiert auch die von ihm zitierte Meinung Planders unzutreffend[152].

Ob ein Tarifvertrag gegeben ist, ermittelt Plander nach der von ihm aufgestellten Definition allein anhand sachlicher Kriterien. Bei deren Vorliegen störe auch eine bewußt anderslautende Bezeichnung durch die Tarifparteien nicht, wenn diese der vom Sachverhalt her gebotenen Qualifizierung nicht entspreche. Darin unterscheide sich das Tarifvertragsrecht nicht vom sonstigen Vertragsrecht. Ansonsten könnten die Vertragsparteien allein mit Hilfe einer fehlerhaften Bezeichnung die sich aus der Einordnung als Tarifvertrag ergebenden rechtlichen Folgen umgehen[153].

Das bedeutet, daß selbst wenn die Vertragsparteien mittels der bewußt gewählten Bezeichnung zum Ausdruck bringen wollten, daß sie keinen Tarif-

---

151 vgl. Gamillscheg, Kollektives Arbeitsrecht, S. 510.
152 vgl. BAG, NZA 1998, 654, 657.
153 Plander, Festschrift Kehrmann, S. 295, 303.

vertrag abschließen wollten, dieser Wille beim Vorliegen der objektiven Voraussetzungen irrelevant sein soll.

Auch anstatt selbst Gründe für einen entsprechenden, gegen den Abschluß eines Tarifvertrages gerichteten Vertragswillen zu nennen, verweist das BAG auf Plander. An der zitierten Stelle[154] führt Plander aber lediglich die Motive der Beteiligten an, aus denen diese zum Abschluß einer außertariflichen Vereinbarung bestrebt sein könnten. In seiner rechtlichen Bewertung der daraus hervorgegangenen Koalitionsvereinbarungen sieht sich Plander aber in keinster Weise an die Motive und Einschätzung der Beteiligten gebunden.

In seiner Auslegung der von Plander vertretenen Meinung geht das BAG noch weiter fehl, wenn es ihm unterstellt, daß auch er die Bewertung der Vereinbarung vom 15.6.1992 als nichttariflichen Vertrag für richtig halte und diese als Beispiel für eine nichttarifliche Übereinkunft anführe[155]. Richtig ist, daß Plander die Vereinbarung vom 15.6.1992 auflistet. Er merkt jedoch ausdrücklich an, daß er keine abschließende rechtliche Qualifizierung der einzelnen von ihm angesprochenen Vereinbarungen vornehmen will[156]. Tatsächlich geht er an späterer Stelle im Zusammenhang mit der Entscheidung des Sächsischen LAG vom 12.9.1995 noch einmal auf die Vereinbarung vom 15.6.1992 ein. Er lehnt jedoch die Auslegungsvariante, die das BAG bezüglich des auf die Regelstundenzahl Bezug nehmenden Vereinbarungsteils für richtig erachtete, ausdrücklich ab. Man könne nicht davon ausgehen, daß sich die Gewerkschaft auf eine Abrede habe einlassen wollen, die von der Gegenseite durch Erhöhungen der Regelstundenzahl einseitig zum Einsturz habe gebracht werden können[157].

(2) Planders Rechtsgutachten

Auch in seinem Gutachten, daß dem BAG bei seiner Entscheidung vorlag, hat Plander deutlich zum Ausdruck gebracht, daß die Formulierung, "die Partner der Teilzeitvereinbarung hätten keinen Tarifvertrag schließen wollen", mehrdeutig ist. Es bedürfe vor einer rechtlichen Erörterung der Klarstellung, in welchem Sinne diese Feststellung zu verstehen sei.

Plander hat dabei drei Alternativen aufgezeigt, wie diese Formulierung in diesem Zusammenhang interpretiert werden kann:

---

154 Plander, Festschrift Kehrmann, S. 295, 300 ff.

155 vgl. BAG, NZA 1998, 654, 657 mit Verweis auf Plander, Festschrift Kehrmann, S. 297.

156 Plander, Festschrift Kehrmann, S. 295, 318 (Fn. 46).

157 Plander, Festschrift Kehrmann, S. 295, 305.

Zum einen könne damit gemeint sein, daß die Beteiligten überhaupt keinen Vertrag und damit auch keinen Tarifvertrag hätten schließen wollen. Oder die Beteiligten hätten noch nicht den eigentlich gewollten Tarifvertrag, sondern lediglich einen Vorvertrag schließen wollen. Die dritte Alternative sei, daß die Beteiligten bereits den gewollten endgültigen Vertrag schließen wollten, daß dieser aber entweder nach seiner wahren Rechtsnatur oder nach ihrer subjektiven Qualifizierung des Rechtsverhältnisses, kein Tarifvertrag, sondern ein Vertrag von anderer Rechtsnatur sein sollte.

Die ersten beiden Interpretationsvarianten der Wendung, die Beteiligten hätten keinen Tarifvertrag schließen wollen, werden von Plander schnell verworfen. Zum einen zeige die Vereinbarung eindeutig den Willen der Beteiligten zur rechtlichen Bindung. Zum anderen habe sich die Vereinbarung ersichtlich nicht darauf beschränkt, Ansprüche der Beteiligten auf Abschluß des entsprechenden Hauptvertrages zu begründen, vielmehr habe die Teilzeitvereinbarung die Regelungen des gewollten "Hauptvertrages" bereits selbst treffen sollen. Diese seien in der Folgezeit auch durchgeführt worden, ohne daß von den Beteiligten vorher noch der Abschluß eines weiteren Vertrages für notwendig erachtet worden wäre.

Insofern könne die Formulierung nur noch dahingehend verstanden werden, die Beteiligten hätten zwar einen Vertrag schließen wollen, dieser sollte aber kein Tarifvertrag sein.

Plander macht auch schon in seinem Gutachten deutlich, daß die Vorstellung der Beteiligten, ihre Vereinbarung sei kein Tarifvertrag, das tatsächliche Vorliegen eines solchen keineswegs ausschließe. Es komme nicht auf die von den beteiligten gewählte Bezeichnung und / oder die von ihnen für zutreffend erachtete rechtliche Qualifizierung an, sondern auf die der Sache nach gebotene rechtliche Bewertung.

Plander kommt in seinem Gutachten zu dem Schluß, daß die umstrittene Teilzeitvereinbarung die sachlichen Merkmale eines Tarifvertrages aufweist. Bei seiner Prüfung der rechtlichen Merkmale eines Tarifvertrages geht er insbesondere auf die Vorstellung ein, daß nur solche Vereinbarungen ein Tarifvertrag sein können, die auch normative Abreden enthalten[158]. Diese Voraussetzung

---

158 Zu beachten ist, daß Plander in seinem 1995 gefertigten Rechtsgutachten noch nicht seine später entwickelte Auffassung vertritt, daß ein Tarifvertrag zwingend einen normativen Teil enthalten müsse. Ein Widerspruch zu seiner später vertretenen Auffassung (vgl. Plander, ZTR 1997, S. 145 ff.; derselbe in: Festschrift Kehrmann, S. 295, 303) entsteht jedoch deshalb nicht, weil Plander auch normative Regelungen enthalten sieht und damit alle Voraussetzungen eines Tarifvertrages als gegeben erachtet: vgl. Plander, Rechtsgutachten, S. 8, (Fn. 7).

von "auch normativen Abreden" sieht Plander erfüllt. Er sieht in den in der Teilzeitvereinbarung enthaltenen Regelungen zum Kündigungsschutz und der Vereinbarung zur Vergütung von Mehrarbeit normativ wirkende Ansprüche der Beschäftigten begründet. Unerheblich für die rechtliche Qualifizierung der Vereinbarung sei insofern, ob die Regelung zur Arbeitszeit selbst schuldrechtlich oder normativ wirke.

Von daher läßt dieses Ergebnis von Planders Rechtsgutachten keinen Widerspruch zu seiner später in wissenschaftlichen Veröffentlichungen vertretenen Meinung erkennen.

ccc) Interpretationsvarianten der vom BAG gebrauchten Formulierung

Das BAG läßt unbeeindruckt von den Ausführungen Planders in seinem Rechtsgutachten die objektiv gebotene Bewertung als Tarifvertrag am entgegenstehenden eindeutig erklärten Willen der Vertragsparteien scheitern[159]. Es bleibt offen, warum das BAG für die Bewertung eines Vertrages als Tarifvertrag zwar nicht dessen Benennung mit diesem Begriff durch die Vertragsparteien voraussetzt, eine Grenze jedoch da zieht, wo diese Qualifizierung dem erklärten Willen der tariffähigen Vertragsparteien widerspricht[160]. Die Ausführungen des BAG über den Einfluß des Willens der Tarifparteien auf die Rechtsnatur des Tarifvertrages lassen sich zusätzlich zu den bereits von Plander in seinem Gutachten ausgeschlossenen Interpretationsvarianten noch immer in zwei Richtungen interpretieren:

Der maßgebliche Leitsatz und die entsprechende Passage der Urteilsbegründung vermitteln zunächst den Eindruck, daß allein der erklärte Wille der Vertragsschließenden die rechtliche Qualifizierung als Tarifvertrag ausschließen könne. Die Vereinbarung besitze nur deshalb nicht die Rechtsnatur eines Tarifvertrages, weil die Tarifparteien keinen Tarifvertrag wollten. Wenn das BAG in diesem Sinne zu verstehen wäre, hätte das BAG den entgegenstehenden Willen der Tarifvertragsparteien als "negatives Tatbestandsmerkmal" für die Definition eines Tarifvertrages verstanden. Ein Tarifvertrag wäre bei dieser Sichtweise wie folgt zu definieren:

Der Tarifvertrag muß die bereits oben dargestellten objektiven Kriterien erfüllen, und der Wille der Tarifparteien darf einem Tarifvertrag nicht entgegenstehen.

---

159 Vgl. BAG, NZA 1998, 654, 657.

160 Vgl. die treffende Zusammenfassung der BAG-Ansicht durch Stoffels, ZfA 1999, 49, 137.

Für gewöhnlich bestimmen die Parteien mit ihrem Willen jedoch allein den Inhalt des Vertrages. Die rechtliche Bewertung des objektiven Inhalts als solche unterliegt aber nicht mehr dem Willen der Tarifparteien. Einen bestimmten Willen der Vertragsparteien als "negatives Tatbestandsmerkmal" und nicht allein den durch den Willen der Vertragsparteien geformten objektiven Vertragsinhalt bei der rechtlichen Qualifizierung zu berücksichtigen, wäre zumindest nach den allgemeinen vertragsrechtlichen Regeln mehr als ungewöhnlich.

Insofern ist auch denkbar, daß das BAG den ausdrücklichen Willen der Tarifparteien, keinen Tarifvertrag abschließen zu wollen, nicht als eigenständiges "negatives Tatbestandsmerkmal" aufgefaßt hat. So legen die Ausführungen des BAG zur Notwendigkeit einer Abgrenzung von Tarifvertrag und "Koalitionsvertrag" den Schluß nahe, daß das BAG unter einem Tarifvertrag nur einen Normenvertrag verstanden hat, und die Möglichkeit eines rein schuldrechtlichen Tarifvertrages gar nicht erwogen wurde. Denn das BAG weist nur auf die unterschiedliche Wirkung tarifvertraglicher "Inhaltsnormen" im Vergleich zu den Rechtswirkungen eines Vertrages zugunsten Dritter hin[161], grenzt aber nicht schuldrechtliche Tarifverträge von außertariflichen Koalitionsverträgen ab. Die Frage, ob es sich auch um einen schuldrechtlichen Tarifvertrag handeln könnte, wird so in der Entscheidung des BAG nicht aufgeworfen.

Von daher könnte der entgegenstehende Wille der Tarifparteien deshalb relevant sein, weil darin das Fehlen eines "Normsetzungswillens" zum Ausdruck kommt. Bei dieser Interpretation der BAG Entscheidung hätte die Vereinbarung zwischen den Koalitionen deshalb nicht die Rechtsnatur eines Tarifvertrages, weil von den Koalitionen kein Normenvertrag gewollt war und nach der Vorstellung des BAG ein rein schuldrechtlicher Koalitionsvertrag ohne Normen kein Tarifvertrag sein kann. Ein normativer Teil wäre bei dieser Sichtweise ein unverzichtbares Merkmal eine Tarifvertrages.

Anders als die Vorinstanz, das LAG Sachsen, ist das BAG aber mit keinem Wort darauf eingegangen, daß es den Vertragsschließenden vor allem um die Vermeidung der unmittelbaren und zwingenden Wirkung des § 4 I TVG gegangen sein dürfte[162]. Explizit hat sich das BAG auch nicht zu dieser Definition eines Tarifvertrages als einem "Normenvertrag" bekannt, die auch im

161 Vgl. BAG, NZA 1998, 654, 657.
162 Vgl. LAG Sachsen, LAGE § 1 TVG Nr. 6, S. 1.

Widerspruch zur früheren Rechtsprechung des BAG[163] sowie zur herrschenden Literaturmeinung[164] steht.

Diese Definition des Tarifvertrages entspricht zwar der noch im einzelnen darzustellenden Meinung von Plander, den das BAG zwar auch zitiert, ohne jedoch auf Planders Gedanken zur Notwendigkeit des Normsetzungswillens einzugehen oder Stellung zu dieser nur von einer Minderheit vertretenen Definition eines Tarifvertrages zu nehmen.

Es ist unwahrscheinlich, daß das BAG in seiner Entscheidung die Mindermeinung Planders zur Definition eines Tarifvertrages übernehmen wollte. Diese stünde auch im Widerspruch zu der hier vertretenen Ansicht, nach der rein schuldrechtliche Tarifverträge ohne normativen Teil möglich sind.

Insofern bedarf es nur noch einer Auseinandersetzung mit der Möglichkeit, daß das BAG den Willen der Tarifparteien zum Abschluß einer außertariflichen Vereinbarung als negatives Tatbestandsmerkmal für einen Tarifvertrag wertet.

Eine abschließende Stellungnahme dazu kann erst erfolgen, nachdem dargestellt wurde, welche Meinung die vom BAG angeführten Autoren Plander und Gamillscheg im Zusammenhang mit außertariflichen Koalitionsverträgen tatsächlich vertreten. Diese Darstellung soll jetzt im Anschluß zusammen mit den sonst in der Literatur zu außertariflichen Vereinbarungen und ihrer Abgrenzung von Tarifverträgen vertretenen Ansichten erfolgen.

IV. Rechtliche Einordnung außertariflicher Vereinbarungen in der Literatur

Außertarifliche Vereinbarungen, soweit sie in der Literatur Erwähnung finden, werden durchweg als grundsätzlich zulässig erachtet. Zumeist wird auch die von den Tarifparteien gewünschte Zuordnung in den außertariflichen Bereich unkritisch übernommen.

---

163 Vgl. BAG, Urteil v. 31.10.1958 – 1 AZR 632/57, BAGE 6, 321, 340 f. = AP Nr. 2 zu § 1 TVG Friedenspflicht; siehe dazu auch die Entscheidungsanmerkung von Erich Molitor in SAE 1959, 61, 62, der den normativen Teil für wesentlich hält; BAG, Beschluß v. 25.8.1982 – 4 AZN 305/82, BAGE 39, 346, 347; BAG, Urteil v. 25.1.1989 – 5 AZR 43/88, BAGE 61, 27, 37.

164 Vgl. Zachert in: Kempen/Zachert, TVG, § 1 Rn. 362 f.; Wiedemann, TVG, § 1 Rn. 7; Gamillscheg, Kollektives Arbeitsrecht, S. 625.

Fraglich ist, wie in der Literatur die Abgrenzung von außertariflichen Koalitionsverträgen zu Tarifverträgen vorgenommen wird und welche Rolle dabei der ausdrücklich erklärte Wille der Beteiligten bei der rechtlichen Bewertung spielt.

Dabei soll in der nachfolgenden Darstellung zwischen solchen Autoren, die eine eigene Bewertung der sogenannten "außertariflichen Sozialpartner-Vereinbarungen" der Chemischen Industrie und ähnlicher Vereinbarung anhand eigener Kriterien vornehmen und solchen Autoren, die die Einschätzung der Tarifparteien unkritisch übernehmen, unterschieden werden.

1) Außertarifliche Vereinbarung in der kritischen Prüfung

a) Plander

aa) Darstellung

Die bislang umfassendste und auch kritischste Auseinandersetzung mit außertariflichen Koalitionsvereinbarungen wurde bislang von Plander vorgenommen[165]. Dabei stehen im Vordergrund seiner Untersuchung nichttarifliche Vereinbarungen zwischen den Gewerkschaften und Trägern öffentlicher Gewalt. Insbesondere setzt sich Plander mit folgenden Formen "nichttariflicher" Übereinkommen auseinander: Übereinkünfte zur Verwaltungsreform, mitbestimmungsergänzende Übereinkünfte nach Landespersonalvertretungsrecht, Übereinkünfte über die Beschäftigungsbedingungen von Lehrkräften oder die Beteiligung von Spitzenorganisationen an allgemeinen beamtenrechtlichen Regelungen bis hin zu "Bündnissen für Arbeit" oder die zwischenzeitlich überholte Kooperationsvereinbarung zur Länderfusion Berlin-Brandenburg[166]. Diese besondere Konstellation mit einem Träger von Staatsgewalt als Vertragspartei wirft Sonderprobleme auf, die hier nicht von Bedeutung sind.

Planders Analyse dieser Probleme und die in diesem Zusammenhang von ihm aufgestellten Thesen besitzen jedoch auch Aussagekraft für das "Grundproblem" außertariflicher Koalitionsvereinbarungen. Die von ihm aufgestellten Kriterien, nach denen sich die Rechtsnatur solcher Vereinbarungen richte, sind deshalb ganz allgemein auch für die Vereinbarungen im Bereich der Privatwirtschaft von besonderem Interesse.

Weiterhin gilt es bei Plander eine Besonderheit zu beachten. Er geht bei seinen Untersuchungen von der Prämisse aus, das rein schuldrechtliche Tarifverträge, die keinen normativen Teil enthalten, nicht möglich sind[167].

---

165 Vgl. Plander, Festschrift Kehrmann, S. 295 ff.

166 Vgl. Plander, Festschrift Kehrmann, S. 295 ff.

167 Vgl. Plander, Festschrift Kehrmann, S. 295, 302 f.

Allgemein betrachtet stehen im Vordergrund seiner Untersuchung Abreden, die entweder keine Tarifverträge sind oder - davon zu unterscheiden - die die Beteiligten doch nicht als solche bezeichnen und die nach dem Willen zumindest eines der Vertragspartner von den Gerichten auch nicht nachträglich im Falle eines Prozesses als Tarifverträge qualifiziert werden sollen[168].

Dabei arbeitet er fünf Motive für die Entscheidung heraus, Verhandlungsergebnisse nicht in Tarifverträgen bzw. nicht in als "Tarifverträge" bezeichneten Vereinbarungen, sondern in sonstigen "Übereinkünften" festzuhalten:

- Die Vertragsparteien könnten sich aus Unkenntnis oder aus Zweifeln an der Zulässigkeit eines rein schuldrechtlichen Tarifvertrags zum Abschluß einer sonstigen Vereinbarung veranlaßt sehen[169].
- Ein Grund könnte auch sein, daß der Inhalt der Vereinbarung nicht vom Umfang der Tarifmacht umfaßt ist oder dieser Punkt zumindest zwischen den Parteien ungewiß oder streitig ist. In derartigen Fällen könnten die Parteien eine Übereinkunft von anderer Rechtsnatur und/oder Bezeichnung schließen, um gleichwohl zu einer Übereinkunft zu kommen[170].
- Ein Grund, die Bezeichnung "Tarifvertrag" nicht zu verwenden, sondern statt dessen andere Bezeichnungen zu gebrauchen, könnte auch die Gleichgültigkeit der Praxis gegenüber der Frage sein, wie die Übereinkunft letztendlich rechtlich zu qualifizieren wäre[171].
- Die Vertragsparteien könnten sich auch aufgrund ihrer Satzung oder vertraglichen Absprachen am Abschluß eines Tarifvertrages gehindert sehen. Als ein Beispiel kommt die Verpflichtung einer Gewerkschaft gegenüber einer anderen Gewerkschaft, dieser die Federführung in Tariffragen zu überlassen, in Betracht. Gleichwohl könnten sie das Bedürfnis nach einer Vereinbarung haben und sie zur Wahl einer anderen Bezeichnung oder Vertragsart veranlassen[172].
- Auch der Wunsch, die Durchsetzung ihres Anliegens mittels Arbeitskampf zu verhindern, kann Hintergrund für die "Vermeidung" eines Tarifvertrages sein. Auch hier können wieder Zweifel der Partner an der tariflichen Regelungsmöglichkeit eine Rolle spielen, sofern es sich nicht schon um eine tatsächlich nicht tariflich regelbare Angelegenheit handelt. Unter Umständen soll jedoch mit dem Verzicht auf eine als "Tarifvertrag" bezeichnete Regelung auch signalisiert werden, daß von der Möglichkeit

168 Vgl. Plander, Festschrift für Kehrmann, S. 295.
169 Plander, Festschrift Kehrmann, S. 295, 300 f.
170 Plander, Festschrift Kehrmann, S. 295, 301.
171 Plander, Festschrift Kehrmann, S. 295, 301.
172 Plander, Festschrift Kehrmann, S. 295, 301.

eines unter Umständen zulässigen Arbeitskampfes kein Gebrauch gemacht werde[173].

Die Auflistung dieser Motive bedeutet jedoch nicht, daß Plander sich in seiner rechtlichen Bewertung derartiger Übereinkünfte auch an die Vorstellungen der Vertragsparteien gebunden sieht und deren Einschätzung unkritisch übernimmt. Vielmehr nimmt er anhand sachlicher Kriterien seine eigene rechtliche Bewertung vor. Dabei unterscheidet er zwischen

- informellen Absprachen ohne Rechtsbindungswillen,
- "Richtlinienverträgen", die die Beteiligten zum Einsatz für die Umsetzung verpflichten,
- schuldrechtlichen Kollektivverträgen, mit denen weitergehende Verpflichtungen der Tarifparteien begründet werden und schließlich
- Tarifverträgen[174].

Seine Abgrenzung dieser verschiedenen Formen von "Übereinkünften" richtet sich dabei nach sachlichen Kriterien. Nach seiner Definition eines Tarifvertrages bedarf ein Tarifvertrag zwingend eines normativen Teils. Verträge rein schuldrechtlichen Inhalts könnten von daher keine Tarifverträge sein, selbst wenn sie sonst alle sachlichen Merkmale eines Tarifvertrages erfüllten. Seien jedoch alle die von ihm geforderten Merkmale eines Tarifvertrages gegeben, so handele es sich unabhängig von der von den Vertragsparteien gebrauchten Bezeichnung um einen Tarifvertrag. Wie auch sonst im Vertragsrecht komme es neben der vom Sachverhalt her gebotenen rechtlichen Qualifizierung auf die Bezeichnung nicht an. Ansonsten könnten sich die Beteiligten allein anhand einer fehlerhaften, unter Umständen sogar bewußt gewählten Bezeichnung den besonderen Rechtsfolgen entziehen. Das betreffe die prozessualen Konsequenzen nach §§ 2 Abs. 1 Nr. 1, 64 Abs. 3 Nr. 2a, 72a Abs. 1, 101 ff ArbGG ebenso wie die Möglichkeit der Erstreikbarkeit der Abreden. Ebensowenig ließen sich durch eine fehlerhafte Bezeichnung solche vertraglichen Bindungen umgehen, die die Tarifparteien in Bezug auf tarifliche Abreden gegenüber einem anderen Arbeitgeberverband oder Gewerkschaften eingegangen worden seien. Werde durch derartige Bindungen der Abschluß eines Tarifvertrages verboten, so umfasse dieses Verbot alle Vereinbarungen, die rechtlich Tarifverträge seien, auch wenn diese vielleicht nicht als solche bezeichnet würden. Die Wirksamkeit eines solchen Tarifvertrages werde durch die anderweitige vertragliche Bindung, die den Abschluß eines Tarifvertrages untersage, aber nicht berührt[175].

---

173 Plander, Festschrift Kehrmann, S. 295, 301 f.

174 Vgl. Plander, Festschrift Kehrmann, S. 295, 302 ff.

175 Plander, Festschrift Kehrmann, S. 295, 303.

Der Wille der Vetragsparteien spiele aber an anderer Stelle eine Rolle. Denn ein Tarifvertrag erfordere wie alle Verträge einen übereinstimmenden Rechtsbindungswillen der Vertragspartner. Dieser Wille zur rechtlichen Bindung fehle den Beteiligten, wenn mit der "Übereinkunft" weder wechselseitige noch einseitige Ansprüche auf Erfüllung noch Sekundärrechte im Falle der Nichterfüllung begründet werden sollten und sie auch keine Vertragsstrafenverpflichtung eingehen, kein Zurückbehaltungsrecht einer Seite für den Fall begründen wollten, daß die andere Partei eine rechtlich nicht geschuldete Leistung nicht erbringen sollte, und sie sich von daher auch keinerlei Klagen oder der Zwangsvollstreckung in diesem Zusammenhang aussetzen wollten[176]. In einem solchen Fall könne kein Tarifvertrag vorliegen, vielmehr handele es sich um eine rechtlich unverbindliche, informelle Absprache, ein sogenanntes "gentlemen`s agreement"[177].

Ob der Wille der Beteiligten auf eine informelle Absprache oder auf eine rechtlich verbindliche Vereinbarung gerichtet gewesen sei, müsse jeweils im Wege der Auslegung ermittelt werden. Denkbar sei es, daß sich ein "Verständigungspaket" aus unverbindlichen und verbindlichen Teilen zusammensetze. Man könne nicht ausschließen, das in einer Urkunde enthaltene Erklärungen teils als rechtlich bindend, teils als nur unverbindlich gewollt seien. Jedoch müsse mit der Annahme, einzelne Elemente eines zusammenhängenden und insgesamt unzweifelhaft verbindlichen Vertragstextes könnten ohne Rechtsbindungswillen erklärt worden sein, vorsichtig umgegangen werden[178].

Als derartige informelle Absprachen stuft Plander auch die gemeinsamen Empfehlungen und Hinweise von Gewerkschaften und Arbeitgeberverbänden ein, so wie sie in der Chemischen Industrie vorkommen[179].

Informelle Absprachen könnten aber auch die Grundlage von nachdrücklicher formulierten "gemeinsamen Erklärungen" und aufeinander abgestimmten Verhaltensweisen sein. Als Beispiel nennt er Maßnahmen einer Partei, deren Verwirklichung aber nach dem Willen der Beteiligten die vorherige Umsetzung einer Maßnahmen der Gegenseite voraussetzt[180].

Auf der nächsten Stufe siedelt Plander solche Übereinkünfte an, in denen zumindest in Bezug auf "weiche Pflichten" ein Rechtsbindungswille vorhanden

176 Plander, Festschrift Kehrmann, S. 295, 304.
177 Plander, Festschrift Kehrmann, S. 295, 304.
178 Plander, Festschrift Kehrmann, S. 295, 304 f.
179 Plander, Festschrift Kehrmann, S. 295, 304.
180 Plander, Festschrift Kehrmann, S. 295, 304.

sei und die von daher als Vertrag zu qualifizieren seien. Als "weiche Pflichten" könnten die Beteiligten einander verbindlich die Bekanntgabe und gegebenenfalls den werbenden Einsatz für die vereinbarten Hinweise, Empfehlungen, Richtlinien oder sonstigen Erklärungen gegenüber den Adressaten, an die sich diese richten, zusagen. Außerdem würden sie sich auf dieser Stufe dazu verpflichten, alles zu Unterlassen, was den Zwecken ihrer Übereinkunft zuwiderliefe. Plander zufolge können derartige Verpflichtungen nicht nur ausdrücklich, sondern auch konkludent übernommen werden. Das wechselseitige Verhalten sei vielfach nach Treu und Glauben mit Rücksicht auf die Verkehrssitte (§ 157 BGB) entsprechend auszulegen[181]. Für diese besondere Form der Vereinbarung übernimmt Plander von Löwisch[182] die Bezeichnung als "Richtlinienvertrag". Daß ein solcher Vertrag, der ausschließlich schuldrechtliche Wirkung habe, kein Tarifvertrag sein könne, begründet Plander mit seiner These, ein Tarifvertrag müsse zwingend einen normativen Teil enthalten.

Entsprechend dieser These stuft Plander auch alle Übereinkünfte als schuldrechtliche Kollektivverträge und nicht als Tarifverträge ein, bei denen die Parteien ihren Rechtsbindungswillen schon in der Wahl ihrer Bezeichnung zum Ausdruck bringen und ausdrücklich von Verträgen und Vereinbarungen sprechen, in denen sie weitergehende Pflichten übernehmen und die gewollte rechtliche Verbindlichkeit auch durch die Vereinbarung fester Laufzeiten und Kündigungsfristen deutlich machen.

Die Abgrenzung dieser Kollektivverträge sui generis von Tarifverträgen muß sich nach Planders Definition nach dem Vorhandensein oder Fehlen eines normativen Teils richten. Von daher müsse zur Abgrenzung geprüft werden, ob nicht zumindest auch normative Regelungen in der Vereinbarung enthalten seien. Gegebenenfalls müsse durch Auslegung ermittelt werden, ob die Beteiligten eine normative Regelung treffen wollten[183].

Bei der Auslegung scheint Plander den Willen der Vertragsparteien vorrangig berücksichtigen zu wollen und orientiert sich mithin an der für Verträge und nicht der für Gesetze geltenden Auslegungsmethode. Insofern ist für ihn das Vorliegen oder Fehlen eines "Normsetzungswillens" maßgeblich für die Abgrenzung von Tarifverträgen und außertariflichen Vereinbarungen.

In der Regel würde sich in den zur Debatte stehenden Fällen ergeben, daß sich die Beteiligten auf schuldrechtliche Abreden beschränken wollten[184]. Dafür

---

181 Plander, Festschrift Kehrmann, S. 295, 306.
182 Vgl. MünchArbR/Löwisch, § 273 Rn. 10, 23.
183 Plander, Festschrift Kehrmann, S. 295, 307.
184 Plander, Festschrift Kehrmann, S. 295, 307.

spreche, daß die Verträge in der Regel schon nicht an die Beschäftigten, sondern nur an die Vertragspartner adressiert seien. Auch wenn eine Abrede ihrem Wortlaut und Inhalt nach durchaus als normativ verstanden werden könnte, könne sich dennoch aus den Umständen ergeben, daß die Parteien ihr tatsächlich nur schuldrechtliche Wirkung geben wollten und sie als Vertrag zugunsten Dritter i.S. vom § 328 BGB wirkt. Etwa wenn die Parteien ausdrücklich im Vertrag bekundeten, daß es sich um keinen Tarifvertrag handele oder erst noch eine tarifliche Regelung angestrebt werden solle, sei es den Parteien um den Ausschluß normativer Wirkung gegangen. Auch die Formulierung, im Falle der Kündigung habe der Vertrag keinerlei Nachwirkung, spreche gegen den Willen der Vertragsparteien zum Abschluß eines Normenvertrages. Auch wenn der Vertragsgegenstand möglicherweise nicht von der Normsetzungsbefugnis nach § 1 Abs. 1 TVG gedeckt sei, etwa bei Beamte betreffenden Vereinbarungen, sei davon auszugehen, daß man sich auf schuldrechtliche Abreden habe beschränken wollen. Gleiches gelte, wenn zusätzlich zu den Tarifvertragsparteien etwa eine Personalvertretung die Vereinbarung mit unterzeichne. Am Normsetzungsprivileg seien Personalvertretungen nicht beteiligt[185].

bb) Stellungnahme

Wenn man Planders Prämisse, ein Tarifvertrag müsse zwingend einen normativ wirkenden Teil enthalten, nicht teilt, dann kann auch die von Plander entworfene Unterscheidung zwischen den verschiedenen Formen von Kollektivverträgen nicht übernommen werden.

Stimmt man der Möglichkeit rein schuldrechtlicher Tarifverträge zu, dann sind die von Plander als schuldrechtliche Kollektivverträge bezeichneten Vereinbarungen als schuldrechtliche Tarifverträge zu qualifizieren, sofern sie von tariffähigen Parteien abgeschlossen wurden und ihr Inhalt sich im Rahmen der Tarifmacht bewegt.

Ähnliches gilt für die Bewertung der von Plander auf der zweiten Stufe eingeordneten "Richtlinienverträge". Auch Plander wertet diese Vereinbarungen, die Durchsetzungspflichten für die Beteiligten enthalten, als Vertrag. Dabei ist nicht der Hauptzweck der Vereinbarung durchsetzbar, sondern nur fördernde Pflichten. Sofern diese Pflichten ausdrücklich und schriftlich übernommen werden, und nicht nur als immanent bzw. konkludent übernommene Pflichten der Vereinbarung entnommen werden müssen, bestehen keine Bedenken, diese Verträge ebenfalls als Tarifverträge zu qualifizieren.

---

185 Plander, Festschrift Kehrmann, S. 295, 307 f.

Nicht ausreichend für einen Tarifvertrag ist jedoch die zweifelhafte konkludente Übernahme solcher Pflichten. Denn durch den Verzicht auf "Hauptpflichten" und unter Umständen die Wahl der Bezeichnung bringen die Parteien zunächst zum Ausdruck, daß sie keine feste Regelung schaffen und diesbezüglich keine gegenseitigen Pflichten eingehen wollen. Darin ist, wie es auch Plander sieht, zunächst nur eine unverbindliche "Übereinkunft" aber noch kein Vertrag zu sehen. Die verbindliche Übernahme "weicher Pflichten" läßt sich im Zusammenhang mit einer solchen Vereinbarung nicht ohne weiteres annehmen. Wollen die Beteiligten den "Bereich des rechtlich Unverbindlichen" wieder verlassen und neben unverbindlichen Empfehlungen schuldrechtliche Verpflichtungen gegenüber der anderen Partei übernehmen, so sollte das im Wortlaut des Abkommens seinen ausdrücklichen Niederschlag finden. Ohne die Aufnahme in den Wortlaut der ansonsten unverbindlichen Übereinkunft sind derartige begleitende, rechtlich bindende Durchsetzungspflichten mittels Auslegung kaum nachweisbar. Ein "Verständigungspaket" aus unverbindlichen und verbindlichen Elementen in einer überwiegend unverbindlichen Übereinkunft ist nach der allgemeinen Lebenserfahrung noch unwahrscheinlicher als in dem von Plander gebildeten Beispiel, in dem eine überwiegend verbindliche Vereinbarung von unverbindlichen Elementen begleitet wird[186].

Ist die Voraussetzung der ausdrücklichen Übernahme von verbindlichen Durchsetzungspflichten in der Vereinbarungsurkunde neben allen weiteren für Tarifverträge geltenden Voraussetzung jedoch erfüllt, liegt ein schuldrechtlicher Tarifvertrag vor.

b) Schlaffke

aa) Darstellung

Schlaffke räumt den Tarifparteien grundsätzlich die Möglichkeit zum Abschluß privatrechtlicher Schuldverträge gemäß § 305 BGB in Form außertariflicher Vereinbarungen ein[187]. Diese Option greife immer dann ein, wenn den Tarifparteien die Vereinbarung einer schuldrechtlichen tariflichen Vereinbarung versagt bleiben müsse[188].

Bei der Auseinandersetzung mit den sogenannten "außertariflichen Sozialpartner-Vereinbarungen" der Chemischen Industrie kommt er jedoch im einzelnen zu durchaus differenzierenden und kritischen Ergebnissen. So hat er sich im Rahmen seiner Arbeit über "Regelungen zur Weiterbildung im Tarifvertrag" insbesondere mit der Stiftung zur Förderung der Weiterbildung in der Chemi-

---

186 Vgl. Plander, Festschrift Kehrmann, S. 295, 304 f.
187 Vgl. Schlaffke, S. 82.
188 Vgl. Schlaffke, S. 82.

schen Industrie und der zugrundeliegenden Rahmenvereinbarung zwischen dem BAVC und der IG Chemie-Papier-Keramik vom 21. Januar 1993 auseinandergesetzt.

Er kommt im Rahmen seiner rechtlichen Würdigung zu dem Schluß, daß die Weiterbildungsstiftung objektiv alle erforderlichen Voraussetzungen für das Vorliegen einer gemeinsamen Einrichtung i.S. des § 4 Abs. 2 TVG erfüllt und ordnet sie auch als eine solche gemeinsame Einrichtung ein[189]. Er stellt zwar die rechtliche Qualifizierung der zugrundeliegenden Rahmenvereinbarung als einen privatrechtlichen Schuldvertrag gemäß § 305 BGB selbst nicht in Frage, trägt aber rechtliche Bedenken vor:

Seiner Ansicht nach hätte die Errichtung der Weiterbildungsstiftung in der Chemischen Industrie aus formeller Sicht nicht durch eine "außertarifliche Sozialpartner-Vereinbarung" erfolgen dürfen[190]. Schlaffke sieht in dieser "rein privatrechtlichen Einigung" einen Widerspruch zu dem abgestuften Regelungssystem des Tarifvertragsgesetzes. Insbesondere aus formalen Gründen gewähre dieses kein Wahlrecht zwischen einer normativen oder obligatorische Regelung auf der einen und einem privatrechtlichen Schuldvertrag auf der anderen Seite. Solange der Inhalt einer Vereinbarung dem sachlich-gegenständlichen Bereich der §§ 1 Abs. 1 bzw. 4 Abs. 2 TVG zugeordnet werden könne, sei als Vertragsform ein Tarifvertrag zu wählen[191]. Dies verlange das Schriftformgebot des § 1 Abs. 2 TVG, dessen Zweck darin liege, den Inhalt der Vereinbarung im Interesse der Tarifparteien, der Normadressaten sowie Dritter klarzustellen und eindeutig festzulegen[192]. Bei einem Wahlrecht der Tarifparteien zwischen einem formgebundenen Tarifvertrag und einem privatrechtlichen Schuldvertrag drohe eine Umgehung dieser Formvorschrift[193].

Auch wenn Schlaffke die Stiftung zur Weiterbildung in der Chemischen Industrie als gemeinsame Einrichtung einordnet[194] und selbst von einer "fehlerhaften Bezeichnung der Vereinbarung" spricht[195], so zieht er aus diesen Erwägungen dennoch nicht den Schluß, die zugrundeliegende Rahmenvereinbarung müsse als tarifliche Vereinbarung qualifiziert werden. Statt dessen sieht er die Wirksamkeit der Vereinbarung nicht beeinträchtigt, da die Tarifparteien die Form des § 1 Abs. 2 TVG berücksichtigt hätten[196].

---

189 Schlaffke, S. 210 ff., 236.
190 Schlaffke, S. 236.
191 Schlaffke, S. 217 und 82.
192 Schlaffke, S. 82.
193 Schlaffke, S. 217 und 82.
194 Vgl. Schlaffke, S. 236.
195 Vgl. Schlaffke, S. 217.
196 Vgl. Schlaffke, S. 217.

bb) Stellungnahme

Schlaffke will den Tarifparteien nicht das Recht einräumen, selbst die rechtliche Einordnung ihrer Vereinbarungen zu bestimmen. Auch geht er davon aus, daß die von ihm geprüfte Vereinbarung alle Voraussetzungen eines Tarifvertrages erfüllt und spricht in diesem Zusammenhang von einer "fehlerhaften Bezeichnung der Vereinbarung"[197]. Dennoch qualifiziert er die zugrunde liegende Vereinbarung nicht als Tarifvertrag. Insoweit fehlt Schlaffkes Argumentation die entscheidende, logische Konklusion.

c) Zachert

aa) Darstellung

Zachert sieht unterhalb der Ebene der anerkannten Tarifverträge noch eine weiter Ebene nichttariflicher, kollektiver Verträge. Als Beispiel für derartige Verträge führt er die in der Chemischen Industrie üblichen, "außertariflichen Sozialpartner-Vereinbarungen" an[198]. Diese unterzieht er im einzelnen einer sorgfältigen Analyse[199]. Unter Berufung auf die jüngste Rechtsprechung des Bundesarbeitsgerichts[200] und den schon vom BAG zitierten Plander[201] stellt Zachert zwei Prämissen auf, von denen er sich bei seiner rechtlichen Einordnung der Sozialpartner-Vereinbarungen leiten läßt[202]:

1. Auch ein von den Tarifparteien als "Vereinbarung" bezeichneter Vertrag sei als Tarifvertrag zu qualifizieren, wenn er der Sache nach als solcher einzuordnen ist.
2. Dabei wirke jedoch der erklärte anderslautende Wille der Beteiligten als Grenze, die einer solchen Bewertung entgegenstehen könne. Dies müsse durch Auslegung des Vertragswillens festgestellt werden.

Diesen beiden Prämissen folgend entwirft Zachert bei seiner rechtlichen Einordnung der Sozialpartner-Vereinbarungen ein differenzierendes Bild[203]:

So sieht er in der "Vereinbarung über Vertrauensleute" vom Januar 1983 eine schuldrechtliche Tarifvereinbarung.

---

197 Vgl. Schlaffke, S. 217.
198 Zachert in: Kempen/Zachert, TVG, § 1 Rn. 366.
199 Zachert, Festschrift Hanau S. 137 ff.
200 BAG (5.11.1997) NZA 1998, 654.
201 Plander, Festschrift Kehrmann, S. 295, 303 ff.
202 Zachert, Festschrift Hanau, S. 137, 141.
203 Zachert, Festschrift Hanau, S. 137, 141.

Die "Empfehlungen zur Standortsicherung und Beschäftigungsförderung" von 1994 und 1996 wertet er als Bestandteil der geltenden Tarifverträge, da diese als Teil des Chemietarifrunden-Gesamtergebnisses entstanden sind. In ihnen sieht er Formulierungen enthalten, die er trotz ihrer recht allgemeinen Fassung für geeignet hält, normative Ansprüche einzelner Betroffener zu begründen. Derartige Ansprüche sieht Zachert beispielsweise in der Vereinbarung von 1994 im Hinblick auf die dort angesprochenen Übernahmemöglichkeiten von Auszubildenden auf einen ausbildungsfremden Arbeitsplatz oder Teilzeitarbeitsplatz gegeben[204].

Bei den "Vereinbarung über den paritätischen Berufsbildungsrat" vom April 1984 und die "Stiftung zur Förderung der Weiterbildung" vom Januar 1993 sieht Zachert die Struktur gemeinsamer Einrichtungen nach § 4 Abs. 2 TVG gegeben, jedoch sähen diese inhaltlich keine Ansprüche der tarifgebundenen Arbeitnehmer und Unternehmer vor[205]. Es bleibt indes offen, ob er die Begründung unmittelbarer Rechtsbeziehungen zu den tarifgebundenen Arbeitnehmern und Arbeitgebern als wesensnotwendig für eine gemeinsame Einrichtung nach § 4 Abs. 2 TVG erachtet und welche Schlußfolgerung er daraus für die Rechtsnatur der angesprochenen gemeinsamen Einrichtungen im einzelnen zieht. Allerdings führt er auch diese Vereinbarung zusammen mit den außertariflichen Vereinbarungen auf[206]. Von daher scheint er diese Einordnung in den außertariflichen Bereich als solche nicht in Frage zu stellen.

Die Zuordnung der "Umweltschutzübereinkunft" vom August 1987 zum außertariflichen Bereich wird von ihm hingegen näher begründet. Da beim Abschluß dieser Vereinbarung auch nichttariffähige Parteien beteiligt waren, könne es sich nicht um einen Tarifvertrag handeln[207].

Überwiegend sieht Zachert in den "außertariflichen Sozialpartner-Vereinbarungen" aber Empfehlungen mit Appellcharakter, die als Richtschnur für die Betriebsparteien dienen sollen, sofern die in den Vereinbarungen behandelten Fragen auf der Betriebsebene akut würden[208].

Die rechtliche Wirksamkeit auch solcher Vereinbarungen, die aus dem Katalog der gesetzlichen Vereinbarungstypen nach dem TVG herausfielen, bezweifelt Zachert dabei nicht. Die den Tarifparteien zugestandene umfassende Gestaltungsfunktion und ihre Bedeutung für die Sozial- und Wirtschaftsordnung des

---

204 Zachert, Festschrift Hanau, S. 137, 141.
205 Zachert, Festschrift Hanau, S. 137, 141 f.
206 Vgl. Zachert, Festschrift Hanau, S. 137, 141 f.
207 Zachert, Festschrift Hanau, S. 137, 141.
208 Zachert, Festschrift Hanau, S. 137, 141.

Gemeinwesens setze voraus, daß den Koalitionen auch außerhalb des Tarifvertrages Regelungsinstrumente zur koalitionsautonomen Einigung zur Verfügung stünden, so daß auch tariffähige Koalitionen nichttarifliche Vereinbarungen treffen könnten[209].

Unter Hinweis auf die Entscheidung des BAG[210] räumt Zachert auch die Möglichkeit von außertariflichen "Koalitionsverträgen zugunsten Dritter" ein. Dabei ist Zachert sogar gewillt, die Möglichkeiten und Wirkungsweise dieser Vereinbarungsform aufzuwerten, indem er, rechtskonstruktiv unter Anwendung der Grundsätze über Verträge zugunsten Dritter i.S. von § 328 BGB, für diese Verträge eine unmittelbare, normähnliche Wirkung zulassen will[211]. Tarifrechtliche Grundsätze seien dabei auch für die rechtliche Beurteilung dieser Vereinbarungen heranzuziehen[212]. Sofern eine Vereinbarung nicht nur den unverbindlichen Charakter einer "Empfehlung" habe, werde dadurch eine Annäherung solcher Vereinbarungen an Tarifverträge bewirkt[213].

Grundsätzlich gibt Zachert aber zu bedenken, daß den Koalitionen dieses Regelungsinstrument nur subsidiär zur Verfügung stehe[214]. Im Hinblick auf den mit dem Schriftformerfordernis verfolgten Schutzzweck sei ein formgebundener Tarifvertrag nur begrenzt gegen den formlos wirksamen einfachen Schuldvertrag austauschbar[215].

bb) Stellungnahme

Indem Zachert den erklärten Willen der tariffähigen Vertragspartner als Grenze einer freien rechtlichen Bewertung und Einordnung von Kollektivverträgen postuliert, unterläuft ihm dieselbe Ungenauigkeit wie schon dem BAG. Er macht nicht deutlich, welches sachliche, objektive Merkmal durch den Parteiwillen derart gestaltet wird, daß eine Qualifizierung als Tarifvertrag nicht mehr möglich ist. Die Frage, wodurch sich der konkrete, durch Auslegung des Vertragswillens zu ermittelnde Vereinbarungsinhalt objektiv von einem Tarifvertrag unterscheidet, bleibt offen.

---

209 Zachert, Festschrift Hanau, S. 137, 142; Zachert in: Kempen/Zachert, TVG, § 1 Rn. 366; so auch Säcker/Oetker, S. 165.

210 BAG (5.11.1997) NZA 1998, 654.

211 Zachert in: Kempen/Zachert, TVG, § 1 Rn. 366; damit wird von Ihm der entsprechende Gedanke Däublers aufgegriffen: Dieser hält es für zulässig, Kollektivverträgen mit Bezug zu den Arbeits- und Wirtschaftsbedingungen begrenzt auf die Mitglieder der vertragsschließenden Parteien normative Kraft zuzusprechen: Däubler, Tarifvertragsrecht, Rn. 1625.

212 Zachert in: Kempen/Zachert, TVG, § 1 Rn. 366.

213 Zachert, Festschrift Hanau, S. 137, 142.

214 Zachert in: Kempen/Zachert, TVG, § 1 Rn. 366; so auch Säcker/Oetker, S. 166 f.

215 Zachert in: Kempen/Zachert, TVG, § 1 Rn. 366; so auch Säcker/Oetker S. 166 f.

Von daher erscheint in den Ausführungen von Zachert der Wille der Beteiligten, eine tarifliche Vereinbarung zu treffen, als eigenständige subjektive Voraussetzung eines Tarifvertrages.

Jedoch ist es nicht der erklärte Wille der an der Vereinbarung Beteiligten als solcher, der eine Bewertung als Tarifvertrag verhindert. Vielmehr ist es der unter Umständen fehlende Rechtsbindungswille, oder, wenn man der Auffassung von Plander folgt und rein schuldrechtliche Tarifverträge ablehnt, der fehlende Normsetzungswille, der einer Qualifizierung als Tarifvertrag entgegensteht. Dies wird von Plander an der von Zachert zitierten Stelle auch deutlich ausgeführt. Zachert lehnt jedoch die Auffassung von Plander, nach der ein normativer Teil für das Vorliegen eines Tarifvertrages notwendig sei, ausdrücklich ab[216]. Folglich kann nach Zacherts Ansicht nicht der fehlende Normsetzungswille der Einordnung als Tarifvertrag entgegenstehen.

Im Zusammenhang mit der von ihm zitierten Entscheidung des BAG[217], in der es um eine definitiv mit Bindungswillen abgeschlossene Vereinbarung ging, ist aber auch fraglich, ob für ihn das Fehlen des Rechtsbindungswillens als Abgrenzungskriterium dienen soll. Seine Ausführungen zu den "außertariflichen Sozialpartner-Vereinbarungen", in denen er überwiegend Empfehlungen mit Appellcharakter sieht, legen zwar nahe, daß er auf das Fehlen des Rechtsbindungswillens abgestellt hat[218]. Jedoch ergibt sich der fehlende Rechtsbindungswille als Abgrenzungskriterium keinesfalls aus der zitierten Entscheidung des BAG.

Im Ergebnis orientiert sich somit auch Zachert an objektiven, von den Tarifvertragsparteien gestalteten Kriterien und weicht in seiner rechtlichen Beurteilung der "außertariflichen Sozialpartner-Vereinbarungen" durchaus von der vordergründigen Einschätzung der Sozialpartner ab.

Zum Teil ist seiner rechtlichen Qualifizierung der einzelnen "außertariflichen Sozialpartner-Vereinbarungen" zuzustimmen, zum Teil leidet diese aber auch unter einer Reihe von Ungenauigkeiten:

Richtig ist, daß der überwiegende Teil der "außertariflichen Sozialpartner-Vereinbarungen" tatsächlich nur Empfehlungen mit Appellcharakter und keine konkreten Verpflichtungen der Tarifparteien beinhaltet und von daher aus den vom TVG vorgesehenen Vereinbarungstypen herausfällt.

---

216 Zachert, Festschrift Hanau, S. 137, 141 Fn. 13.

217 BAG NZA 1998, 654.

218 Vgl. Zachert, Festschrift Hanau, S. 137, 141.

Auch der Einordnung der "Vereinbarung über Vertrauensleute" als schuldrechtlicher Tarifvertrag ist zuzustimmen. Denn diese beinhaltet konkrete Verpflichtungen der Vertragsparteien, so daß bei ihr ein Rechtsbindungswille der Beteiligten feststellbar ist.

Hingegen ist die Ableitung von normativen Ansprüchen aus den "Empfehlungen zur Standortsicherung und Beschäftigungsförderung" von 1994 und 1996 nicht möglich. Das Beispiel, das Zachert aus der Vereinbarung von 1994 anführt, wird wie folgt eingeleitet:

> "Da in der gegenwärtigen Krise nicht in allen Betrieben für alle Auszubildenden genügend Vollzeitarbeitsplätze zur Verfügung stehen, wird auf folgende Möglichkeiten der Erleichterung der Übernahmeproblematik hingewiesen:"

Hier zeigt schon der Wortlaut, daß es sich bei den anschließend aufgeführten Optionen lediglich um unverbindliche Hinweise handeln soll. Zumindest der Umstand, daß die Tarifparteien diesen Teil des Tarifrunden-Gesamtergebnisses nicht in die endgültige Fassung des Tarifvertrages aufnahmen und ihn statt dessen als "außertarifliche Sozialpartner-Vereinbarung" bezeichneten, macht deutlich, daß sie bezüglich dieses Teils keinen Normsetzungswillen hatten. Der dahingehende Wille der Tarifparteien kann nicht ignoriert werden. Von daher können auch keine materiellen Ansprüche einzelner Betroffener aus den Vorschlägen der Tarifparteien abgeleitet werden.

Der Vollständigkeit halber sei hier auch noch der Wortlaut des Vereinbarungsteils angeführt, in dem sich der Hinweis auf die Übernahme von Auszubildenden auf ausbildungsfremde oder Teilzeitarbeitsplätze findet:

> "Wenn im Ausbildungsberuf keine Arbeitsplätze angeboten werden können, andererseits in anderen Berufen Arbeitsplätze vorhanden sind, bietet sich die Übernahme auf einen ausbildungsfremden Arbeitsplatz an.
>
> Als Alternative ist die Möglichkeit der Übernahme auf einen Teilzeitarbeitsplatz in Betracht zu ziehen."

Abzulehnen ist auch die komplette Zuordnung der "Umweltschutzübereinkunft" von 1987 zum außertariflichen Bereich. Denn diese enthält auch die Rahmenvereinbarung, in der vom BAVC und der IG Chemie-Papier-Keramik die Gründung der GIBUCI vereinbart wurde. Bei den Verhandlungen zu dieser Vereinbarung mag zwar der VCI und damit eine nichttariffähige Partei beteiligt gewesen sein, die konkrete Rahmenvereinbarung für die GIBUCI stellt jedoch ein zweiseitiges Abkommen zwischen tarifvertragsfähigen Koalitionen dar.

Auch die "Stiftung zur Förderung der Weiterbildung" und der paritätische Berufsbildungsrat sind ohne die normative Begründung unmittelbarer Rechtsbeziehungen zu den tarifgebundenen Arbeitgebern und Arbeitnehmern als gemeinsame Einrichtungen i.S. von § 4 Abs. 2 TVG zu werten. Denn die Gründung solcher Einrichtungen muß zwangsläufig auf schuldrechtlichem Wege erfolgen. Ob und wann die Parteien nach der Errichtung einer solchen gemeinsamen Einrichtung dann auch Normen i.S. des § 4 Abs. 2 TVG schaffen, muß diesen freigestellt bleiben und ändert an der rechtlichen Bewertung einer solchen gemeinsamen Einrichtung nichts.

Zu kritisieren ist auch die bedenkenlose Zuordnung eines breiten Spektrums unterschiedlichster Vereinbarungstypen zum Bereich der "außertariflichen" Vereinbarung. Die unkritische Ausdehnung dieses Begriffs auch auf schuldrechtliche Verträge zugunsten Dritter und auf der anderen Seite die Notwendigkeit, diese Verträge doch wieder an tarifliche Grundsätze anzunähern, zeigen, wie ungenügend und widersprüchlich eine Einteilung in außertarifliche und tarifliche Koalitionsvereinbarungen ist, die sich frei nach dem Willen der Beteiligten richtet. Welches Bedürfnis sollte nach dem Regelungsinstrument des außertariflichen Koalitionsvertrages bestehen, wenn dann doch wieder eine Annäherung an tarifliche Grundsätze notwendig ist?

So erscheint auch das Bedürfnis nach einem außertariflichen Koalitionsvertrag zugunsten Dritter neben der Möglichkeit der Tarifparteien, einen normativen tarifvertraglichen Anspruch zu schaffen, mehr als zweifelhaft. Auch nach Auffassung der Rechtsprechung ist im Zweifel davon auszugehen, daß die Tarifparteien sich dieser Gestaltungsmöglichkeit nicht bedienen wollten, da sie kraft ihrer Tarifautonomie die Möglichkeit zu unmittelbarer Rechtsetzung nach dem TVG besitzen[219]. Warum dieser Grundsatz dadurch ausgehebelt werden sollte, daß die Tarifparteien nach ihrem erklärten Willen kein Tarifrecht schaffen wollten, aber dennoch präzise Verpflichtungen und Ansprüche begründet haben[220], ist nicht einleuchtend. Wenn die Beteiligten eindeutig keinen Normsetzungswillen hatten, dann ist es unwahrscheinlich, daß sie den Dritten einen eigenen schuldrechtlichen Anspruch einräumen wollten. Eine andere Auslegung wird in aller Regel nicht dem zu ermittelnden Willen der Beteiligten entsprechen. Hinzu kommt, daß diese vertragliche Konstruktion selbst nur in den Fällen eines "Haustarifvertrages" eingreifen könnte. Denn ansonsten würde die vertraglich Dritten eingeräumte Begünstigung auf der Kehrseite für die gegnerische Seite zu einem Vertrag zu Lasten Dritter. Ein solcher Vertrag ist aber nicht möglich.

---

219 Vgl. BAG, Urteil v. 26.1.1983 - 4 AZR 224/80, BAGE 41, 307, 315 = BAG AP Nr. 20 zu § 1 TVG.

220 So aber BAG (5.11.1997), NZA 654, 657.

Hingegen gewinnt das Regelungsinstrument des außertariflichen Koalitionsvertrages deutlichere Konturen, wenn eine klare, objektive Trennlinie zum Regelungsinstrument des Tarifvertrages gezogen wird. Denn für den Regelungsbereich des Tarifvertrages existiert bereits ein Vertragstyp, den der Gesetzgeber inhaltlich mit dem TVG auch weitestgehend spezialgesetzlich ausgestaltet hat und damit ein Instrument der koalitionsautonomen Einigung konkretisiert hat[221]. Von daher gibt es für diesen Bereich nicht die Notwendigkeit, ein weiteres überlappendes Regelungsinstrument zu schaffen. Die den Tarifparteien zuerkannte umfassende Gestaltungsfunktion[222] verlangt auch nicht nach einer Bereitstellung von verschiedenen Regelungsinstrumenten für denselben Bereich, sondern besagt vielmehr, daß den Tarifparteien auch außerhalb des Anwendungsbereichs des Tarifvertrages ein regelungstechnisches Instrument zur Verfügung steht. Insoweit sollen sich die Regelungsbereiche ergänzen, aber nicht überschneiden.

Liegt jedoch inhaltlich bereits ein Tarifvertrag vor, erübrigt sich eine Annäherung an tarifrechtliche Grundsätze. Die Abgrenzung tariflicher und außertariflicher Vereinbarungen frei nach dem Willen der Tarifparteien ist somit ebenso wie ein freies Wahlrecht der Tarifparteien zwischen verschiedenen Regelungsinstrumenten in dem selben Regelungsbereich abzulehnen[223].

c) Heinze

aa) Darstellung

Ungeachtet der Bezeichnung als "außertariflichen Sozialpartner-Vereinbarungen" wertet Heinze mehrere dieser Vereinbarungen der Chemischen Industrie als schuldrechtlich wirkende Tarifverträge[224]. Insofern richtet er sich in seiner rechtlichen Einordnung dieser Vereinbarungen nicht nach dem in der Wahl der Bezeichnung zum Ausdruck kommenden Willen der Chemie-Sozialpartner, sondern nimmt seine Bewertung anhand objektiver Kriterien vor. Indes findet sich bei Heinze keine vertiefte Auseinandersetzung mit "außertariflichen Sozialpartner-Vereinbarungen", so daß sich nicht sagen läßt, ob Heinze zwischen den Sozialpartner-Vereinbarungen differenziert und nur einzelne der verschiedenen Sozialpartner-Vereinbarungen als Tarifvertrag wertet, oder ob er alle diese Vereinbarungen dahingehend einordnet.

Den Vorteil solcher in der Chemischen Industrie bereits erprobter allein schuldrechtlich wirkender Tarifverträge sieht Heinze in dem durch sie entstehenden

---

221 So Säcker/Oetker, S. 166.
222 Vgl. BVerfGE 28, 295, 306.
223 So auch Säcker/Oetker, S. 166.
224 Heinze, DB 1996, 729, 734.

Flexibilisierungsgewinn für die Unternehmen. Auch durch nur schuldrechtliche Tarifverträge würden inhaltliche Vorgaben und damit Maßstäbe gesetzt, es bleibe jedoch den betroffenen, tarifgebundenen Arbeitgebern und Unternehmen überlassen, die schuldrechtlichen Verpflichtungen in ihren Betrieben und Unternehmen ohne die Betriebsräte, die Heinze hier für unzuständig hält, umzusetzen. Inhaltliche Mindeststandards würden weiterhin durch die zuständigen Tarifparteien gesetzt, bei der Konkretisierung der Umsetzung hätten die Unternehmen aber erheblichen Freiraum. Gesichert würde die Umsetzung und damit auch die vorgegebenen Mindeststandards mittels der Einwirkungs- und Durchführungspflicht der Verbände. Insgesamt werde so auf legitime Weise ein zusätzlicher und flexibler Regelungsbereich gegenüber normativ wirkenden Klauseln hinzugewonnen.

Hinsichtlich der Einsatzmöglichkeiten dieses Regelungsinstruments will Heinze auch über die von den Chemie-Sozialpartnern geübte Praxis hinausgehen und nicht nur weniger bedeutsame Inhalte aufgegriffen wissen. Er erachtet den schuldrechtlichen Tarifvertrag als geeignetes Regelungsinstrument selbst für solche Inhalte, die den Kern tariflicher Regelungen ausmachen. Dazu zählten Tariflohnerhöhungen genauso wie Urlaubs- und Arbeitszeitregelungen.

Heinze kann sich insbesondere vorstellen, daß sich ein Arbeitgeberverband gegenüber dem Sozialpartner verpflichtet, im Rahmen seiner Einwirkungs- und Durchführungspflicht bei den eigenen Mitgliedern dafür zu sorgen, daß eine Tariflohnerhöhung mindestens 2,5 % beträgt, sich im Durchschnitt der beschäftigten Arbeitnehmer im Betrieb aber auf 3,5 % beläuft. Diese Vorgehensweise schaffe erheblichen Flexibilisierungsgewinn für die Unternehmen[225]. Dieser Freiraum könne z.B. für die Einführung flexibler und leistungsbezogener Entgeltsysteme in den Unternehmen genutzt werden und auch so zu einer Senkung der Lohnkosten beitragen[226]. Überhaupt sieht Heinze in nur schuldrechtlich wirkenden Tarifverträgen einen Weg, die "verhängnisvolle Schraube der Tariflohnentwicklung" zu unterbrechen[227].

Den durch Tarifverträge ebenfalls bezweckten Arbeitnehmerschutz sieht Heinze dadurch gewahrt, daß zumindest die Drohung eines normativ wirkenden, zur Not durch Arbeitskampf erzwungenen Arbeitskampfes den nötigen Druck zur Einhaltung der schuldrechtlich gesetzten Mindestregelungen schaffe.

---

225 Heinze, DB 1996, 729, 734 f.

226 Heinze, NZA 1997, 1, 8.

227 Heinze, NZA 1997, 1, 8; derselbe, DB 1996, 729, 735.

bb) Stellungnahme

Der von Heinze vertretenen Ansicht ist im Prinzip zuzustimmen. Die rechtliche Qualifizierung der "außertariflichen Sozialpartner-Vereinbarung" kann sich nicht nach der von den Beteiligten gewählten Bezeichnung richten. Seinen Überlegungen sind aber folgende Bedenken entgegenzuhalten:

Die Erfahrungen in der Chemischen Industrie mit "außertariflichen Sozialpartner-Vereinbarungen" beziehen sich auf Inhalte, die nicht den Kernbereich der Tarifpolitik betreffen[228]. Statt dessen handelt es sich bei den von den Chemie-Sozialpartnern aufgegriffenen Themen um solche, zu denen sich, nicht zuletzt wegen fehlender Erfahrung, auch nur schwer ein Konsens über eine beide Seiten zufriedenstellende normative, und damit unmittelbar und zwingend wirkende Lösung finden ließe. Die Chemie-Sozialpartner nutzen die "außertariflichen Sozialpartner-Vereinbarungen" aber nicht, um die materiellen Arbeitsbedingungen zu regeln.

Darüber hinaus handelt es sich bei einer Vielzahl der "außertariflichen Sozialpartner-Vereinbarungen" nur um solche Übereinkünfte, die unverbindlich bleiben und keinen inhaltlichen Mindeststandard festsetzen. Diese sind auch keine autonomen "Regelungen" der Tarifparteien, sondern richten sich gezielt an die Betriebsparteien mit der Aufforderung, eigene betriebsspezifische Regelungen zu entwickeln.

Die anderen Vereinbarungen, bei denen ein entsprechender Rechtsbindungswille für eine verbindlich wirkende Vereinbarung der Vertragsparteien feststellbar ist, sind regelmäßig ausschließlich Selbstpflichten der Tarifparteien; diese haben keine Auswirkungen auf Dritte und ziehen demzufolge auch keine Einwirkungs- und Durchführungspflicht nach sich.

Problematisch erscheint Heinzes Vorschlag, tarifpolitische Kerninhalte mittels schuldrechtlicher Tarifverträge zu regeln. Darunter zu verstehen sind die klassischen Tarifthemen, nämlich Lohn, Arbeitszeit und Urlaub betreffende Regelungen[229]. Auch wenn derartige Regelungen rechtlich möglich sind, so dürften sie in der praktischen Umsetzung doch zu Schwierigkeiten führen.

Würde in dem von Heinze angeführten Beispiel dem tarifgebundenen Arbeitgeber die Entscheidung überlassen, welchen Verteilungsmaßstab er zur Erfüllung des durch seinen Verband zugesagten Durchschnittswertes anlegen will, trüge

---

228 Vgl. Molitor, Festschrift Schlemmer, S. 103, 112; derselbe in: BAVC/ IG Chemie-Papier-Keramik (Hrsg.), Sozialpartner-Forum -Arbeitsplatz Chemie-, S. 109.

229 So auch Molitor, Festschrift Schlemmer, S. 103, 105; derselbe in: BAVC/ IG Chemie-Papier-Keramik, Sozialpartner-Forum -Arbeitsplatz Chemie-, S. 109.

man sozialen Zündstoff sowohl in die Betriebe als auch in die Verbände. Zum einen würde der bei der Umsetzung des schuldrechtlichen Tarifvertrages eingeräumte Entscheidungsspielraum die Möglichkeit mißbräuchlicher Bewertungen eröffnen. Dadurch würde wiederum die Unzufriedenheit der Arbeitnehmer in den einzelnen Betrieben heraufbeschworen, die entweder mit den im Betrieb angelegten Verteilungsgrundsätzen unzufrieden wären oder sich im Vergleich zu anderen Betrieben benachteiligt sähen. Unzufriedenheit unter den Angehörigen eines Betriebes wäre auch deshalb absehbar, weil die mit der Minimumquote und nicht mit der Durchschnittsquote bedachten Mitarbeiter bzw. Lohngruppen die ungleiche Verteilung der Leistungen durch den Arbeitgeber subjektiv als unbefriedigend und ungerecht empfinden würden. Somit wären Verteilungskämpfe in den Betrieben die Folge. Um hier einen ausgewogenen Verteilungsmaßstab zu finden und um den Arbeitgeber zu kontrollieren, wäre im Zweifel nach der geltenden Rechtslage doch wieder der Betriebsrat gemäß § 87 Abs. 1 Nr.10 BetrVG, bzw. bei Urlaubs- oder flexiblen Arbeitszeitregelungen nach § 87 Abs. 1 Nr. 5 und Nr. 2 BetrVG hinzuzuziehen[230]. Der § 87 Abs. 1 S.1 BetrVG stünde dem nicht entgegen, denn eine die Mitbestimmung des Betriebsrates ausschließende tarifliche Regelung über die betriebliche Verteilung der insgesamt zugesagten Leistungen läge ja gerade nicht vor. Die Mitwirkung der Betriebsräte will Heinze nach seinen Vorstellungen jedoch gerade ausschließen[231].

Auch in der Praxis sind ähnliche Vereinbarungen bereits getroffen worden und haben zu den beschriebenen Problemen geführt. So sah der nach dem Schlichter Georg Leber benannte "Leber-Kompromiß", mit dem im Sommer des Jahres 1984 ein Arbeitskampf in der Metallindustrie beendet wurde, eine durchschnittliche Wochenarbeitszeit von 38,5 Stunden vor. Es wurde jedoch den Betriebsparteien überlassen, wie die Verkürzung der Arbeitszeit um 1,5 Stunden im Betrieb konkret umgesetzt werden sollte. Dabei durfte die individuelle Arbeitszeit der Arbeitnehmer von verschiedenen Teilen des Betriebes zwischen 37 und 40 Stunden variieren, solange der betriebliche Durchschnitt eine regelmäßige Wochenarbeitszeit von 38,5 Stunden erreichte. Tatsächlich führte diese Verlagerung einer Regelung auf die betriebliche Ebene nur zu einer Verlagerung des Konfliktes und dort zu erheblichen Schwierigkeiten[232].

---

230 Vgl. BAG Beschluß v. 27.10.92 - 1 ABR 17/92, AP Nr. 61 zu § 87 BetrVG 1972 Lohngestaltung = NZA 1993, 561, 563; Schaub, NZA 1998, S. 617, 623; siehe hierzu auch die grundsätzliche Kritik Heinzes am Mitbestimmungskatalog des § 87 BetrVG angesichts moderner Entwicklungen: Heinze, NZA 1997, 1, 6.

231 Vgl. Heinze, DB 1996, 729, 734.

232 Vgl. Eisold, S. 259 f.; Kissel, NZA 1986, 73, 76 f.

Durch den Einsatz schuldrechtlicher Tarifverträge für Kerninhalte tariflicher Regelungen entstünde auch Unfrieden innerhalb der Verbände[233]. Die Verbände müßten in viel stärkerem Maße als bisher von ihrer Einwirkungs- und Durchführungspflicht gegenüber ihren Mitgliedern Gebrauch machen, um einem Mißbrauch oder der Nichtbeachtung flexibler Regelungen entgegenzuwirken und die Mitglieder an ihre Verbandstreue zu gemahnen. Denn der einzelne Arbeitnehmer könnte die Einhaltung der schuldrechtlich zwischen den Verbänden vereinbarten Mindeststandards nicht mehr direkt von seinem Arbeitgeber einfordern, da diese nicht unmittelbar und zwingend Inhalt des Arbeitsverhältnisses geworden wären. Der Arbeitnehmer könnte somit nicht selbst die zwischen den Verbänden schuldrechtlich vereinbarte Tariflohnerhöhung von mindestens 2,5 % einklagen. Die Verbände könnten dem Arbeitnehmer auch keinen direkten schuldrechtlichen Anspruch gegen den Arbeitgeber zuwenden. Denn der Arbeitgeber ist bei einer Vereinbarung auf Verbandsebene Dritter, und ein Vertrag zu Lasten Dritter wäre unwirksam. Der einzelne Arbeitnehmer müßte sich zur Einforderung seiner Rechte statt dessen an seinen eigenen Verband wenden, der wiederum seinen Vertragspartner, den Verband des sozialen Gegenspielers, zur Einwirkung und Durchsetzung der Vereinbarung auffordern müßte. Dabei kann es aber wiederum zu Spannungen zwischen den Sozialpartnern kommen, durch die deren Verhältnis unnötig belastet würde. Um einen reibungslosen Ablauf zu gewährleisten und um solche Störungen von vornherein auszuschließen, wäre eine stärkere Kontrolle der Verbände gegenüber ihren Mitgliedern notwendig. Eine umfassende Überwachungsfunktion der Verbände gegenüber ihren Mitgliedern verträgt sich jedoch nur schwer mit dem Grundgedanken der Interessenwahrnehmung für diese Mitglieder und dürfte noch stärker als bisher als "abgehobene Vormundschaft" empfunden werden[234].

Diese Vorgehensweise und der so in den Verbänden und in den Betrieben entstehende Zündstoff widerspricht auch dem Grundgedanken tarifautonomer Regelungen durch die Tarifparteien. Denn es soll gerade eine Ordnungs- und Sicherungsfunktion erfüllt werden, die auch den Betriebsfrieden sichert und derartige grundlegende Auseinandersetzungen über Löhne, Urlaubs- und Arbeitszeitregelungen von dieser Ebene fernhält. Entsprechend ist auch die Erwartungshaltung der Mitglieder an ihre Verbände, deren Legitimation auch darin besteht, daß sie diese Funktionen erfüllen können und wollen. Schuldrechtliche Vereinbarungen zu diesen Themen sind für diese Regelungsinhalte unbefriedigend. Sie bieten für den einzelnen Arbeitnehmer nicht die Sicherheit, daß sich sein Arbeitgeber auch tatsächlich an die von den

---

233 Siehe zum Spannungsverhältnis zwischen Verband und einzelnem Unternehmer: Kissel, NZA 1986, 73, 78.

234 Siehe dazu: Heinze, NZA 1997, 1, 8.

Verbänden getroffene Regelung hält, die er aber bei diesen für ihn essentiellen Fragen erwartet. Flexibilität hinsichtlich der Grundsicherung der Arbeitnehmer ist zumindest aus Arbeitnehmersicht kein Gewinn. Bei den tariflichen Kerninhalten ist somit das Setzen eines einheitlichen, unmittelbar und verbindlich wirkenden Minimumstandards durch Tarifnormen vorzuziehen. Schuldrechtliche Tarifverträge sind insofern kein praktikables Mittel zur Regelung "klassischer" Tarifinhalte, sondern weisen gegenüber einer normativ wirkenden Vereinbarung deutliche Nachteile auf.

Zudem ist auch der Hauptansatzpunkt der Kritik am geltenden Tarifvertragssystem ein geringfügig anderer[235]: Die Diskussion um die Flexibilisierung des Tarifvertragswesens kam auf, weil die Regelung der Arbeits- und Wirtschaftsbedingungen durch die Tarifparteien nicht länger als marktkonform und im Einklang mit den gesamtwirtschaftlichen Zielen empfunden wurde[236]. Einheitlich, großflächig und normativ wirkende Regelungen der tariflichen Kerninhalte werden vor allem kritisiert, weil die Leistungsfähigkeit und Wirtschaftskraft der einzelnen Betriebe bei Einheitsregelungen zu wenig Berücksichtigung finden, und nicht etwa weil die verbindlichen Regelungen zu wenig Flexibilität bei der betrieblichen Umsetzung böten[237]. Diese Unterschiede zwischen den konkurrierenden Unternehmen kann aber ebensowenig der Einsatz von schuldrechtlichen Tarifverträgen ausgleichen.

So wäre eine schuldrechtliche Vereinbarung zwischen den Tarifparteien, die zwischen einzelnen Betrieben differenziert und z.B. mindestens eine Tariflohnerhöhung von 2,5 % für alle Arbeitnehmer zusagt, darüber hinaus aber festlegt, daß wirtschaftlich gesündere Unternehmen 3,5 % mehr Lohn zahlen sollen, von vornherein zum Scheitern verurteilt. Der Arbeitgeberverband müßte auf die leistungsstärkeren unter seinen Mitgliedern einwirken und unter diesen durchzusetzen versuchen, daß sie eine höhere Tariflohnsteigerung tragen als schwächere Konkurrenzunternehmen. Für ein solches Verhalten, das höhere Personalkosten verursacht, aber keine weiteren Vorteile für das einzelne Unternehmen mit sich bringen, läßt sich jedoch kein Argument finden, so daß jede Überzeugungsarbeit des Verbandes fehlschlagen muß. Aufgrund des hohen Wettbewerbsdruckes ist kaum zu erwarten, daß einzelne Unternehmen einem Drängen des Verbandes nachgeben könnten, zur Erfüllung der zugesagten Quote Leistungen über dem Minimumstandard zu erbringen, die dem Konkurrenten nicht abverlangt werden. In einem solchen Fall gibt es gegenüber

---

235 Waltermann, RdA 1996, S. 131 ff.; Zachert, RdA 1996, S. 140 ff.; Rieble, RdA 1996, S. 151; Heinze, NZA 1997, 1, 7 f.

236 So Eisold, S. 257.

237 So Molitor in: BAVC/ IG Chemie-Papier-Keramik (Hrsg.), Sozialpartner-Forum - Arbeitsplatz Chemie-, S. 109, 112; vgl. auch Kissel NZA 1986, 73, 75.

dem Verbandsmitglied auch kein Argument, das es von der Ausnutzung des eingeräumten Spielraums bei der Umsetzung abbringen und es dazu bewegen könnte, über das schuldrechtlich festgelegte Mindestmaß hinauszugehen. Denn nur hinsichtlich dieses Mindestbetrages entsteht zwischen den konkurrierenden Unternehmen Gleichheit bei den Personalkosten[238]. Auf die Einsicht des Unternehmens dürfte man bei diesen kostenintensiven Faktoren vergeblich hoffen, und auch die internen Durchsetzungsmittel des Verbandes, der auf den Erhalt seines Mitgliederbestandes bedacht sein muß, sind nicht überzubewerten.

Von daher sind auch schuldrechtliche Tarifverträge kein geeignetes Mittel zur Regelung der materiellen Arbeitsbedingungen und können den Tarifvertrag als solches nicht gegen Erosion und Kritik schützen. Vielmehr sind, so wie es auch Heinze formuliert[239], verantwortungsvolle Tarifabschlüsse und das Setzen von echten, marktkonformen Mindeststandards die besten Maßnahmen gegen die "Krise des Tarifvertrages"[240]. Ein solches Vorgehen legt die übertarifliche Gestaltung der Arbeitsbedingungen in die Hände der Arbeitsvertragsparteien, denen die Möglichkeit eröffnet ist, im Rahmen ihrer Privatautonomie übertarifliche Leistungen zu vereinbaren[241]. Einer schädlichen Nivellierung kann auch durch einen differenzierteren Ausbau des Tarifwesens[242] oder durch Differenzierungen entgegengewirkt werden, die die Tarifparteien selbst bei der Vereinbarung von Tarifnormen vornehmen können. So ließe sich in weitaus stärkerem Maße als bisher hinsichtlich unterschiedlicher Tarifgruppen differenzieren. Denn auch wenn sich die Tarifparteien der Vorteile einer normativ wirkenden Regelung bedienen, bedeutet das nicht, daß sie keine differenzierenden Regeln aufstellen können[243]. Durch gestaffelte oder unterschiedlich strukturierte Lohnregelungen ließe sich eine maßvolle Entwicklung der Lohnkosten erreichen und ein Umdenken in der Tariflohnentwicklung signalisieren. Der beste Weg zur Beendigung der Diskussion über die "Krise des Tarifvertrages" sind somit Schritte in Richtung "sozialpartnerschaftlicher" Beziehungen zwischen den Tarifparteien. Schuldrechtliche Tarifverträge sind Ausdruck und das Produkt einer funktionierenden, auf Vertrauen basierenden Sozialpartnerschaft. Sie sind jedoch nicht das Mittel, um ein solches Klima zwischen den Tarifparteien heraufzubeschwören oder zu erzwingen.

---

238 Siehe zu dieser Funktion des Flächentarifvertrages: Heinze, DB 1996, 729, 735.

239 Vgl. Heinze, DB 1996, 729, 735, derselbe, NZA 1997, 1, 7 f.

240 So auch Junker, NZA 1997, 1305, 1313.

241 So auch Heinze, DB 1996, 729, 731; derselbe, NZA 1997, 1, 7.

242 So auch Heinze, NZA 1997, 1, 7 f.

243 So auch Kissel, NZA 1986, 73, 78.

Eine andere Beurteilung über die Leistungsfähigkeit von schuldrechtlichen Tarifverträgen gilt hingegen für ihren Einsatz auf tarifpolitischem Neuland, bei dem die Inhalte nicht mit unmittelbaren "materiellen", das heißt wirtschaftlichen Folgen für die Tarifgebundenen verknüpft sind. Hierbei geht es häufig um Inhalte, die sich nicht ohne weiteres in Zahlen wiedergeben lassen und sich auf die Faktoren "mehr Lohn" und "weniger Arbeit" beziehen[244]. In solchen Bereichen fehlt es häufig zudem an den Erfahrungen, mittels derer sich ein tariflich fixierbarer Minimumstandard bestimmen ließe. Unter solchen Voraussetzungen bedeutet jede flexible Lösung für beide Seiten einen Gewinn, und die Umsetzungsbereitschaft dürfte größer sein. Dabei spielt sicherlich auch der Wettbewerbsdruck eine Rolle, der die Unternehmen innovative Konzepte und neue Regelungen über die Gestaltung des Arbeitslebens aufgreifen läßt. So kann sich für die Unternehmen die Umsetzung entsprechender Vereinbarungen auch als Wettbewerbsvorteil erweisen[245] und bedeutet insofern nicht zwingend nur ein Mehr an Kosten.

Auf der anderen Seite lassen sich in solchen Bereichen auch Abstriche bei der Umsetzung der Regelung leichter sowohl von den Tarifgebundenen als auch auf der Verbandsebene hinnehmen, da es sich nicht um die essentiellen Grundbedürfnisse der vertretenen Mitglieder handelt. Dadurch können auch bei einer nur zögerlichen Umsetzung der schuldrechtlich vereinbarten Regelung, die aber dennoch das Bemühen des verpflichteten Verbandes erkennen läßt, die Beziehungen zwischen den Vertragspartnern stabil und partnerschaftlich bleiben. Für diesen Bereich ist Heinze zuzustimmen, wenn er die eröffnete Flexibilität und die Möglichkeit zu konkreter, betriebsbezogener Anpassung als Vorteil schuldrechtlich wirkender Tarifverträge hervorhebt[246].

2) Unkritische Akzeptanz außertariflicher Koalitionsvereinbarungen

a) Die Rechtsnatur von "außertariflichen Sozialpartner-Vereinbarungen" aus Sicht des Arbeitgeberverbandes

Die "außertariflichen Sozialpartner-Vereinbarungen" der Chemischen Industrie sind von verschiedenen Vertretern des BAVC thematisiert und analysiert worden.

---

244 So auch Molitor in: BAVC/ IG Chemie-Papier-Keramik, Sozialpartner-Forum, -Arbeitsplatz Chemie-, S. 109, 112.

245 So Goos, Festschrift Arbeitsgerichtsbarkeit Rheinland-Pfalz, S. 85, 86 f.

246 Vgl. Heinze, DB 1996, 729, 735.

aa) Molitor

aaa) Funktion "außertariflicher Sozialpartner-Vereinbarungen"

Molitor sieht die Aufgabe der "außertariflichen Sozialpartner-Vereinbarungen" vor allem darin, den Betriebsparteien Hinweise, Grundsatzpositionen und Empfehlungen zur Verfügung zu stellen, die bereits das Produkt eines Interessenausgleichs zwischen den Sozialpartnern sind. Das besondere "know-how" der Tarifpartner bei der Konfliktbewältigung und ihre Erfahrung bei der Erarbeitung von Kompromissen solle den Betriebsparteien als Lösungshilfe zur Verfügung gestellt werden, um diese vor Fehlern zu bewahren, die ihnen bei der Bewältigung neuer Aufgabenbereiche unterlaufen könnten. Durch das Bedürfnis nach größerer Flexibilität bei der Gestaltung der Arbeitsbedingungen in den einzelnen Betrieben und eine verstärkte Ablehnung von Einheitsregelungen habe eine Verlagerung der Aufgabenfelder auf die Betriebsebene stattgefunden, die nunmehr die Betriebsparteien stärker fordere. Diese Umgestaltung der Arbeitswelt führe auch zu der neuen Aufgabe der Tarifpartner, durch die oben aufgezeigte Hilfestellung bei der Konfliktlösung auf Betriebsebene mitzuwirken[247].

Molitor, ehemals Hauptgeschäftsführer des Bundesarbeitgeberverbandes Chemie (BAVC), sieht dabei in den im Bereich der Chemischen Industrie geschlossenen Sozialpartner-Vereinbarungen ein neuartiges Gestaltungsinstrument zur Erfüllung der beschriebenen Beratungs- und Servicefunktion[248], dem er eine erfolgreiche Zukunft bei der Mitgestaltung gesellschaftlich relevanter Fragestellungen und einer Tarifpolitik, bei der Sachfragen im Vordergrund stehen und Ideologien in den Hintergrund rücken, prognostiziert[249]. Entscheidend ist, daß Molitor die "außertariflichen Sozialpartner-Vereinbarungen" als ein von den Tarifparteien selbst geschaffenes neues Instrumentarium versteht, und diese nicht bei den vorgegebenen Vereinbarungsformen wie etwa dem Tarifvertrag einordnet[250].

bbb) Hinweise und Grundsatzpositionen

Dabei macht Molitor bei der rechtlichen Bewertung der "außertariflichen Sozialpartner-Vereinbarungen" folgende Unterscheidungen:

Ein großer Teil der an die Betriebsparteien gerichteten "außertariflichen Sozialpartner-Vereinbarungen" enthalte Modellregelungen. Bei derartigen Modellregelungen meint Molitor wie Löwisch übergreifend von "Richtlinien-

---

[247] Molitor, FS für Stahlhacke, S. 339 f; derselbe, Festschrift Schlemmer, S. 103, 106.
[248] Molitor, FS für Stahlhacke, S. 339, 341.
[249] Molitor, FS für Stahlhacke, S. 339, 347.
[250] Vgl. Molitor, Festschrift Schlemmer, S. 103, 113 f.

verträgen" sprechen zu können[251]. Innerhalb dieses Überbegriffs nimmt er jedoch Unterscheidungen vor.

Würden in den Vereinbarungen derartige Modellregelungen als Hinweise oder Grundsatzpositionen bezeichnet, stelle dies erst eine Vorstufe zur Empfehlung oder zum Appell dar. Dabei solle bewußt den Betriebsparteien die Entscheidung überlassen bleiben, ob sie das Modell und das in ihm behandelte Thema aufgreifen wollten.

In diese Kategorie will Molitor die "Gemeinsamen Hinweise" des BAVC und der IG Chemie-Papier-Keramik zum Thema Betriebsratskontakte auf europäischer Ebene von 1990 einordnen. Damit hätten die Sozialpartner eine praktische Gestaltungshilfe für freiwillige Unternehmensregelungen formuliert, lange bevor eine europäische Richtlinie über europäische Betriebsräte verabschiedet worden sei. Inhaltlich an diesen Hinweisen der Sozialpartner orientiert, habe in der Folgezeit auch eine Reihe von europaweit tätigen Unternehmen Vereinbarungen mit ihren Betriebsräten getroffen[252].

Ebenfalls seien in diese Kategorie die gemeinsamen Grundsatzpositionen "Frauenförderung in der Chemischen Industrie" einzuordnen.

Auch bei den von den Chemie-Sozialpartnern 1989 verabschiedeten Grundsätzen für die Abgrenzung der leitenden Angestellten in der Chemischen Industrie habe es sich nicht um eine Empfehlung, sondern lediglich um eine unverbindliche Modellregelung gehandelt. Diese habe jedoch ein ausreichendes Signal an die Betriebsparteien ausgesandt, daß der konkret beschriebene Interessenausgleich von ihnen übernommen werden könne. Diese Signalwirkung sei unter anderem darauf zurückzuführen gewesen, daß nicht nur zwei Sozialpartner daran beteiligt gewesen seien, sondern auf der Arbeitnehmerseite drei im Führungskräftebereich der Chemischen Industrie konkurrierende Gewerkschaften beteiligt gewesen seien, die den ausgehandelten Kompromiß mitgetragen hätten. Gewirkt habe somit die normative Kraft des Faktischen[253].

ccc) Empfehlungen und Appelle

Als eine eigene Kategorie innerhalb der "Richtlinienverträge" erachtet Molitor die Abkommen, die eine direkte, an die Betriebsparteien gerichtete Empfehlung enthalten.

---

[251] Molitor, FS für Stahlhacke, S. 339, 341.
[252] Molitor, FS für Stahlhacke, S. 339, 341.
[253] Molitor, FS für Stahlhacke, S. 339, 341 f.

Die Sozialpartner haben selbst zwei "außertarifliche Sozialpartner-Vereinbarungen" ausdrücklich als "Empfehlung" formuliert.

Molitor sieht die Umweltschutzübereinkunft von 1987, die eine Reihe von gemeinsamen Positionen zu einer Vielzahl von Umweltschutzthemen enthält, als einen wesentlichen Schritt zur Einbeziehung eines Themas in die praktische Betriebsverfassung, ohne daß dieses Thema vom Betriebsverfassungsgesetz behandelt wird[254].

Rechtlich ordnet Molitor diese Empfehlung als "Richtlinienvertrag" ohne rechtliche Verbindlichkeit ein. Dennoch habe diese Übereinkunft eine beachtliche Wirkung erzielt und die Zusammenarbeit der Arbeitgeber und der Betriebsräte auf dem Gebiet des Umweltschutzes erheblich gefördert. Die kontinuierlich laufende vertrauensvolle Zusammenarbeit auf diesem Gebiet habe sich mittlerweile zur Selbstverständlichkeit verfestigt, so daß es diesbezüglich einer zusätzlichen gesetzliche Grundlage nicht bedürfe[255].

Auch die im Januar 1994 als Teil eines Chemietarif-Gesamtergebnisses vereinbarten "Empfehlungen zur Beschäftigungsförderung" sind als "Empfehlung" bezeichnet.

Molitor will den Tarifparteien die Freiheit zugestehen, statt der Form des Tarifvertrages einen kollektiven Schuldvertrag ohne Normsetzung zu wählen[256]. Auch in diesem Fall hätten die Sozialpartner bewußt die Form des Tarifvertrages vermieden und einen entsprechenden "kollektiven Schuldvertrag" ohne Normsetzung geschlossen.

Diesen bewertet Molitor nur als Richtlinienvertrag, auch wenn durch die explizite "Aufforderung" der Betriebsparteien die Form der Empfehlung noch unterstrichen und verstärkt worden sei. Denn eine entsprechende betriebsverfassungsrechtliche Verpflichtung der Betriebsräte hält er nicht für möglich und zulässig[257].

Diese Vereinbarung sei für die vertragsschließenden Parteien aber keineswegs unverbindlich. Molitor entnimmt der strengen Formulierung der Empfehlung, daß eine Einwirkungspflicht der vertragsschließenden Parteien auf ihre

---

254 Molitor, FS für Stahlhacke, S. 339, 342.
255 Molitor, FS für Stahlhacke, S. 339, 343.
256 Molitor, FS für Stahlhacke, S. 339, 344.
257 Molitor, FS für Stahlhacke, S. 339, 344.

jeweilige Seite gewollt war und dementsprechend auch bestehe. Entsprechend hätten sich die Chemie-Sozialpartner auch in der Praxis verhalten[258].

ddd) Gemeinsame Einrichtungen

Zur Verwirklichung ihrer gemeinsamen Vorstellungen hätten sich die Chemie-Sozialpartner mehrfach des Instruments der gemeinsamen Einrichtung bedient. Jedoch nur zwei dieser gemeinsamen Einrichtungen gründeten sich auf einen Tarifvertrag: Zum einen die Vereinbarung zur Errichtung von Schlichtungsstellen in der tariflichen Schlichtungsregelung, sowie die Gründung des von beiden Tarifparteien verwalteten Unterstützungsvereins der Chemischen Industrie, dessen Aufgabe es sei, arbeitslos gewordene Chemie-Arbeitnehmer finanziell zu unterstützen. Um die in diesem Fall gewünschte Beitragspflicht der Chemie-Arbeitgeber begründen zu können, habe die Rechtsform des Tarifvertrages gewählt werden müssen[259].

In anderen Fällen hätten die Chemie-Sozialpartner jedoch bewußt auf die Form des Tarifvertrages verzichtet[260].

Dabei läßt Molitor es dahingestellt, ob die von den Sozialpartnern vereinbarte regelmäßige Durchführung von Ausbilder-Wettbewerben, bei der jedesmal in gegenseitigem Einvernehmen eine Jury gebildet und eine Verrechnungsstelle zum Ausgleich der vom Arbeitgeberverband und der Gewerkschaft paritätisch aufgebrachten Geldprämie errichtet wird, bereits die Voraussetzungen einer gemeinsamen Einrichtung erfüllt.

Hingegen erfülle der 1987 durch eine Grundsatzvereinbarung errichtete paritätisch besetzte Berufsbildungsrat die Merkmale einer von beiden Seiten gemeinsam getragenen Einrichtung[261]. Molitor sieht dennoch keinen Tarifvertrag als Grundlage dieser Einrichtung, sondern eine schuldrechtliche "Grundsatzvereinbarung", die gegenseitige Rechte und Pflichten begründe[262].

Für die Gründung der GIBUCI hätten die Sozialpartner die Form einer Gesellschaft des bürgerlichen Rechts gewählt[263], so daß ihr entsprechend ein Gesellschaftsvertrag nach Bürgerlichem Recht zugrunde liege[264].

---

258 Molitor, FS für Stahlhacke, S. 339, 344.
259 Molitor, FS für Stahlhacke, S. 339, 344.
260 Molitor, FS für Stahlhacke, S. 339, 344.
261 Molitor, FS für Stahlhacke, S. 339, 345.
262 Molitor, FS für Stahlhacke, S. 339, 346.
263 Molitor, FS für Stahlhacke, S. 339, 345.
264 Molitor, FS für Stahlhacke, S. 339, 346.

Molitor sieht im Falle dieser Vereinbarung inhaltlich nicht alle Voraussetzungen für eine entsprechende tarifvertragliche Regelung erfüllt. Er zieht in Zweifel, ob die GIBUCI überhaupt als tarifvertraglich errichtete gemeinsame Einrichtung zulässig sein kann. Denn für Molitor liegen die Aufgabe und der Zweck dieser Einrichtung, die sich über den reinen Arbeitsschutz hinaus mit Fragen des Umweltschutzes befaßt, außerhalb der Tarifmacht, deren Umfang er in § 1 Abs. 1 TVG definiert und somit auf Fragen der Arbeitsverhältnisse beschränkt sieht[265]. Er differenziert insofern nicht zwischen dem Umfang der Regelungsmacht für den normativen und dem Umfang der Regelungsmacht für den schuldrechtlichen Teil. Als außertariflich begründete gemeinsame Einrichtung hält er diese - auch außerhalb des § 4 Abs. 2 TVG - dennoch für zulässig[266].

Mit der gemeinsam verwalteten und zu gleichen Teilen finanzierten gemeinnützigen Stiftung zur Förderung der Weiterbildung in der Chemischen Industrie sieht Molitor den Weg zu einer festgefügten Einrichtung am weitesten beschritten. Dennoch sei hier die Rechtsform der Stiftung gewählt worden, einen Tarifvertrag sieht Molitor nicht als die Grundlage dieser "gemeinsamen Einrichtung"[267].

Molitor hält es für zulässig, gemeinsame Einrichtungen sowohl auf der Grundlage von Tarifverträgen gemäß § 4 Abs. 2 TVG, als auch durch schuldrechtliche, "außertarifliche Sozialpartner-Vereinbarungen" zu errichten[268]. Je nach dem von ihnen verfolgten Zweck hätten die Sozialpartner unterschiedliche Vertrags- und Rechtsformen für die Errichtung gewählt. Gemeinsam sei dabei, daß bewußt auf die Rechtsform des Tarifvertrages verzichtet worden sei.

Seiner Ansicht zufolge steht dieser erklärte Wille der Parteien einer nachträglichen "Umdeutung" der zugrundeliegenden Vereinbarungen in Tarifverträge entgegen[269]. Demzufolge handele es sich nicht um gemeinsame Einrichtungen auf der Grundlage eines Tarifvertrages, infolgedessen nicht um Einrichtungen i.S. des § 4 Abs. 2 TVG[270].

Dennoch spricht sich Molitor dafür aus, diese Einrichtungen als gemeinsame Einrichtungen anzusehen und auch für eine außerhalb des § 4 Abs. 2 TVG errichtete Einrichtung den Begriff der "gemeinsamen Einrichtung" zu verwen-

---

265 Molitor, FS für Stahlhacke, S. 339, 346.

266 Molitor, FS für Stahlhacke, S. 339, 346; ebenso Rieble in: Löwisch/Rieble TVG § 4 Rn. 92 ebenfalls unter Verwendung der GIBUCI als Beispiel.

267 Molitor, FS für Stahlhacke, S. 339, 346.

268 Molitor, FS für Stahlhacke, S. 339, 347.

269 Molitor, FS für Stahlhacke, S. 339, 346.

270 Molitor, FS für Stahlhacke, S. 339, 346.

den. Denn zum einen sieht Molitor bei den von ihm angeführten Einrichtungen die typischen und auch für gemeinsame Einrichtungen i.S.v. § 4 Abs. 2 TVG als notwendig angesehenen Merkmale erfüllt[271], wenn er auch im Fall der GIBUCI deren Zweck und Aufgabe nicht von der Tarifmacht gedeckt sieht: Es handele sich um paritätisch errichtete, paritätisch verwaltete und paritätisch finanzierte Einrichtungen, womit die entscheidenden Voraussetzungen für gemeinsame Einrichtungen i.S. des § 4 Abs. 2 TVG erfüllt seien[272].

Auch begrifflich könnten außerhalb des § 4 Abs. 2 TVG derartige gemeinsame Einrichtungen bestehen. Der Zweck und die Organisationsstruktur einer solchen Einrichtung müsse nicht zwingend durch einen Tarifvertrag festgelegt sein[273]. Dafür spreche, daß bereits vor 1949 ohne ausdrückliche gesetzliche Rahmenbestimmung derartige gemeinsame Einrichtungen bestanden hätten. Auch aus dem Wortlaut des § 4 Abs. 2 TVG lasse sich ein Verbot gemeinsamer Einrichtungen außerhalb eines Tarifvertrages nicht ableiten. Die Regelung unterstelle nur, daß im Tarifvertrag derartige gemeinsame Einrichtungen vorgesehen seien. Zudem sei eine tarifliche Grundlage auch nur dann erforderlich, wenn die Tarifwirkung für die Satzung oder Drittbeziehungen Bedeutung habe[274].

eee) Stellungnahme

Setzt man wie Molitor voraus, daß der Zweck und die Aufgabe einer gemeinsamen Einrichtung i.S. des § 4 Abs. 2 TVG der Tarifmacht unterfallen muß, so erscheint seine Einschätzung konsequent. Erachtet man diese Voraussetzung als nicht erfüllt, so fehlt es an einer wesentlichen Voraussetzung für einen Tarifvertrag. Eine außertarifliche Vereinbarung bleibt in einem solchen Fall der einzige rechtlich zulässige Weg für die Begründung einer entsprechenden Einrichtung. Fraglich ist nur, ob der Umfang der Tarifmacht so wie von Molitor zu bestimmen ist und ob seine Einschätzung auch hinsichtlich des von ihm angeführten Beispiels der GIBUCI geteilt werden muß.

Darüber hinaus sieht Molitor jedoch keinen Grund, warum die Tarifparteien nicht bei der Errichtung von gemeinsamen Einrichtungen zwischen einem Tarifvertrag und einer außertariflichen Vereinbarung wählen sollten. Die Tatsache, daß es bereits eine entsprechende Vereinbarungspraxis gibt, kann jedoch für die rechtliche Beurteilung nicht ausschlaggebend sein. Molitor führt keine stichhaltigen Argumente dafür an, warum einer anderslautenden rechtlichen

---

271 Molitor, FS für Stahlhacke, S. 339, 347.
272 Molitor, FS für Stahlhacke, S. 339, 347.
273 Molitor, FS für Stahlhacke, S. 339, 346; a.A. BAG, Urteil v. 25.1.1989 - 5 AZR 43/88, AP Nr. 5 zu § 1 GesamthafenbetriebsG mit zustimmender Anmerkung Zeuner; Kempen in: Kempen/Zachert TVG § 4 Rn. 147; Wiedemann/Oetker TVG § 1 Rn. 610.
274 Molitor, FS für Stahlhacke, S. 339, 346.

Bewertung der erklärte Wille der Vertragsschließenden entgegenstehen sollte. Denn entgegen der von Molitor vertretenen Auffassung handelt es sich bei einer solchen rechtlichen Qualifizierung einer Vereinbarung nicht um eine Umdeutung. Denn eine Umdeutung i.S. von § 140 BGB liegt dann vor, wenn die Vertragsparteien eine rechtlich unzulängliche Regelung getroffen haben und das von ihnen beabsichtigte Rechtsgeschäft nichtig ist. Die Umdeutung dient dann der Durchsetzung des mutmaßlichen Willens der Parteien. Der von ihnen erstrebte wirtschaftliche Erfolg soll verwirklicht werden, wenn ein zum annähernd gleichen Ergebnis führender rechtlich zulässiger Weg offensteht[275].

Die unrichtige Bezeichnung, die "falsa demonstratio", erfordert hingegen keine Umdeutung. Denn bereits aus § 133 BGB ergibt sich die Maßgeblichkeit des wirklich Gewollten[276]. Das von den Vertragsparteien übereinstimmend gewollte hat den Vorrang vor einer irrtümlichen oder absichtlichen Falschbezeichnung. Es gilt der Grundsatz "falsa demonstratio non nocet"[277].

Molitors Ausführungen zu den Empfehlungen zur Beschäftigungsförderung legen nahe, daß er den Tarifvertrag vor allem als Mittel zur Normsetzung begreift. Vor allem deshalb befürwortet er den einfachen schuldrechtlichen Vertrag ohne Normsetzung als eine echte Alternative.

Ein Teil der Aufgaben, für deren Lösung Molitor "außertarifliche Sozialpartner-Vereinbarungen" für sachgerecht hält, ließen sich jedoch auch mit einem Tarifvertrag als Gestaltungsinstrument praktikabel umsetzen. Der Tarifvertrag besitzt gerade aufgrund seiner Doppelnatur, seiner Unterteilung in normativen und schuldrechtlichen Teil die Flexibilität, um sich einem Wandel der Tarifpolitik anzupassen und auf neu hervortretende tarifpolitische Fragestellungen einzugehen. Insofern ist der Tarifvertrag nach wie vor immer dann ein geeignetes Mittel, wenn die Tarifparteien Rechte und Pflichten im Bereich der Arbeits- und Wirtschaftsbedingungen miteinander vereinbaren wollen. In diesem Bereich ist der Tarifvertrag mit seinen Möglichkeiten auch noch nicht voll ausgeschöpft.

bb) Eich

aaa) Darstellung

Eich, Geschäftsführer des Arbeitgeberverbandes Chemie und verwandte Industrien für das Land Hessen e.V., zieht die Zulässigkeit der in der Chemischen Industrie getroffenen Sozialpartner-Vereinbarungen nicht in Zweifel. Geschrie-

---

275 BGH, Urteil v. 21.3.1977 – II ZR 96/75, BGHZ 68, 204, 206; Palandt-Heinrichs § 140 Rz.1.

276 Palandt-Heinrichs § 140 Rz. 4.

277 Palandt-Heinrichs § 133 BGB Rn. 8.

bene und ungeschriebene Vereinbarungen jenseits des Instruments des Tarifvertrages hält er als Gestaltungsmittel der Sozialpartnerschaft für erstrebenswert[278]. Darin sieht er die Möglichkeit zu mehr Flexibilität und zu einem Tarifwerk, das nicht konservierend wirke, sondern modernen Entwicklungen in den Bereichen von Arbeitnehmerstrukturen und betrieblichen Strukturen Rechnung tragen könne[279]. Anzustreben sei ein "Kooperationsmodell", das die "Sprachlosigkeit" zwischen den Tarifrunden überwinden helfe und statt dessen zu einem ständigen Dialog zwischen den Sozialpartnern über beide interessierende Probleme führe. Ferner gehe es darum, das Vertrauen in die Verläßlichkeit des anderen zu stärken, um die Rolle des jeweils anderen schließlich positiv und partnerschaftlich sehen zu können[280]. Seiner Ansicht nach führen die verschiedenen Sozialpartner-Vereinbarungen in diesem Sinne zu "institutionalisierten Kontakten", die dazu genutzt würden, über den aktuellen Anlaß hinaus beide Vertragsparteien interessierende Probleme zu erörtern. Dabei seien die Sozialpartnerbeziehungen ein sich permanent entwickelnder Prozeß. Dieser Prozeß habe sich zunächst der klassischen Felder des Tarifvertrages angenommen, sei jedoch darüber hinaus gewachsen und habe sich über den Umweltschutz bis hin zur Industriepolitik entwickelt[281].

bbb) Stellungnahme

Selbst wenn sich die besondere Vereinbarungsform der "außertariflichen Sozialpartner-Vereinbarungen" aus einer besonderen Gesprächskultur der Chemie-Partner im Umgang miteinander entwickelt haben sollte, so heißt das nicht, daß das partnerschaftliche Klima, in dem verbindliche Vereinbarungen geschlossen werden, diese Vereinbarungen automatisch außerhalb des Rahmens der gesetzlich vorgesehenen Vereinbarungsformen stellt.

Das Gesprächsklima, aus dem eine Vereinbarung geboren wird, kann keineswegs über die rechtliche Einordnung der Vereinbarung entscheiden. Warum auch sollte das althergebrachte Mittel des Tarifvertrages nicht flexibel genug sein, um dem Bedürfnis der Chemie-Partner nach einem vertrauensvollen Umgang und entsprechenden Abkommen gerecht zu werden?

Wie undifferenziert in der Darstellung von Eich die Grenzziehung zwischen schuldrechtlichen Tarifverträgen und Vereinbarungen der Sozialpartner außerhalb des Tarifrahmens verläuft, zeigt das von Eich als Beispiel für

278 Eich, NZA 1995, 149, 150.
279 Eich, NZA 1995, 149, 150.
280 Eich, NZA 1995, 149, 150.
281 Eich, NZA 1995, 149, 155.

außertarifliche Vereinbarungen und Sozialpartnerbeziehungen angeführte Schlichtungsabkommen[282].

Das Widersprüchliche hierbei ist, daß Eich dieses Abkommen als ein wesentliches Beispiel für Regelungen außerhalb des Tarifrahmens anführt und nicht bei seiner Darstellung des Tarifwerkes in der Chemischen Industrie abhandelt, obwohl er das Schlichtungsabkommen selbst als ein klassisches Instrument aus dem schuldrechtlichen Teil des Tarifvertrages bezeichnet. Dies zeigt, daß Eich den klassischen Tarifvertrag als Normenvertrag versteht und er von daher eine rein schuldrechtliche Vereinbarung zwischen den Tarifparteien ohne normative Wirkung nicht in die Kategorie des Tarifvertrages einzuordnen vermag. Damit greift sein Verständnis vom Tarifvertrag zu kurz[283]. Die Einsatzmöglichkeiten eines Tarifvertrages sind umfassender und auch auf das von Eich angeführte Beispiel anwendbar, das daher nicht als Regelung "außerhalb des Tarifrahmens" angesehen werden kann.

cc) Schack

aaa) Darstellung

Ohne nähere rechtliche Begründung ordnet Schack die "außertariflichen Sozialpartner-Vereinbarungen" insgesamt als schuldrechtliche Koalitionsverträge ein, die von den Chemie-Sozialpartnern bewußt außerhalb des TVG abgeschlossen würden. Sie seien in Anlehnung an die vor Inkrafttreten der Tarifverordnung von 1918 entwickelten Vorstellungen als Richtlinienverträge zu qualifizieren, denen keine verbindliche Wirkung zukomme, sondern die nur den Parteien der Einzelverträge zur Berücksichtigung empfohlen würden[284]. Es würden keinerlei Ansprüche der Betriebs- oder Arbeitsparteien begründet. Um Wirksamkeit zu erlangen, müsse der Richtlinieninhalt erst zum Bestandteil einer Individual- oder Kollektivvereinbarung gemacht werden. Dies biete den jeweiligen Vertragsparteien den Vorteil der aus der Vertragsparität der Koalitionen und ihrer Fachkompetenz resultierenden "Richtigkeitsgewähr".

---

282 Vgl. Eich, NZA 1995, 149, 153.

283 Siehe Ergebnis des ersten Teils; auch von Molitor wird diese Vereinbarung als Gemeinsame Einrichtung auf Grundlage eines Tarifvertrages eingestuft und als unbestritten erachtet, daß Schlichtungsstellen gemeinsame Einrichtungen i.S. des TVG seien: Molitor, Festschrift Stahlhacke, S. 339, 344.

284 Schack, NZA 1996, 923, 924, unter Berufung auf Löwisch in: Löwisch/Rieble, TVG, Grundl. Rn. 91; MünchArbR/Löwisch, § 273 Rn. 12; siehe zu Richtlinienverträgen auch Hueck, JhJb (Bd. 73) 1923, 33, 47 ff.

bbb) Stellungnahme

Schack liefert keine dogmatisch stichhaltigen Argumente für seine rechtliche Einordnung der "außertariflichen Sozialpartner-Vereinbarungen". Die von ihm vertretene Meinung vermag von daher nicht zu überzeugen.

dd) Debler

aaa) Rechtliche Einordnung

Auch Debler bewertet die "außertariflichen Sozialpartner-Vereinbarungen" der Chemie-Sozialpartner als geeignetes Instrument, um gemeinsam interessierende sozialpolitische Fragen und Aufgabenfelder, die außerhalb oder am Rand der klassischen Tarifthemen liegen, inhaltlich zu regeln und den Betriebsparteien entsprechende Vorgaben zu liefern[285].

Rechtlich ordnet Debler ebenso wie Schack die "außertariflichen Sozialpartner-Vereinbarungen" als schuldrechtliche Koalitionsverträge zur Gestaltung der Arbeits- und Wirtschaftsbedingungen und nicht als Tarifverträge ein. Sie sieht durch Art. 9 Abs. 3 GG für die Koalitionen auch das Recht garantiert, das gesamte einfachgesetzliche Handlungsinstrumentarium nach § 305 BGB a.F. unter Berufung auf ihre Privatautonomie zu nutzen. Diese schuldrechtlichen Koalitionsverträge bedürften nicht der Schriftform des § 1 Abs. 2 TVG, unterfielen nicht der Haftungserstreckung nach § 2 Abs. 4 TVG und könnten auch nicht erkämpft werden[286]. Im einzelnen unterscheidet sie dabei unter Berufung auf Löwisch[287] und in Anlehnung an die vor Inkrafttreten der Tarifvertragsordnung von 1918 entwickelten Grundsätze zwischen vier Intensitätsstufen[288]. Diese sollen hier bei der Darstellung von Löwisch/Rieble noch im einzelnen aufgeführt werden. Debler selbst geht im Zusammenhang mit den von ihr dargestellten gemeinsamen Grundsatzpositionen zur Frauenförderung vertieft nur auf die erste Stufe, die sogenannten "Richtlinienverträge" ein. Deren Umsetzung auf das Individualarbeitsverhältnis bliebe der Entscheidung der Betriebsparteien überlassen, da die Vereinbarung rechtlich nicht durchsetzbar sei. Allein aufgrund der praktizierten Sozialpartnerschaft entstünde faktisch eine Bindungswirkung.

Dabei sieht Debler die Auswahl des Regelungsinstrumentariums der freien Wahl der Tarifparteien überlassen. Die Tarifvertragsparteien könnten autonom bestimmen, ob sie ihre Ziele mittels einer normativen, tarifvertraglichen Rege-

---

285 Debler, NZA 1997, 529.

286 Debler, NZA 1997, 529.

287 Vgl. Löwisch in: Löwisch/Rieble, TVG, Grundl. Rdnr. 85; MünchArbR/Löwisch, § 273 Rn.10.

288 Siehe dazu Hueck, JhJb (Bd. 73) 1923, S. 33, 47 ff.

lung oder mittels eines schuldrechtlichen Koalitionsvertrages verfolgen wollten. Von daher könnten sie bewußt schuldrechtliche Koalitionsverträge zur Regelung der Arbeits- und Wirtschaftsbeziehungen außerhalb des Tarifvertragsgesetzes abschließen.

bbb) Stellungnahme

Widersprüchlich wirkt in der Darstellung von Debler, daß sie einerseits die "außertariflichen Sozialpartner-Vereinbarungen" als schuldrechtliche Verträge nach § 305 BGB wertet, den Vereinbarungen andererseits aber die rechtsverbindliche Wirkung und rechtliche Durchsetzbarkeit abspricht.

Eine so geschilderte Vereinbarung ist aber kein schuldrechtlicher Vertrag. Zu widersprechen ist auch der Vorstellung, Art. 9 Abs. 3 GG schütze die Privatautonomie der Koalitionen; vielmehr dient diese Norm dem Schutz der Tarifautonomie. Damit entfällt aber die Grundlage, die Debler als Argument für ein freies Wahlrecht der Koalitionen zwischen schuldrechtlichen Koalitionsverträgen und Tarifverträgen zur Gestaltung der Arbeits- und Wirtschaftsbedingungen anführt.

b) Däubler

aa) Darstellung

Däubler sieht in dem geltenden Tarifsystem einen "verdeckten Dualismus" zwischen Tarifverträgen und sonstigen Kollektivverträgen. Auch wenn die Voraussetzungen für den Abschluß eines Tarifvertrages relativ leicht zu erfüllen seien und der Tarifvertrag schon deshalb im Vordergrund stehe, so gebe es dennoch im Randbereich die Möglichkeit von Abkommen zwischen den Tarifparteien, die einen vergleichbaren Regelungsgegenstand wie ein Tarifvertrag hätten und eine verbindliche Regelung treffen wollten, aber dennoch nicht als Tarifvertrag gedacht seien.

Daneben gebe es auch die Möglichkeit, unverbindliche "Empfehlungen" zu vereinbaren. Däubler stellt seine Ausführungen somit unter die Prämisse, daß das TVG keinen Exklusivitätsanspruch erhebt und die sozialen Gegenspieler nicht in die Handlungsform "Tarifvertrag" hineinzwingen will[289].

aaa) "Verbindliche" Abkommen

(1) Gründe und Beispiele

Däubler nennt verschiedene Gründe für das Zustandekommen verbindlicher Abkommen zwischen den Tarifparteien, die dennoch keine Tarifverträge seien:

---

[289] Däubler, Tarifvertragsrecht, Rn. 1625; derselbe, TVG, H Rn. 869.

Werde die Schriftform nach § 1 Abs. 2 TVG nicht gewahrt oder entspreche die innergewerkschaftliche Willensbildung nicht dem bei Tarifverträgen Üblichen, sei die Vereinbarung dennoch als zivilrechtlicher Vertrag wirksam[290]. Als Beispiel führt Däubler die im Rahmen von Arbeitskämpfen häufig vorkommenden Notdienstvereinbarungen an[291].

Als weitere Ursache für die Wahl einer außertariflichen Vereinbarung an Stelle eines Tarifvertrages führt Däubler den Fall an, daß ein Tarifvertrag zwar zulässig ist, aber von den Parteien als zu aufwendig erachtet wird. Hier dienen ihm als Beispiel Absprachen über den zulässigen Umfang gewerkschaftlicher Betätigung im Betrieb[292].

Weitere Ursache für die Wahl einer solchen außertariflichen Vereinbarung könnte die objektiv ungewisse oder von einer Seite angezweifelte tarifliche Regelungskompetenz eines Gegenstandes sein[293], Beispiel hierfür seien Mitbestimmungsvereinbarungen bei Unternehmenszusammenschlüssen[294].

Auch könnten derartige Abkommen dazu dienen, mit dem öffentlichen Arbeitgeber Vereinbarungen für Beamte zu treffen, um so darüber hinweg zu helfen, daß von der herrschenden Meinung "Beamtentarife" für unzulässig erachtet würden[295]. So könne etwa ein Verzicht auf Disziplinarmaßnahmen gegen streikende Beamte vereinbart werden[296].

(2) Rechtliche Bewertung

Nach Däubler haben die Koalitionen die freie Wahl zwischen dem Abschluß von Tarifverträgen und sonstigen außertariflichen Vereinbarungen. Der Wille, d.h. die "Eigenqualifizierung" der Tarifvertragsparteien sei zugleich maßgeblich für die rechtliche Abgrenzung von Tarifverträgen zu verbindlichen, aber außertariflichen Vereinbarungen, selbst wenn deren Regelungsgehalt im Bereich der Arbeits- und Wirtschaftsbedingungen gegeneinander austauschbar

---

290 Däubler, Tarifvertragsrecht, Rn. 1616; derselbe, TVG, H Rn. 847,857.

291 Däubler, Tarifvertragsrecht, Rn. 1616; derselbe, TVG, H Rn. 847, 879; Diese werden von anderen Autoren zumindest bei schriftlichem Abschluß als Tarifverträge gewertet: so Gamillscheg, Kollektives Arbeitsrecht S. 508, 509. Das Problem der internen Willensbildung spielt für das Außenverhältnis keine Rolle, solange der Verband wirksam vertreten wird.

292 Däubler, Tarifvertragsrecht, Rn. 1617; derselbe, TVG, H Rn. 848, 857, 880; Zur Zulässigkeit von Tarifverträgen zum Schutz gewerkschaftlicher Vertrauensleute: Zachert, BB 1976, 514; Bauer/Haußmann, NZA 1998, 854; a.A. Bulla, BB 1975, 889.

293 Däubler, Tarifvertragsrecht, Rn. 1618; derselbe, TVG, H Rn. 868.

294 Däubler, Tarifvertragsrecht, Rn. 1618; derselbe, TVG, H Rn. 881.

295 Däubler, Tarifvertragsrecht, Rn. 1618a; derselbe, TVG, H Rn. 850, 858.

296 Däubler, Tarifvertragsrecht, Rn. 1618a.

sein könne. Der Wille der Koalitionen sei dabei im Wege der Auslegung anhand einer Reihe von Indizien zu ermitteln[297].

Verbindliche außertarifliche Sozialpartnervereinbarungen , deren Regelungsgegenstand die Arbeits- und Wirtschaftsbedingungen betreffe, seien auf Art. 9 Abs. 3 GG als Rechtsgrundlage zurückzuführen. Werde dieser Bereich verlassen, liege – gestützt auf die allgemeine Vertragsfreiheit – ein gewöhnlicher schuldrechtlicher Vertrag vor. Dabei sei auch die Vereinbarung von Verträgen Dritter i.S. von § 328 BGB möglich[298].

Sowohl Notdienstvereinbarungen als auch Abmachungen über die Gewerkschaftsrechte im Betrieb ordnet Däubler als verbindliche sonstige Kollektivverträge ein, durch die der Rahmen bestehender Rechte verbindlich fixiert werde. Mitbestimmungsvereinbarungen könnten zwar Tarifverträge sein. Entspreche dies aber nicht dem Willen der Beteiligten, so liege allein ein gewöhnlicher zivilrechtlicher Vertrag vor, der die Arbeitgeberseite verpflichte, durch Satzungsänderung oder auf andere Weise die vereinbarte Zusammensetzung des Aufsichtsrats herbeizuführen[299].

bbb) "Unverbindliche" Abkommen

Neben den zuvor beschriebenen verbindlichen außertariflichen Vereinbarungen hält Däubler auch unverbindliche Abkommen zwischen den Tarifpartnern für möglich. In diese Gruppe werden von Däubler auch die im Bereich der Chemischen Industrie geschlossenen "außertariflichen Sozialpartner-Vereinbarungen" eingeordnet[300] und zusammenfassend als "soft agreement" bezeichnet. Dabei bezieht Däubler in seine Bewertung dieser Vereinbarungsform jedoch nur die Vereinbarungen mit ein, die eine "Empfehlung" oder eine gemeinsame "Erklärung" beinhalten[301]. Zu Recht geht Däubler davon aus, daß derartige Empfehlungen und zugrundegelegte Umstände nicht eingeklagt werden können[302].

Auch wenn derartige Abmachungen nach dem Willen der Parteien keine unmittelbare Rechtswirkung entfalten würden, könnten sich aus ihnen mittelbare rechtliche Konsequenzen ergeben. So könnten die Koalitionen verpflichtet sein, die Empfehlungen im Kreis der eigenen Mitglieder bekannt zu geben oder sich für deren Umsetzung einzusetzen. Auch könnten derartige Empfehlungen die

---

297 Däubler, TVG, H Rn. 867 f., 872.
298 Däubler, TVG, H Rn. 870 ff.
299 Däubler, Tarifvertragsrecht, Rn. 1622; derselbe, TVG, H Rn. 881.
300 Däubler, Tarifvertragsrecht, Rn. 1626 ff.; derselbe, TVG, H Rn. 873
301 Vgl. Däubler, Tarifvertragsrecht, Rn. 1626 f.
302 Däubler, Tarifvertragsrecht, Rn. 1626.

Vermutung der inhaltlichen "Richtigkeit" und Ausgewogenheit für sich in Anspruch nehmen, was – im Hinblick auf § 307 BGB – bei der Übernahme der Empfehlungen in Arbeitsverträgen oder Betriebsvereinbarungen zu beachten sei[303].

In seiner rechtlichen Bewertung sieht sich Däubler daran gebunden, daß die Beteiligten ausdrücklich nur von einer Empfehlung sprechen oder aus anderen Umständen hervorgeht, daß keine rechtsverbindliche Vereinbarung gewollt ist[304]. Aufgrund dieser von den Tarifparteien beabsichtigten Unverbindlichkeit entstehe bei Nichteinhaltung der Abrede lediglich eine offene Verhandlungssituation, deren Ergebnis erneut offen sei und in einer Erneuerung der unverbindlichen Abrede ebenso wie in einer Modifikation oder einer verbindlichen Vereinbarung bestehen könne. Allerdings könne eine sogenannte betriebliche Übung entstehen, wenn über längere Zeit hinweg auf der Grundlage einer solchen Abmachung eine bestimmte betriebliche Praxis eingehalten werde[305].

bb) Stellungnahme

Däubler untersucht nur einen Teilausschnitt der im Bereich der Chemischen Industrie geschlossenen "außertariflichen Sozialpartner-Vereinbarungen". Er berücksichtigt nicht die Vereinbarungen, bei denen die Tarifvertragsparteien der Chemischen Industrie durchaus den Rahmen des Unverbindlichen verlassen und gegenseitige Rechte und Pflichten vereinbart haben.

Däubler ist jedoch insoweit zuzustimmen, daß der Tarifvertrag nicht die einzige Regelungsmöglichkeit der Tarifparteien ist: Art. 9 Abs. 3 GG läßt auch andere Regelungssysteme zu und schützt nicht speziell das Tarifvertragssystem, wie es durch das TVG seine Ausprägung erfahren hat[306]. Da der einfache Gesetzgeber aber mit dem TVG eine Konkretisierung des Art. 9 Abs. 3 GG geschaffen hat, sollten sich die anderen Handlungsformen auch vom Tarifvertrag i.S. des TVG merklich unterscheiden, um nicht den dort gesetzlich vorgesehenen Rechtsfolgen unterworfen zu werden.

Ein freies Wahlrecht zwischen einem als normalen zivilrechtlichen Vertrag verbindlichen Abkommen und der besonderen Kollektivvertragsart des Tarifvertrages vermag jedoch keines der von Däubler angeführten Argumente zu

---

303 Däubler, TVG, H Rn. 887 ff.

304 Däubler, Tarifvertragsrecht, Rn. 1629.; mit Beispielen zur Abgrenzung: derselbe, TVG, H Rn. 874

305 Däubler, Tarifvertragsrecht, Rn. 1630.

306 BVerfG, Urteil v. 1.3.1979 – 1 BvR 532,533/77, 419/78 und 1 BvL 21/78, BVerfGE 50, 290, 371.

begründen. So ist zu dem von Däubler angeführten Beispiel der Absprachen über den zulässigen Umfang gewerkschaftlicher Betätigung im Betrieb anzumerken, daß der Aufwand, mit dem eine Vereinbarung zwischen den Koalitionen zustande kommt, wohl kaum über die rechtliche Einordnung als Tarifvertrag oder sonstige Vereinbarung entscheiden kann. Ebenso ist der Umstand, daß sich die Tarifvertragsparteien über die tarifliche Regelungsmacht bezüglich einer Frage im Unklaren sind, nicht notwendigerweise Anlaß, um der Einschätzung der Koalitionen zu folgen und von einer Einordnung als Tarifvertrag Abstand zu nehmen.

Außertarifliche Vereinbarungen liegen vielmehr nur dann vor, wenn nicht alle Voraussetzungen für einen Tarifvertrag erfüllt sind, etwa weil die Schriftform nicht eingehalten wurde oder mit dem Inhalt der Gestaltungsbereich des nach Art. 9 Abs. 3 GG tariflich Regelbaren verlassen wurde. Eine Wahlmöglichkeit zwischen den verschiedenen Vertragsformen wird dabei nicht eröffnet.

c) Gamillscheg

aa) Darstellung

Im Rahmen seiner Abgrenzung von Tarifverträgen zu anderen kollektiven Gestaltungsmitteln geht Gamillscheg auf die "außertariflichen Sozialpartner-Vereinbarungen" der Chemische Industrie ein[307]. Er läßt es jedoch mit dem Hinweis bewenden, daß die Sozialpartner diese Vereinbarungen ausdrücklich nicht als Tarifverträge gewertet wissen wollen, ohne die Verbindlichkeit dieses Willens zu hinterfragen oder näher auf den Inhalt und die Natur dieser Vereinbarungen einzugehen.

Generell sieht er den Unterschied zwischen Tarifverträgen und den davon zu unterscheidenden anderen kollektiven Regelungen darin, daß letztere nicht dem TVG unterliegen, nicht normativ wirken und kein Recht zum Arbeitskampf begründen.

Gamillscheg gibt jedoch durchaus zu bedenken, daß in diesem Zusammenhang eine Abgrenzung zum Tarifvertrag nicht immer eindeutig ist, zumal wenn die Schriftform eingehalten wurde. So sieht Gamillscheg z.B. in einer schriftlich abgefaßten Notdienstvereinbarung im Arbeitskampf durchaus einen Tarifvertrag[308] und keinen sonstigen Kollektivvertrag[309].

---

307 Gamillscheg, Kollektives Arbeitsrecht, S. 510.

308 Gamillscheg, Kollektives Arbeitsrecht, S. 508; so auch Gerhard Müller, RdA 1982, 86, 97.

309 So aber Däubler, Tarifvertragsrecht, Rn. 1616, 1620; derselbe, Arbeitsrecht 1, S. 317, Rn. 529; Oetker, Not- und Erhaltungsarbeiten, S. 68.

Unproblematisch sei es hingegen für die Tarifparteien, Vereinbarungen zu schließen, die die gesetzlichen Voraussetzungen des Tarifvertrages nicht erfüllten, aber dennoch als Verträge bürgerlichen Rechts Verbindlichkeit für die Vertragsparteien besäßen, unter Umständen sogar als Vertrag zugunsten Dritter wirkten. Solche Verträge seien Verträge über Arbeitsbedingungen und ähnliche Inhalte, die die Form des § 1 Abs. 2 TVG nicht wahrten, von nicht tariffähigen Parteien geschlossen würden oder in ihrem Inhalt den Bereich der Arbeits- und Wirtschaftsbedingungen verließen[310]. Die allgemeine Vertragsfreiheit werde nicht dadurch verkürzt, daß unter erschwerten Bedingungen auch Normenverträge geschlossen werden könnten[311]. Die Abgrenzung sei in diesen Fällen unproblematisch, da die Vereinbarungen nicht die Kriterien eines Tarifvertrages erfüllten.

bb) Stellungnahme

Gamillscheg läßt offen, anhand welcher Kriterien die rechtliche Qualifizierung vorzunehmen ist, wenn objektiv die erhöhten Anforderungen an einen Tarifvertrag erfüllt sind. Soll der Wille der Tarifvertragsparteien eine Vereinbarung, die von tariffähigen Parteien geschlossen wird, die Schriftform des § 1 Abs. 2 TVG wahrt, inhaltlich vom Umfang des Art. 9 Abs. 3 GG gedeckt ist und mit Bindungswirkung verbindliche Rechte und Pflichten begründen soll, dem Anwendungsbereich des TVG entziehen können?

Gamillscheg bleibt insoweit die Antwort schuldig und liefert keine praktikablen Abgrenzungskriterien.

d) Löwisch

aa) Zulässigkeit außertariflicher Koalitionsvereinbarungen

Löwisch sieht durch Art. 9 Abs. 3 GG für die Koalitionen auch das Recht garantiert, durch einfache schuldrechtliche Verträge die Arbeits- und Wirtschaftsbeziehungen zu gestalten[312]. Diese Möglichkeit solle tariffähigen Koalitionen für Regelungen im Bereich des Art. 9 Abs. 3 GG auch außerhalb des Bereichs der tariflichen Normsetzungsbefugnis offenstehen[313]. Löwisch geht von der Prämisse aus, daß nur solche von Tarifvertragsparteien geschlossene schuldrechtliche Koalitionsverträge Tarifverträge sind, die zumindest einen mittelbaren Bezug zu Tarifnormen haben[314], oder über Gegenstände geschlossen

310 Gamillscheg, Kollektives Arbeitsrecht S. 509.
311 Gamillscheg, Kollektives Arbeitsrecht S. 509.
312 Löwisch in: Löwisch/Rieble, TVG, Grundl. Rdnr. 85 ff.; MünchArbR/Löwisch, § 273 Rn. 1.
313 MünchArbR/Löwisch, § 239 Rn. 130, § 273 Rn. 3.
314 MünchArbR/Löwisch, § 246, Rn. 44.

werden, die auch der Normsetzung unterliegen[315]. Insoweit sei die Ausgestaltung der Tarifmacht durch das TVG abschließend[316]. Schuldrechtliche Tarifverträge im Bereich der tariflichen Normsetzungsmacht nennt er "normersetzende" Verträge[317]. Die Intensität der Bindungswirkung spielt dabei für ihn keine Rolle. Selbst bloße Empfehlungen, die inhaltlich den normativ regelbaren Bereich betreffen, wertet er als Tarifvertrag[318].

Der außertarifliche Schuldvertrag verbleibe als Regelungsinstrument für die außerhalb der Normsetzungsbefugnis liegenden Gegenstände[319]. Für Löwisch sind das im Bereich der Arbeits- und Wirtschaftsbedingungen die Regelungsinhalte, die z.B. Fragen der Unternehmensverfassung oder der Unternehmenspolitik betreffen, oder Umweltschutzvereinbarungen, die sich nicht im Arbeitsschutz erschöpfen, sondern allgemein das umweltrelevante Verhalten des Unternehmens regeln sollen[320].

Somit hat die Abgrenzung zum Tarifvertrag nach Löwisch über die Definition des Begriffs "normersetzend" und die der Normsetzung zugänglichen Inhalte zu erfolgen. Löwisch nimmt die Grenzziehung mithin über den Inhalt vor und bedient sich von daher eines objektiven Kriteriums.

Die Abgrenzung zwischen Tarifverträgen und schuldrechtlichen, außertariflichen Koalitionsverträgen der Tarifparteien nimmt Löwisch jedoch nicht allein anhand objektiver Abgrenzungskriterien vor. Nicht nur der normersetzende Inhalt bzw. ein zumindest mittelbarer Bezug zu Tarifnormen wird von ihm als rechtliches Zuordnungskriterium angeführt: Seiner Auffassung nach können die Koalitionen auch dann außertarifliche kollektive Schuldverträge schließen, wenn sie an sich tarifliche Normsetzungsbefugnis hätten und insofern auch einen normersetzenden Tarifvertrag abschließen könnten[321]. Die hinter dieser These stehenden Gedanken werden von Löwisch leider nicht weiter ausgeführt. Es läßt sich jedoch vermuten, daß sich Löwisch am Willen der Parteien orientieren will.

---

315 MünchArbR/Löwisch, § 273 Rn. 6; § 246 Rn. 44, 47.

316 MünchArbR/Löwisch, § 239 Rn. 43.

317 MünchArbR/Löwisch, § 246 Rn. 45 ff.

318 MünchArbR/Löwisch, § 246 Rn. 47; § 271 Rn. 2, 17.

319 MünchArbR/Löwisch, § 239 Rn. 44; § 273 Rn. 7.

320 Löwisch in: Löwisch/Rieble, TVG, Grundl. Rn. 87; MünchArbR/Löwisch, § 273 Rn. 3 f., mit dem Hinweis auf die Umweltschutzübereinkunft vom 20.8.1987 in der Chemischen Industrie. Widersprüchlich ist, daß Löwisch Regelungen, die den Umweltschutz betreffen, bereits als Beispiel für Tarifnormen ersetzende Regelungen und somit als Tarifverträge angeführt hat: vgl. MünchArbR/Löwisch, § 246 Rn. 46 f; vgl. auch § 239 Rn. 44.

321 MünchArbR/Löwisch, § 239 Rn. 131.

Wenn dem so ist, dann fühlt sich Löwisch selbst jedoch nicht zwingend an dieses Abgrenzungskriterium gebunden. Das läßt seine vom Willen der Tarifvertragsparteien abweichende Einordnung einiger "außertariflicher Sozialpartner-Vereinbarungen" erkennen. Diese soll jetzt im Anschluß dargestellt werden.

bb) "Außertarifliche Sozialpartner-Vereinbarungen" der Chemischen Industrie

Löwisch führt an verschiedenen Stellen die "außertariflichen Sozialpartner-Vereinbarungen" der Chemischen Industrie als Beispiel für außertarifliche sonstige Abkommen zwischen den Tarifpartnern an[322]. Und obwohl Löwisch ansonsten die Zulässigkeit derartiger einfacher schuldrechtlicher Verträge nicht anzweifelt und die Ansicht vertritt, daß diese Vereinbarungsform den Koalitionen auch dort zur Verfügung stehe, wo sie an sich Tarifverträge abschließen könnten[323], ordnet er an anderer Stelle eine von den Sozialpartnern der Chemischen Industrie ausdrücklich als "außertarifliche Sozialpartner-Vereinbarung" bezeichnete Vereinbarung dennoch als Tarifvertrag ein. Als Beispiel für die Konkretisierung von Informationspflichten durch einen Tarifvertrag nennt er den Fall der Vier-Punkte Vereinbarung der Chemie-Partner zur gesamtdeutschen Entwicklung, in der sich diese zu gegenseitiger Information und Veranstaltungshilfe und zur Bildung paritätischer ad-hoc-Arbeitskreise "DDR-Fragen" verpflichteten[324].

Nach den von Löwisch aufgestellten objektiven Abgrenzungskriterien handelt es sich bei einer solchen schuldrechtlichen Übereinkunft um eine Vereinbarung, die einen mittelbaren Bezug zu Tarifnormen hat und damit um einen Tarifvertrag i.S. des TVG[325]. Bedenkt man jedoch, daß Löwisch den Tarifvertragsparteien auch zugestehen will, dort außertarifliche kollektive Schuldverträge abzuschließen, wo sie an sich Tarifverträge abschließen könnten[326], dann ist die von ihm vorgenommene Zuordnung nicht nachzuvollziehen und wirkt inkonsequent. Als Versehen wird man diese Einordnung wohl kaum ansehen können, denn dafür betont Löwisch die Zulässigkeit und das Vorhandensein der "außertariflichen Sozialpartner-Vereinbarungen" an anderen

---

322 Vgl. Löwisch in: Löwisch/Rieble, TVG, Grundl. Rn. 87 sowie in MünchArbR/Löwisch, § 273 Rn. 3 f.: Umweltschutzüberinkunft vom 20.8.1987 zwischen der IG Chemie, dem Verband der Chemischen Industrie (VCI) und dem Bundesarbeitgeberverband Chemie.

323 Vgl MünchArbR/Löwisch, § 239 Rn. 131.

324 Vgl. Löwisch in: Löwisch/Rieble, TVG, § 1 Rn. 263; MünchArbR/Löwisch, § 246 Rn. 41.

325 MünchArbR/Löwisch, § 246 Rn. 44.

326 MünchArbR/Löwisch, § 239 Rn. 131.

Stellen zu deutlich. Andererseits fehlen bei Löwisch aber auch jede ausdrückliche Kritik oder Zweifel an der pauschalen Einordnung dieser Vereinbarung als außertariflich. Eine bewußte Auseinandersetzung mit der Frage, ob die von den Chemie-Sozialpartnern gewünschte und gewählte Einordnung als außertarifliche Vereinbarung so auch richtig ist oder ob es objektiv nicht einer anderen rechtlichen Einordnung bezüglich dieser Vereinbarungen bedarf, findet nicht statt.

Es wird sich bei dieser Einordnung der Vier-Punkte Vereinbarung als Tarifvertrag um eine Ungenauigkeit von Löwisch handeln, der auch an verschiedenen anderen Stellen nicht sauber zwischen schuldrechtlichen tariflichen und sonstigen schuldrechtlichen Vereinbarungen trennt. So differenziert Löwisch bei seinen Ausführungen zum Umfang der schuldrechtlichen Vereinbarungsmacht nicht zwischen tariflichen und außertariflichen Vereinbarungen, sondern führt aus, daß die Tarifvertragsparteien auf schuldrechtlichem Weg gemeinsame Einrichtungen schaffen können, wobei ihm auch an dieser Stelle die "außertariflichen Sozialpartner-Vereinbarungen", hier die Vereinbarung einer BGB-Gesellschaft zur Information von Betriebsräten über Umweltschutz in der Chemischen Industrie (GIBUCI) und die Vereinbarung eines Berufsbildungsrates, als Beispiel dienen[327]. Die GIBUCI wird an anderer Stelle auch als Beispiel für eine durch einen außertariflichen, schuldrechtlichen Koalitionsvertrag begründete Einrichtung genannt[328].

Als Beispiel für schuldrechtliche Regelungen der Arbeitsbedingungen auf betrieblicher Ebene verweist Löwisch auf die Sozialpartner-Vereinbarung über Grundsätze der Abgrenzung der leitenden Angestellten in der Chemischen Industrie vom April 1989[329], hingegen findet sich die Umweltschutzübereinkunft vom 20.8.1987 als Beispiel dafür wieder, daß tariffähige Koalitionen mit einfachen schuldrechtlichen Verträgen außerhalb der tariflichen Normsetzungsbefugnis liegende Regelungen treffen können[330]. Jedoch ist hier anzumerken, daß bei dieser Übereinkunft nach dem Verständnis von Löwisch eine Einordnung als Tarifvertrag schon an den fehlenden inhaltlichen Voraussetzungen sowie der Beteiligung des VCI scheitert.

---

327 Vgl. Löwisch in: Löwisch/Rieble, TVG, § 1 Rn. 300.

328 MünchArbR/Löwisch, § 273 Rn. 4 (Fn.3); § 271 Rn. 5.

329 Löwisch in: Löwisch/Rieble, TVG, § 1 Rn. 298.

330 Vgl. Löwisch in: Löwisch/Rieble, TVG, Grundl. Rn. 87; MünchArbR/Löwisch, § 273 Rn. 3.

cc) Intensitätsstufen außertariflicher Vereinbarungen

Löwisch unterscheidet zwischen vier verschiedene Intensitätsstufen bei der Durchsetzung von außertariflichen Regelungen der Arbeits- und Wirtschaftsbedingungen[331].

Dabei beruft er sich mit seinem Modell auf die vor Inkrafttreten der Tarifordnung von 1918 entwickelten Vorstellungen.

aaa) 1. Stufe: Richtlinienvertrag

Auf der ersten Stufe befinde sich der "Richtlinienvertrag". Dabei werde von den Koalitionsparteien auf jede rechtliche Durchsetzung verzichtet, und es würden nur Richtlinien aufgestellt, deren Umsetzung der Entscheidung der Arbeitsvertragsparteien überlassen bleibe[332].

Der praktische Vorteil bei einer Einbeziehung einer solchen Richtlinie in den Einzelarbeitsvertrag bestehe in der "Richtigkeitsgewähr" einer solchen Modellregelung. Die zwischen den tariffähigen Koalitionen herrschende Vertragsparität garantiere eine ausgewogene Berücksichtigung der beiderseitigen Interessen, die entsprechend in das Einzelarbeitsverhältnis mit einflösse und die ein individuelles Aushandeln überflüssig mache[333].

Auf dieser Stufe seien auch Appelle der Tarifvertragsparteien an die Parteien des Einzelarbeitsvertrages, bestimmte arbeitspolitische Zielvorstellungen wie z.B. den Vorrang von Neueinstellungen vor Überstunden[334] zu übernehmen, einzuordnen[335].

bbb) 2. Stufe: Schuldrechtlicher Normenvertrag

Auf dieser Stufe des "schuldrechtlichen Normenvertrages" verpflichteten sich die Koalitionsparteien dazu, mit den Mitteln der Verbandsmacht dafür zu sorgen, daß die Arbeitsvertragsparteien sich die Regelung durch Bezugnahme oder eine inhaltsgleiche Individualvereinbarung zu eigen machten[336]. Dies entspreche der schuldrechtlichen Durchführungspflicht der Tarifvertragspar-

---

331 Löwisch in: Löwisch/Rieble, TVG, Grundl. Rn. 90 ff.

332 Löwisch in: Löwisch/Rieble, TVG, Grundl. 91; vgl. zum Begriff des Richtlinienvertrages: Hueck, JhJb (Bd. 73) 1923, 33, 47 f.

333 Vgl. BAG Urteil v. 24.3.1988 - AZR 630/87, AP Nr.1 zu § 241 BGB, Bl. 2, unter II 2 b aa für die Bezugnahme auf einen Tarifvertrag.

334 Vgl. MünchArbR/Löwisch, § 246 Rn. 15.

335 MünchArbR/Löwisch, § 273 Rn. 11.

336 Vgl. Hueck, JhJB (Bd. 73) 1923, 33, 59 ff.; vgl. für Vereinbarungen zwischen Arbeitgeber und Sprecherausschuß: Löwisch, SprauG, § 28 Rn. 12.

teien, vergleichbar einem schuldrechtlichen Tarifvertrag[337]. Daher habe das einzelne Verbandsmitglied keinen eigenen Anspruch aus dieser Vereinbarung, sondern müsse sich zur Durchsetzung der vereinbarten Vorteile an seinen eigenen Verband wenden. Dieser könne wiederum vom gegnerischen Verband die Einwirkung auf dessen Mitglieder verlangen.

ccc) 3. Stufe: Berechtigender schuldrechtlicher Normenvertrag (Vertrag zugunsten Dritter)

Auf dieser Intensitätsstufe erwüchsen dem einzelnen Arbeitnehmer oder Arbeitgeber unmittelbar Rechte aus dem Koalitionsvertrag als Vertrag zugunsten Dritter (§ 328 BGB). Dadurch sei der berechtigte Arbeitnehmer oder Arbeitgeber selbst zur Durchsetzung seines Anspruchs berechtigt und müsse nicht den Weg über die Verbände gehen. Vereinbarungen auf dieser Stufe bezeichnet Löwisch als "berechtigende schuldrechtliche Normenverträge"[338]. Eine unmittelbare Regelung der Individualarbeitsverhältnisse könne auch hier nur bei einem Firmenkoalitionsvertrag eintreten, dem außertariflichen Pendant zum Haustarifvertrag, bei dem auf Arbeitgeberseite nicht der Verband, sondern der einzelne Arbeitgeber als Tarifvertragspartner fungiere. Schließe die Arbeitnehmerkoalition mit dem sich selbst verpflichtenden Arbeitgeber einen solchen Vertrag, könne den Arbeitnehmern über § 328 BGB, einem Vertrag zugunsten Dritter, ein Anspruch direkt gegen den Arbeitgeber eingeräumt werden, ohne daß es irgendeiner Einwirkung bedürfe. Da diese Verpflichtung des Arbeitgebers auf seinem eigenen Vertragsschluß und nicht auf der Verbandsmacht beruhe, könne er sich der unmittelbaren Wirkung auch nicht entziehen[339].

Bei einem außertariflichen Vertrag auf Verbandsebene könne hingegen keine Verpflichtung der einzelnen, nicht am Vertragsschluß beteiligten Arbeitgeber und Arbeitnehmer erreicht werden, da ein Vertrag zu Lasten Dritter nicht möglich sei. Ziele die Vereinbarung dennoch auf eine Umsetzung auf der Individualvertragsebene, könne der Verband dem berechtigten Mitglied der Gegenseite nur einen Anspruch gegen sich selbst einräumen, so daß der Berechtigte selbst die Einwirkung auf seinen Arbeitsvertragspartner verlangen könne und nicht den Weg über seinen Verband gehen müsse.

Gegenüber einer abweichenden Individualvereinbarung fehle es aber auch dem "berechtigenden schuldrechtlichen Normenvertrag" faktisch an Durchsetzungskraft. Würden die Arbeitsvertragsparteien eine dem Koalitionsvertrag wider-

---

337 Löwisch in: Löwisch/Rieble, TVG, Grundl. Rn. 92; MünchArbR/Löwisch, § 273 Rn. 12 ff.

338 Löwisch in: Löwisch/Rieble, TVG, Grundl. Rn. 93; MünchArbR/Löwisch, § 273 Rn. 15.

339 MünchArbR/Löwisch, § 273 Rn. 22.

sprechende Regelung treffen, so werde darin häufig schon eine Zurückweisung durch Dritte i.S. des § 333 BGB liegen[340]. Außerdem könne sich der Verpflichtete der Verbandsgewalt durch Austritt entziehen.

Dies gelte auch für den Firmenkoalitionsvertrag, der wegen der Möglichkeit der Zurückweisung gemäß § 333 BGB ebenfalls keine "zwingende" Wirkung entfalten könne[341].

ddd) 4. Stufe: "Vertrag zu Lasten Dritter" - Rechte aus der Koalitionssatzung

Auf der vierten Intensitätsstufe der Durchsetzung einfacher schuldrechtlicher Verträge im Individualarbeitsverhältnis werde die fehlende Verpflichtungsmöglichkeit durch Vertrag zu Lasten Dritter mit den Mitteln der Verbandsmacht überwunden[342]. In der Koalitionssatzung könne dem Arbeitsvertragspartner des Mitglieds ein Anspruch gegen das Mitglied auf Einhaltung der im Koalitionsvertrag festgelegten Arbeitsbedingungen zugewendet werden.

Löwisch stellt sich die Ausgestaltung eines solchen Anspruchs zugunsten des Arbeitsvertragspartners des Mitglieds wohl folgendermaßen vor: In der Satzung soll nur die abstrakte Begründung des Anspruchs gegen das Mitglied auf Einhaltung der Arbeitsbedingungen festgelegt werden, die konkrete Ausgestaltung der jeweiligen Arbeitsbedingungen soll dann nicht in der Satzung selbst, sondern in der Koalitionsvereinbarung erfolgen[343]. Löwisch leitet diese Möglichkeit aus allgemeinen Überlegungen zum Vereinsrecht ab:

Denn nach h.M. könne ein Verein in seiner Satzung Rechte von Nichtmitgliedern begründen[344]. Ebenso könne er auch Ansprüche aus dem Mitgliedschaftsverhältnis, etwa die Beitragsforderung, abtreten. Von daher müsse es aber auch möglich sein, schon in der Satzung zu bestimmen, daß ein aus dem Mitgliedschaftsverhältnis resultierender Anspruch gegen ein Mitglied, in diesem Fall also der Anspruch auf Einhaltung der im Koalitionsvertrag festgelegten Arbeitsbedingungen, von vornherein nicht dem Verein, sondern Dritten zustünden[345]. So lasse sich zwar die unmittelbare Wirkung für das Individualarbeits-

---

340 Löwisch in: Löwisch/Rieble, TVG, Grundl. Rn. 93.

341 Löwisch in: Löwisch/Rieble, TVG, Grundl. Rn. 95.

342 Löwisch in: Löwisch/Rieble, TVG, Grundl. Rn. 94; MünchArbR/Löwisch, § 273 Rn. 18.

343 MünchArbR/Löwisch, § 273 Rn. 18, 20.

344 RGZ 106, 120, 126; vgl. ständige Rechtsprechung des BAG zu Unterstützungskassen: BAG, Urteil v. 10.11.1977 – 3 AZR 705/76, AP Nr. 8 zu § 242 BGB Ruhegehalt - Unterstützungskassen unter B I 2 (B. 3).- a.A.: MüKo-Reuter, § 25 BGB Rn. 20.

345 Löwisch in: Löwisch/Rieble, TVG, Grundl. Rn. 94.

verhältnis herstellen. Zwingend sei der Koalitionsvertrag aber auch bei dieser Ausgestaltung nicht. Anders als nach § 3 Abs. 3 TVG könne sich das Mitglied durch Austritt jederzeit den auf der Vereinsmacht beruhenden Ansprüchen seines Arbeitsvertragspartners entziehen. Auch würden hier abweichende Individualarbeitsverträge regelmäßig bedeuten, daß der Arbeitsvertragspartner des Mitglieds sein Recht nach § 333 BGB zurückweise[346].

ee) Stellungnahme

Teilt man nicht die Prämisse von Löwisch, wonach sich der Inhalt eines Tarifvertrages zwingend in dem vom TVG abgegrenzten Bereich der tariflichen Normsetzungsbefugnis bewegen oder einen mittelbaren Bezug zu Tarifnormen haben muß[347], dann können auch die von Löwisch aufgestellten Abgrenzungskriterien nicht übernommen werden.

Darüber hinaus fehlt es dem Abgrenzungssystem Löwischs an der nötigen Trennschärfe. Die von ihm aufgestellten objektiven Abgrenzungskriterien[348] stehen im Gegensatz zu dem von ihm angeschnittenen subjektiven Element, wonach den Tarifvertragsparteien außertarifliche Vereinbarungsformen auch da zur Verfügung stehen, wo sie an sich Tarifverträge abschließen könnten[349]. Dieser Widerspruch wird von Löwisch nicht aufgeklärt und führt zu Unsicherheiten bei der Grenzziehung zwischen außertariflichen und tariflichen Vereinbarungen.

Zu kritisieren sind zudem die von Löwisch entwickelten Intensitätsstufen:

Das von Löwisch entworfene Konzept will sich bewußt an vor 1918 entwickelte Vorstellungen anlehnen. Darin liegt sein wesentlicher Schwachpunkt: Es ist überholt und paßt in dieser Form nicht in den heutigen tarifrechtlichen Rahmen. Inkonsequent ist vor allem, daß die vor der Möglichkeit zur Normsetzung für schuldrechtliche Tarifverträge entworfenen Durchsetzungsmöglichkeiten einfach auf außertarifliche schuldrechtliche Vereinbarungen übertragen werden, ohne zu bedenken, daß die Koalitionspartner ohne weiteres auch einen entsprechenden schuldrechtlichen Tarifvertrag hätten abschließen können. Insofern ist das von Löwisch entworfene Parallelsystem außertariflicher schuldrechtlicher Vereinbarungen für tariffähige Koalitionen weitestgehend überflüssig, da sich auch mit Tarifverträgen die entsprechenden Wirkungen erzielen lassen und Abstufungen hinsichtlich der Durchführungspflicht vereinbar sind. Wozu bedarf es eines außertariflichen Parallelsystems, wenn es dieselben Inhalte wie

---

346 Löwisch in: Löwisch/Rieble, TVG, Grundl. Rn. 94.

347 Vgl. MünchArbR/Löwisch, § 239 Rn. 43, § 246 Rn. 44, 47, § 273 Rn. 6 f.

348 Vgl. MünchArbR/Löwisch, § 273 Rn. 7.

349 Vgl. MünchArbR/Löwisch, § 239 Rn. 131.

ein Tarifvertrag abdeckt und mit derselben, jeweils vereinbarten Intensität durchgesetzt werden kann?

Da sich - entgegen der oben dargestellten und kritisierten Ansicht des BAG[350] - die Abgrenzung zwischen Tarifverträgen und außertariflichen Vereinbarung gerade nicht in der Unterscheidung zwischen Normenverträgen und Vereinbarungen mit schuldrechtlicher Wirkung erschöpft, sondern Tarifverträge auch als schuldrechtliche Vereinbarungen zulässig sind, besteht kein Bedarf an einem Parallelsystem, dessen Anwendungsbereich sich mit dem von Tarifverträgen überschneidet. Es ist sinnvoller, den Tarifvertrag und die außertarifliche Vereinbarung als ein abgestuftes System von Regelungsmöglichkeiten zu sehen, in dem die beiden Formen ein unterschiedliches Anwendungsspektrum haben und sich somit gegenseitig ergänzen. In einem solchen abgestuften Regelungssystem wäre immer vorrangig zu prüfen, ob die Voraussetzungen für einen Tarifvertrag unabhängig vom Willen der Tarifparteien vorliegen. Beim Vorliegen der entsprechenden objektiven Voraussetzungen wäre die Einordnung als Tarifvertrag zwingend und hätte absoluten Vorrang.

Sinn macht das von Löwisch entwickelte abgestufte Modell insofern nur für nichttariffähige Koalitionen, die keine Tarifverträge schließen können, sowie für den Bereich außerhalb der Arbeits- und Wirtschaftsbedingungen, für den die allgemeinen Regeln des BGB gelten und die Möglichkeit gegeben ist, Verträge zugunsten Dritter zu schließen.

Aber auch wenn das von Löwisch entworfene Modell, von der ersten Stufe abgesehen, weitestgehend auf die Nutzung durch nichttariffähige Koalitionen und für den Bereich außerhalb der Regelung der Arbeits- und Wirtschaftsbedingungen beschränkt wird, ist die vierte Stufe seines Modells in jedem Fall abzulehnen. Die von Löwisch vertretene Möglichkeit, wonach sich die Verbände verpflichten können, in ihrer Satzung den Mitgliedern des sozialen Gegenspielers Ansprüche einzuräumen[351], trifft auf folgende Bedenken:

Planen die Koalitionen eine entsprechende rechtliche Konstruktion, so muß die abstrakte Zuwendung des Anspruchs an den Arbeitsvertragspartner des Mitglieds Eingang in die Koalitionssatzung finden. Zu solch einer Satzungsänderung kann sich eine Koalition gegenüber dem sozialen Gegenspieler aber nicht wirksam verpflichten. Zum einen steht das Verbandsrecht einer solchen Verpflichtung entgegen. Denn Satzungen sind als "Verfassungen" der Verbände eine interne Angelegenheit und fallen weder in die Regelungszuständigkeit noch unter die Vertretungsmacht einer zum Zwecke der Verhandlung einge-

---

350 Vgl. unter C.III.2)b)bb)ccc).

351 Vgl. MünchArbR/Löwisch, § 273 Rn 18.

setzten "Tarifkommission" oder des Vorstandes bzw. der Geschäftsführung. Eine solche Änderung der Satzung bleibt in aller Regel einem alle Mitglieder umfassenden bzw. repräsentierenden Organ vorbehalten. Im Falle der IG BCE ist dieses Organ der Gewerkschaftskongreß, der aus 450 von den Mitgliedern gewählten Delegierten besteht und dessen Aufgabe es auch ist, Beschlüsse über die Satzung zu fassen[352]. Die Durchsetzung einer solchen Satzungsänderung wäre in der Praxis äußerst unwahrscheinlich. Selbst Löwisch führt zur Verdeutlichung seiner Konstruktion kein Beispiel aus dem arbeitsrechtlichen Zusammenhang an[353].

Abgesehen von diesen rechtlichen und tatsächlichen Hindernissen, die einer satzungsrechtlichen Umsetzung entgegenstehen, verkennt Löwisch zudem, daß sich allgemeine Erkenntnisse aus dem Vereinsrecht nicht ohne weiteres auf den Sonderfall tariffähiger Koalitionen übertragen lassen. So steht einer solchen Vereinbarung vor allem der Grundsatz der Gegnerfreiheit entgegen, der für gewöhnliche Vereine nicht gilt. Durch unmittelbar in der Satzung begründete Ansprüche der sozialen Gegenspieler würde dieser Grundsatz, wonach die Koalition gegnerfrei die Interessen ihrer Mitglieder zu verfolgen hat, verletzt. Die Verbände sollen die Interessen ihrer Mitglieder verfolgen, nicht jedoch die Position des Gegners durch derartige Ansprüche stärken. In dieser Konstellation würde die Verbandsmitgliedschaft nicht dem Mitglied nützen, sondern statt dessen die Interessen seines Arbeitsvertragspartners fördern. Besonders schwer wiegt dabei zudem, daß dem auf der Gegenseite stehenden Dritten nicht nur Rechte gegen den Verein als solchen zugewendet werden, sondern daß der Dritte direkt Ansprüche gegen die Mitglieder zugesprochen bekommt. Der Umstand, daß sich das Mitglied diesen Ansprüchen seines Arbeitsvertragspartners nur durch den Austritt aus seinem eigenen Verband entziehen könnte, würde zu einer Destabilisierung des Tarifvertragssystems führen. Es wäre geradezu paradox, wenn sich das einzelne Mitglied innerhalb des Verbandes in einer rechtlich nachteiligeren Position befände als der Nichtorganisierte. Hier stehen die etwaige Notwendigkeit des Verbandsaustritts und die Zulässigkeit einer solchen Vereinbarung zu Lasten Dritter in keinem ausgewogenen Verhältnis. Eine solche Satzungsbestimmung sowie eine entsprechende Zusage in einer außertariflichen Vereinbarung sind aus diesem Gründen unwirksam.

---

352 Satzung der Industriegewerkschaft Bergbau, Chemie, Energie, § 17 Absatz 1 und Absatz 13. e).

353 Vgl. MünchArbR/Löwisch, § 273 Rn. 19.

e) Wiedemann

aa) Darstellung

Wiedemann sieht die Rechtsgrundlage für außertarifliche Koalitionsvereinbarungen der Tarifvertragsparteien in der allgemeinen Handlungsfreiheit nach Art. 2 GG und § 305 BGB[354]. Derartige außertarifliche Übereinkünfte bräuchten die Voraussetzungen des § 1 TVG nicht einzuhalten, sie hätten andererseits auch nicht die Wirkungen der §§ 3, 4 TVG[355]. Er unterscheidet zwischen rechtsverbindlichen, schuldrechtlichen Verträgen und bloßen Absichtserklärungen oder Empfehlungen, die keine Erfüllungs- oder zumindest keine Schadensersatzpflichten herbeiführen sollen[356]. Bei den rechtsverbindlichen Vereinbarungen sieht er auch die Möglichkeit, nach § 328 BGB Ansprüche und Verpflichtungen zugunsten der Arbeitnehmer zu begründen. Der Inhalt beider Formen könne im Rahmen des Art. 9 Abs. 3 GG liegen oder auch dessen Grenzen überschreiten. Insofern könnten außertarifliche Vereinbarungen sowohl tarifvertragliche oder nicht-tarifvertragliche Inhalte haben[357]. Schwierigkeiten bereitet Wiedemann im Einzelfall die Abgrenzung dieser außertariflichen Übereinkommen zu Tarifverträgen[358]. Wiedemann gesteht den Tarifparteien ebenfalls zu, daß sie im Rahmen des Art. 9 Abs. 3 GG schuldrechtliche Tarifverträge mit normergänzender oder normersetzender Funktion abschließen können, die nicht die volle Vertragsbindung entfalten, sondern nur den Charakter von Absichtserklärungen oder Empfehlungen haben[359]. Nach Auffassung von Wiedemann bieten somit der Tarifvertrag und die außertarifliche Koalitionsvereinbarung im Regelungsbereich des Art. 9 Abs. 3 GG identische Gestaltungsmöglichkeiten. Das führt jedoch dazu, daß weder über den Inhalt noch über die Bindungswirkung eine Abgrenzung zwischen tariflichen und nicht-tariflichen Vereinbarungen zwischen den Koalitionen möglich ist.

Die Abgrenzung zwischen Tarifverträgen und außertariflichen Vereinbarungen nimmt Wiedemann statt dessen anhand des Willens der Beteiligten vor. Der Rechtscharakter einer Vereinbarung richte sich insofern nach dem Parteiwillen! Wiedemann ist der erste, der dabei ausdrücklich von objektiven und subjektiven Voraussetzungen für einen Tarifvertrag spricht:

Objektiv fehle es an den Voraussetzungen für einen Tarifvertrag, wenn (auch) Parteien an der Übereinkunft beteiligt seien, die nicht tariffähig sind, oder wenn Rechtsverhältnisse geregelt würden, die den Tarifparteien nicht zugänglich

354 Wiedemann, TVG, § 1 Rn. 22 und 753.
355 Wiedemann, TVG, § 1 Rn. 18.
356 Wiedemann, TVG, § 1 Rn. 22.
357 Wiedemann, TVG, § 1 Rn. 18 und 22.
358 Vgl. Wiedemann, TVG, § 1 Rn. 22.
359 Vgl. Wiedemann, TVG, § 1 Rn. 745.

seien, wie z.B. Beamtenverhältnisse. Ob subjektiv die Voraussetzungen eines Tarifvertrages erfüllt seien, richte sich nach dem Parteiwillen. Die Bezeichnung als Tarifvertrag sei lediglich ein Indiz für die Auslegung. Die Parteien könnten aber bewußt keinen Tarifvertrag schaffen wollen und Regelungen vereinbaren, die einen Tarifvertrag vorbereiten, ersetzen oder ergänzen sollen[360].

Auf solche Vereinbarungen, die den Charakter von Regelungen hätten und nach dem Willen der Beteiligten einen Tarifvertrag vorbereiten, ergänzen oder ersetzen sollten, könnten die für Tarifverträge geltenden objektiven Auslegungsregeln angewendet werden[361].

Auch Wiedemann führt als Beispiel und als Beweis für die Existenz solcher außertariflichen Koalitionsvereinbarungen die "außertariflichen Sozialpartner-Vereinbarungen" der Chemischen Industrie an[362]. Er bewertet sie überwiegend als Richtlinienverträge, zum Teil auch als darüber hinausgehende Empfehlungen[363]. Die auf solche Vereinbarungen zurückgehenden gemeinsamen Einrichtungen wertet er nicht als gemeinsame Einrichtungen nach § 4 Abs. 2 TVG. Diese Form sei bewußt vermieden worden, was Wiedemann für unbedenklich hält[364].

bb) Stellungnahme

Wiedemann ist zugute zu halten, daß er konsequent die vom BAG vertretene Ansicht zum Einfluß des Parteiwillens auf den Rechtscharakter[365] umsetzt und von "subjektiven Voraussetzungen eines Tarifvertrages" spricht[366]. Warum allerdings der Rechtscharakter einer Vereinbarung zwischen den Tarifparteien vom Parteiwillen abhängen soll, wird auch von ihm nicht beantwortet.

Wiedemann muß jedoch zur Abgrenzung auf dieses subjektive Element zurückgreifen, da er die Anwendungsbereiche dieser Vereinbarungsformen überlappen läßt und für ihn ansonsten eine Grenzziehung zwischen Tarifverträgen und außertariflichen Koalitionsvereinbarungen anhand objektiver Kriterien nicht möglich wäre. Er berücksichtigt nicht, daß sich der "Inhalt" einer Vereinbarung nach dem Parteiwillen richtet, nicht jedoch der "Rechtscharakter" des einmal von den Parteien geschaffenen Inhalts.

---

360 Wiedemann, TVG, § 1 Rn. 22.
361 Wiedemann, TVG, § 1 Rn. 22.
362 Vgl. Wiedemann, TVG, § 1 Rn. 19 und 238.
363 Wiedemann, TVG, § 1 Rn. 19.
364 Vgl. Wiedemann, TVG, § 1 Rn. 19.
365 Vgl. BAG (Urteil v. 5. November 1997) BAGE 87, 45 = NZA 1998, S. 654, 656 ff.
366 Vgl. Wiedemann, TVG, § 1 Rn. 22.

Abzulehnen ist auch die undifferenzierte Ausdehnung schuldrechtlicher Tarifvertragsklauseln auf solche Vereinbarungen, die nicht die volle Vertragsbindung entfalten, sondern sich auf Absichtserklärungen oder Empfehlungen beschränken[367]. Die Einbeziehung solcher Übereinkünfte widerspricht dem Wesen des Tarifvertrages, der noch immer Regeln zwischen den Tarifvertragsparteien oder für die Tarifgebundenen verbindlich festsetzen will. Diese Ausdehnung läßt auch dem Instrument der außertariflichen Übereinkunft keinen eigenen Anwendungsraum. Worin besteht für die Tarifparteien noch der Vorteil einer ausdrücklich außertariflichen Regelung, wenn auch der Tarifvertrag Ihnen die Möglichkeit einer rechtlich unverbindlichen Absichtserklärung oder Empfehlung eröffnet hätte? Der Vorteil kann nicht darin liegen, daß die §§ 3,4 TVG keine Anwendung finden, denn diese gelten auch für schuldrechtliche Tarifverträge nicht, sondern nur für normative Tarifverträge. Somit ist weder die Ausdehnung des Tarifvertrages auf Vereinbarungen ohne rechtliche Bindungswirkung noch die Bestimmung des Rechtscharakters anhand des Parteiwillens sinnvoll.

Unzweifelhaft haben nichttarifliche Instrumente neben dem Tarifvertrag als weitere Ausdrucksformen der Tarifautonomie i.S. von Art. 9 Abs. 3 GG ihre Berechtigung. Die außertarifliche Vereinbarung ist jedoch etwas anderes als ein Tarifvertrag und nicht nur eine inhaltlich deckungsgleiche Variante, die zwingende Formvorschriften oder prozessuale Folgen zu umgehen hilft.

V. Stellungnahme zur freien Wahl der Vereinbarungsform

Mit Ausnahme von Plander und wenigen anderen ist der Rechtsprechung und der Literatur ein zu undifferenzierter Umgang mit der Vereinbarungsform der außertariflichen Koalitionsvereinbarungen vorzuhalten. In den inhaltlich problematischen Fällen wird zur Abgrenzung vom Tarifvertrag zumeist auf den ausdrücklich erklärten Willen der Tarifparteien verwiesen und die eigene rechtliche Bewertung so durch die Vorstellungen der Beteiligten ersetzt. Eine tragfähige Begründung, warum der ausdrücklich erklärte, einem Tarifvertrag entgegenstehende Wille ein Begriffsmerkmal für die Einordnung als außertariflicher Koalitionsvertrag sein sollte, findet sich jedoch bei keinem der Verfasser und auch nicht in der oben dargestellten Entscheidung des BAG.

---

[367] Vgl. Wiedemann, TVG, § 1 Rn. 745.

1) Die Bezeichnung als "außertarifliche Sozialpartner-Vereinbarung"

Im Zusammenhang mit den von den Chemie-Sozialpartner geschlossenen, sogenannten "außertariflichen Sozialpartner-Vereinbarungen" ist zu beachten, daß nicht alle der in ihrem Inhalt und ihrer Wirkungsweise verschiedenen Abkommen als "außertarifliche Sozialpartner-Vereinbarungen" überschrieben oder an anderer Stelle des Vereinbarungstextes explizit als solche bezeichnet sind. Aus den einzelnen Vereinbarungen ergibt sich mithin nicht immer ein Hinweis auf einen ausdrücklich erklärten Willen der Tarifparteien, daß es sich um ein "außertarifliches" Abkommen handeln soll. Von daher ist schon fraglich, ob bei einem Großteil der "außertariflichen Sozialpartner-Vereinbarungen" überhaupt von einem ausdrücklich erklärten Willen der Vertragsparteien gesprochen werden kann, der im Sinne des BAG[368] der Einordnung als Tarifvertrag zwingend entgegenstehen könnte.

Zum Teil hängt das Fehlen eines entsprechenden Hinweises mit dem Entstehungszeitpunkt zusammen. So ist die erste "außertarifliche Sozialpartner-Vereinbarung", der Vereinbarung über Vertrauensleute aus dem Jahr 1983, zu einem Zeitpunkt entstanden, als die Bezeichnung "außertarifliche Sozialpartner-Vereinbarung" überhaupt noch nicht geschaffen worden war. Die Einordnung unter diese Bezeichnung ist zusammen mit anderen bis dahin entstandenen Übereinkünften erst später erfolgt. Zum Entstehungszeitpunkt dieser ersten "außertariflichen Sozialpartner-Vereinbarung" konnte sich der Wille der Beteiligten, keine tarifliche Vereinbarung zu treffen, also nicht in der Wahl der Bezeichnung niederschlagen und ist auch nicht anderweitig zum Ausdruck gebracht worden.

Anders verhält es sich bei zwei Sozialpartner-Vereinbarungen jüngeren Datums:

Die Übereinkunft zu Responsible Care aus dem Jahr 1999 ist schon als "Sozialpartner-Vereinbarung" überschrieben. Auch die Vereinbarung "Gemeinsame Grundsätze für die Freistellung von Betriebsräten für Schulungs- und Bildungsveranstaltungen" aus dem Jahr 1997 enthält die Bezeichnung "Sozialpartnervereinbarung".

Eine solch explizite Zuordnung zum außertariflichen Bereich durch die Sozialpartner im Vertragstext ist eher die Ausnahme. Ein Großteil der "außertariflichen Sozialpartner-Vereinbarungen", z.B. auch die neue Vertrauensleutevereinbarung aus dem Jahr 1998, sind selbst nur als

---

368 Vgl. BAG (5.11.1997) BAGE 87, 45 = NZA 1998, S. 654.

"Vereinbarung", "Empfehlungen", als "Gemeinsame Hinweise", "Gemeinsame Grundsatzpositionen" oder "Gemeinsame Positionen" bezeichnet. Es läßt sich bei diesen erst durch die Gesamtumstände, unter anderem die Veröffentlichung unter dem Sammelbegriff der "Außertarilichen Sozialpartner-Vereinbarungen", ein entsprechender Wille der Sozialpartner zum Abschluß einer außertariflichen Übereinkunft herleiten.

Es kann dahinstehen, inwieweit diese Gesamtumstände überhaupt Einfluß auf die Bewertung nehmen können. Denn selbst wenn jede einzelne dieser Vereinbarungen als "außertarifliches Abkommen" überschrieben wäre, wäre dadurch die rechtliche Beurteilung einer solchen Vereinbarung nicht zwingend festgelegt. Statt dessen ist die rechtliche Beurteilung anhand aller zur Verfügung stehenden sachlichen Fakten vorzunehmen.

2) Rechtliche Qualifizierung anhand sachlicher Kriterien / Erheblichkeit des Willens der Tarifparteien

Eine eigene rechtliche Bewertung aufgrund sachlicher Fakten bedeutet keinesfalls, daß es auf den Willen der Tarifparteien überhaupt nicht ankäme.

Zum einen stellt sich die Frage, ob die Beteiligten eine Übereinkunft mit dem erforderlichen Rechtsbindungswillen geschlossen haben. Ferner nehmen die Tarifparteien mit ihrem Willen Einfluß auf die inhaltliche Ausgestaltung ihrer Vereinbarung und bestimmen somit die konkrete Rechtsfolge. Bedarf der Inhalt einer Vereinbarung der Auslegung, so ist dabei sowohl nach der Methode der Vertragsauslegung als auch nach der auf Tarifverträge angewandten Auslegungsmethode der Wille beachtlich. Dabei schlägt sich der Wille auch in der gewählten Bezeichnung nieder. Zur Ermittlung des Willens der Tarifvertragsparteien ist deshalb bei der Auslegung einer Vereinbarung beim Wortlaut anzusetzen. Steht die inhaltliche, dem Willen der Beteiligten entsprechende Ausgestaltung als sachliche Grundlage jedoch fest, so ist dieser Sachverhalt für die rechtliche Qualifizierung maßgebend. Die von den Beteiligten selbst vorgenommene rechtliche Beurteilung ihrer Vereinbarung, spielt neben einem feststehenden Sachverhalt und einer danach gebotenen Qualifizierung keine Rolle[369]. Sie ist als Falschbezeichnung, als sogenannte "falsa demonstratio" zu handhaben.

---

369 Vgl. Plander, Festschrift Kehrmann, S. 295, 303.

a) Die Bezeichnung "außertariflich" als falsa demonstratio

Die falsa-demonstratio-Regel kommt auch bei Tarifverträgen zur Anwendung[370] und besagt, daß der erkennbare Wille der Tarifvertragsparteien maßgeblich ist und nicht die von ihnen verwendete Bezeichnung, die den übereinstimmenden Willen der Vertragsparteien nicht wiedergibt[371].

Die Tarifparteien können z.B. frei nach ihrem Willen zwischen einer normativen oder einer schuldrechtlichen Ausgestaltung einer Regelung der Arbeitsverhältnisse der Tarifgebundenen oder der betrieblichen Rechtsverhältnisse der tarifgebundenen Arbeitgeber wählen[372]. Ihrem Willen, keine Normenvereinbarung schließen zu wollen, werden sie unter Umständen dadurch Ausdruck verleihen, daß sie ihre Vereinbarung als "außertarifliche Vereinbarung" oder ähnlich bezeichnen. Hintergrund wird dabei vielfach sein, daß die Vereinbarungen von Praktikern geschlossen werden, nach deren Verständnis ein Tarifvertrag normative Wirkung hat und eine schuldrechtliche Vereinbarung kein Tarifvertrag sein kann. Der umgangssprachliche Wortsinn einer "außertariflichen Vereinbarung" geht von daher nur so weit, daß eine Abgrenzung zu normativ wirkenden Regelungen geschaffen werden soll. Selbst in der juristischen Fachsprache wird der Begriff des Tarifvertrages vielfach mit einem tariflichen Normenvertrag gleichgesetzt, ohne zu berücksichtigen, daß nach der herrschenden Meinung auch rein schuldrechtliche Tarifverträge geschlossen werden können. Auf dieses Verständnis der Tarifparteien kommt es an[373], so daß bei einer genauen Analyse zur Wortbedeutung der Sinn des Wortes "außertariflich" bereits eine Relativierung erfährt, indem mit dieser Wortwahl zunächst nur deutlich gemacht werden soll, daß der Vereinbarung keine normative Wirkung zukommt.

Diese nach dem üblichen Sinn dem Wort "außertariflich" zugemessene Bedeutung deckt sich aber nicht mit einer sorgfältigen Definition des Tarifvertrages. Eine beim Wortlaut ansetzende Auslegung kann in solchen Fällen insofern nur ergeben, daß die Tarifparteien keine tarifliche Regelung mit normativer Wirkung schaffen wollten, ihnen somit der "Normsetzungswille" fehlte.

---

370 Zachert in: Kempen/Zachert, Grundlagen Rn. 309 f.; Wiedemann/Wank, TVG, § 1 Rn 787 (einschränkend); Wank RdA 1998, 71, 80; Däubler, Tarifvertragsrecht, 3. Auflage 1993, Rn. 134 ff.; Ananiadis, S. 43 ff.; Hueck, Anmerkung zu BAG, Urteil v. 2.6.1961 – 1 AZR 573/59, AP Nr. 68 zu Art. 3 GG; Zöllner, RdA 1964, 443, 449; Hanau, RdA 1998, 65, 73; anders BAG, Urteil v. 2.6.1961 – 1 AZR 573/59, AP Nr. 68 zu Art. 3 GG; Löwisch in: Löwisch/Rieble, TVG, § 1 Rn. 381.

371 Wank, RdA 1998, 71, 80.

372 Vgl. Buchner in: AR-Blattei [D] Tarifvertrag V Inhalt, A. III.2.; Plander, Festschrift Kehrmann, S. 295, 307.

373 So auch Wank, RdA 1998, 71, 80.

Sofern die Tarifparteien jedoch konkrete schuldrechtliche Verbindlichkeiten mit der Vereinbarung auf dem Gebiet der Arbeits- und Wirtschaftsbedingungen begründen und es nicht nur bei unverbindlichen Empfehlungen belassen, so ändert ihre Bezeichnung beim Vorliegen aller weiteren objektiven Voraussetzungen nichts an der grundsätzlichen rechtlichen Einordnung als Tarifvertrag i.S. des TVG. Das heißt, wenn der Wille der Vertragsparteien, eine bindende schuldrechtliche Vereinbarung auf dem Gebiet der Arbeits- und Wirtschaftsbedingungen i.S. des Art. 9 Abs. 3 GG zu schließen, eindeutig erkennbar ist, dann ist dieser Wille für die Einordnung als schuldrechtlicher Tarifvertrag bindend, und nicht die anderslautende Bezeichnung. Die Bezeichnung als "außertariflich" ist somit unerheblich.

b) Vergleich mit der Bezeichnung "Protokollnotizen" und "Vorvertrag"

Auch ein Vergleich mit der von den Tarifparteien verwendeten Bezeichnung "Protokollnotizen" zeigt, daß die rechtliche Qualifizierung nicht an die in der gewählten Bezeichnung zum Ausdruck kommende Einschätzung der Tarifparteien gebunden ist.

aa) Vergleich mit Protokollnotizen

So kann ein von den Tarifvertragsparteien als "Protokollnotiz" überschriebenes Verhandlungsergebnis als ein Vorvertrag zum Abschluß eines Tarifvertrages ausgelegt werden[374]. Unter anderen Umständen kann eine Protokollnotiz aber auch als Bestandteil des Tarifvertrages oder selbständiger Tarifvertrag sein[375]. Oder es kommt der Protokollnotiz nur die Bedeutung einer authentischen Interpretation des Tarifvertrages oder eines bloßen Hinweises auf den Willen der Tarifparteien zu[376]. Letztendlich ist auch hier durch Auslegung unter Berücksichtigung aller Umstände die Bedeutung der Protokollnotizen zu ermitteln[377].

bb) Vergleich mit Vorverträgen

Fraglich ist, inwieweit der Wille der Tarifparteien bei der rechtlichen Qualifizierung einer Vereinbarung als Vorvertrag relevant ist.

---

374 Vgl. BAG, Urteil v. 24.11.1993 – 4 AZR 329/93, AP Nr. 114 zu § 1 TVG Tarifverträge: Metallindustrie = EzA § 4 TVG Metallindustrie, Entsch. 95; LAG Thüringen BB 1995, 1085; Wank, RdA 1998, 71, 80.

375 Vgl. BAG Urteil v. 16.9.1987 - 4 AZR 265/87, BAGE 56, 120 = DB 1987, 2522 = NZA 1988, 29, 30; LAG Rheinland-Pfalz, Urteil v. 16.11987 – 6 Sa 893/86, NZA 1987, 317; Zachert in: Kempen/Zachert, TVG, § 1 Rn. 370.

376 Wiedemann, TVG, § 1 Rn. 233; Däubler, Tarifvertragsrecht, Rn. 113.

377 Vgl. BAG, Urteil v. 26.1.1983 – 4 AZR 224/80, BAGE 41, 307 = AP Nr. 20 zu § 1 TVG = DB 1983, 2146.

Nach der Ansicht des BAG, die von der überwiegenden Meinung in der Literatur geteilt wird, ist ein Vorvertrag kein Tarifvertrag[378], obwohl er die Verpflichtung der Tarifvertragsparteien zum Abschluß eines Tarifvertrages und mithin eine schuldrechtliche Verpflichtung beinhalten kann[379]. Als Argument wird in diesen Fällen wie auch bei der vom BAG vorgenommenen Abgrenzung von außertariflichen Koalitionsvereinbarungen zu Tarifverträgen angeführt, daß es sich um einen "Vertrag ohne Außenwirkungen" handele[380] und daß nach dem Willen der Tarifparteien gerade kein solcher Tarifvertrag geschlossen werden sollte. Diese Einordnung des Vorvertrages als schuldrechtlicher Vertrag und nicht als Tarifvertrag ist insofern noch von der Vorstellung geprägt, daß ein Tarifvertrag – zumindest wenn er letztendlich auf drittbezogene Vereinbarungen abzielt - einen normativen Teil haben muß[381]. Da ein solcher normativer Teil nach dem Inhalt des Tarifvertrages erst noch geschlossen werden müsse, könne der Vorvertrag kein Tarifvertrag sein.

An diesem Punkt setzt auch die Kritik der Gegenansicht[382] an. Da ein Tarifvertrag auch nur ein schuldrechtlicher Vertrag sein könne, genüge auch der Vorvertrag mit der darin begründeten Pflicht der Tarifparteien zum Abschluß eines Tarifvertrages den Anforderungen eines Tarifvertrages[383].

Insgesamt wird deutlich, daß das BAG in dieser Entscheidung zum Vorvertrag mit dem "Willen der Parteien" den "Normsetzungswillen" der Tarifparteien bezeichnet. Eine rechtliche Einordnung als Tarifvertrag macht das BAG somit

---

378 BAG, Urteil v. 26.1.1983 – 4 AZR 224/80, BAGE 41, 307 = AP Nr. 20 zu § 1 TVG = DB 1983, 2146; BAG, Beschluß v. 25.8.1982 – 4 AZN 305/82, SAE 1983, 101 mit Anmerkung Streckel; Zachert in: Kempen/Zachert, TVG, § 1 Rn. 373 f.

379 Vgl. BAG, Urteil v. 26.1.1983 – 4 AZR 224/80, BAGE 41, 307 = AP Nr. 20 zu § 1 TVG = DB 1983, 2146.

380 BAG, Urteil v. 26.1.1983 – 4 AZR 224/80, BAGE 41, 307 = AP Nr. 20 zu § 1 TVG = DB 1983, 2146; BAG, Beschluß v. 25.8.1982 – 4 AZN 305/82, SAE 1983, 101 (mit Anmerkung Streckel); a.A. Birk, ArbuR 1977, 235, 236: Der Vorvertrag sei neben dem eigentlich normativ wirkenden Tarifvertrag ein "allein schuldrechtlicher Tarifvertrag".

381 Vgl. Wiedemann, TVG, S. 314 f.; ebenso Plander, Rechtsgutachten, B.3)b)bb), S. 8; siehe auch die Ausführungen von Wolter zu dieser Entscheidung: Wolter, DB 1993, 934, 936..

382 Mangen, RdA 1982, S. 229, 232 f.; Wiedemann, Entscheidungsanmerkung zu BAG (Urteil v. 26.1.1983) AP Nr. 20 zu § 1 TVG; derselbe auch kritisch zur Argumentation des BAG in: Wiedemann, TVG, § 1 Rn. 3; ebenso Streckel, Entscheidungsanmerkung zu BAG (Beschluß v. 25.8.1982) – 4 AZN 305/82, SAE 1983, S. 103, 104; Birk, ArbuR 1977, 235, 236.

383 Mangen, RdA 1982, S. 229, 232 f.; siehe auch Birk, ArbuR 1977, 235 f., der den Vorvertrag ebenfalls als "allein schuldrechtlichen Tarifvertrag" wertet, aber das Schriftformerfordernis nicht auf den Vorvertrag ausdehnt, S. 237.

vom Vorhandensein von Tarifnormen abhängig und stellt mithin auf eine vermeintlich erforderliche, objektive Voraussetzungen eines Tarifvertrages ab. Der Wille der Beteiligten übernimmt nicht die Rolle einer eigenständigen subjektiven Voraussetzung, von der die rechtliche Einordnung der Vereinbarung abhängt. Auch Wiedemann erkennt in dieser Entscheidung des BAG die Normbezogenheit des Willens und kritisiert die diesbezügliche Schwäche in der Argumentation[384], obwohl er sonst die These vertritt, daß der entsprechende Wille der Tarifparteien eine subjektive Voraussetzung des Tarifvertrages sei[385].

Dieser Meinungsstreit soll hier nicht vertieft werden. Jedoch spricht nach der hier vertretenen Definition eines Tarifvertrages einiges für die Bewertung eines entsprechenden Vorvertrages als Tarifvertrag. Zu einer anderen Einschätzung kann man nur gelangen, wenn man aus dem fehlenden Normsetzungswillen der Beteiligten beim Abschluß der Vereinbarung ableitet, daß ohne eine normative Wirkung der Vereinbarung diese nicht als Tarifvertrag qualifiziert werden kann[386].

c) Der Wille der Vertragsparteien gestaltet den Inhalt

Letztendlich können die Parteien mit ihrem Willen nur über die tatsächliche Gestaltung des Inhalts Einfluß auf die rechtliche Qualifizierung nehmen. Alle anderen Gründe, aus denen die Tarifparteien ein Abkommen als "außertariflich" bezeichnen könnten, etwa Zweifel daran, ob der Regelungsgegenstand überhaupt tariflich regelbar ist[387] oder um einen Arbeitskampf zur Durchsetzung der Forderung zu verhindern, sind lediglich Motive. Diese schlagen jedoch nicht auf das tatsächlich Vereinbarte, auf den sachlichen Gehalt der Übereinkunft durch. Es ändert sich nicht der Inhalt dessen, was nach dem Willen der Beteiligten tatsächlich vereinbart wurde. Diese Beweggründe können von daher keine andere rechtliche Qualifizierung rechtfertigen[388].

Insofern läßt sich aus der von den Parteien bewußt gewählten Bezeichnung über den etwaigen Rechtsbindungswillen und das Fehlen oder Vorhandensein eines Normsetzungswillens hinaus keine inhaltliche Aussage ableiten, die nicht den Rahmen einer zulässigen Auslegung sprengen würde. Hätten die Parteien

---

384 Vgl. Wiedemann, TVG, § 1 Rn. 3, 238.

385 Vgl. Wiedemann, TVG, § 1 Rn. 22.

386 So etwa die von Wolter zugrundegelegte Definition eines Tarifvertrages: Wolter, DB 1993, 934, 936.

387 Auch bei den Chemie-Sozialpartnern können Zweifel, ob die von ihnen aufgegriffene neue Materie, z.B. Fragen des Umweltschutzes, von der tariflichen Regelungsmacht gedeckt ist, eine Rolle spielen.

388 So auch Plander, Rechtsgutachten, 7 f., derselbe in: Festschrift Kehrmann, S. 295, 303.

darüber hinaus etwas vereinbaren wollen, hätte dies deutlicher im Vereinbarungstext seinen Niederschlag finden müssen.

Zusammenfassend ist der Wille der Vertragsparteien insofern für die Frage maßgebend, ob die Tarifparteien überhaupt eine rechtliche Bindung eingehen wollten, und sofern diese Frage zu bejahen ist, welchen Inhalt diese Rechtsbindung hat.

3) Ergebnis: Der Wille zum Abschluß eines Tarifvertrages ist keine Voraussetzung eines Tarifvertrages

Der Wille der Tarifparteien, eine tarifliche Regelung zu schließen, ist kein selbständiges weiteres Tatbestandsmerkmal eines Tarifvertrages. Eine freie, allein von der Willensentscheidung der Tarifparteien abhängige Wahl zwischen schuldrechtlichem Tarifvertrag und außertariflicher Vereinbarung ist abzulehnen. Die rechtliche Qualifizierung ist nicht dem Willen der Tarifvertragsparteien überlassen, sondern folgt allein aus den bereits herausgearbeiteten objektiven Kriterien. Der Wille der Tarifparteien muß sich in diesen objektiven und sachlichen Kriterien "manifestieren" und ist kein von dieser Grundlage losgelöstes, eigenständiges Bewertungskriterium für die Abgrenzung von Tarifverträgen oder außertariflichen Vereinbarungen. Der Wille der Tarifvertragsparteien bestimmt zwar den Inhalt des Tarifvertrages. Dabei sind die Tarifparteien innerhalb der gesetzlichen Grenzen in der inhaltlichen Gestaltung auch frei. Die rechtliche Beurteilung des geschaffenen Inhalts muß jedoch objektiv erfolgen. Denn sonst könnten die Tarifparteien selbst bestimmen, ob die auf der Qualifikation als Tarifvertrag aufbauenden Rechtsfolgen eingreifen oder nicht[389]. Selbst der Rechtsweg vor die Arbeitsgerichte oder die ordentlichen Gerichte stünde den Tarifparteien zur Wahl. Die Bestimmung des Rechtsweges steht aber nicht zu Disposition der Parteien, vielmehr zielen die Zulässigkeitsvorschriften auf größtmögliche Sachnähe des Richters, womit das Prinzip einer Wahl durch die Parteien nicht zu vereinbaren ist.

Ebenso könnten die Tarifparteien bei einer freien Wahl der Vereinbarungsform die Einhaltung der Formvorschrift des § 1 Abs. 2 TVG umgehen[390]. Im Hinblick auf die durch die Formvorschrift geschützten Drittinteressen ist auch aus diesem Grunde ein Wahlrecht zwischen einem formgebundenen Tarifvertrag und privatrechtlichen Schuldvertrag abzulehnen[391]. Der Wille der Vertragsschließenden ist hingegen zu ermitteln, wenn die getroffene Regelung nicht eindeutig

389 So auch Säcker/Oetker, S. 166 f.; vgl. zur Parallelproblematik bei der Bezeichnung von Arbeitsverträgen: Plander, Flucht aus dem Normalarbeitsverhältnis, S. 115 ff.

390 Vgl. Schlaffke, S. 82, 217.

391 So auch Schlaffke, S. 82, 217; Säcker/Oetker, S. 166.

ist und ihr Inhalt unter Heranziehung des Willen der Tarifparteien durch Auslegung ermittelt werden kann.

Auch die nach herrschender Meinung[392] für den normativen Teil geltende unmittelbare Bindung an die Grundrechte, die unter anderem mit der gesetzesgleichen Wirkung von Tarifnormen begründet wird, spricht beim Vorliegen der objektiven Tatbestandsmerkmale eines Tarifvertrages gegen eine an den Willen der Tarifvertragsparteien gebundene rechtliche Einordnung. Denn abgesehen von der in Art. 9 Abs. 3 S. 2 GG angeordneten unmittelbaren Drittwirkung fehlt es bei einem schuldrechtlichen außertariflichen Vertrag, selbst wenn er Ansprüche Dritter begründet, unstreitig an einer entsprechenden unmittelbaren Grundrechtsbindung. Würde das Vorliegen eines Tarifvertrages allein aufgrund des erklärten, anderslautenden Willens der Tarifparteien ausgeschlossen, so bestünde die Gefahr, daß die Tarifparteien einen an sich "normativ" formulierten Vertrag lediglich als außertariflichen, schuldrechtlichen Vertrag zugunsten Dritter werten lassen könnten[393]. Auf diese Weise könnten sie zwar den Mitgliedern der Tarifvertragsparteien eigene Ansprüche einräumen und damit tarifvertragsähnliche Wirkung erzielen, könnten sich aber dennoch der unmittelbaren Bindung an die Grundrechte entledigen. Mithin wäre allein vom Willen der Tarifparteien die unmittelbare Grundrechtsbindung abhängig.

Diese unterschiedliche Grundrechtsbindung frei nach dem Willen der Tarifparteien könnte jedoch unbedenklich sein. Denn auch zwischen normativen und schuldrechtlichen Tarifvertragsklauseln besteht ein Unterschied hinsichtlich der Bindung an die Grundrechte. Denn zumindest nach herrschender Meinung[394] ist der schuldrechtliche Teil eines Tarifvertrages, abgesehen von der unmittelbaren Drittwirkung des Art. 9 Abs. 3 S. 2 GG, nicht an die Grundrechte gebunden. Dieser Unterschied zwischen normativen und schuldrechtlichen Tarifvertragsklauseln ist jedoch aufgrund der unterschiedlichen Wirkungsweisen dieser Klauseln gerechtfertigt. Durch den Verzicht auf die normative Wirkung ist auch der durch die unmittelbare Bindung an die Grundrechte bezweckte Schutz der Normunterworfenen entbehrlich. Dieser Unterschied wird auch unmittelbar im Inhalt des Tarifvertrages durch die voneinander abweichende Formulierung normativer und schuldrechtlicher Tarifvertragsklauseln deutlich. So muß der Wille der Parteien, eine schuldrechtliche Regelung zu treffen, im Vertragstext

---

392 MünchArbR/Richardi, § 10 Rn. 23 ff. m.w.N.; Schaub, § 200 Rn. 14; Waltermann, RdA 1990, 138, 141; Baumann, RdA 1994, 272, 273; Söllner, NZA 1996, 897, 901 f.; Singer, ZfA 1995, 611, 626 ff; differenzierend Käppler, NZA 1991, 745, 748 f.; vgl. aber auch Belling, ZfA 1999, 547, 553 ff.

393 Vgl. dazu MünchArbR/Löwisch, § 246 Rn. 46.

394 Wiedemann, TVG, Einleitung Rn. 205; Clausen, S. 171; Buchner in: AR-Blattei (D) Tarifvertrag V Inhalt A.IV.2.a) cc); Löwisch in: Löwisch/Rieble, TVG, § 1 Rn. 301; Belling, ZfA 1999, 547, 553.

seinen Niederschlag gefunden haben und zumindest im Wege der Auslegung ermittelbar sein. Es reicht nicht, wenn die Parteien ausdrücklich erklären, daß sie ihre Vereinbarung nicht als Tarifvertrag verstanden wissen wollen, wenn dies auch deutlich dafür spricht, daß die Vertragsparteien ohne Normsetzungswillen nur eine schuldrechtlich wirkende Vereinbarung schließen wollten. Die bewußte schuldrechtliche Tarifvertragsgestaltung unter Verzicht auf die Normsetzungsbefugnis spricht eher dafür, daß einem Dritten gerade kein eigener Anspruch eingeräumt werden sollte und kein Vertrag zugunsten Dritter vorliegt.

Diese für gewöhnlich in Wirkungsweise und Formulierung bestehenden Unterschiede zwischen einem normativen und einem schuldrechtlichen Tarifvertrag finden sich zwischen einem Tarifvertrag mit normativer Wirkung und einem außertariflichen, schuldrechtlichen Vertrag zugunsten Dritter allenfalls in abgeschwächter Form. Vor allem die Wirkungsweise einer außertariflichen, schuldrechtlichen Klausel zugunsten Dritter ist bei einer solchen Vertragsgestaltung stark der Wirkung tarifvertraglicher Normen angenähert, da der Berechtigte von den vertragsschließenden Parteien einen unmittelbaren Anspruch eingeräumt bekommt. Abgesehen von der fehlenden unmittelbaren Bindung an die Grundrechte wäre ein solcher Vertrag zudem nicht den im TVG gesetzten Restriktionen und Bestimmungen unterworfen. So kann z.B. der Berechtigte – im Gegensatz zu einer Tarifnorm - auf die geregelte Begünstigung verzichten. Der von den vertragsschließenden Parteien gewollte Unterschied wird aber in der Formulierung des Vertragstextes nicht erkennbar. Vielmehr spricht der einem Dritten eingeräumte Anspruch objektiv für einen Tarifvertrag mit Normwirkung. Aus diesem Grund und im Hinblick auf die unterschiedlichen Rechtswirkungen muß mit der Auslegung eines Vertrages als schuldrechtlichem Vertrag zugunsten Dritter restriktiv umgegangen werden. Auch nach Ansicht des BAG ist im Zweifel stets davon auszugehen, daß die Tarifparteien sich ihrer Normsetzungsmöglichkeit bedienen wollten[395]. Wollen Tarifvertragsparteien gezielt eine schuldrechtliche Vereinbarung zugunsten Dritter treffen, so sollte dies explizit aus dem Vertragstext hervorgehen und nicht allein durch die erklärte Ablehnung eines Tarifvertrages erzielt werden können. Eine solche Erklärung entbehrt der erforderlichen Eindeutigkeit und kann nicht genügen, um die Einordnung als Tarifvertrag und die daran anknüpfenden Rechtsfolgen oder die unmittelbare Bindung an die Grundrechte auszuschließen. Der zurückhaltende, restriktive Umgang mit dieser Form der Vertragsgestaltung ginge verloren, wenn es die Tarifparteien in Zukunft unter Berufung auf die Entscheidung des BAG in der Hand hätten, Vereinbarungen als schuldrechtliche Verträgen zugunsten Dritter zu qualifizieren und so die unmittelbare Grundrechtsbindung

395 Vgl. BAG, Urteil v. 5.11.1997 – 4 AZR 872/95, BAGE 87, 45, 58 = BAG NZA 1998, 654, 657.

für den normativen Tarifvertragsteil oder das TVG mit seiner regulierenden Wirkung zu umgehen.

Das Umgehungsargument kommt erst recht zum Tragen, wenn man mit einem Teil der Literatur sogar den schuldrechtlichen Teil eines Tarifvertrages unmittelbar an die Grundrechte gebunden sieht. Eine solche Ausweitung der unmittelbaren Grundrechtsbindung wird damit begründet, daß sonst die Tarifparteien durch die Wahl ihrer Vereinbarungsform die unmittelbare Grundrechtsbindung umgehen könnten[396]. Überläßt man den Tarifparteien die freie Wahl zwischen einem Tarifvertrag und einer außertariflichen Vereinbarung, wäre den Tarifparteien gleichwohl ohne inhaltliche Änderung eine Umgehung der unmittelbaren Grundrechtsbindung möglich. Eine entsprechende Ausweitung der unmittelbaren Grundrechtsbindung auf außertarifliche schuldrechtliche Vereinbarungen zwecks Verhinderung einer solchen Umgehung kommt dabei nicht in Betracht. Eine derartige Ausweitung auf außertarifliche privatrechtliche Verträge wäre mit der Konzeption der Grundrechte nicht zu vereinbaren und dogmatisch nicht zu begründen. Anstatt gegen ein solches Dogma zu verstoßen, ist statt dessen den Tarifparteien die Befugnis abzusprechen, selbst über die rechtliche Einordnung ihrer Vereinbarungen bestimmen zu können. Können die Tarifparteien bei objektiv identischen Voraussetzungen nicht frei zwischen einem Tarifvertrag und einer außertariflichen Vereinbarung wählen, so können sie sich auch der für den normativen Teil geltenden unmittelbaren Grundrechtsbindung nicht entziehen. Aus diesen Gründen ist ein außertarifliches Parallelsystem abzulehnen. Die Tarifparteien haben nicht die Möglichkeit, frei zwischen der rechtlichen Einordnung als Tarifvertrag oder als außertarifliche Vereinbarung zu wählen.

Liegen bei einer Vereinbarung die objektiven Tatbestandsvoraussetzungen eines Tarifvertrages vor, so ist die rechtliche Einordnung als Tarifvertrag unabhängig vom Willen der Tarifvertragsparteien vorzunehmen. Für diesen Bereich hat der Gesetzgeber den Tarifvertrag als das Mittel der tarifautonomen Einigung vorgegeben und spezialgesetzlich im TVG geregelt. Das Mittel der außertariflichen Vereinbarung kann daneben nur in anderen Bereichen und unter anders gestalteten objektiven Voraussetzungen zum Einsatz kommen. Die Anwendungsbereiche dieser Instrumentarien decken sich nicht und sind nicht frei nach dem Willen der vertragsschließenden Parteien beliebig austauschbar[397].

---

396 Vgl. Hölters, Harmonie, S. 115; Neumann in: AR-Blattei SD, Tarifvertrag I D Grenzen der Tarifautonomie, 1550.1.4, Rn. 12.

397 So auch Beuthien, ZfA 1983, 141, 162 f.; vgl auch Säcker/Oetker, S. 166 f.

Zusammenfassend läßt sich folgender Grundsatz formulieren:

Die Tarifparteien haben die Freiheit der inhaltlichen Gestaltung. Die Tarifparteien sind jedoch nicht frei bei der Bestimmung der für diesen Inhalt einschlägigen Rechtsform, die nicht zur Disposition der Tarifparteien steht.

Die im ersten Teil aufgestellte Definition eines Tarifvertrages muß somit nicht um ein weiteres subjektives Merkmal ergänzt werden. Ausreichend sind die dort genannten objektiven Kriterien. Mit Hilfe dieser Definition kann die rechtliche Zuordnung der verschiedenen "außertariflichen Sozialpartner-Vereinbarungen" der Chemischen Industrie als Tarifvertrag oder als außertarifliche Vereinbarung vorgenommen werden.

VI. Rechtliche Einordnung der "außertariflichen Sozialpartner-Vereinbarungen"

Grundsätzlich schützt die Verfassung auch Aktivitäten der Koalitionen, die über die Gestaltung der Arbeits- und Wirtschaftsbedingungen durch Tarifverträge hinausgehen[398]. So schützt Art. 9 Abs. 3 GG nicht nur das Tarifsystem, sondern auch andere Formen der Förderung der Arbeits- und Wirtschaftsbedingungen[399]. Der Art. 9 Abs. 3 GG legt die Tarifparteien nicht auf den Tarifvertrag als Gestaltungsart fest, sondern gibt auch anderen Regelungsmodellen Platz. Die Tarifparteien haben die Freiheit, die sinnvolle Ordnung und Befriedung des Arbeitslebens auf verschiedenen Wegen anzustreben, insbesondere durch solche Gestaltungswege, die die Einigung und das Zusammenwirken der Verbände in den Vordergrund rücken[400].

Einem solchen Nebeneinander verschiedener Gestaltungswege ist grundsätzlich zuzustimmen[401]. In diesem Sinne unterliegen "Richtlinienverträge" und Empfehlungen im Bereich der "Wirtschafts- und Arbeitsbeziehungen", in denen die Vertragsparteien keine verbindliche Regelung treffen wollen und auch nicht gegenseitige Verpflichtungen zu deren Umsetzung eingehen, dem Schutz des Art. 9 Abs. 3 GG, der in diesem Bereich gegenüber Art. 2 Abs. 1 GG spezieller ist.

Vereinbarungen der Koalitionen außerhalb dieses Bereichs genießen hingegen den Schutz der von Art. 2 Abs. 1 GG umfaßten Vertragsfreiheit.

---

398 BVerfGE 19, 303, 313 f.; BVerfGE 42, 133, 138.
399 BVerfGE 50, 290, 371.
400 BVerfGE 50, 290, 371; Säcker/Oetker, S. 164.
401 So auch Säcker/Oetker, S. 165 f.

Auch die außertariflichen Vereinbarungen der Tarifvertragsparteien können in diese Gruppen unterteilt werden:

Im Bereich der Empfehlungen und Richtlinien zur Förderung der "Arbeits- und Wirtschaftsbedingungen" befassen sich die Koalitionen inhaltlich mit den "Arbeits- und Wirtschaftsbedingungen" i.S. des Art. 9 Abs. 3 GG; ihre Übereinkünfte sind jedoch unverbindlich und werden ohne Rechtsbindungswillen geschlossen.

In dem Bereich außerhalb der Arbeits- und Wirtschaftsbedingungen können sich die Koalitionen wie auch alle anderen Privatrechtssubjekte unter Berufung auf die Privatautonomie betätigen, wobei sie sowohl rechtlich unverbindliche Empfehlungen treffen als auch Verträge mit Rechtsbindungswillen abschließen können.

Neue Aufgaben und das Bedürfnis nach mehr Flexibilität erfordern nicht zwangsläufig neue Instrumentarien. Vielmehr kann das Potential der gesetzlich gegebenen Instrumentarien weiter ausgeschöpft werden. Ein Weg ist beispielsweise, sich von der Vorstellung zu lösen, ein Tarifvertrag habe ein Normenvertrag zu sein, und auch die Möglichkeiten des schuldrechtlichen Teils wahrnimmt. Die für den Tarifvertrag vorgesehenen prozessualen Folgen sind dabei der Materie angemessen, die rechtlichen Folgen im übrigen in der Praxis bewährt und ausgewogen.

Ein Dualismus von tariflichen und außertariflichen Vereinbarungen ist nur sinnvoll, soweit sich ihre Anwendungsbereiche ergänzen und sich entweder unterschiedliche Inhalte oder zumindest dieselben Inhalte mit unterschiedlicher Intensität und Rechtsbindung mit ihnen regeln lassen. Für sich in Wirkungsintensität und Inhalten überschneidende Anwendungsbereiche besteht hingegen kein Bedarf. Jedoch sind außertarifliche Vereinbarungen, die sich von rein schuldrechtlichen Tarifverträgen in Inhalt und oder Wirkungsintensität abheben, eine sinnvolle Ergänzung des Handlungsinstrumentariums der Tarifparteien.

Entsprechend diesen Grundsätzen sind die zuvor untersuchten, von der Chemischen Industrie geschlossenen "außertariflichen Sozialpartner-Vereinbarungen", unabhängig vom Willen der Koalitionen rechtlich einzuordnen. Bei der rechtlichen Beurteilung der von den Tarifparteien konkret geschaffenen Vereinbarungen sind die Tatbestandsvoraussetzungen eines Tarifvertrages zu prüfen. Entsprechend sind solche schriftlichen Vereinbarungen der Tarifvertragsparteien Tarifverträge, die inhaltlich im Bereich der Arbeits- und Wirtschaftsbedingungen liegen und nicht nur einseitige Verlautbarungen, Empfehlungen etc. enthalten, sondern Rechte und Pflichten der Parteien begründen.

1) Gemeinsame Einrichtungen nach § 4 Abs. 2 TVG

Die von den Chemie-Sozialpartnern geschaffenen gemeinsamen Einrichtungen - der paritätische Berufsbildungsrat, die Weiterbildungsstiftung und die GIBUCI - beruhen auf Vereinbarungen, die als Tarifverträge zu werten sind. Diese Vereinbarungen erfüllen alle objektiven Voraussetzungen eines Tarifvertrages. Insbesondere enthalten sie vertraglich vereinbarte Rechte und Pflichten der Tarifvertragsparteien, die inhaltlich in den Schutzbereich des Art. 9 Abs. 3 GG fallen.

Die subjektive Vorstellung der Tarifparteien, daß es sich nicht um tarifliche Vereinbarungen handeln soll, beeinflußt die rechtliche Qualifizierung nicht. Mithin handelt es sich bei den oben angeführten Institutionen der Chemie-Sozialpartner um gemeinsame Einrichtungen nach § 4 Abs. 2 TVG. Es ist ohne Bedeutung, daß die Tarifvertragsparteien davon abgesehen haben, mittels Normen das Verhältnis der Einrichtung zu den Tarifgebundenen zu regeln. Diese Möglichkeit stünde Ihnen aber auch nachträglich aufgrund der rechtlichen Einordnung als gemeinsame Einrichtung i.S. des § 4 Abs. 2 TVG offen.

Zu betonen ist, daß diese rechtliche Einordnung als tarifliche gemeinsame Einrichtung für die Praxis dieser Institutionen ohne Konsequenzen bleibt und sich keine abweichenden Rechtsfolgen ergeben.

2) Schuldrechtliche Tarifverträge

Einige weitere der als "außertarifliche Sozialpartner-Vereinbarungen" bezeichneten Vereinbarungen erfüllen ebenfalls die objektiven Voraussetzungen eines schuldrechtlichen Tarifvertrages.
Bei diesen ist zu unterscheiden zwischen solchen, die nur Eigenpflichten der vertragsschließenden Parteien begründen, und anderen, die Auswirkungen auf Dritte haben.

a) Vereinbarung mit Eigenpflichten: Vier-Punkte-Vereinbarung der Chemie-Sozialpartner zur gesamtdeutschen Entwicklung aus dem Jahr 1990

In der Vereinbarung vom März 1990 zur gesamtdeutschen Entwicklung haben die Tarifvertragsparteien im Zusammenhang mit der Ausdehnung ihres Organisationsbereichs in vier Punkten sozialpartnerschaftliche Fairneß- und Verhandlungsregeln aufgestellt, die auch konkrete Verhaltenspflichten beinhalten. Zumindest drei davon lassen einen entsprechenden Rechtsbindungswillen der Beteiligten zur Übernahme konkreter Pflichten erkennen. Zunächst haben sich die Tarifvertragsparteien wechselseitig zur Information über ihre jeweiligen

Aktivitäten und Initiativen in der DDR verpflichtet. Diese Zusage ist als rechtlich verbindlich zu werten. Neben dieser Verpflichtung zur Information ist als weitere konkrete Verhaltenspflicht die Verpflichtung beider Organisationen enthalten, sich gegenüber Vertretern der DDR zum gemeinsamen Systemkonsens und den Prinzipien der Sozialpartnerschaft zu bekennen. Des weiteren haben die Tarifvertragsparteien in dem Abkommen kurzfristig einzuberufende Zusammenkünfte in paritätisch besetzten Arbeitskreisen beschlossen, um gemeinsam Probleme und Fragen im Zusammenhang mit der Entwicklung der DDR zu besprechen. Auch dieser Teil der Vereinbarung ist ausreichend konkret und beinhaltet die Rechtspflicht, bei Bedarf und beim Auftreten von Problemen Vertreter in oben genannte Arbeitskreise zu entsenden und an der gemeinsamen Lösung von Fragen mitzuwirken.

Auszunehmen von den konkreten schuldrechtlichen Verpflichtungen dieses Abkommens ist die Zusage gegenseitiger Veranstaltungshilfe. Hier erklären die Organisationen nur ihre "grundsätzliche Bereitschaft", mit eigenen Vertretern der jeweils anderen Seite auf Anforderung bei deren Veranstaltungen zur Verfügung zu stehen. Diese Formulierung läßt erkennen, daß beide Organisationen sich die Entscheidung, ob tatsächlich Vertreter zu einer Veranstaltung des sozialen Gegenspielers entsandt werden, für den Einzelfall vorbehalten und keine rechtliche Bindung gegenüber der Gegenseite eingehen wollen. Diese Vereinbarung erfüllt mit den in ihr enthaltenen Rechten und Pflichten alle Voraussetzungen eines schuldrechtlichen Tarifvertrages[402]. Die Bezeichnung als "außertarifliche Sozialpartner-Vereinbarung" ist dabei rechtlich irrelevant.

b) Vereinbarungen mit Auswirkungen auf Dritte

Zwei von den Chemie-Sozialpartnern abgeschlossene "Sozialpartner-Vereinbarungen" enthalten rechtsverbindliche gegenseitige Pflichten, die nicht nur die vertragsschließenden Parteien, sondern auch Dritte betreffen. Auch diese Vereinbarungen sind als schuldrechtliche Tarifverträge zu qualifizieren:

aa) Vertrauensleute-Vereinbarungen

Die Vereinbarungen über Vertrauensleute enthalten eine Reihe von schuldrechtlich bindenden Vereinbarungen. Diese sollen am Beispiel der derzeit gültigen Vereinbarung aus dem Jahr 1998 dargestellt werden:

Hinsichtlich der gewerkschaftlichen Vertrauensleute werden verbindliche Regelungen zu deren Wahl, ihrer Funktion und ihrer rechtlichen Stellung in den Betrieben festgelegt. In Absatz 2 der Vereinbarung hat sich der BAVC verpflichtet, Betrieben seines Mitgliedsbereichs ab einer Zahl von 500 Beschäf-

---

[402] So auch MünchArbR/Löwisch, § 246 Rn. 41.

tigten zu empfehlen, die Durchführung von Wahlen gewerkschaftlicher Vertrauensleute innerhalb des Betriebes, aber außerhalb der Arbeitszeit zuzulassen. In kleineren Betrieben mit weniger als 500 Beschäftigten, in denen bereits Wahlen von gewerkschaftlichen Vertrauensleuten durchgeführt werden, soll die Empfehlung keine Änderung bewirken. Die Sozialpartner gehen davon aus, daß auch in Zukunft gewerkschaftliche Vertrauensleute in solchen Betrieben gewählt werden, in denen bereits betriebliche Vertrauensleute gewählt wurden. Diese Vereinbarung beinhaltet explizit die Verpflichtung des BAVC, auf die Verbandsmitglieder unter den angesprochenen Betrieben einzuwirken, um dem Interesse der IG BCE zu entsprechen, durch Wahlen ihrer Vertrauensleute in den Betrieben eine möglichst repräsentative Zusammensetzung dieser Vertrauensleute zu erreichen. Diese Verpflichtung des BAVC bindet nicht die einzelnen Mitglieder der Arbeitgeberverbände. Diese sind allein der Einwirkung und den Durchsetzungsbemühungen ihres Verbandes ausgesetzt.

Des weiteren haben sich die Tarifvertragsparteien auf Grundsätze verständigt, die bei Durchführung derartiger Wahlen einzuhalten sind. Die Gewerkschaft hat sich verpflichtet, daß mit der Organisation der Wahlen Gewerkschaftsmitglieder aus dem jeweiligen Betrieb beauftragt werden und daß diese zur Vermeidung von betriebsorganisatorischen Schwierigkeiten die organisatorischen Einzelheiten der Wahl mit dem Arbeitgeber abstimmen werden. Auch in diesem Punkt hat die Vereinbarung somit Auswirkungen auf die einzelnen Arbeitgeber als Dritte. Der Vereinbarung kann jedoch nicht entnommen werden, daß den Arbeitgebern als Dritten ein eigener Rechtsanspruch gegenüber der Gewerkschaft auf Einhaltung dieser Verpflichtung eingeräumt werden soll. Die Vereinbarung ist insoweit kein Vertrag zugunsten Dritter, sondern berechtigt nur den BAVC selbst. Insofern muß sich der Arbeitgeber bei betriebsinternen Unstimmigkeiten über die organisatorische Abstimmung der Wahlen an den BAVC zur Durchsetzung dieser Verpflichtung wenden und kann seinen Anspruch nicht direkt gegenüber der Gewerkschaft durchsetzen.

Auch eine gemeinsame Festlegung der Funktion der gewerkschaftlichen Vertrauensleute auf allein gewerkschaftliche Aufgaben enthält die Vereinbarung in Absatz 6. Diese Festlegung bindet nur die vertragsschließenden Parteien.

Ferner erklären die Chemie-Tarifvertragsparteien übereinstimmend in Absatz 7 der Vereinbarung, daß gewerkschaftlichen Vertrauensleuten durch ihre Funktion keine Nachteile erwachsen dürfen, andererseits aber auch ihre Pflichten aus dem Arbeitsverhältnis durch ihre Eigenschaft unberührt bleiben. Damit wird rechtsverbindlich festgelegt, daß die gewerkschaftlichen Vertrauensleute zur Erfüllung ihrer Aufgabe keine Sonderrechte eingeräumt sind, daß sie andererseits aber auch nicht benachteiligt werden. Indes lassen sich individuelle Rechte der gewerkschaftlichen Vertrauensleute aus dieser gemeinsamen Vereinbarung nicht ableiten. Sie verpflichtet jedoch den BAVC, im Rahmen seiner schuldrechtlichen Einwirkungs- und Durchführungspflicht, auf die in den Arbeitgeberverbänden organisierten Betriebe einzuwirken und auf die praktische Umsetzung hinzuwirken.

Neben Regelungen zu den gewerkschaftlichen Vertrauensleuten enthalten die Vereinbarungen in den Absätzen 3 und 4 auch Regelungen zu den betrieblichen Vertrauensleuten. Dabei hat sich die Gewerkschaft gegenüber dem BAVC verpflichtet, Regelungen über diese betrieblichen Vertrauensleute nicht länger in Frage zu stellen. Entsprechend muß sie alle gegen die betrieblichen Vertrauensleute gerichteten Maßnahmen unterlassen. Durch diese Vereinbarung wird den betrieblichen Vertrauensleuten ebenfalls kein eigener, unmittelbarer Unterlassungsanspruch eingeräumt. Berechtigt und verpflichtet sind nur die vertragsschließenden Parteien.

Insgesamt erfüllen diese Vereinbarungen die Voraussetzungen schuldrechtlicher Tarifverträge. Inhaltlich gehen diese Vereinbarungen dabei nicht so weit wie Vertrauensleute-Vereinbarungen anderer Branchen, in denen sogar Inhaltsnormen und Organisationsnormen zur Sicherung der Rechte und Stellung gewerkschaftlicher Vertrauensleute verwendet werden und z.B. bezahlte Freistellung, besonderer Kündigungsschutz oder die Durchführung von Sprechstunden vorgesehen sind[403]. Obwohl diese Vereinbarungen der Chemie-Sozialpartner weit hinter diesen Möglichkeiten zurückbleiben, hat sich die erste aus dem Jahr 1983 stammende Vereinbarung bewährt und ihren Zweck erfüllt. Andernfalls wäre sie nicht 1998 durch eine Neuauflage mit nur geringfügigen Anpassungen und Änderungen bestätigt worden.

bb) Gemeinsame Grundsätze für die Freistellung von Betriebsräten für Schulungs- und Bildungsveranstaltungen

Diese Vereinbarung weist sowohl rein zweiseitige Verpflichtungen als auch Vereinbarungen auf, die Auswirkungen auf Dritte haben. Die Vereinbarung enthält in Absatz 4 Regelungen über das Abstimmungsverfahren, die von beiden Vertragsparteien bei der Durchführung von gemeinsam empfohlenen bzw. geförderten Schulungs- und Bildungsveranstaltungen beachtet werden sollen. Diese Regeln verpflichten zur Abstimmung zwischen den Chemie-Sozialpartnern auf Hauptvorstands-/Geschäftsführungsebene vor der Versendung von Programmen und Einladungen an die Betriebsräte bzw. Unternehmen.

---

403 Vgl. Struck, S. 24 ff.; derartige Abreden über gewerkschaftliche Vertrauensleute werden u.a. von Gamillscheg als ein typisches Beispiel für Abreden des schuldrechtlichen Teils eines Tarifvertrages gesehen: Gamillscheg, Kollektives Arbeitsrecht, S. 625.

Ferner muß Übereinstimmung über das Vorliegen eines gemeinsamen Interesses an der Durchführung der Veranstaltung erzielt werden. Die Sozialpartner haben sich weiterhin zur Beachtung des Grundsatzes der Verhältnismäßigkeit der Freistellungskosten verpflichtet. Dieses Abstimmungsverfahren ist von den Tarifvertragsparteien vor allem dann zu beachten, wenn es um die Empfehlung und Förderung einer Schulungs- bzw. Bildungsveranstaltung geht, für die die gesetzlichen Voraussetzungen für eine Freistellung i.S. von § 37 Abs. 6 und 7 BetrVG nicht erfüllt sind. Insoweit handelt es sich bei dieser Vereinbarung um eine zweiseitige Verpflichtung.

Auswirkungen auf Dritte haben hingegen die Vereinbarungen des Absatzes 2. Darin ist vereinbart, daß bei Unklarheiten der Betriebsparteien über das Vorliegen der gesetzlichen Voraussetzung für eine Freistellung nach § 37 Abs. 6 und Abs. 7 BetrVG auf Arbeitgeberseite zunächst die zuständigen Arbeitgeberverbände eingeschaltet werden, auch wenn für die Entscheidung über den Anspruch letztlich das Unternehmen zuständig bleiben soll. Diese Verpflichtung zur Hinzuziehung der Verbände durch den Arbeitgeber kann den Arbeitgeber selbst nicht unmittelbar binden, da es sich um keine normativ wirkende Vereinbarung handelt. Insofern bedarf es der Einwirkungs- und Durchsetzungspflicht des Arbeitgeberverbandes auf seine Mitglieder, um diese Vereinbarung in die Praxis umzusetzen.

Für die nach dem Willen der Sozialpartner vorrangig zu nutzenden eigenen Bildungsangebote haben sie vereinbart, daß, sofern die Erforderlichkeit im Betrieb gegeben ist, die Anmeldung im Auftrag des Arbeitgebers erfolgt und somit die Rechnungslegung an den Arbeitgeber vorzunehmen ist.

Diese Vereinbarung ist keine einmalige Abmachung über eine Kostenerstattung, bei der sich die inhaltlichen Voraussetzungen für einen Tarifvertrag vielleicht bezweifeln ließen[404]. Sie erschöpft sich nicht in einer punktuellen, auf den Einzelfall gerichteten Verpflichtung, sondern soll eine dauerhafte allgemeine Regelung für das mit Weiterbildungsveranstaltungen zusammenhängende Prozedere schaffen, die als solche inhaltlich von Art. 9 Abs. 3 GG gedeckt sind.

Auch die weiteren Voraussetzungen eines Tarifvertrages sind gegeben:

In dieser Sozialpartner-Vereinbarung haben sich die Chemie-Sozialpartner nicht damit begnügt, Empfehlungen oder Richtlinien im Zusammenhang mit Schulungs- und Bildungsveranstaltungen aufzustellen. Sie sind vielmehr gegenseitige Verpflichtungen eingegangen, haben aber auch Dritte betreffende Ver-

---

404 Vgl. Wiedemann, TVG, § 1 Rn. 7, 753, der Abmachungen über Kostenerstattungen inhaltlich nicht unter den Begriff des Tarifvertrages fallen läßt.

einbarungen aufgestellt. Dabei verpflichtet diese Vereinbarung zwar die Sozialpartner zu einer entsprechenden Vorgehensweise und Rechnungslegung, sie ist dabei jedoch nicht für den einzelnen Arbeitgeber rechtlich bindend. Fehlt es an einem entsprechenden Auftrag des Arbeitgebers zur Anmeldung, wird der Auftrag nicht durch die schuldrechtliche Vereinbarung zwischen den Tarifvertragsparteien ersetzt. Aus steuerlichen Gründen ist aber diese Verfahrensweise für den Arbeitgeber vorteilhaft und von daher auch in seinem Sinne[405].

Alle diese als Tarifvertrag zu wertenden "außertariflichen Sozialpartner-Vereinbarungen" erfüllen die Formvorschrift des § 1 Abs. 2 TVG.
Die Tarifvertragsparteien übersandten diese Vereinbarungen jedoch nicht an das Tarifregister. Dieses Versäumnis wirkt sich aber nicht auf die Wirksamkeit dieser Vereinbarung oder ihre rechtliche Qualifizierung als Tarifvertrag aus[406].

3) Rechtlich unverbindliche außertarifliche Übereinkünfte

Die Sozialpartner haben eine Reihe von Empfehlungen und Richtlinien aufgestellt, die als Hilfestellung und Anregung an die Betriebsparteien adressiert sind. Diese erfüllen nicht die Voraussetzungen schuldrechtlicher Tarifverträge, da es den Beteiligten an einem entsprechenden Rechtsbindungswillen zur Vereinbarung von Rechten und Pflichten gefehlt hat. Darüber hinaus sind auch nicht alle dieser Vereinbarungen ausschließlich unter Beteiligung von tariffähigen Koalitionen zustande gekommen. Zu diesen zählt der überwiegende Teil der "außertariflichen Sozialpartner-Vereinbarungen".

Gesondert hervorzuheben sind die "Grundsätze für die Abgrenzung der leitenden Angestellten in der Chemischen Industrie" aus dem Jahr 1989. Auch in dieser Vereinbarung finden sich keine Rechte und Pflichten der am Abschluß beteiligten vier Koalitionen, dem BAVC, der IG Chemie-Papier-Keramik, der DAG und dem VAA. Anders als in anderen Sozialpartner-Vereinbarungen geben die Chemie-Sozialpartner in dieser Übereinkunft aber auch keine innovativen Regelungshilfen zu neuen Tarifthemen. Statt dessen liest sich dieses Positionspapier wie eine Kommentierung zu § 5 Abs. 3 und 4 BetrVG in Anwendung auf die Chemische Industrie. Die Sozialpartner haben damit keine neuen Regelungen auf Betriebsebene angestoßen bzw. unterstützend begleitet, sondern wollten vielmehr den Betriebsparteien und Betroffenen die Anwendung des Gesetzes erleichtern, indem sie sich um eine gemeinsame Auslegung des Gesetzeswortlauts bemüht und eine Orientierungs- und Interpretationshilfe

---

405 Vgl. zu den steuerlichen Vorteilen für den Arbeitgeber: Arbeitgeberverband der Chemischen Industrie Niedersachsen e.V., Sozialpolitisches Rundschreiben Nr. 20/97, S. 2.

406 Vgl. Loritz in: Zöllner/Loritz, Arbeitsrecht, S. 373.

geschaffen haben[407]. Damit sollen vorbeugend negative Auswirkungen einer unklaren Gesetzeslage vermieden werden. Eine bindende oder verpflichtende Rechtswirkung kommt dieser gemeinsamen Auslegungshilfe jedoch nicht zu[408]. Im Streitfalle haben allein die Arbeitsgerichte nach dem zwingenden Gesetzeswortlaut des § 5 Abs. 2 und 4 BetrVG zu entscheiden[409]. Die Vereinbarung hat von daher keine rechtliche, "konstitutive" Wirkung, sondern nur eine erläuternde Funktion[410].

Auch die Empfehlungen zur Beschäftigungsförderung aus dem Jahr 1994 und die Initiative für Standortsicherung und Beschäftigung aus dem Jahr 1996 heben sich von den übrigen unverbindlichen Vereinbarungen ab. Diese Empfehlungen sind nicht wie die anderen Richtlinienerklärungen und Empfehlungen aus einer gesonderten Initiative hervorgegangen, sondern sind ein unmittelbares Ergebnis der jeweiligen Tarifrunden. Sie stehen im engen Zusammenhang mit den dabei beschlossenen tariflichen Regelungen. In den Sozialpartner-Vereinbarungen wird auch für die Umsetzung und Anwendung der neuen Tarifregelungen plädiert und auf die Regelungen im Chemie-Manteltarifvertrag sowie im Teilzeittarifvertrag bzw. auf den neuen Tarifvertrag über Altersteilzeit hingewiesen, deren Nutzung zur Beschäftigungsförderung beitragen kann. Die Betriebsparteien werden aufgefordert, die neuen tarifvertraglichen Möglichkeiten und Instrumente umzusetzen und durch eigene flankierende Maßnahmen zu unterstützen[411]. Durch diese Empfehlungen kommen die Sozialpartner in erster Linie ihren immanenten, bereits aus den Tarifabschlüssen erwachsenden Pflichten zur Einwirkung auf die Verbandsmitglieder und Durchsetzung der tariflichen Regelungen nach. Lediglich die gewählte Form, das gemeinsame Vorgehen, hebt sich von der sonstigen Umsetzung der tariflichen Einwirkungs- und Durchsetzungspflicht ab. Die Tarifvertragsparteien sind jedoch an keine Vorgaben gebunden, wie sie ihre immanenten Pflichten erfüllen wollen. Sie sind nicht auf ein getrenntes Vorgehen festgelegt, sondern sind berechtigt, gemeinsam aufzutreten, wenn sie sich davon

---

407 So auch die rechtliche Bewertung von Weinspach, Festschrift Schlemmer, S. 117, 127.

408 Vgl. zu einer gemeinsamen Auslegungshilfe der Sozialpartner zum nordrhein-westfälischen Arbeitnehmerweiterbildungsgesetz (AWbG): Stege/Schiefer, DB 1990, Beilage Nr. 12/90 zu Heft 41, S. 1, 4 und 16, die die Vereinbarung der Sozialpartner über die Anwendung des AWbG NRW trotz Vereinbarung einer Vermittlungsstelle bei Meinungsverschiedenheiten, Verpflichtung zur Einwirkung auf die Mitglieder und Laufzeitenregelung nicht als Tarifvertrag gewertet wissen wollen, da es an einer Bindungswirkung für die betroffenen Arbeitgeber fehle (so auf S. 4, Fn.22).

409 Vgl. Weinspach, Festschrift Schlemmer, S. 117, 126.

410 Vgl. zu Vereinbarungen der Tarifparteien ohne "konstitutive", sondern nur mit "deklaratorischer" Wirkung: BAG, Urteil v. 28.9.1983 - 4 AZR 200/83, BAGE 43, 312, 320 = AP Nr. 2 zu § 1 TVG Tarifverträge: Seniorität.

411 BAVC (Hrsg.), Außertarifliche Sozialpartner-Vereinbarungen, S. 56.

eine größere Signalwirkung versprechen. Insofern sind diese Empfehlungen aus den Jahren 1994 und 1996 nur eine legitime Spielart bei der Erfüllung dieser immanenten Pflichten aus dem Tarifvertrag. Diese Einwirkungspflicht erwächst somit nicht erst aus den Empfehlungen zur Beschäftigungsförderung, sondern wird bereits mit dem Tarifabschluß begründet. Es handelt sich somit nicht um eine neue Vereinbarung, sondern um eine tatsächliche Umsetzung der immanenten Einwirkungspflicht, die die Umsetzung der tariflichen Regelungen auf der Betriebsebene herbeiführen soll.

4) Rechtlich verbindliche "außertarifliche Sozialpartner-Vereinbarungen"

Eine der "außertariflichen Sozialpartner-Vereinbarungen" fällt in keine der zuvor genannten Kategorien. Die Übereinkunft zu "Responsible Care" aus dem Jahr 1999 enthält zwar rechtlich verbindliche, schuldrechtliche Verpflichtungen. Dennoch erfüllt sie nicht die Voraussetzungen eines schuldrechtlichen Tarifvertrages. Denn die Vereinbarung ist nicht allein zwischen den Tarifvertragsparteien der Chemischen Industrie abgeschlossen worden, sondern zusammen mit dem Wirtschaftsverband VCI. Diese Beteiligung einer nichttariffähigen Vertragspartei steht der rechtlichen Beurteilung als schuldrechtlicher Tarifvertrag entgegen. Dadurch verliert die Vereinbarung zwar nicht ihre rechtliche Bindungswirkung für die Vertragsparteien. Aber es gelten weder die Formvorschrift des § 1 Abs. 2 TVG noch die an die Qualifizierung als Tarifvertrag anknüpfenden sonstigen, insbesondere prozessualen Rechtsfolgen.

Wesentlicher Kernpunkt der Übereinkunft zu "Responsible Care" vom 5. November 1999 ist die Einrichtung eines gemeinsamen Informations-, Erfahrungsaustausch- und Diskussionsgremiums auf Spitzenebene. Konkret wurde festgelegt, daß dieses Gremium zweimal im Jahr zusammentritt und von jeder Partei jeweils drei Vertreter in diese Gremium entsandt werden. Bei diesem Gremium handelt es sich um keine eigenständige Institution, die Aufgaben zur eigenständigen Wahrnehmung übertragen bekommen hat. Vielmehr handelt es sich um ein Forum des Kontakts zwischen den Vertragsparteien, daß der gegenseitigen Information, dem Erfahrungsaustausch und der Diskussion über die strategische Weiterentwicklung von "Responsible Care" dient, wobei auch der "angemessene" Dialog mit Politik, Umwelt- und Verbraucherverbänden und der interessierten Öffentlichkeit erörtert werden soll. Insofern liegt mit diesem Gremium keine gemeinsame Einrichtung der Tarifvertragsparteien im Sinne von § 4 Abs. 2 TVG vor. Die Besonderheit dieser Vereinbarung besteht statt dessen darin, daß die Vertragsparteien es in ihr nicht bei einer vagen Verlautbarung über eine Fortsetzung des Dialogs nach einer "angemessenen Frist" belassen haben, wie es zuvor z.B. in den gemeinsamen Grundsatzpositionen zur "Frauenförderung in der Chemischen Industrie" aus dem Jahr 1989 gehandhabt wurde. Statt dessen haben die Parteien detailliert festgelegt, wie und wie oft der Kontakt stattfinden soll, wieviele Personen zur Teilnahme berechtigt sein sollen, und was genau Gegenstand der Erörterungen sein soll. In dieser Vereinbarung ist eine konkrete gegenseitige schuldrechtliche Verpflichtung zur gegenseitigen Information und zur Aufnahme und Durchführung von Gesprächen in der festgeschriebenen Form enthalten. Diese ist für die Beteiligten verbindlich. Gebunden werden durch diese Verpflichtung zur Bildung und Zusammenarbeit in dem Gremium allein die beteiligten Vertragsparteien.

Die zum Gegenstand der Informationspflicht gemachten Inhalte fallen dabei auch unter die Tarifmacht der Koalitionen. Der konkrete Gegenstand der Informations- und Gesprächsverpflichtung ist inhaltlich von der Regelungsmacht der Koalitionen im Sinne von Art. 9 Abs. 3 GG gedeckt. Die "Responsible Care" betreffenden Inhalte, die hier zum Gegenstand der gegenseitigen Information und der Gespräche gemacht werden sollen, fallen in den Schutzbereich des Art. 9 Abs. 3 GG und dienen zumindest mittelbar der Wahrung und Förderung der Arbeits- und Wirtschaftsbedingungen. Sie betreffen nicht etwa allgemeinpolitische Themen.

Von daher können sich die beiden an dieser Vereinbarung beteiligten Koalitionen auch hinsichtlich dieser Vereinbarung auf Art. 9 Abs. 3 GG berufen. Hier haben die Tarifparteien eine andere, aber dennoch von der Tarifautonomie gedeckte Vereinbarungsform für sich in Anspruch genommen. Insoweit sind die Tarifparteien nicht auf den Tarifvertrag als Regelungsinstrument beschränkt.

Hingegen ist für den ebenfalls an dieser Vereinbarung beteiligten VCI als nicht tariffähiger Vertragspartei eine Berufung auf Art. 9 Abs. 3 GG nicht möglich. Statt dessen kann der VCI die von Art. 2 Abs. 1 GG geschützte Privatautonomie und als deren Teil die Vertragsfreiheit für sich in Anspruch nehmen.

Durch diese Vereinbarung wird ein weiteres Teil des Spektrums möglicher Koalitionsvereinbarungen aufgezeigt, das die Vielfalt der den Tarifvertragsparteien zugänglichen Handlungsformen deutlich macht.

VII. Durchsetzung außertariflicher Vereinbarungen

1) Arbeitskämpfe zur Durchsetzung außertariflicher Vereinbarungen

Fraglich ist, ob der Abschluß einer außertariflichen Vereinbarung mittels eines Streiks durchgesetzt werden kann.

Das ist unstreitig nicht der Fall, wenn es sich um Inhalte handelt, die nicht tariflich regelbar sind, d.h. die nicht in den Bereich der Arbeits- und Wirtschaftsbedingungen i.S. des Art. 9 Abs. 3 GG fallen. Ziele, die nicht von der Tarifautonomie gedeckt sind, müssen die Tarifparteien ohne das Instrument des Arbeitskampfes wie andere Rechtssubjekte auch durchsetzen. Nur im Rahmen des vom Gesetzgeber ausgestalteten Tarifvertragssystems schließt die Koalitionsbetätigungsgarantie aus Art. 9 Abs. 3 GG das Recht zum Arbeitskampf mit ein[412].

Umstritten ist hingegen, ob ein Streik zulässig ist, der zwar um ein potentiell tariflich regelbares Ziel i.S. von Art. 9 Abs. 3 GG geführt wird, bei dem die Gewerkschaft jedoch nicht auf den Abschluß eines Tarifvertrages, sondern auf den Abschluß einer außertariflichen, d.h. rechtlich unverbindlichen Vereinbarung abzielt. Ist die Zulässigkeit eines solchen Streiks anders zu beurteilen als der Fall, daß die Gewerkschaft mit dem Streik einen Tarifvertrag durchzusetzen versucht, im Ergebnis aber nur eine außertarifliche Übereinkunft geschlossen wird, in der sie sich die Tarifparteien auf Empfehlungen beschränken?

Nach einer Ansicht ist ein Arbeitskampf nur dann zulässig, wenn der Abschluß eines Tarifvertrages angestrebt wird[413]. Alle außertariflichen kollektiven Vereinbarungsformen begründen demnach kein Recht zum Arbeitskampf[414].

Nach anderer Ansicht ist für die Zulässigkeit eines Arbeitskampfes nur entscheidend, ob der Arbeitskampf um potentiell tarifvertraglich regelbare Ziele geführt wird. Die rechtliche Art der Erledigung ist nach dieser Auffassung gleichgültig[415]. Auch eine anfänglich tarifvertragliche Zielsetzung sei nicht

---

412 BAG, Urteil v. 5.3. 1985 - 1 AZR 468/83, AP Nr. 85 zu Art. 9 GG Arbeitskampf II 3, Bl. 4; BAG, Urteil v. 7.6.1988 - 1 AZR 372/86, AP Nr. 106 zu Art. 9 GG Arbeitskampf, Bl. 3 R; Seiter, Streikrecht, S. 485 f.; Loritz in: Zöllner/Loritz, Arbeitsrecht, S. 451 f.; Kasseler Handbuch/Kalb, 8.2 Rn. 98 f.; MünchArbR/Löwisch, § 239 Rn. 127.

413 BAG, Urteil v. 5.3. 1985 - 1 AZR 468/83, AP Nr. 85 zu Art. 9 GG Arbeitskampf II 3, Bl. 4; BAG, Urteil v. 7.6.1988 - 1 AZR 372/86, AP Nr. 106 zu Art. 9 GG Arbeitskampf, Bl. 3 R; MünchArbR/Otto, § 278 Rn. 2; Seiter, Streikrecht, S. 484 f.; Rüthers in: Brox/Rüthers, Arbeitskampfrecht, Rn. 138; Reuter, ZfA 1990, 535, 553; siehe auch MünchArbR/Löwisch, § 239 Rn. 132, für den die Arbeitskampfgarantie beschränkt ist auf die Durchsetzung normativer Tarifverträge.

414 So ausdrücklich Gamillscheg, Kollektives Arbeitsrecht, S. 508; Löwisch in: Löwisch/Rieble, TVG, Grundl. Rn. 88; MünchArbR/Löwisch, § 239 Rn. 132.

415 Scholz in: Maunz/Dürig, Komm. z. GG, Birk, Unterstützungskampfmaßnahmen, S. 28 f.; Schumann in: Däubler, Arbeitskampfrecht, Rn. 147, 149, 156; Hueck/Nipperdey, II, 6. Auflage, S. 642 Fn. 39; Hueck/Nipperdey, II/2, 7.Auflage, S. 1004 f., 1010; Galperin, Festschrift Nipperdey, S. 197, 211 ff.; Kasseler Handbuch/Kalb, 8.2 Rn. 98; Plander, ZTR 1997, 145, 151; Reuß, ArbuR 1965, 97, 99; siehe auch Wohlgemuth, ArbuR 1980, 33, 36, für den ausreichend ist, daß eine Kampfmaßnahme der Wahrung und Förderung der Arbeits- und Wirtschaftsbedingungen dient.

erforderlich, so daß die Möglichkeit eines Streiks auch für andere Vereinbarungsformen zur Wahrung und Förderung der Arbeits- und Wirtschaftsbedingungen offen stehe[416].

Zumindest überwiegend besteht zwischen den Vertretern der beiden Meinungen dahingehend Einigkeit, daß bei einem auf den Abschluß eines Tarifvertrages gerichteten Arbeitskampf nicht das erzielte Ergebnis die Zulässigkeit des vorausgegangenen Arbeitskampfes beeinflußt. Die rechtliche Ausgestaltung des später erzielten Konsenses sei irrelevant[417]. Denn denkbar sei ja auch eine tarifliche Auseinandersetzung, die zu keiner vertraglichen Vereinbarung führe[418]. Das Ergebnis einer Tarifauseinandersetzung, d.h. ob und in welcher Form eine Abmachung zwischen den Tarifvertragsparteien zustande kommt, sei insoweit nicht für die Beurteilung der Rechtmäßigkeit heranzuziehen[419].

Wenn aber die Art der Verständigung im Ergebnis keine Rolle spielen soll, dann sollte es für die Beurteilung der Zulässigkeit eines Arbeitskampfes auch grundsätzlich unerheblich sein, ob ein unverbindliches, außertarifliches Übereinkommen oder der Abschluß eines Tarifvertrages das ursprüngliche Ziel des Arbeitskampfes waren. Denn solange eine Gewerkschaft vorgibt, mit dem Streik den Abschluß eines Tarifvertrages durchsetzen zu wollen, wäre ein Arbeitskampf nach außen hin immer legitimiert. Entsprechend leicht könnte die Gewerkschaft dem Vorwurf vorbeugen, ein Arbeitskampf sei nicht auf den Abschluß eines Tarifvertrages gerichtet und deshalb unzulässig. Die Zulässigkeit eines Arbeitskampfes sollte aber nicht davon abhängen, welche Maximalforderung die Gewerkschaft am Anfang einer Tarifauseinandersetzung aufstellt und welche Umsetzungsform sie für ihre Ziele verfolgt oder zu verfolgen vorgibt[420].

Für die Möglichkeit der gezielten Durchsetzung solcher außertariflicher Vereinbarungen, die sich innerhalb der Regelungsvorgaben des Art. 9 Abs. 3 GG bewegen, spricht vor allem folgende Erwägung:

---

416 Schumann in: Däubler, Arbeitskampfrecht, Rn. 147, 149, 156; Scholz in: Maunz/Dürig, Komm. z. GG, Schumann in: Däubler, Arbeitskampfrecht, Rn. 147, 149, 156; Hueck/Nipperdey, II, 6. Auflage, S. 642 Fn. 39; Hölters, Harmonie, S. 125.

417 Plander, ZTR 1997, 145, 151; Seiter, Streikrecht, S. 484 f.; MünchArbR/Löwisch, § 246 Rn. 47.

418 Seiter, Streikrecht, S. 484 f.

419 Wird ein Streik von einer Gewerkschaft übernommen oder geführt, so besteht sogar eine Vermutung dafür, daß der Streik die Regelung von Arbeits- und Wirtschaftsbeziehungen zum Gegenstand hat und damit rechtmäßig ist, vgl. BAG Urteil v. 19.6.1973 – 1 AZR 521/72, BAGE 25, 226 = NJW 1973, 1994.

420 Siehe B.VI.2)d) zum ähnlich gelagerten Streit um die Frage, ob schuldrechtliche Tarifverträge gezielt erstreikbar sind oder nicht.

Sieht man die Rechtsgrundlage des Streikrechts unmittelbar in Art. 9 Abs. 3 GG[421], dann besteht kein Grund, das Streikrecht auf eine tarifvertragliche Zielsetzung zu beschränken. Art. 9 Abs. 3 GG schützt neben dem Tarifvertrag auch andere Formen der Koalitionsbetätigung. Innerhalb dieses durch Art. 9 Abs. 3 GG garantierten Rahmens ist den Gewerkschaften für alle Abreden das Recht zum Arbeitskampf zuzusprechen[422].

Grundsätzlich sind somit auch solche außertariflichen Vereinbarungen erstreikbar, die sich im Rahmen des Art. 9 Abs. 3 GG bewegen und für deren Inhalt potentiell auch der Abschluß eines Tarifvertrags in Betracht kommt. Dabei handelt es sich um Übereinkünfte, in denen sich die Tarifparteien auf die Verabschiedungen von unverbindlichen Empfehlungen und Richtlinien beschränken.

Vom Streikrecht ausgeschlossen bleiben auch Vereinbarungen, die zwar Arbeits- und Wirtschaftsbedingungen regeln, in die aber nichttariffähige Vertragspartner eingebunden werden sollen. Derartige Abkommen können generell nicht als Tarifvertrag abgeschlossen werden und sind deshalb nicht erstreikbar. Der Arbeitskampf ist ein den Tarifvertragsparteien im gegenseitigen Verkehr vorbehaltenes Sonderrecht, das nicht gegen andere Parteien im Privatrechtsverkehr zum Einsatz gebracht werden darf. Diese sind weder zum Führen eines Streiks berechtigt noch zulässige Streikgegner[423]. Ihre durch Art. 2 Abs. 1 GG gewährleistete Abschlußfreiheit ist vor einem solchen Druckmittel geschützt.

Die Erstreikbarkeit von außertariflichen Vereinbarungen mit potentiell tarifvertraglichem Inhalt ist letztlich eine Frage, die sich derzeit in der Praxis nicht stellt. Es wäre widersinnig, eine rechtlich unverbindliche außertarifliche Vereinbarung, deren Erfolg von ihrer gegenseitigen Akzeptanz abhängt, mit Zwang durchsetzen zu wollen. Es bedarf in dem Bereich, in dem sich die Tarifparteien gezielt auf unverbindliche Empfehlungen oder Richtlinien beschränken, keines massiven Druckmittels. Davon gesondert stellt sich die Frage, ob ein auf eine unverbindliche Übereinkunft gerichteter Streik überhaupt verhältnismäßig wäre. Allein schon an dieser Frage dürfte die Zulässigkeit eines solchen Streiks im Einzelfall scheitern. Auch wenn man die Verhältnismäßigkeit der Maßnahme im Einzelfall unterstellt, bliebe die theoretische Möglichkeit, den Abschluß einer außertariflichen Vereinbarung auf dem Gebiet der Arbeits- und Wirtschaftsbedingungen zu erstreiken, aus dem genannten Grund ohne praktische Bedeutung.

---

421 So auch Seiter, Streikrecht, S. 489.

422 Grundsätzlich so auch Hölters, Harmonie, S. 125.

423 MünchArbR/Otto, § 278 Rn. 48.

2) Unterschiede hinsichtlich der Friedenspflicht

Eng mit der Frage der Erstreikbarkeit einer außertariflichen Vereinbarung ist die Frage verknüpft, ob eine solche Vereinbarung eine Friedenspflicht der Tarifvertragsparteien begründet.

Die Friedenspflicht ergibt sich als immanente Vertragspflicht aus einem geschlossenen Tarifvertrag. Sie begründet zumindest das Verbot von Arbeitskämpfen über die im Tarifvertrag geregelten Angelegenheiten. Aufgrund der engen Verknüpfung mit der Frage der Erstreikbarkeit kommt eine solche Friedenspflicht auch nur bei Vereinbarungen mit tarifvertraglich regelbarem Inhalt zu erwägen, die zudem als Verträge mit entsprechenden immanenten Vertragstreuepflichten zu qualifizieren sind.

Liegt eine Vereinbarung zwischen tariffähigen Koalitionen vor, die sowohl rechtlich verbindlich ist als auch tariflich regelbare Inhalte im Sinne des Art. 9 Abs. 3 GG enthält, so handelt es sich beim Eingreifen der weiteren Voraussetzungen bereits um einen Tarifvertrag, der dann auch eine Friedenspflicht auslöst[424].

Liegt hingegen kein Vertrag, sondern lediglich eine unverbindliche Übereinkunft oder Empfehlung bzw. ein Vertrag über Inhalte außerhalb des Schutzbereichs von Art. 9 Abs. 3 GG vor, so sind die Voraussetzungen für die Entstehung einer Friedenspflicht auch nicht erfüllt.

3) Durchsetzung einfacher schuldrechtlicher Verträge auf Koalitionsebene

Soweit der Koalitionsvertrag, von der Durchführungspflicht abgesehen, Rechte und Pflichten enthält, so sind diese, wie andere schuldrechtliche Verpflichtungen auch, auf normalem Wege zwischen den Vertragsparteien durchzusetzen[425]. Dies gilt sowohl für alle Vereinbarungen, deren Regelungsinhalt nicht in den Bereich der Arbeits- und Wirtschaftsbedingungen fällt oder die unter Beteiligung nicht tariffähiger Parteien zustande gekommen sind sowie für alle zweiseitigen schuldrechtlichen Verpflichtungen zwischen den Tarifvertragsparteien, die nach den hier aufgestellten Kriterien als schuldrechtliche Tarifvertragsver-

---

424 Anders Kempen in: Kempen/Zachert, TVG, Grundlagen Rn 156 und 62, der nur die Tarifnormen und die Möglichkeit ihrer unmittelbaren Durchsetzung vor den Gerichten als einzige Rechtfertigung der tariflichen Friedenspflicht sieht.

425 Löwisch in: Löwisch/Rieble, TVG, Grundl. Rn. 97;

einbarungen zu qualifizieren sind. Diese gegenseitigen, nur auf die Vertragsparteien bezogenen Pflichten sind gerichtlich durchsetzbar[426].

In der Praxis dürfte jedoch der Verstoß gegen die Inhalte einer sogenannten "außertariflichen Sozialpartner-Vereinbarung" keine unmittelbaren rechtlichen Schritte der Gegenseite nach sich ziehen. Eine Verbandsklage gegen den Sozialpartner wäre eine krasse Abkehr von den Grundsätzen der Sozialpartnerschaft und der konsensuellen Beziehungen, die kaum zum Einsatz kommen dürfte, solange nicht auch materielle Interessen eine Rolle spielen. Der Schaden, der aus einem direkten und vorsätzlichen Verstoß gegen die "außertariflichen Sozialpartnerbeziehungen" erwachsen würde, bestünde in der Erschütterung des gegenseitigen Vertrauens und des darauf begründeten fragilen Systems der Sozialpartnerschaft.

Den Beteiligten sind bei Abkommen, die nicht nur zwischen den Beteiligten gelten, sondern auf die Verbandsmitglieder abzielen, auch keine Mittel gegeben, von der Gegenseite die Einwirkung auf ihre Mitglieder zu fordern. Bei reinen Empfehlungen der Tarifparteien an die Betriebsparteien fehlt es schon an einer Einwirkungspflicht. In diesen Fällen haben die Sozialpartner nicht den Willen, eine rechtlich verbindliche Vereinbarung zu treffen. Statt dessen wollen sie bloß eine unverbindliche Empfehlung an die Betriebsparteien aussprechen. Wenn es jedoch schon hinsichtlich einer "Hauptpflicht" am Rechtsbindungswillen mangelt, dann läßt sich den Beteiligten auch kein Rechtsbindungswille bezüglich einer konkludent vereinbarten Einwirkungspflicht unterstellen. Eine solche Einwirkungspflicht müßte ausdrücklich vereinbart worden sein, um zwischen den Parteien rechtlich verbindlich zu wirken[427].

Wenn schuldrechtliche Vereinbarungen mit außertariflichem Inhalt getroffen wurden, die eindeutig mittels der Einwirkungspflicht der Verbände bei den Mitgliedern praktisch umgesetzt werden sollen, so gilt im wesentlichen das zur Durchsetzung rein schuldrechtlicher Tarifverträge Gesagte[428]. Auch hier ist die übernommene Verpflichtung des Verbandes zur Einwirkung auf die eigenen Mitglieder vom gegnerischen Verband einklagbar. Es ergeben sich jedoch dieselben, bereits im Zusammenhang mit schuldrechtlichen Tarifvertragsvereinbarungen dargestellten Probleme. Zwar können die Gerichte angerufen werden, wenn nach Ansicht einer der Parteien die Gegenseite ihrer Verpflichtung, auf ihre Mitglieder einzuwirken und sie zur Einhaltung bestimmter

---

426 Siehe B.VI.3)b); vgl. generell zur Durchsetzung schuldrechtlicher Ansprüche auch MünchArbR/Otto, § 278 Rn. 25 ff. sowie Löwisch/Rieble in AR-Blattei, SD Arbeitskampf II Zulässigkeit von Arbeitskämpfen 170.2, Rn. 56.

427 Siehe dazu C.II.4).

428 So auch Wallisch, S. 85.

schuldrechtlicher, nicht normativ wirkender Vereinbarungen anzuhalten, nicht oder nicht in genügendem Maße nachkommt. Mit der Übernahme der Einwirkungspflicht ist der jeweilige Verband eine Handlungspflicht eingegangen, die ihn bei Bedarf zum entschiedenen Einsatz seines Einflusses und im Zweifel zum Ergreifen verschiedener geeigneter Maßnahmen verpflichtet[429]. Jedoch kann im Hinblick auf die Verbandsautonomie eine bestimmte Einwirkungsmaßnahme auf dem Klagewege nicht erzwungen werden. Der gegnerische Verband entscheidet selbst, wie und mit welcher Intensität er seiner Einwirkungspflicht bezüglich bestimmter schuldrechtlicher Vereinbarungen nachkommt. Es ist auch kein konkretes Ergebnis einklagbar, da der Verband nur zur Einwirkung verpflichtet ist, aber keinen Erfolg seiner Bemühungen schuldet, da das einzelne Verbandsmitglied ja gerade nicht normativ an die Vereinbarung gebunden ist. Im konkreten Fall wäre zudem zu prüfen, ob die getroffene Vereinbarung mit dem außertariflichen Inhalt überhaupt von der Satzung und von der vereinsrechtlichen Folgepflicht des Mitglieds gedeckt ist, und das Mitglied von daher überhaupt nach den Statuten des Verbandes zur Befolgung der von den Verbänden getroffenen Vereinbarung aufgefordert werden kann. Möglicherweise hat sich das Mitglied beim Eintritt in den Verband Vereinbarungen mit einem derartigen außertariflichen Gegenstand nicht unterworfen. Unter Umständen ist somit keine verbandsrechtliche Grundlage vorhanden, die den Verband im Innenverhältnis berechtigen konnte, mit Druck auf das Mitglied einzuwirken. Faktisch sind beide Verbände weitestgehend machtlos, wenn das Mitglied nicht mit dem eigenen Verband kooperieren und dessen Einwirkung nachgeben will. Das Mitglied kann sich etwaigen Verbandsstrafen durch Austritt entziehen, woran dem eigenen Verband aufgrund des damit verbundenen Mitgliederschwundes nicht gelegen ist[430]. Diese drohende Folge einer Einwirkung befreit den Verband jedoch nicht von seiner grundsätzlichen Handlungspflicht[431].

Dieser relativen Machtlosigkeit sind sich die Beteiligten bewußt, wenn sie sich entschließen, rein schuldrechtiche Vereinbarungen zu treffen und die praktische Umsetzung der Einwirkungspflicht zu überlassen. Vereinbarungen, die nicht zwingend gelten, können eben nicht in letzter Konsequenz mittels der Einwirkungspflicht wirklich durchgesetzt und garantiert werden[432].

Verzichten die Sozialpartner selbst auf diese Regelungsinstrument und beschränken sie sich lediglich auf Empfehlungen, wissen sie um so mehr, daß sie ganz auf die Einsicht und die Kooperation der Mitglieder bzw. Betriebspar-

429 Vgl. Wallisch, S. 86.

430 Vgl. Däubler, BB 1990,2256, 2258; Grunsky, DB 1990, 526, 529; Matthießen, DB 1988, 285, 290; Kempen, ArbuR 1989, 261,265.

431 Vgl. Wallisch, S. 132.

432 Vgl. Wallisch, S. 137.

teien angewiesen sind, ohne Druck auf die Adressaten der Empfehlung ausüben zu können.

Das einzelne Mitglied kann in aller Regel auch aus einer außertariflichen Vereinbarung kein eigenes Forderungsrecht ableiten. Dies liegt beim Fehlen einer rechtlichen Verbindlichkeit klar auf der Hand. Wurden hingegen schuldrechtliche Verpflichtungen zwischen den Verbänden vereinbart, die auch auf die Umsetzung zwischen den Arbeitsvertragsparteien abzielen, so wird in aller Regel der Wille der Tarifparteien zum Abschluß eines Vertrages zugunsten Dritter nicht vorhanden sein[433]. Dem einzelnen Mitglied bleibt daher nur die Möglichkeit, sich mit seinem Begehren an den eigenen Verband zu wenden.

VIII. Grenzen außertariflicher Vereinbarungen

Die Frage der rechtlichen Qualifizierung einer Übereinkunft zwischen den Tarifparteien ist von der Frage ihrer Wirksamkeit zu unterscheiden[434].

Ein Verstoß gegen die Grenzen einer außertariflichen Vereinbarungen betrifft insofern nur die Wirksamkeit einer solchen Vereinbarung. Soweit es sich bei einer außertariflichen Vereinbarungen der Tarifvertragsparteien überhaupt um Verträge im rechtlichen Sinne handelt, gelten für sie als allgemein schuldrechtliche Verträge dieselben Grenzen wie sonst im allgemeinen Vertragsrecht. Welche rechtlichen und auch welche tatsächlichen Grenzen dabei für außertarifliche Koalitionsverträge und Übereinkünfte von Bedeutung sein können, wird im Anschluß dargestellt.

1) Verfassungsrechtliche Grenzen

Außertarifliche Vereinbarungen der Tarifparteien, die Empfehlungen und Hinweise zur Regelung von Arbeits- und Wirtschaftsbedingungen geben und dabei in den Schutzbereich des Art. 9 Abs. 3 GG fallen, haben dessen besondere Grenzen zu beachten. Der Art. 9 Abs. 3 GG geht in diesem Bereich der durch Art. 2 Abs. 1 GG geschützten allgemeinen Vertragsfreiheit als das speziellere Grundrecht vor. Insofern ist die durch das Grundrecht des Art. 9 Abs. 3 GG ebenfalls gewährleistete negative Koalitionsfreiheit von den Tarifvertragsparteien zu beachten[435]. Die negative Koalitionsfreiheit ist durch die in Art. 9 Abs.

433 Vgl. Wallisch, S. 144 f.

434 Vgl. für Tarifverträge: Plander, Festschrift Kehrmann, S. 295, 302 f.; Loritz in: Zöllner/Loritz, S. 367.

435 Kemper in: v.Mangoldt/Klein/Starck, GG I, Art. 9 Abs. 3 Rn. 219 f.; Kissel, NZA 1995, 1, 2

3 S. 2 GG angeordnete unmittelbare Drittwirkung dieses Grundrechts umfassend geschützt, die auch für außertarifliche Vereinbarungen im Regelungsbereich der Arbeits- und Wirtschaftsbedingungen verbindlich ist. Der Schutz der Nichtorganisierten vor Belastungen und Benachteiligungen durch die Koalitionen wird nicht nur vor entsprechenden Verträgen gewährt, sondern auch vor faktischem Verhalten, das eine entsprechende Grundrechtseinschränkung herbeiführen soll[436]. Es sind unter "Maßnahmen" i.S. von Art. 9 Abs. 3 S. 2 GG auch solche Abreden zu verstehen, die nicht rechtsverbindlich und keine Verträge sind, die aber im "stillen", unverbindlichen Konsens durchgeführt werden[437]. Auf die Rechtsnatur der einschränkenden Maßnahme kommt es nicht an[438]. Auch solche Maßnahmen wie z.B. bloße Empfehlungen, die die Koalitionsfreiheit lediglich zu behindern suchen, sind insofern unzulässig[439] Aufgrund dessen läßt sich auch nicht mit Hilfe von außertariflichen Vereinbarungen in zulässiger Weise eine diskriminierende Wirkung von Nichtorganisierten herbeiführen; entsprechende Abreden sind gemäß Art. 9 Abs. 3 S. 2 GG nichtig. Das gilt auch dann, wenn die unverbindlichen, an die Betriebsparteien gerichteten Empfehlungen zur Entfaltung einer unmittelbaren Wirkung noch eines "Umsetzungsaktes" auf der betrieblichen Ebene bedürfen[440].

Die "außertariflichen Sozialpartner-Vereinbarungen", welche aufgrund der in ihnen enthaltenen schuldrechtlichen Vereinbarungen als Tarifverträge zu qualifizieren sind, sind ebenso an Art. 9 Abs. 3 S. 2 GG gebunden. Jedoch wird bei rein zweiseitigen Verpflichtungen, die ausschließlich die vertragsschließenden Koalitionen betreffen, in aller Regel eine Verletzung von Grundrechten Dritter nicht zu befürchten sein. Die Tarifparteien haben die durch Art. 9 Abs. 3 S. 2 GG geschützte negative Koalitionsfreiheit der Außenseiter vor allem bei solchen Vereinbarungen als Grenze zu beachten, die eine Einwirkungspflicht auf Dritte vorsehen.

2) Zwingendes Gesetzesrecht als Grenze

Auch beim Abschluß von schuldrechtlich verbindlichen außertariflichen Vereinbarungen müssen die Tarifvertragsparteien zwingendes, einfaches Gesetzesrecht beachten.

---

436 Löwer in von Münch/Kunig, GGK I, Rn. 86 zu Art. 9.
437 Kemper in: v.Mangoldt/Klein/Starck, GG I, Art. 9 Abs. 3 Rn. 284.
438 Löwer in von Münch/Kunig, GGK I, Rn. 88 zu Art. 9.
439 MünchArbR/Löwisch, § 272 Rn. 17; MünchArbR/Otto, § 278 Rn. 22.
440 MünchArbR/Löwisch, § 272 Rn. 17.

Unverbindliche Empfehlungen der Tarifparteien, die im Widerspruch zu unabdingbaren gesetzlichen Regelungen stehen, gehen schlicht ins Leere[441]. So wäre eine Empfehlung, die gesetzlichen Mindestarbeitsbedingungen zu unterschreiten, nicht umsetzbar.

3) Verbandsautonomie als Grenze des Kooperationsmodells

Durch ein Modell, das auf Kooperation und Mitsprache setzt, darf der Grundsatz der Gegnerunabhängigkeit nicht unzulässig eingeschränkt werden. Dieser soll gewährleisten, daß die Verbände in ihrer Autonomie nicht eingeschränkt werden und dadurch auch keine Legitimationseinbuße gegenüber ihren Mitgliedern, deren Interessen sie vertreten sollen, erleiden. Letztendlich entspringt dieser Grundsatz aus der Verbandsautonomie – speziell auf der Grundlage des Art. 9 Abs. 1, Abs. 3 GG[442]. Auch hier greift wiederum Art. 9 Abs. 3 S. 2 GG ein und schützt vor allen Abreden oder Maßnahmen, aus denen sich eine Einschränkung der Freiheitsgewährleistung des Art. 9 Abs. 3 S. 1 GG, in diesem Fall der Gegnerunabhängigkeit, ergäbe[443]. Die Unabhängigkeit der Tarifpartner ist dann in ausreichendem Maße gewahrt, wenn sie nach ihrer Gesamtstruktur gerade dem Gegner gegenüber hinreichend unabhängig sind, um die Interessen ihrer Mitglieder auf arbeits- und sozialrechtlichem Gebiet wirksam und nachhaltig vertreten zu können[444]. Dabei sind kleine Durchbrechungen des Prinzips unschädlich[445]. Der Weg der Sozialpartnerschaft darf indes nicht so weit führen, daß der soziale Gegenspieler nachhaltig Einfluß auf die Entscheidungsprozesse erlangt[446] und eine Verbindung entsteht, die den aus der Weimarer Zeit bekannten "Harmonie-Verbänden" ähnelt, deren Mitglieder sich aus Arbeitgebern und Arbeitnehmern zusammensetzten und die somit nicht gegnerfrei waren[447].

Durch den Weg der "Sozialpartnerschaft", der auf Kooperation und Verständigung setzt, entsteht jedoch kein Einfluß auf die eigentlichen Entscheidungsprozesse des gegnerischen Verbandes, der die Gegnerunabhängigkeit in Frage

---

441 MünchArbR/Löwisch, § 272 Rn. 17.

442 Löwer in: v.Münch/Kunig, GGK I, Rn. 73 ff. zu Art. 9; Wallisch, S. 54; Ramm, Willensbildung, S. 74 ff., 114 f.

443 Vgl. grds. Kemper in v.Mangoldt/Klein/Starck, GG I, Art. 9 Abs. 3 Rn. 279 ff.; Löwer in: v. Münch/Kunig, GGK I, Rn. 85 ff. zu Art. 9; siehe auch BVerfGE 50, 290, 366 ff.; siehe auch zu den etwaigen Rechtsfolgen eines Verstoßes: Reuß, JbAR Band 1 (1963), 144, 148.

444 BVerfGE 50, 290, 373; Schlemmer, Festschrift Karl Molitor, S. 309, 311 f.

445 Zöllner in: Zöllner/Loritz, Arbeitsrecht, S. 113.

446 Zur Gegnerunabhängigkeit allgemein: BVerfGE 50, 290, 375; Kemper in : v. Mangoldt/Klein/Starck, GG I, Art. 9 Abs. 3 Rn. 180 f.

447 Zöllner in: Zöllner/Loritz, Arbeitsrecht, S. 113.

stellen könnte. Ein partnerschaftlicher Umgang bei der Suche nach Kompromissen bedeutet keineswegs, daß dadurch der grundsätzliche Interessengegensatz zwischen der Gewerkschaft und dem Arbeitgeberverband beseitigt wird. Dieser Gegensatz als Grundlage für die autonome Gestaltung der Arbeits- und Wirtschaftsbedingungen bleibt weiterhin gewahrt, lediglich der Lösungsansatz ist ein anderer[448]. Sozialpartnerschaft bedeutet daher nicht, daß auf eine klare Haltung, ein nachdrückliches Eintreten für die eigenen Ziele oder auf Kritik verzichtet wird[449].

Fraglich ist, ob die Vielzahl der gemeinsamen Einrichtungen, innerhalb derer ebenfalls ein ständiger Dialog und Erfahrungsaustausch zwischen den Sozialpartnern stattfindet[450], zu einer zu engen institutionellen Verklammerung der sozialen Gegenspieler führt und damit im Widerspruch zum Grundsatz der Gegnerunabhängigkeit steht.

Gemeinsame Einrichtungen der Tarifparteien als solche tangieren jedoch das Prinzip der Gegnerunabhängigkeit nicht. Sie wirken nur im Rahmen ihrer fest umrissenen Aufgaben, nehmen jedoch nicht Einfluß auf die Entscheidungsprozesse der Verbände. Die Tatsache, daß die gemeinsamen Einrichtungen auch als ein Forum des Erfahrungsaustausches fungieren, hindert diese Einschätzung nicht. Denn der Dialog erweitert unter Umständen den Blickwinkel, schränkt aber die Entscheidungsfreiheit der einzelnen Verbände in keinster Weise ein. Von daher sind auch paritätisch besetzte Institutionen unschädlich, denn die paritätische Besetzung schließt gerade eine einseitige Instrumentalisierung der gemeinsamen Einrichtung durch einen Verband aus.

Die Gefahr, daß durch gemeinsame Einrichtungen Angehörige der Gegenseite in die jeweiligen Entscheidungsorgane der Verbände einrücken, besteht daher nicht.

4) Delegation der Normsetzungsbefugnis

Bedenken gegen die Sozialpartner-Vereinbarungen und die Verlagerung von Kompetenzen auf die Betriebsebene könnten durch das Verbot einer Delegation der Normsetzungsbefugnis[451] entstehen. Mit § 77 Abs. 3 BetrVG wird den Tarifvertragsparteien bei der Regelung der Arbeits- und Wirtschaftsbedingungen Vorrang gegenüber den Betriebsparteien eingeräumt. Die Sperrwirkung des

---

448 So auch Schlemmer, Festschrift Karl Molitor, S. 309, 311 f., 331.

449 So auch Schlemmer, Festschrift Karl Molitor, S. 309, 314.

450 Vgl. Zachert, Festschrift Hanau, S. 137, 143, 145, der von einem infrastrukturellen Unterbau verschiedener Gremien spricht.

451 vgl. BAG, Urteil v. 9.7.1980 – 4 AZR 564/78, BAGE 34, 42 = NJW 1981, 1574.

§ 77 Abs. 3 BetrVG soll gewährleisten, daß die durch die Verfassung geschützte Tarifautonomie nicht durch konkurrierende Regelungen der Betriebspartner umgangen bzw. in ihrer Bedeutung gemindert wird[452]. Dieser Tarifvorrang wird verfassungsrechtlich begründet. Der Tarifautonomie wurde im Grundgesetz Verfassungsrang eingeräumt, wodurch einer Einflußnahme durch den Gesetzgeber gezielt eine Sperre gesetzt ist. Auf der Betriebsebene besteht eine solche Sperrwirkung hingegen nicht, so daß bei einem Verzicht der Tarifvertragsparteien auf ihre verfassungsrechtlich gewährleisteten Rechte und einer Verlagerung ihrer Regelungskompetenz auf die betriebliche Ebene ein "Einfallstor" für eine Ausweitung der Regelungsbefugnisse des Gesetzgebers eröffnet würde. Dies kann auch die verfassungsrechtliche Anerkennung der Tarifautonomie untergraben und ihr dauerhaften Schaden zufügen[453]. Darüber hinaus spielt für den Vorrang von Regelungen der materiellen Arbeitsbedingungen auf Verbandsebene eine Rolle, daß die betriebliche Ebene nicht zum Schauplatz von Verteilungskämpfen werden soll[454].

Fraglich ist, inwieweit die Tarifparteien überhaupt auf ihre originäre und verfassungsrechtlich gewährleistete Regelungskompetenz verzichten und diese Befugnisse auf die Betriebsparteien delegieren können, und ob sie in diesem Rahmen, ähnlich wie der Gesetzgeber bei Rechtsverordnungen (Art. 80 GG), bestimmte Vorgaben geben müssen[455]. Diese Fragen wären zu entscheiden, wenn in den an die Betriebsparteien adressierten Richtlinienübereinkünften und den Empfehlungen bereits eine solche Delegation zu sehen wäre.

Bei den an die Betriebsparteien adressierten Richtlinien und Empfehlungen handelt es sich jedoch regelmäßig um tarifpolitisches Neuland, auf dem abschließend und normativ wirkende Tarifverträge weder vorhanden noch "üblich" im Sinne des § 77 Abs. 3 S. 1 BetrVG sind. Somit fehlt es schon an einem Verzicht der Tarifparteien auf ihre Normsetzungsmöglichkeit. Hingegen läßt sich die Mehrzahl der unverbindlichen, an die Betriebsparteien adressierten Hinweise und Rahmenrichtlinien dem Bereich der betrieblichen Mitbestimmung in sozialen Angelegenheiten zuordnen. Es handelt sich weitestgehend um Fragen, die die kollektiven Interessen der Belegschaft betreffen, und deren Regelung in der sozialen Wirklichkeit aus tatsächlichen oder rechtlichen Gründen nur einheitlich innerhalb des Betriebes mittels Betriebsnormen verwirklicht werden kann[456] (vergleiche etwa die Vereinbarungen zum Arbeits-

---

452 Eisold, S. 256 f.

453 Kissel, NZA 1986, 73, 79.

454 Eisold, S. 256 f; Kissel, NZA 1986, 73, 76.

455 Vgl. Schaub, NZA 1998, 617, 623; Kissel, NZA 1986, 73, 79.

456 Vgl. zur Funktion der Betriebsnormen: BAG AP Nr. 2 zu § 1 TVG Tarifverträge: Seniorität; Wiedemann/Oetker, TVG, § 3 Rn. 127 ff.

schutz, bezüglich Drogen oder Gruppenarbeit). Die Verbände delegieren insofern nicht ihre eigene Normsetzungsbefugnis, sondern nehmen Einfluß auf die zunächst der Betriebsebene aufgrund ihrer Sachnähe zugewiesenen Entscheidungsprozesse, die keiner einheitlichen Gesamtregelung, sondern der betriebsspezifischen Einzelregelung bedürfen. Es geht somit um den originären Aufgabenbereich der Betriebsparteien, so daß Regelungen zur Fort- und Weiterbildung oder der Arbeitsorganisation auf der Ebene der Betriebsparteien umfassend legitimiert sind[457]. Der § 77 Abs. 3 BetrVG greift in solchen Fällen nicht ein. Eine Delegation von Normsetzungskompetenzen der Tarifparteien auf die Betriebsebene liegt in diesem Sinne nicht vor.

Darüber hinaus liefern die Tarifparteien bei diesen neuen Themen gerade Vorgaben an die Betriebsparteien, so daß eine hinreichende Voraussehbarkeit der durch ihre Richtlinien und Hinweise angeregten Regelungen auf Betriebsebene gewährleistet ist.

In anderen Fällen haben sich die Tarifparteien "außertariflicher Sozialpartner-Vereinbarungen" in Ergänzung zu Tarifverträgen bedient, um Anhaltspunkte für die Umsetzung des Tarifergebnisses zu liefern[458]. Auch darin liegt keine unzulässige Übertragung von Regelungskompetenzen auf die Betriebsparteien, sondern eine sinnvolle Ergänzung der tarifvertraglich gefundenen Gesamtregelung.

Eine Grenze außertariflicher Koalitionsverträge wäre überschritten, wenn die Koalitionen dazu übergingen, an Stelle von Tarifverträgen nur noch unverbindliche Hinweise und Richtlinien an die Betriebsparteien aufzustellen und diesen auch tarifvertragsübliche Inhalte zur verbindlichen Regelung zu überlassen. In solchen Fällen wäre § 77 Abs. 3 BetrVG verletzt, der Betriebsvereinbarungen zu Arbeitsentgelten und sonstigen Arbeitsbedingungen, bei denen ein Tarifvertrag üblich ist, verbietet[459]. Die Tarifparteien können insofern nicht auf das Mittel des Tarifvertrages zugunsten von unverbindlichen außertariflichen Koalitionsvereinbarungen und nachfolgenden Betriebsvereinbarungen verzichten. Dadurch würden sie ihren durch die Verfassung erteilten sozialen Schutz und Ordnungsauftrag nicht erfüllen. Ein System allein aus verbindlichen Betriebsvereinbarungen ist keine Alternative, da die Betriebsautonomie, anders als die Tarifautonomie, keine hervorgehobene verfassungsrechtliche Legitima-

---

457 Vgl. zum originären Aufgabenbereich des Betriebsrates und den Ausbau des betriebsverfassungsrechtlichen Systems auf neue Mitwirkungstatbestände, z.B. bei Fort- und Weiterbildung, Führung der Arbeitszeitkonten zum Vorruhestand oder gleitender Übergang mittels Teilzeit: Heinze, NZA 1997, 1, 6 f.

458 Vgl. die Empfehlungen der Chemie-Sozialpartner zur Beschäftigungsförderung und Standortsicherung aus den Jahren 1994 und 1996.

459 Vgl. auch Heinze, NZA 1997, 1, 5.

tion besitzt, die zur Wahrnehmung der Ordnungsfunktion und Befriedung des Arbeitslebens berechtigen würde[460]. Darüber hinaus würde durch die normative Wirkung von Betriebsvereinbarungen den nichtorganisierten Arbeitnehmern der Schutz der negativen Koalitionsfreiheit entzogen, wodurch dieses verfassungsrechtlich verbürgte Freiheitsrecht in unzulässiger Weise eingeschränkt würde[461].

5) Betriebsverfassungsrechtliche Grenzen

Den Einwirkungsmöglichkeiten der Gewerkschaft auf die Betriebsräte könnten im Rahmen des Vollzugs außertariflicher Koalitionsvereinbarungen Grenzen gesetzt sein, die von den Gewerkschaften bei entsprechenden Zusagen gegenüber dem Sozialpartner zu beachten sein könnten.

Der Betriebsrat ist eine Institution, die verpflichtet ist, die Gesamtinteressen aller Belegschaftsmitglieder wahrzunehmen. Seine betriebsverfassungsrechtliche Stellung leitet sich aus den Freiheitsrechten aller durch ihn repräsentierten Arbeitnehmer ab. Er besitzt dadurch eine aus den gebündelten Arbeitsverhältnissen abgeleitete treuhänderische Stellung[462]. Diese Stellung darf aber nicht zur Wahrnehmung von Aufgaben und Interessen der Gewerkschaft eingesetzt oder entsprechend von deren Seite beeinflußt werden. Der Betriebsrat bleibt der Gesamtheit der Belegschaft verantwortlich und ist kein Organ der Gewerkschaft. Insofern stößt die Zusage der Gewerkschaft gegenüber ihrem Sozialpartner, auf die Betriebsräte einzuwirken, an eine in der Funktion des Betriebsrates begründete Grenze. Eine Vereinnahmung der Betriebsräte durch die Gewerkschaften für ihre Interessen ist nicht zulässig.

6) Grenzen aus dem Verbandsrecht

Bei sogenannten "außertariflichen Sozialpartner-Vereinbarungen", die rechtlich als schuldrechtliche Tarifverträge zu qualifizieren sind, entspricht das für die Verhandlungen und den Abschluß gewählte Verfahren zumindest auf Seiten der Gewerkschaft nicht den Satzungs- und internen Richtlinienbestimmungen[463]. Dies ist jedoch ein rein interner Verstoß, der die Wirksamkeit nach außen nicht berührt.

---

460 Vgl. Heinze, DB 1996, 729, 734; derselbe, NZA 1997, 1, 5 f.; Kempen in: Kempen/Zachert, TVG, Grundlagen Rn. 250; Waltermann, Rechtsetzung, S. 132 f.

461 Vgl. Heinze, DB 1996, 729, 734; derselbe, NZA 1995, 5, 6.

462 Heinze, DB 1996, 729, 732, 734; derselbe, NZA 1997, 1, 5 f.; Hess/Schlochauer/Glaubitz, BetrVG, § 2 Rn. 14.

463 Siehe dazu im einzelnen: Satzung der Industriegewerkschaft Bergbau, Chemie Energie sowie die Richtlinie Tarifpolitik der IG BCE.

Zudem ist zu beachten, daß am Anfang solcher, auf der Ebene der Bundesvorstände geführten Gespräche, nicht feststeht, ob im Ergebnis eine lediglich unverbindliche, nichttarifliche Übereinkunft ausgehandelt wird oder ob die Parteien nicht doch gegenseitige schuldrechtliche Verpflichtungen auf dem Gebiet der Arbeits- und Wirtschaftsbedingungen eingehen, die dann als Tarifvertrag zu werten sind. Um den Dialog zwischen den Spitzenverbänden nicht unnötig zu lähmen, ist es also sinnvoll, auf Vorstandsebene diese Flexibilität zu erhalten, anstatt eine eigens gebildete Tarifkommission mit jeder dieser Verhandlungen zu betrauen.

7) Natürliche Grenzen bei der Wahl der Inhalte

Ein Vorteil der sogenannten "außertariflichen Sozialpartner-Vereinbarung" ist, unabhängig von ihrer jeweiligen Rechtsnatur, das Fehlen einer zwingenden Wirkung und die daraus erwachsende Flexibilität bei ihrer Anwendung. Zugleich besteht darin aber auch ihr Nachteil. Es werden gerade keine verbindlichen, normativ wirkenden Regelungen geschaffen, die kraft ihrer "Autorität" auch eine befriedende Funktion für das Arbeitsleben ausüben und Arbeitgebern wie Arbeitnehmern für die Dauer ihrer Geltung Rechtssicherheit bieten. Von daher sind die "außertariflichen Sozialpartner-Vereinbarungen", seien sie nun im Einzelfall als schuldrechtliche Tarifverträge oder nur als unverbindliche Abkommen zu werten, immer dann ungeeignet, wenn es um die Kernbereiche der Tarifpolitik geht, bei denen ein vorrangiges Interesse an der Frieden und Sicherheit stiftenden Funktion der Koalitionsverträge besteht. Außerhalb dieser Kernbereiche, die sich im wesentlichen um die materiellen Arbeitsbedingungen wie zum Beispiel die Faktoren Lohn und Arbeitszeit drehen, geht es um Themen, für die sich die Mitglieder der Gewerkschaft und der Arbeitgeberverbände nur nachrangig interessieren. Daher fehlt bei diesen Themen den Gewerkschaften ihre volle Durchsetzungsmacht, um rechtlich verbindliche Regelungen zu schaffen. Aus diesem Grunde finden sich unter den "außertariflichen Sozialpartner-Vereinbarungen" solche Inhalte, bei denen es vor allem um eine positive Selbstdarstellung eines Industriezweiges und das Setzen von Signalen geht, und weniger um konkrete, "flächendeckende" Erfolge mit Auswirkungen auf die materiellen Arbeitsbedingungen.

Mithin werden in der Chemischen Industrie die "außertariflichen Sozialpartner-Vereinbarungen" nicht als Regelungsinstrument für Inhalte mit "materiellen" Auswirkungen für die Tarifgebundenen verstanden. Für diesen Bereich bedienen sich auch die Sozialpartner in der Chemischen Industrie nach wie vor des Tarifvertrages mit normativen Wirkungen. Bei derartigen Inhalten dienen Sozialpartner-Vereinbarungen allenfalls dazu, auf normativen Tarifverträgen aufbauend, Randbereiche zu thematisieren. Sie sind insofern kein Ersatz für normative Regelungen, sondern als eine Ergänzung zum normativen Tarifwerk zu verstehen[464].

Geeignet sind die "außertariflichen Sozialpartner-Vereinbarungen" hingegen immer bei Inhalten, in denen durch die Veränderung der Arbeitsstrukturen ein gewisser neuer Regelungsbedarf entsteht. Solange in solchen Bereichen sowohl Erfahrungen als auch bindende gesetzliche Vorgaben fehlen, wird für die Tarifpartner die Möglichkeit eröffnet, im Rahmen ihrer Tarifautonomie Regelungen oder Richtlinien aufzustellen. Der Vorteil von Empfehlungen und Richtlinien besteht dabei gerade bei diesen Themen in ihrer Flexibilität, indem sie Hilfen anbieten, aber keine Zwänge schaffen. Dadurch bietet sich genügend Freiraum, um weitere Erfahrungen zu sammeln, die bei weiterem Regelungsbedarf gegebenenfalls in tariflichen Normen ihren Niederschlag finden werden. Insofern kann eine "außertarifliche Sozialpartner-Vereinbarung" auch eine Grundlage für einen künftigen Tarifvertrag darstellen[465]. Eine "außertarifliche Sozialpartner-Vereinbarung" ist insofern auch Ausdruck eines innovativen Gestaltungswillens der Tarifparteien[466], die die Ausgestaltung des Arbeitslebens nicht dem Gesetzgeber überlassen, sondern bereits frühzeitig selbst Einfluß nehmen wollen. Sie ist jedoch kein Ersatz für tarifliche, normative Regelungen.

IX. Bewertung der Leistungsfähigkeit "außertariflicher Sozialpartner-Vereinbarungen"

1) Vorteile und praktische Erfahrungen

Der besondere Vorteil der "außertariflichen Sozialpartner-Vereinbarungen" in der Chemischen Industrie besteht darin, daß sie den Tarifparteien die Möglichkeit geben, neu entstehende tarifpolitische Inhalte aufzugreifen und zu beeinflussen, ohne dabei die Tarifgebundenen auf bestimmte Regelungen festzulegen und dadurch Entwicklungen einzufrieren[467]. Insofern sind solche "außertariflichen Sozialpartner-Vereinbarungen", die auch tatsächlich als außertarifliche Übereinkünfte einzustufen sind, Ausdruck der aus der Tarifautonomie erwachsenden Innovationsfähigkeit der Tarifvertragsparteien[468].

---

464 So auch Zachert, Festschrift Hanau, S. 137, 148; vgl. auch die Darstellung der Tarifverträge in der Chemischen Industrie bei Schlemmer, Festschrift Karl Molitor, S. 309, 317 ff.

465 So auch Zachert, Festschrift Hanau, S. 137, 148.

466 Ebenso Zachert, Festschrift Hanau, S. 137, 148; grds. Hanau, Festschrift Kehrmann, S. 23, 24.

467 Vgl. Molitor in: BAVC / IG Chemie-Papier-Keramik (Hrsg), Sozialpartner-Forum - Arbeitsplatz Chemie-, S. 109, 112; Debler, NZA 1997, 529, 530.

468 So auch Zachert, Festschrift Hanau, S. 137, 148.

Der eigentliche Vorteil kommt dabei den Betriebsparteien zugute. Diese können auf die von ihren Verbänden gesammelten und in der "außertariflichen Sozialpartner-Vereinbarung " umgesetzten Erfahrungen zurückgreifen, ohne selbst durch diese Übereinkunft in ihren Handlungsmöglichkeiten eingeschränkt zu werden. Da es sich bei den "Richtlinien-Übereinkünften" auch nicht um tarifliche Regelungen handelt, bei denen es einen Vorrang tariflicher Regelungen zu beachten gäbe, haben die Betriebsparteien die Möglichkeit, einzelne Vorschläge der Tarifparteien herauszugreifen und die Hinweise individuell für den jeweiligen Betrieb passend umzusetzen. Davon profitieren gerade kleine und mittlere Unternehmen, für die fertig ausgestaltetes und verbindliches Vertragswerk schwierig umzusetzen wäre[469].

Von daher kommt eine "außertarifliche Sozialpartner-Vereinbarung" nicht zuletzt immer dann in Betracht, wenn aufgrund unterschiedlicher betrieblicher Situationen in den Unternehmen einheitliche verbindliche Tarifregelungen nicht zweckmäßig und praktikabel wären[470].

Mit Hilfe solcher in der Praxis geschaffenen Beispiele für eine erfolgreiche Umsetzung der Sozialpartner-Vereinbarungen werden den Tarifparteien aber auch gegenüber dem Gesetzgeber Argumente für ihre Form der Ausgestaltung und Regelung einer Materie in die Hand gegeben. Greift der Gesetzgeber später solche Inhalte, denen sich die Tarifparteien schon vor dem Bestehen gesetzlicher Regelungen gewidmet haben, auf, so können die Tarifparteien mittels dieser praktischen, vorgesetzlichen Umsetzung konstruktiv auf die inhaltliche Ausgestaltung einer gesetzlichen Regelung Einfluß nehmen[471]. Auch unter diesem Gesichtspunkt erweist sich das frühzeitige Aufgreifen neuer tarifrechtlicher Inhalte und das Entwerfen von flexiblen, in der Praxis erprobbaren Regelungsmodellen als vorteilhaft.

---

469 Vgl. BAVC / IG BCE (Hrsg.), 10 Jahre Sozialpartner-Vereinbarung Chancengleichheit in der Chemischen Industrie, S. 13; Debler NZA 1997, 529, 530.

470 Vgl. BAVC / IG BCE (Hrsg.), 10 Jahre Sozialpartner-Vereinbarung Chancengleichheit in der Chemischen Industrie, S. 43.

471 Vgl. für das Beispiel der Sozialpartner-Vereinbarung "Betriebsratskontakte auf europäischer Ebene" aus dem Jahr 1990: Goos, Festschrift Arbeitsgerichtsbarkeit Rheinland-Pfalz, S. 85, 99 f.

2) Strukturelle Voraussetzung und deren Übertragbarkeit

a) Strukturelle Voraussetzungen der Sozialpartnerschaft und "außertariflicher Sozialpartner-Vereinbarungen"

Die in der Chemischen Industrie gesammelten Erfahrungen mit "Sozialpartnerschaft" und den daraus hervorgegangenen "außertariflichen Sozialpartner-Vereinbarungen" zeigen deutlich, daß die Grundvoraussetzung für ein derartiges Vereinbarungswerk der konstruktive Umgang der Koalitionen untereinander ist.

Fraglich ist, welches die strukturellen Voraussetzungen sind, aus denen diese Beziehung erwachsen konnte und die diese Form der Tarifpolitik ermöglichen.

Eine der Voraussetzungen ist eine innere und äußere Stärke der beteiligten Verbände[472]:

Rechtlich unverbindliche Regelungen haben nur dann einen Sinn, wenn beide Seiten auf die Umsetzung der getroffenen Vereinbarung vertrauen können. Diese Form der Zuverlässigkeit kann nur zwischen starken und gleichberechtigten Partnern entstehen, bei denen nicht der eine die Beziehung dominiert und einseitig seine Vorstellung dem anderen aufoktroyieren kann[473]. Stärke im Verhältnis zum Partner bedeutet insofern, daß beide Seiten auch tatsächlich die Möglichkeit haben, mit Kampfmitteln ihre Vorstellungen von der Gestaltung des Arbeitslebens durchzusetzen. Nur bei Kampfparität ist tatsächlich eine Gleichberechtigung zwischen den Parteien gewährleistet[474].

Diese Zuverlässigkeit als Basis des Vertrauens können die Sozialpartner aber nur vermitteln, wenn die Verbände mit den in den Sozialpartner-Vereinbarungen enthaltenen Lösungsvorschlägen auch bei ihren Mitgliedern Interesse wecken können, um dann Umsetzungserfolge vorweisen zu können. Wichtig ist, daß die Sozialpartner-Vereinbarungen, auch wenn sie nur Hinweis- und Richtliniencharakter haben, tatsächlich eine praktische Wirkung entfalten und nicht als unverbindlich und somit uninteressant ignoriert werden[475]. Insofern bedürfen die Verbände einer internen Durchsetzungsmacht, um auch nach außen glaubwürdig bleiben zu können. Bester Garant ist dafür der gegenseitige Nutzen aus

---

472 Schlemmer, Festschrift Karl Molitor, S. 309, 314.

473 Zachert, Festschrift Hanau, S. 137, 148.

474 BAG GS Beschluß v. 21.4.1971 – GS 1/68, BAGE 23, 292, 308 = AP Nr. 43 zu Art. 9 GG Arbeitskampf; BAG, Urteil v. 10.6.1980 – 1 AZR 822/79, BAGE 33, 140, 153 f. = AP Nr. 64 zu Art. 9 GG Arbeitskampf; BVerfG (26.6.1991) BVerfGE 84, 212; BVerfG (4.7.1995) BVerfGE 92, 365; vgl. auch Kissel, NZA 1986, 73, 79.

475 Vgl. für den Standpunkt der Arbeitgeberverbände: Eich, NZA 1995, 149, 154.

dieser Form der Übereinkünfte, der auch langfristig den Verzicht auf normative, tarifliche Regelungen in bestimmten Bereichen gegenüber den eigenen Mitgliedern rechtfertigt[476]. Von daher müssen als Ergebnis tragfähige Lösungen entstehen, die den Bedürfnissen beider Seiten Rechnung tragen und ihre Anwendbarkeit und ihren Vorteil in der Praxis beweisen. Es müssen für die Betriebs- bzw. Arbeitsvertragsparteien zumutbare Richtlinien entstehen, die es rechtfertigen, daß auch unübliche und neue Tarifthemen aufgegriffen werden, und die Koalitionen müssen mit diesen auch bei ihren Mitgliedern Gehör finden. Von Vorteil ist hierbei zudem, wenn die Tarifparteien Einfluß bei den Betriebsparteien haben. Faktisch sind in der Chemischen Industrie die Stärke der Betriebsräte in den Großunternehmen und der tatsächliche Einfluß der Gewerkschaft auf die Betriebsräte ebenso von Vorteil wie die Integration der Unternehmen in die Strukturen der Arbeitgeberverbände[477].

Die Anwendbarkeit der Richtlinien und Hinweise in der Praxis wird nicht zuletzt durch die Form ihres Entstehungsprozesses gefördert. Der kontinuierliche Kontakt festigt das gegenseitige Vertrauen und fördert den Abbau von Berührungsängsten[478]. Die meisten "außertariflichen Sozialpartner-Vereinbarungen" sind außerhalb des Erfolgsdrucks von Tarifverhandlungen entstanden und als ausgewogenes Produkt aus einem kontinuierlichen Erfahrungsaustausch hervorgegangen[479]. Es kommt in der Chemischen Industrie regelmäßig zu Spitzengesprächen[480], der Dialog findet aber auch in gemeinsamen, paritätisch besetzten Gremien statt[481]. Dabei übernehmen jene gemeinsa-

---

476 So auch Molitor, Festschrift Schlemmer, S. 103, 114.

477 Zachert, Festschrift Hanau, S. 137, 143.

478 Molitor, Festschrift Schlemmer, S. 103, 109 f.; derselbe in: BAVC/IG Chemie (Hrsg.), Sozialpartner-Forum -Arbeitsplatz Chemie-, S. 109, 111; Schlemmer, Festschrift Karl Molitor, S. 309, 312.

479 Eich NZA 1995, 149, 155.

480 Vgl. BAVC (Hrsg.), Pressemitteilung vom 22. Oktober 1999.

481 Molitor, Festschrift Schlemmer, S. 103, 109 f.; Schlemmer, Festschrift Karl Molitor, S. 309, 331; Debler, NZA 1997, 529. Als Beispiel siehe auch BAVC/ IG BCE (Hrsg.), 10 Jahre Sozialpartner-Vereinbarung Chancengleichheit in der Chemischen Industrie, S. 42; Pressemitteilung des BAVC vom 22. Oktober 1999: Es wurde am 14./15. Oktober 1999 in Durbach eine Arbeitstagung der Sozialpartner zum Thema Frauenförderung durchgeführt. An dieser Tagung nahmen auch Betriebsräte, Personalverantwortliche und Vertreter aus dem Bundesministerium für Familie, Senioren, Frauen und Jugend und der EU-Komission teil. Als Ergebnis der dort geführten Diskussion haben sich die Sozialpartner darauf verständigt, auf Bundesebene einen paritätisch besetzten "Arbeitskreis Chancengleichheit" einzurichten, dessen Aufgabe es sein soll, insbesondere für kleine und mittelständische Unternehmen praktikable Lösungen zur Frauenförderung zu entwickeln und positive Beispiele darzustellen. Im Spitzengespräch am 22. Oktober 1999 haben der geschäftsführende Hauptvorstand der IG BCE und die Geschäftsführung des BAVC diese Vereinbarung bestätigt.

men Einrichtungen der Sozialpartner in der Chemischen Industrie eine wichtige Rolle, mit denen die Zusammenarbeit formell institutionalisiert wurde und die den beständigen Dialog mit der Gegenseite und den jeweiligen Mitgliedern gewährleisten.

Ein weiterer Grundpfeiler des gewachsenen Vertrauens zwischen den Sozialpartnern ist sicherlich auch die Tatsache, daß der letzte Streik in der Chemischen Industrie 1971, nach einer vorausgegangenen Pause von 50 Jahren, durchgeführt wurde[482]. Derzeit greift eine zum 1.1.1976 geschlossene und immer wieder verlängerte Schlichtungsregelung, die unter anderem einen Einlassungszwang und die Verbindlichkeit eines einstimmig oder mehrheitlich beschlossenen Spruches vorsieht. Schlichtungssprüche in der Chemischen Industrie sind von daher immer verbindlich und bedürfen keiner Annahme durch die betroffenen Tarifvertragsparteien[483]. Eine Besonderheit dieser Schlichtungsregelung ist auch darin zu sehen, daß bis zu einem etwaigen Scheitern des Schlichtungsverfahrens die Friedenspflicht eindeutig festgelegt ist und Urabstimmungen, Streiks oder Aussperrungen erst dann eingeleitet werden dürfen, wenn das Verfahren der Schlichtungsstelle erfolglos abgeschlossen ist[484]. Eine Rolle spielen hierbei sicherlich auch die tatsächlichen Schwierigkeiten, in der Chemischen Industrie chemische Produktionsprozesse herunterzufahren und diese Anlagen zu bestreiken. Auch daß die Chemische Industrie im Gegensatz zu anderen Industriezweigen von einschneidenden Strukturveränderungen und den dabei aufbrechenden Interessengegensätzen der Arbeitgeber- und der Arbeitnehmerschaft verschont geblieben ist, mag dazu beigetragen haben. Des weiteren sind in der Chemischen Industrie auch Verbandsklagen nicht bekannt. Zachert spricht in diesem Zusammenhang von einem hohen Maß an "Wirtschaftsfriedlichkeit"[485].

Um konstruktiv miteinander umzugehen und um im Rahmen von gemeinsamen Einrichtungen sogar zusammenzuarbeiten ist eine weitere Voraussetzung, daß keine ideologischen Vorstellungen vom Umgang mit der Gegenseite den Weg zur einvernehmlichen Lösung versperren[486]. Somit ist ein gewisses Grundverständnis für die Belange der Gegenseite und ein Gespür für die gegenseitige

---

482 Vgl zu den Hintergründen: Molitor, Festschrift Schlemmer, S. 103, 106 ff.; Schlemmer, Festschrift Karl Molitor, S. 309, 314 ff.

483 Engelmann, S. 102 f.; Eich, NZA 1995, 149, 153; Zachert, Festschrift Hanau, S. 137, 144; Schlemmer, Festschrift Karl Molitor, S. 309, 320 f; Molitor, Festschrift Schlemmer, S. 103, 111 f.

484 Schlemmer, Festschrift Karl Molitor, S. 309, 320 f.

485 Zachert, Festschrift Hanau, S. 137, 144.

486 Schlemmer, Festschrift Karl Molitor, S. 309, 312, 330; Molitor, Festschrift Schlemmer, S. 103 ff.; vgl. zu den Parallelen mit der Sozialpartnerschaft in der Schweiz: Eisold, S. 268.

"Schmerzgrenze" bei Zugeständnissen mit eine der Voraussetzungen für ein Funktionieren der Gesprächskultur zwischen den Verbänden in der Chemischen Industrie[487]. Den gemeinsamen Nenner bildet dabei sicherlich das Interesse am Erhalt des "Chemie-Standortes Deutschland"[488]. Der Lohn für die Aufgabe strikter Dogmen und verfestigter ideologischer Standpunkte ist auch, daß die Tarifparteien selbst auf Kompromißlösungen zusteuern können und nicht etwa der Vermittlung durch Dritte bedürfen. Damit bewahren sich die Verbände ein weiteres Stück ihrer Autonomie zur eigenverantwortlichen und sachgerechten Gestaltung der Arbeitsbedingungen[489].

Ferner macht die von den Sozialpartnern in der Chemischen Industrie geteilte Auffassung von den Aufgaben der Tarifautonomie die "außertariflichen Sozialpartner-Vereinbarungen" möglich. Beide Seiten verstehen den gestalterischen Auftrag nicht auf die klassischen Bereiche der Tarifpolitik beschränkt[490] und haben nicht die Vorstellung, ein Minimum an Regelungen bedeute ein Maximum an Freiheit. Vielmehr sehen die Sozialpartner in der Chemischen Industrie ihre Rolle auch darin, Zeichen für künftige gesetzgeberische Initiativen zu setzen. Denn ein Maximum an autonom geschaffenen und leistungsfähigen Regelungen kann die Freiheit vor dem gestaltenden Eingriff des Gesetzgebers bedeuten[491].

Deutlich geworden ist dieses Rollenverständnis nicht zuletzt in der Sozialpartner-Vereinbarung "Frauenförderung in der Chemischen Industrie" vom Februar 1989, auf die hier als Beispiel für die dem Gesetzgeber vorgreifende Taktik der Sozialpartner erneut eingegangen werden soll:

In dieser Sozialpartner-Vereinbarung wurden Maßnahmen zur Gestaltung der Frauenförderung aufgezeigt. Gleichzeitig wurden "Frauenquoten" und die Einrichtung einer betrieblichen Frauenbeauftragten abgelehnt. Die Sozialpartner vertraten gemeinsam die Auffassung, "daß die Umsetzung der gesetzlichen Rahmenbedingungen für eine Chancengleichheitspolitik über einen freiwilligen Ansatz erfolgreicher erreicht werden kann"[492]. Daß die Sozialpartner in der Chemischen Industrie ihre Aufgabe auch darin sehen, Einfluß auf den Gesetzge-

---

487 Schlemmer, Festschrift Karl Molitor, S. 309, 312 und 314.

488 So Molitor, Festschrift Schlemmer, S. 103, 104 f.

489 Schlemmer, Festschrift Karl Molitor, S. 309, 313, 321; Molitor, Festschrift Schlemmer, S. 103, 111; Eich, NZA 1995, 149, 153.

490 Weinspach, Festschrift Schlemmer, S. 117, 127.

491 Goos, Festschrift Arbeitsgerichtsbarkeit Rheinland-Pfalz, S. 85, 87; Molitor in: BAVC / IG Chemie-Papier-Keramik (Hrsg.), Sozialpartner-Forum -Arbeitsplatz Chemie-, S. 109, 113.

492 BAVC/ IG BCE (Hrsg.), 10 Jahre Sozialpartner-Vereinbarung Chancengleichheit in der Chemischen Industrie, S. 7 f.

ber und die von diesem zu regelnden Materien durch das Setzen von Zeichen und autonome Lösungsmodelle zu nehmen, haben die IG BCE und der BAVC zuletzt in ihrem gemeinsamen Kommuniqué zum Spitzengespräch vom 22. Oktober 1999 im Zusammenhang mit dem auf Bundesebene einzurichtenden "Arbeitskreis Chancengleichheit" bekundet[493].

Hintergrund ist dabei die bereits in der Koalitionsvereinbarung vom Herbst 1998 enthaltene Ankündigung der Bundesregierung für ein Gleichstellungsgesetz für die Privatwirtschaft. Es sollen zur Herbeiführung der tatsächlichen Gleichberechtigung gleichstellungsgesetzliche Regelungen erarbeitet werden, die dennoch der Unterschiedlichkeit der Unternehmen Rechnung tragen. Den Sozialpartnern ist aufgrund der derzeitigen Beschäftigungsstrukturen bewußt, daß der für die Umsetzung der Chancengleichheit erforderliche Veränderungsprozeß noch nicht abgeschlossen ist[494]. Zum geplanten Gleichstellungsgesetz nehmen die Sozialpartner gemeinsam Stellung und treten u.a. für eine geringe Regelungsdichte mit ausreichend Freiräumen für flexible Lösungen und die bereits in ihren Rahmenvereinbarungen zur Chancengleichheit niedergelegten Gedanken ein[495].

Ein weiteres Beispiel dafür, wie die Sozialpartner mit ihren unverbindlichen Sozialpartner-Vereinbarungen und deren freiwilliger Umsetzung in der Praxis bereits Einfluß auf die Gesetzgebung genommen haben, sind die Hinweise zu "Betriebsratskontakten auf europäischer Ebene" aus dem Jahr 1990. In diesem Fall hat die Vielzahl der durch diese Hinweise angeregten freiwilligen Vereinbarungen die Ausgestaltung der "Richtlinie über die Einsetzung eines Europäischen Betriebsrats oder die Schaffung eines Verfahrens zur Unterrichtung und Anhörung der Arbeitnehmer in gemeinschaftsweit operierenden Unternehmen und Unternehmensgruppen vom 22. September 1994" und die jeweiligen nationalen Umsetzungsgesetze mit beeinflußt. So konnte die Privilegierung derartiger freiwilliger Regelungen und der Vorrang von Verhandlungslösungen durch das positive Beispiel der vorgesetzlichen Praxis begründet und politisch durchgesetzt werden[496].

Zu erwähnen ist hier auch der Altersteilzeit-Tarifvertrag der Chemischen Industrie vom 29.3.1996, aufgrund dessen das am 1.8.1996 in Kraft getretene

---

493 Vgl. Pressemitteilung des BAVC vom 22. Oktober 1999.

494 BAVC/ IG BCE (Hrsg.), 10 Jahre Sozialpartner-Vereinbarung Chancengleichheit in der Chemischen Industrie, S. 9 f.; BAVC (Hrsg.), Pressemitteilung vom 16. Oktober 1999.

495 BAVC/ IG BCE (Hrsg.), 10 Jahre Sozialpartner-Vereinbarung Chancengleichheit in der Chemischen Industrie, S. 10.

496 Goos, Festschrift Arbeitsgerichtsbarkeit Rheinland-Pfalz, S. 85, 99; BAVC (Hrsg.), Pressemitteilung vom 19. März 1999.

Altersteilzeitgesetz (ATZG) in § 2 Abs. 2 Nr.1 ATZG um eine Variante ergänzt wurde:

Das Gesetz läßt eine tarifvertragliche Verlängerung des Ausgleichszeitraums für eine unregelmäßige Verteilung der Arbeitszeit des Altersteilzeiters auf bis zu fünf Jahre zu[497].

Nicht zuletzt ist die Sozialpartnerschaft in ihrer heutigen Form auch das Produkt ihrer Akteure[498], und hier nicht zuletzt von Karl Molitor und Hermann Rappe, die entscheidend das Klima zwischen den Tarifparteien beeinflußt haben[499], sowie ihrer Nachfolger, Hans-Paul Frey und Hubertus Schmoldt. Diese haben es verstanden, nicht nur die Mitglieder der Verbände, sondern auch die öffentliche Meinung als wichtigen Parameter für die Verhaltensweise und die Tarifpolitik der Chemie-Sozialpartner zu gewinnen.

Somit wirken eine Reihe von objektiven und subjektiven Faktoren zusammen, die als Summe das Klima der "Sozialpartnerschaft" entstehen lassen.

Zachert hat diese strukturellen Bedingungen für die Sozialpartnerschaft und die "außertariflichen Sozialpartner-Vereinbarungen" treffend zusammengefaßt: Er bezeichnet das eingespielte Verfahren zwischen den Sozialpartnern zum Finden von Kompromissen, ihre grundsätzliche Zustimmung zu einem System marktwirtschaftlicher Strukturen mit sozialen Verpflichtungen, sowie das gemeinsame Interesse an der Entwicklung tarifautonomer Lösungen als einen Spielregel-, System- und Autonomiekonsens[500].

b) Übertragbarkeit

Fraglich ist, ob das Modell der Sozialpartnerschaft der Chemischen Industrie auch auf andere Branchen und Industriezweige übertragbar ist. Zu bedenken ist dabei, daß die Sozialpartnerschaft in ihrer heutigen Form das Produkt eines nunmehr fast zwei Jahrzehnte andauernden Prozesses ist. Das gegenseitige Vertrauen, daß die Grundlage für die Vereinbarung nicht normativer oder auch nicht schuldrechtlich wirkender Vereinbarungen bildet, ist aus den konkreten Erfolgen bei der Umsetzung der jeweiligen Sozialpartner-Vereinbarungen

---

497 Vgl. Bauer, NZA 1997, 401, 402 f.

498 So Molitor in: BAVC/IG Chemie-Papier-Keramik (Hrsg.), Sozialpartner-Forum - Arbeitsplatz Chemie- , S. 109; derselbe in: Festschrift Schlemmer, S. 103, 114.

499 So die Einschätzung von Eich, NZA 1995, 149, 155; Schlemmer, Festschrift Karl Molitor, S. 309, 331.

500 Zachert, Festschrift Hanau, S. 137, 143; siehe dazu auch Schlemmer, Festschrift Karl Molitor, S. 309, 315.

erwachsen. Von daher läßt sich die Sozialpartnerschaft als gewachsenes, fertiges Produkt nicht in andere Branchen transferieren.

Sozialpartnerschaft ist vielmehr ein Weg, den die Tarifparteien der jeweiligen Branchen selbst gehen müssen, den einzuschlagen aber jedem offen steht. Das Prinzip des aufeinander Zugehens und des kontinuierlichen Dialogs, der zum Teil in gemeinsamen Institutionen[501], zum Teil in Spitzengesprächen stattfindet, ist dabei durchaus empfehlenswert[502]. In Betracht gezogen werden sollte auch die Nutzung von außertariflichen Vereinbarungen, mit denen den Betriebsparteien die dem Stand der "besten Praxis" widerspiegelnden Möglichkeiten zur Regelung ihrer Probleme zur Kenntnis gebracht und empfohlen werden können[503].

Bedenken sollte man jedoch, daß Sozialpartner-Vereinbarungen wie auch schuldrechtliche Tarifverträge nur auf der Basis eines vertrauensvollen Umgangs miteinander Erfolg haben können. Insofern sind diese Instrumente der tariflichen Regelungsmacht nur das Ergebnis einer funktionierenden "Sozialpartnerschaft" zwischen den Tarifvertragsparteien. Sie sind nicht das Mittel, mit denen eine Sozialpartnerschaft erzwungen werden kann. Insofern sind diese Regelungsinstrumente nur dort geeignet, wo bereits Vorarbeit geleistet und eine Basis des partnerschaftlichen Umgangs geschaffen wurde. Sie sind indes dort zum Scheitern verurteilt, wo eine solche Annäherung noch nicht in die Praxis umgesetzt worden ist und erste Früchte getragen hat.

Zusammenfassend läßt sich feststellen, daß die Regelungsinstrumente "Schuldrechtlicher Tarifvertrag" und "außertarifliche Vereinbarung" nicht Mittel zur Lösung der Krise der Tarifvertragswesens sind, sondern Ausdrucksformen einer gelebten Sozialpartnerschaft und somit die "Blüten" einer durch die Tarifparteien bereits überwundenen Krise.

---

501 Vgl. Komission Mitbestimmung, Empfehlungen zur zukünftigen Gestaltung der Mitbestimmung, Nr. 25 in: Bertelsmann Stiftung/ Hans-Böckler Stiftung (Hrsg.), Mitbestimmung und neue Unternehmenskulturen. Die Komission schlägt gemeinsame Einrichtungen als Beratungseinrichtungen für die Betriebsparteien vor, die von den Unternehmen bei der Ausgestaltung ihrer Mitbestimmungsverfahren und zur Moderation von Kooperationsprozessen oder Konflikten freiwillig hinzugezogen werden könnten. Diese Einrichtungen könnten auch die Qualifikation von Betriebsräten und Unternehmensleitung hinsichtlich des Umgangs mit einem komplexer gewordenen Mitbestimmungssystem vorantreiben.

502 So auch Zachert, Festschrift Hanau, S. 137, 145; Molitor in: BAVC / IG Chemie-Papier-Keramik (Hrsg.), Sozialpartner-Forum -Arbeitsplatz Chemie-, S. 109, 112 f.

503 Vgl. Komission Mitbestimmung, Empfehlungen zur zukünftigen Gestaltung der Mitbestimmung, Nr. 25 in: Bertelsmann Stiftung/ Hans-Böckler Stiftung (Hrsg.), Mitbestimmung und neue Unternehmenskulturen.

3) Gefahren für die Sozialpartnerschaft

Daß sich die in der Chemischen Industrie entwickelte und erprobte Gesprächs- und Vereinbarungskultur der "Sozialpartnerschaft" weiter durchsetzen und in der Zukunft behaupten kann, ist keineswegs sicher. Der Umgang der Verbände miteinander ist auch geprägt durch die dahinterstehenden Personen und deren Führungsstil. Insofern steht mit jedem personellen Wechsel an der Spitze der Verbände auch das Konzept der Sozialpartnerschaft erneut auf dem Prüfstand. Von daher war auch die durch den Zusammenschluß der Gewerkschaften IG Chemie-Papier-Keramik mit der Industriegewerkschaft Bergbau und Energie zur IG BCE entstandene Veränderung eine Gefahr für die Sozialpartnerschaft, bei der nicht zuletzt für die Arbeitgeberseite die Frage mitentscheidend war, wer in Zukunft die Tarifpolitik gestalten solle und ob weiterhin am konsensuellen Kurs festgehalten werde. Angesichts der strukturellen Veränderungen im Bergbau, die die Interessengegensätze zwischen den Parteien verstärken und eine konfliktorientiertere Form der Tarifpolitik nach sich ziehen, war dies sicherlich eine berechtigte Sorge. Befürchtungen, daß die Gewerkschaft aufgrund dieses Zusammenschlusses vom Kurs der Sozialpartnerschaft abweichen könne, haben sich bislang in der Praxis jedoch als unbegründet erwiesen.

Als zukünftiger Prüfstand könnten sich die mit der Globalisierung einhergehenden Veränderungen erweisen. Mit einer Internationalisierung der Unternehmen wird von diesen als Mitgliedern des BAVC auch eine veränderte Vorstellung von Tarifpolitik in den Arbeitgeberverband hineingetragen. Eine andere Vorstellung vom Umgang und der Art des Dialogs mit der Gewerkschaft hat aber unweigerlich auch Auswirkung auf die bislang praktizierte Gesprächskultur der Sozialpartner.

D. Zusammenfassung der Ergebnisse

1) Es gibt rein schuldrechtliche Tarifverträge. Ein normativer Teil ist keine zwingende Voraussetzung für einen Tarifvertrag i.S. von § 1 TVG.

2) Tarifverträge beruhen auf der verfassungsrechtlichen Gewährleistung der Tarifautonomie. Den Inhalt von Tarifverträgen, d.h. den Umfang der Tarifmacht, legt somit Art. 9 Abs. 3 GG durch den Begriff "Arbeits- und Wirtschaftsbedingungen" verbindlich fest. Dabei bildet der in Art. 9 Abs. 3 GG aufgeführte Bereich der "Wirtschaftsbedingungen" einen eigenständigen Sachbereich, der den Bereich der "Arbeitsbedingungen" inhaltlich ergänzt und um weitere Regelungsinhalte erweitert. Innerhalb dieses Rahmens können die Tarifvertragsparteien schuldrechtliche Tarifverträge schließen. Das Tarifvertragsgesetz schränkt nur die tarifliche Normsetzungsbefugnis der Tarifvertragsparteien inhaltlich weiter ein, nicht jedoch deren schuldrechtliche Regelungsmacht. Somit können schuldrechtliche Tarifvertragsklauseln - innerhalb der Vorgaben des Art. 9 Abs. 3 GG - auch mit Regelungsinhalten vereinbart werden, die nach dem Tarifvertragsgesetz normativen Regelungen unzugänglich sind.

   Der Umfang der schuldrechtlichen und der normativen Regelungsmacht sind somit nicht deckungsgleich. Auch die Grenzen normativer und schuldrechtlicher Tarifvertragsklauseln sind gesondert zu bestimmen und keinesfalls einheitlich den Vorgaben des TVG zu entnehmen. Daher ist auch die These von der "Harmonie schuldrechtlicher und normativer Tarifbestimmungen" abzulehnen. Besondere Bedeutung können schuldrechtliche Tarifvertragsklauseln daher außerhalb des normativ regelbaren Bereichs gewinnen.

3) Die durch Art. 2 Abs. 1 GG geschützte allgemeine Vertragsfreiheit können die Tarifvertragsparteien beim Abschluß von Tarifverträgen nicht für sich in Anspruch nehmen. Der Tarifvertrag ist ein Gestaltungsmittel der Tarifautonomie. Aufgrund der allgemeinwirtschaftlichen Verantwortung der Tarifparteien in diesem Bereich steht der Tarifvertrag als besondere Vertragsart nicht beliebigen Inhalten zur Verfügung. Die Tarifvertragsparteien können jedoch außerhalb des durch Art. 9 Abs. 3 GG geschützten Bereichs allgemein schuldrechtliche Verträge schließen und sich dabei auf die allgemeine Vertragsfreiheit nach Art. 2 Abs. 1 GG berufen.

4) Art. 9 Abs. 3 GG schützt nicht nur das Tarifsystem, sondern auch andere Formen zur Wahrung und Förderung der Arbeits- und Wirtschaftsbedingungen. So ist der Tarifvertrag nur eines der möglichen Mittel, das den Tarifvertragsparteien im Rahmen der Tarifautonomie zur Verfügung steht.

Die Tarifvertragsparteien können die in Art. 9 Abs. 3 GG gewährte Tarifautonomie auch mit anderen Mitteln umsetzen, etwa durch Gestaltungsinstrumente, die die Einigung und das Zusammenwirken der Verbände in den Vordergrund rücken. Dazu gehören z.B. Übereinkünfte, die keine verbindlichen Vereinbarungen, sondern lediglich rechtlich unverbindliche Empfehlungen enthalten. Die Tarifparteien können auch Vereinbarungen schließen, in die als weitere Vertragspartei Nichttariffähige einbezogen werden. Diese verschiedenen Mittel zur Förderung der Arbeits- und Wirtschaftsbedingungen bestehen nebeneinander und stehen den Tarifparteien zur Gestaltung ihrer Vereinbarungen und Übereinkünfte zur freien Wahl.

5) Ein Tarifvertrag ist ein schriftlich geschlossener Vertrag zwischen tariffähigen Parteien, mit dem die Parteien zur Wahrung und Förderung der Arbeits- und Wirtschaftsbedingungen gegenseitige Rechte und Pflichten begründen und zusätzlich Rechtsnormen vereinbaren können.

6) Der Wille der Tarifparteien zum Abschluß einer tariflichen Regelung ist keine Tatbestandsvoraussetzung für einen Tarifvertrag. Zwar können die Tarifvertragsparteien den Inhalt einer Vereinbarung frei nach ihrem Willen gestalten. Die rechtliche Qualifizierung der geschaffenen Vereinbarung richtet sich aber – soweit der Inhalt eindeutig feststeht - nicht nach dem Willen der Tarifvertragsparteien, sondern hat objektiv zu erfolgen. Sind objektiv die Tatbestandsvoraussetzungen eines Tarifvertrages erfüllt, hindert der entgegenstehende Wille der Tarifparteien die rechtliche Einordnung als Tarifvertrag nicht. Entsprechend sind Vereinbarungen, die nach der o.a. Definition die objektiven Merkmale eines Tarifvertrages erfüllen, auch als Tarifverträge zu qualifizieren und den entsprechenden Rechtsfolgen zu unterwerfen. Die Abgrenzung zwischen tariflichen und außertariflichen Vereinbarungen hat somit objektiv und rechtlich unabhängig vom Willen der Beteiligten zu erfolgen.

7) Bei den sogenannten "außertariflichen Sozialpartner-Vereinbarungen" der Chemischen Industrie handelt es sich nicht um ein einheitliches Rechtsinstitut. Es handelt sich um einen Sammelbegriff für verschiedene Arten von Übereinkünften der Tarifparteien. Es kann sich sowohl um schuldrechtliche Verträge als auch um rechtlich unverbindliche Empfehlungen oder Richtlinien handeln. Gemeinsam ist ihnen, daß sie aus unterschiedlichen Gründen hinter den objektiven Anforderungen an einen Tarifvertrag zurückbleiben:

So liegt zum Beispiel ihr Inhalt außerhalb des Regelungsbereichs des Art. 9 Abs. 3 GG und ist damit nicht tariffähig oder sie sind rechtlich unverbindlich und ohne Bindungswirkung oder es wurden nichttariffähige Parteien als Vertragspartner in die Vereinbarung mit einbezogen. Aufgrund dieser Unterschiede erweitern außertarifliche Vereinbarungen den Handlungsspielraum der Koalitionen und stellen eine Ergänzung zum Tarifvertragssystem dar, ohne dieses ersetzen zu können. Das Mittel der außertariflichen Vereinbarung kommt neben dem Tarifvertrag in anderen Bereichen und unter anders gestalteten objektiven Voraussetzungen zum Einsatz. Die Anwendungsbereiche von tariflichen und außertariflichen Vereinbarungen sind somit keinesfalls deckungsgleich, die rechtliche Qualifizierung nicht nach dem Willen der vertragsschließenden Parteien beliebig austauschbar. Erst dadurch wird ein solcher Dualismus von tariflichen und außertariflichen Vereinbarungen sinnvoll.

Außertarifliche Vereinbarungen lassen sich wie folgt unterteilen:

Im Bereich der "Arbeits- und Wirtschaftsbedingungen" i.S. des Art. 9 Abs. 3 GG können die Tarifparteien Übereinkünfte treffen, die unverbindliche und ohne Rechtsbindungswillen geschlossene Empfehlungen und Richtlinien enthalten. Daneben gibt es außertarifliche Vereinbarungen, die sich zwar inhaltlich im Bereich der Arbeits- und Wirtschaftsbedingungen bewegen, die jedoch nicht ausschließlich zwischen tariffähigen Koalitionen vereinbart wurden.

Außerhalb des Bereichs der Arbeits- und Wirtschaftsbedingungen können sich die Koalitionen wie auch alle anderen Privatrechtssubjekte unter Berufung auf die Privatautonomie betätigen, wobei sie sowohl rechtlich unverbindliche Empfehlungen treffen als auch Verträge mit Rechtsbindungswillen abschließen können.

8) Nicht jede von den Beteiligten als "außertarifliche Vereinbarung" bezeichnete Übereinkunft ist auch tatsächlich als außertarifliche Vereinbarung zu qualifizieren. Vielmehr erfüllen einige der getroffenen Vereinbarungen objektiv die Tatbestandsvoraussetzungen eines Tarifvertrages. In diesen Fällen ist eine anderslautende Bezeichnung oder eine von den Parteien selbst vorgenommene, abweichende rechtliche Qualifizierung unbeachtlich und für die Abgrenzung von außertariflichen Vereinbarungen zu Tarifverträgen nicht maßgeblich.

9) Die von den Chemie-Sozialpartnern geschlossenen sogenannten "außertariflichen Sozialpartner-Vereinbarungen" sind nicht einheitlich zu beurteilen, sondern sind von unterschiedlicher Rechtsnatur. Es handelt sich um unterschiedliche Formen außertariflicher Übereinkünfte, zum Teil aber auch um schuldrechtliche Tarifverträge.

So gehen die von den Chemie-Sozialpartner geschaffenen gemeinsamen Einrichtungen - der paritätische Berufsbildungsrat, die Weiterbildungsstiftung und die GIBUCI – auf Vereinbarungen zurück, die als Tarifverträge zu werten sind.

Schuldrechtliche Tarifverträge sind auch die folgenden Vereinbarungen der Chemie-Tarifpartner:

Die "Vier-Punkte-Vereinbarung der Chemie-Sozialpartner zur gesamtdeutschen Entwicklung" aus dem Jahr 1990, die nur Eigenpflichten der vertragsschließenden Parteien begründet. Ferner die Vertrauensleute-Vereinbarungen und die Vereinbarung "Gemeinsame Grundsätze für die Freistellung von Betriebsräten für Schulungs- und Bildungsveranstaltungen", welche rechtsverbindliche gegenseitige Pflichten enthalten, die nicht nur die vertragsschließenden Parteien binden, sondern auch Dritte betreffen.

Beim überwiegenden Teil der "außertariflichen Sozialpartner-Vereinbarungen" der Chemischen Industrie handelt es sich jedoch tatsächlich um "außertarifliche Übereinkünfte". Die Chemie-Sozialpartner haben diese Handlungsform gewählt, um Empfehlungen und Richtlinien zu formulieren, die als Hilfestellung und Anregung an die Betriebsparteien adressiert sind. Diese wurden von den Chemie-Sozialpartnern ohne Rechtsbindungswillen geschlossen und sind rechtlich unverbindliche Übereinkünfte. Der Vorteil dieser Form von außertariflichen Übereinkünften besteht in ihrer Flexibilität, die insbesondere am Anfang arbeitsrechtlicher Entwicklungen wertvoll ist.

Die 1999 von den Chemie-Sozialpartnern geschlossenen Übereinkunft zu "Responsible Care" enthält zwar rechtlich bindende Vereinbarungen und bewegt sich auch inhaltlich im Bereich der "Arbeits- und Wirtschaftsbedingungen", sie ist jedoch nicht ausschließlich zwischen tariffähigen Koalitionen abgeschlossen worden, sondern bezieht den Wirtschaftsverband VCI mit ein. Aufgrund dieser Beteiligung eines nichttariffähigen Verbandes handelt es sich nicht um einen Tarifvertrag, sondern um eine außertarifliche Vereinbarung. Diese Vereinbarung zeigt deutlich die Vielfalt außertariflicher Vereinbarungen und der durch sie eröffneten Handlungsmöglichkeiten.

10) Die rechtliche Qualifizierung einer Vereinbarung und die Beurteilung ihrer Zulässigkeit sind voneinander zu unterscheiden und getrennt zu prüfen. Erst nach der erfolgten Einordnung als Tarifvertrag bzw. als allgemeiner Schuldvertrag stellt sich die Frage, welche Grenzen für eine Vereinbarung

verbindlich sind und ob die Vereinbarung aufgrund eines Verstoßes gegen eine solche Grenze unzulässig ist. Auch die Unwirksamkeit einer Vereinbarung tangiert deren grundsätzliche rechtliche Einordnung nicht.

11) Voraussetzung für das Streikrecht ist, daß die Tarifparteien einen Arbeitskampf um Ziele führen, die sich auch in einem Tarifvertrag regeln ließen. Kann am Ende eines Arbeitskampfes anstatt eines angestrebten Tarifvertrages nur eine außertarifliche Übereinkunft erzielt werden, so wird der Arbeitskampf dadurch nicht rückwirkend rechtswidrig. Grundsätzlich können die Tarifparteien unter diesen inhaltlichen Voraussetzungen auch gezielt außertarifliche Vereinbarungen erstreiken, wobei sich dann die Frage nach der Verhältnismäßigkeit eines solchen Arbeitskampfes und seiner Zweckmäßigkeit stellt. Die zwangsweise Durchsetzung einer unverbindlichen Übereinkunft, die bei ihrer Umsetzung auf die Kooperation der Sozialpartner angewiesen ist, ist nicht sinnvoll und stellt sich auch in der Praxis nicht als Problem dar.

Literaturverzeichnis

Alternativkommentar Kommentar zum Grundgesetz für die Bundesrepublik Deutschland, Band 1, 2. Auflage, Neuwied 1989
(zitiert: Bearbeiter in: AK I)

Ananiadis, Antonios Die Auslegung von Tarifverträgen, Berlin 1974

Arbeitgeberverband der chemischen Industrie Niedersachsen e.V. (Hrsg.) Sozialpolitisches Rundschreiben Nr. 20/97, Hannover 22. Oktober 1997 (Mitgliederinformation)

Badura, Peter Das Recht der Koalitionen – Verfassungsrechtliche Fragestellungen - , JbAR Band 15 (1977), S. 17

derselbe Arbeitsgesetzbuch, Koalitionsfreiheit und Tarifautonomie, RdA 1974, S. 129

Badura, Peter / Stern, Klaus Die Rechtmäßigkeit des Beamteneinsatzes beim Streik der Tarifkräfte, München 1983
(zitiert: Bearbeiter in: Badura/Stern, Rechtmäßigkeit des Beamteneinsatzes)

Bauer, Hubertus / Diller, Martin Flucht aus Tarifverträgen, DB 1993, S. 1085

Bauer, Jobst-Hubertus / Haußmann, Katrin Tarifverträge über gewerkschaftliche Vertrauensleute, NZA 1998, S. 854

Bauer, Jobst-Hubertus Rechtliche und taktische Probleme der Altersteilzeit, NZA 1997, S. 401

derselbe Flucht aus Tarifverträgen: Königs- oder Irrweg?, in: Festschrift für Günter Schaub, München 1998, S. 19
(zitiert: Bauer, Festschrift Schaub)

Baumann, Thomas Die Rechtsfolgen eines Grundrechtsverstoßes der Tarifparteien, RdA 1994, S. 272

Beck, Thorsten Rationalisierungsschutz und Grenzen der Tarifmacht, ArbuR 1981, S. 333

Belling, Detlev W. Das Günstigkeitsprinzip im Arbeitsrecht, Berlin 1984

derselbe Die Verantwortung des Staats für die Normsetzung durch die Tarifpartner, ZfA 1999, S. 547

Berg, Peter Tarifwidrige Arbeitsbedingungen im Betrieb - Überlegungen zur Begründung eines Unterlassungsanspruchs der Gewerkschaft, in: Festschrift für Wolfgang Däubler, Frankfurt a.M. 1999, S. 495 (zitiert: Berg, Festschrift Däubler)

Bertelsmann Stiftung / Hans-Böckler-Stiftung (Hrsg.) Mitbestimmung und neue Unternehmenskulturen - Bilanz und Perspektiven, Empfehlungen der Komission Mitbestimmung, Empfehlungen zur zukünftigen Gestaltung der Mitbestimmung, Gütersloh 1998 siehe auch homepage der Hans-Böckler-Stiftung unter: http://www.boeckler.de/service/mbf/komit/dekomit_de3.htm

Beuthien, Volker Unternehmerische Mitbestimmung kraft Tarif- oder Betriebsautonomie?, ZfA 1983, S. 141

derselbe Mitbestimmung unternehmerischer Sachentscheidung kraft Tarif- oder Betriebsautonomie? Teil II, ZfA 1984, S. 1

Bieback, Karl Jürgen Tarifrechtliche Probleme des Verbandswechsels von Arbeitgebern, DB 1989, S. 477

Biedenkopf, Kurt Grenzen der Tarifautonomie, Karlsruhe 1964 (zitiert: Biedenkopf, Tarifautonomie)

derselbe Sinn und Grenze der Vereinbarungsbefugnis der Tarifparteien, Gutachten für den 46. Deutschen Juristentag, in: Verhandlungen des 46. Deutschen Juristentages, Essen 1966, Band I (Gutachten) Teil 1, München, Berlin 1966, S. 97 (zitiert: Biedenkopf, Gutachten 46. DJT)

Birk, Rolf Die Rechtmäßigkeit gewerkschaftlicher Unterstützungskampfmaßnahmen, Stuttgart 1978 (zitiert: Birk, Unterstützungskampfmaßnahmen)

derselbe Tarifrechtlicher Vorvertrag und arbeitsrechtlicher Boykott im Ausland, ArbuR 1977, S. 235

Blomeyer, Wolfgang Besitzstandswahrung durch Tarifvertrag – zugleich ein Beitrag zu den Grenzen der Tarifmacht, ZfA 1985, S. 1

derselbe Die Zulässigkeit von Tarifverträgen zugunsten gewerkschaftlicher Vertrauensleute, DB 1977, S. 101

Bötticher, Eduard Die Gemeinsamen Einrichtungen der Tarifvertragsparteien, Heidelberg 1966
(zitiert: Bötticher, Gemeinsame Einrichtungen)

derselbe Tarifvertragliche Sonderstellung der gewerkschaftlichen Vertrauensleute im Arbeitsverhältnis: eine betriebsverfassungsrechtliche Angelegenheit, RdA 1978, S. 133

derselbe Diskussionsbeitrag zum Symposium zum zehnjährigen Bestehen der Zeitschrift für Arbeitsrecht, Die Rechtsstellung der Arbeitgeberverbände in der Arbeitsverfassung, ZfA 1980, S. 293, 332

Bremkamp, Markus Die Flexibilisierung des deutschen Tarifvertragssystems. Ökonomische Notwendigkeit und rechtliche Zulässigkeit, München 1998 (zugl. Diss. Hohenheim 1998)

Brox, Hans / Rüthers, Bernd Arbeitskampfrecht, 2. Auflage, Stuttgart, Berlin, Köln, Mainz 1982
(zitiert: Brox/Rüthers)

Buchner, Herbert Der Unterlassungsanspruch der Gewerkschaft - Stabilisierung oder Ende des Verbandstarifvertrages?, NZA 1999, S. 897

derselbe Abschied von der Einwirkungspflicht der Tarifvertragsparteien, DB 1992, S. 572

derselbe Tarifliche Arbeitszeitbestimmung und Günstigkeitsprinzip, DB 1990, S. 1715

Bulla, Werner Tarifverträge über Rationalisierungsmaßnahmen in Betrieben und Unternehmen – Probleme ihrer Zulässigkeit und Grenzen, DB 1980, S. 103

derselbe Die rechtliche Zulässigkeit von Tarifverträgen über die Begünstigung von gewerkschaftlichen Vertrauensleuten, BB 1975, S. 889

Bundesarbeitgeberverband Chemie e.V. (Hrsg.) Außertarifliche Sozialpartner-Vereinbarungen, Wiesbaden 1997

derselbe Transfer Sozialplan, Neues Denken und neue Wege zur gemeinsamen Gestaltung des Strukturwandels in der chemischen Industrie, Wiesbaden 1998

derselbe Pressemitteilung vom 2. Februar 1999, Europäische Sozialpartnerschaft: Weiterbildungsstiftung der Chemie-Sozialpartner startet Projekt "Europakompetenz", Wiesbaden 1999
siehe auch homepage des BAVC unter: http://www.bavc.de/akt9905.htm

derselbe Pressemitteilung vom 19. März 1999, Chemie-Sozialpartner und Euro-Betriebsräte: Positive Bilanz der freiwilligen Chemieregelungen, Wiesbaden 1999
siehe auch homepage des BAVC unter: http://www.bavc.de/akt9911.htm

derselbe Pressemitteilung vom 16. Oktober 1999, Zehn Jahre Sozialpartner-Vereinbarung zur Frauenförderung: Chancengleichheit in der chemischen Industrie, Wiesbaden 1999
siehe auch homepage des BAVC unter: http://www.bavc.de/akt9928.htm

derselbe Pressemitteilung vom 22. Oktober 1999, Gemeinsames Kommuniqué: Spitzengespräch IG BCE – BAVC, Wiesbaden 1999
siehe auch homepage des BAVC unter: http://www.bavc.de/akt9929.htm

Bundesarbeitgeberverband Chemie e.V. (BAVC) / IG Bergbau, Chemie, Energie (Hrsg.) 10 Jahre Sozialpartnervereinbarung 1989-1999 Chancengleichheit in der chemischen Industrie, Wiesbaden/Hannover 1999

dieselben Verhandlungsergebnis, Bad Wildungen, 9. Mai 1998

Bunge, Thomas Tarifinhalt und Arbeitskampf. Zum Problem "freiwilliger", nicht kampfweise erzwingbarer Tarifnormen, Königstein/Ts. 1980
(zitiert: Bunge, Tarifinhalt)

Canaris, Claus-Wilhelm Grundrechte und Privatrecht, AcP 184. Bd. (1984), S. 201

Clausen, Uwe Der schuldrechtliche Teil des Tarifvertrags, Dissertation, Regensburg 1971

Clemens, Thomas Die Verweisung von einer Rechtsnorm auf andere Vorschriften, AöR 1986, S. 63

Däubler, Wolfgang Tarifvertragsrecht, 3. Auflage, Baden-Baden 1993
(zitiert: Däubler, Tarifvertragsrecht)

derselbe Das Arbeitsrecht 1, 15. Auflage, Reinbek bei Hamburg, 1998
(zitiert: Däubler, Arbeitsrecht 1)

derselbe Das Grundrecht auf Mitbestimmung und seine Realisierung durch tarifvertragliche Begründung von Beteiligungsrechten, 3. Auflage, Frankfurt a.M. 1975
(zitiert: Däubler, Grundrecht auf Mitbestimmung)

derselbe Kollektive Durchsetzung individueller Rechte?, ArbuR 1995, S. 305

derselbe Tarifflucht – eine aussichtsreiche Strategie zur Reduzierung von Lohnkosten?, ZTR 1994, S. 442

derselbe Gewerkschaftliches Klagerecht gegen tarifwidrige Betriebsvereinbarungen, BB 1990, S. 2256

Däubler, Wolfgang (Hrsg.) Arbeitskampfrecht, 2. Auflage, Baden-Baden 1987 (zitiert: Bearbeiter in: Däubler, Arbeitskampfrecht)

derselbe Kommentar zum Tarifvertragsgesetz, 1. Auflage, Baden-Baden 2003 (zitiert: Däubler, TVG)

Däubler, Wolfgang / Hege, Hans Koalitionsfreiheit, Baden-Baden 1976 (zitiert: Däubler, Koalitionsfreiheit)

Däubler, Wolfgang / Kittner, Michael / Klebe, Thomas (Hrsg.) Betriebsverfassungsgesetz, 7. Auflage, Frankfurt a.M. 2000 (zitiert: Bearbeiter in: Däubler/Kittner/Klebe, BetrVG)

Debler, Christiane Frauenförderung in der chemischen Industrie, NZA 1997, S. 529

Dieterich, Thomas Die Grundrechtsbindung von Tarifverträgen, in: Festschrift für Günter Schaub, München 1998, S. 117 (zitiert: Dieterich, Festschrift Schaub)

Dötsch, Jochen Vereinbarungen der europäischen Sozialpartner, AuA 1998, S. 262

Drüll, Wolfgang D. / Schmitte, Hubertus Kündigungsfristen im Baugewerbe, NZA 1994, S. 398

Dütz, Wilhelm Verbandsbezogene Verhaltenspflichten von Koalitionsmitgliedern, in: Festschrift für Marie Luise Hilger und Hermann Stumpf, München 1983, S. 99 (zitiert: Dütz, Festschrift für Hilger und Stumpf)

Eckert, Hans-Werner Die Entwicklung des arbeitsrechtlichen Schrifttums im Jahr 1997, ZfA 1998, S. 389

Eich, Rolf-Achim Tarifverträge und Sozialpartnerbeziehungen am Beispiel der chemischen Industrie, NZA 1995, S. 149

Eisold, Holger Tarifpolitik bei Arbeitslosigkeit in der Sozialen Marktwirtschaft, Frankfurt a.M., Bern, New York, Paris 1989, zugl. Dissertation, Hamburg 1988

Engelmann, Klaus Neue Formen der Tarifvertragsgestaltung: Der Entgelttarifvertrag als Reaktion auf das gewandelte Arbeiter/Angestelltenverhältnis, Eine empirische Untersuchung am Beispiel des Bundesentgelttarifvertrages für die Chemische Industrie, Dissertation/Wirtschaftswissenschaften, Freiburg 1991

Fabricius, Fritz Erweiterung der Arbeitnehmer-Beteiligung im Aufsichtsrat einer Aktiengesellschaft gem. § 76 BetrVG 1952 auf rechtsgeschäftlicher Ebene, in: Festschrift für Marie Luise Hilger und Hermann Stumpf, München 1983, S. 155
(zitiert: Fabricius, Festschrift Hilger und Stumpf)

Fabricius, Fritz / Kraft, Alfons / Wiese, Günther / Kreutz, Peter / Oetker, Hartmut Gemeinschaftskommentar zum Betriebsverfassungsgesetz, Band II, 6. Auflage, Neuwied, Kriftel 1998
(zitiert: Bearbeiter in: Gemeinschaftskommentar BetrVG)

Farthmann, Friedhelm Zur Einführung der qualifizierten Mitbestimmung in den gewerkschaftseigenen Unternehmen, Die Aktiengesellschaft 1969, S. 205

Fitting, Karl / Kaiser, Heinrich / Heither, Friedrich / Engels, Gerd Betriebsverfassungsgesetz, Handkommentar, 19. Auflage, München 1998
(zitiert: Fitting/Kaiser/Heither/Engels, BetrVG)

Forsthoff, Ernst Der Entwurf eines Zweiten Vermögensbildungsgesetzes, BB 1965, S. 381

Friauf, Karl Heinrich Die verfassungsrechtlichen Vorgaben einer gesetzlichen oder tarifvertraglichen Arbeitskampfordnung, RdA 1986, S. 188

Froschauer, Bernd Arbeitsrecht und Umweltschutz, Frankfurt a.M., Berlin, Bern, New York, Paris, Wien 1994, zugl. Dissertation Mannheim 1993

Galperin, Hans Die autonome Rechtsetzung im Arbeitsrecht, in: Festschrift für Erich Molitor, München, Berlin 1962, S. 143
(zitiert: Galperin, Festschrift Molitor)

derselbe Sozialadäquanz und Arbeitskampfordnung, in: Festschrift für Hans Carl Nipperdey, Band II, München, Berlin 1965
(zitiert: Galperin, Festschrift Nipperdey)

Gamillscheg, Franz Kollektives Arbeitsrecht, Band I, München 1997
(zitiert: Gamillscheg, Kollektives Arbeitsrecht)

derselbe Die Differenzierung nach der Gewerkschaftszugehörigkeit, Berlin 1966
(zitiert: Gamillscheg, Differenzierung)

derselbe Nochmals: Zur Differenzierung nach der Gewerkschaftzugehörigkeit, BB 1967, S. 45

derselbe Die Durchsetzung tariflicher Ansprüche, in: Festschrift für Wolfram Henckel, Berlin, New York 1995, S. 215 ff.
(zitiert: Gamillscheg, Festschrift Henckel)

Ganter, Alexander Die tarifvertragliche Regelung betrieblicher Fragen - Umfang und Wirkung der Betriebsnormen, Diss., Tübingen 1984

Gesellschaft zur Information von Betriebsräten über Umweltschutz in der chemischen Industrie (GIBUCI) (Hrsg.) 10 Jahre erfolgreiche Sozialpartnerschaft im Umweltschutz
Dokumentation der Veranstaltung der Sozialpartner der chemischen Industrie am 5. Juni 1997 in Hannover; Wiesbaden/Hannover 1997

Gift Probleme der Friedenspflicht, DB 1959, S. 651

Goos, Wolfgang Der Europäische Betriebsrat - Grenzüberschreitende Arbeitnehmerbeteiligung in Europa, in: Schmidt (Hrsg.), Arbeitsrecht und Arbeitsgerichtsbarkeit, Festschrift zum 50-jährigen Bestehen der Arbeitsgerichtsbarkeit in Rheinland-Pfalz, Neuwied, Kriftel 1999, S. 85
(zitiert: Goos, Festschrift Arbeitsgerichtsbarkeit Rheinland-Pfalz)

Grunsky, Wolfgang Antragsbefugnis der Gewerkschaft zur Feststellung der Tarifvertragswidrigkeit einer Betriebsvereinbarung, DB 1990, S. 526

Hanau, Peter / Adomeit, Klaus Arbeitsrecht, 11. Auflage, Neuwied, Kriftel, Berlin 1994

Hanau, Peter Perspektiven des Arbeitsrechts, in: Festschrift für Karl Kehrmann, Köln 1997, S. 23
(zitiert: Festschrift Kehrmann)

derselbe Die Deregulierung von Tarifverträgen durch Betriebsvereinbarungen als Problem der Koalitionsfreiheit (Art. 9 Abs. 3 GG), RdA 1993, S. 1

derselbe Gemeingebrauch am Tarifvertrag? – BAG (GS), AP Nr. 13 zu Art. 9 GG, JS 1969, S. 213

derselbe Der Tarifvertrag in der Krise, RdA 1998, S. 65

derselbe Die Koalitionsfreiheit sprengt den Kernbereich, ZIP 1996, S. 447

Heilmann, Joachim Koalitionsfreiheit als normales Grundrecht, Gedanken zum Beschluß des Bundesverfassungsgerichts vom 14.11.1995, ArbuR 1996, S. 121

Heinze, Meinhard Gibt es eine Alternative zur Tarifautonomie?, DB 1996, S. 729

derselbe Kollektive Arbeitsbedingungen im Spannungsfeld zwischen Tarif- und Betriebsautonomie, NZA 1995, S. 5

derselbe Wege aus der Krise des Arbeitsrechts - Der Beitrag der Wissenschaft, NZA 1997, S. 1

Hensche, Detlef Die Erweiterung der Mitbestimmung durch privatautonome Regelung, insbesondere in Unternehmen der öffentlichen Hand, ArbuR 1971, S. 33

Henssler, Martin Tarifautonomie und Gesetzgebung, ZfA 1998, S. 1

Hermann, Ralf	Erfahrungen eines Betriebsrates mit 10 Jahren GIBUCI - Anforderungen an die kommenden Jahre, in: 10 Jahre erfolgreiche Sozialpartnerschaft im Umweltschutz - Dokumentation der Veranstaltung der Sozialpartner der chemischen Industrie am 5. Juni 1997 in Hannover; S. 19, (Hrsg.: GIBUCI); Wiesbaden/Hannover 1997
Herschel, Wilhelm	Sinn und Grenzen der Vereinbarungsbefugnis der Tarifvertragsparteien, Referat zum 46. Deutschen Juristentag, in: Verhandlungen des sechsundvierzigsten Deutschen Juristentages, Essen 1966, Band II (Sitzungsberichte), Teil D, S. 7 (zitiert: Herschel, Referat zum 46. DJT)
derselbe	Zur Entstehung des Tarifvertragsgesetzes, ZfA 1973, S. 183
derselbe	Anmerkung zu BAG AP Nr. 2 zu § TVG Tarifverträge: Seniorität
derselbe	Gratifikationsrückzahlung und Tarifvertrag, DB 1967, S. 245
derselbe	Übertragung der Beamtenarbeitszeit auf Arbeitnehmer des öffentlichen Dienstes, ArbuR 1965, S. 65
Hertwig, Stefan	Die Verweisung eines Gesetzes auf einen Tarifvertrag und die Folgen für das Verständnis der Tarifautonomie, RdA 1985, S. 282
Hess, Harald/ Schlochauer, Ursula / Glaubitz, Werner	Kommentar zum Betriebsverfassungsgesetz, 5. Auflage; Neuwied, Berlin, Kriftel 1997 (zitiert: Hess/Schlochauer/Glaubitz, BetrVG)
Hinz, Manfred O.	Tarifhoheit und Verfassungsrecht, Berlin 1971
Hölters, Wolfgang	Harmonie normativer und schuldrechtlicher Abreden in Tarifverträgen, Berlin 1973 (zitiert: Hölters, Harmonie)

Hofbauer, Hans Der Rechtscharakter der Tarifverträge und der Allgemeinverbindlicherklärung, Berlin 1974
(zitiert: Hofbauer, Der Rechtscharakter der Tarifverträge)

Hromadka, Wolfgang / Maschmann, Frank / Wallner, Franz Der Tarifwechsel, München 1996
(zitiert: Hromadka/Maschmann/Wallner, Der Tarifwechsel)

Hueck, Alfred Die Frage der tarifrechtlichen Zulässigkeit von Solidaritätsbeiträgen nach geltendem deutschen Recht, RdA 1961, S. 141

derselbe Entscheidungsanmerkung zu BAG, Urteil v. 2.6.1961 - 1 AZR 573/59, AP Nr. 68 zu Art. 3 GG

derselbe Normenverträge, Jherings Jahrbücher 1923, 73. Band, S. 33

Hueck, Alfred / Nipperdey, Hans Carl Lehrbuch des Arbeitsrechts, Zweiter Band, Kollektives Arbeitsrecht, 7. Auflage
Erster Halbband, Berlin, Frankfurt a.M. 1967
(zitiert: Hueck/Nipperdey, II/1)

Zweiter Halbband, (unter Mitarbeit von Franz Jürgen Säcker), 7. Auflage, Berlin, Frankfurt a.M. 1970
(zitiert: Hueck/Nipperdey, II/2)

Lehrbuch des Arbeitsrechts, Zweiter Band, 6. Auflage, Berlin, Frankfurt a.M. 1957
(zitiert: Hueck/Nipperdey, II, 6. Auflage)

Hueck, Alfred/ Nipperdey, Hans Carl/ Stahlhacke, Eugen Tarifvertragsgesetz, 4. Auflage, München, Berlin 1964
(zitiert: Hueck/Nipperdey/Stahlhacke, TVG)

IG Bergbau, Chemie, Energie (Hrsg.) Satzung der Industriegewerkschaft Bergbau, Chemie, Energie, Stand Januar 1998; Hannover, 1998

IG Bergbau, Chemie, Energie (Hrsg.) Richtlinie Tarifpolitik, Beschlossen vom Hauptvorstand am 31. Oktober 1997, Hannover 1997

Jarass, Hans D. / Pieroth, Bodo — Grundgesetz, 4. Auflage, München 1997

Jacobi, Erwin — Grundlehren des Arbeitsrechts, Leipzig 1927

Joost, Detlev — Tarifrechtliche Grenzen der Verkürzung der Wochenarbeitszeit – Das Günstigkeitsprinzip als Schranke der Kollektivmacht -, ZfA 1984, S. 173

Junker, Abbo — Individualwille, Kollektivgewalt und Staatsintervention im Arbeitsrecht, NZA 1997, S. 1305

derselbe — Der Flächentarifvertrag im Spannungsverhältnis von Tarifautonomie und betrieblicher Regelung, ZfA 1996, S. 383

Käppler, Renate — Tarifvertragliche Regelungsmacht, NZA 1991, S. 745

Kaskel, Walter / Dersch, Herrmann — Arbeitsrecht, 5. Auflage, Berlin, Göttingen, Heidelberg 1957 (zitiert: Kaskel/Dersch, Arbeitsrecht)

Kasper, Franz — Durchbrechung des prozessualen Erkenntnisverfahrens bei der sog. Einwirkungsklage der Tarifvertragsparteien?, DB 1993, S. 682

Kaufmann, Hermann — Normsetzungsbefugnis der Tarifpartner, NJW 1966, S. 1681

Kempen, Otto Ernst — Zur Rechtsschutzgewähr für die Tarifvertragsparteien im neuen tariflichen Arbeitszeitrecht, ArbuR 1989, S. 261

Kempen, Otto Ernst/ Zachert, Ulrich — Tarifvertragsgesetz, 3. Auflage; Köln 1997

Kissel, Otto Rudolf — Das Spannungsfeld zwischen Betriebsvereinbarung und Tarifvertrag, NZA 1986, S. 73

derselbe — Kollektive Arbeitsbedingungen im Spannungsfeld zwischen Tarif- und Betriebsautonomie, NZA 1995, S. 1

Kittner, Michael Öffnung des Flächentarifvertrages, in: Tarifautonomie für ein neues Jahrhundert, Festschrift für Günter Schaub, Hrsg.: Schlachter, Monika/ Ascheid, Reiner/ Friedrich, Hans-Wolf, München 1998 (zitiert: Kittner, Festschrift Schaub)

derselbe Rechtsschutz für Tarifverträge, in: Festschrift für Eugen Stahlhacke, Neuwied, Kriftel, Berlin 1995, S. 247 (zitiert: Kittner, Festschrift Stahlhacke)

Kley, Max Dietrich Umweltpolitik aus Sicht der chemischen Industrie, in: 10 Jahre erfolgreiche Sozialpartnerschaft im Umweltschutz - Dokumentation der Veranstaltung der Sozialpartner der chemischen Industrie am 5. Juni 1997 in Hannover; S. 11, (Hrsg.: GIBUCI); Wiesbaden/Hannover 1997

Koberski, Wolfgang / Clasen, Lothar / Menzel, Horst Tarifvertragsgesetz, Loseblattsammlung, Neuwied, Kriftel/Ts., Berlin (Stand Nov. 1999) (zitiert: Koberski/Clasen/Menzel, TVG)

Kocher, Eva Materiell-rechtliche und prozessuale Fragen des Unterlassungsanspruchs aus Art. 9 Abs. 3 GG, ArbuR 1999, S. 382

Köstler, Roland / Kittner, Michael / Zachert, Ulrich Aufsichtsratspraxis, 6. Auflage, Frankfurt a.M. 1999

Konertz, Wolfram Tarifrechtliche Regelungsmöglichkeiten der Rationalisierung, Frankfurt a.M., Bern, New York 1983 (zitiert: Konertz, Tarifrechtliche Regelungsmöglichkeiten)

Konzen, Horst Die Tarifautonomie zwischen Akzeptanz und Kritik, NZA 1995, S. 913

derselbe Tarifvertragliche Kampfklauseln, ZfA 1980, S. 77

derselbe Tarifbindung, Friedenspflicht und Kampfparität beim Verbandswechsel des Arbeitgebers, ZfA 1975, S. 401

Kraft, Alfons Die Regelung der Rechtsstellung gewerkschaftlicher Vertrauensleute im Betrieb, ZfA 1976, S. 243

derselbe Probleme im Spannungsfeld zwischen Betriebsverfassungsrecht und Koalitionsfreiheit, ZfA 1973, S. 243

Kraft, Alfons / Konzen, Horst Die Arbeiterselbstverwaltung im Spannungsverhältnis von Gesellschafts- und Arbeitsrecht, Köln, Berlin, Bonn, München 1978
(zitiert: Kraft/Konzen, Arbeiterselbstverwaltung)

Kreis, Werner Die Zulässigkeit von Höchstarbeitsbedingungen, RdA 1961, S. 97

Krüger, Herbert Sinn und Grenzen der Vereinbarungsbefugnis der Tarifparteien, Gutachten für den 46. Deutschen Juristentag, in: Verhandlungen des sechundvierzigsten Deutschen Juristentages, Essen 1966, Band I (Gutachten), Teil 1, München und Berlin 1966, S. 7
(zitiert: Krüger, Gutachten zum 46. Deutschen Juristentag)

Küchenhoff, Günther Verbandsautonomie, Grundrechte und Staatsgewalt, ArbuR 1963, S. 321

Küttner, Wolfdieter (Hrsg.) Personalbuch, 7. Auflage, München 2000

Kunze, Otto Streikbereitschaft als Voraussetzung der Tariffähigkeit, BB 1964, S. 1311

Larenz, Karl / Claus-Wilhelm Canaris Methodenlehre der Rechtswissenschaft, 3. Auflage, Berlin, Heidelberg, New York, 1995
(zitiert: Bearbeiter in: Larenz/Canaris)

Leinemann, Wolfgang (Hrsg.) Kasseler Handbuch zum Arbeitsrecht, Band 2, 2. Auflage, Neuwied, Kriftel 2000
(zitiert: Kasseler Handbuch/Bearbeiter)

Lerche, Christoph-Nikolaus Der Europäische Betriebsrat und der deutsche Wirtschaftsausschuß, Diss., Frankfurt a.M. 1997
(zitiert: Lerche, Der Europäische Betriebsrat)

Löwisch, Manfred Kommentar zum Sprecherausschußgesetz, 2. Auflage, Heidelberg 1994
(zitiert: Löwisch, SprauG)

derselbe Fragen des schiedsgerichtlichen Verfahrens zwischen Tarifparteien nach § 101 Abs. 1 ArbGG, ZZP 103,S. 22 ff.

derselbe Arbeitsfrieden nach Schweizer Vorbild? – Chance der Drei-Jahres-Tarifverträge, BB 1988, S. 1333

Löwisch, Manfred (Hrsg.) Arbeitskampf- und Schlichtungsrecht, Heidelberg 1997

Löwisch, Manfred/ Rieble, Volker Tarifvertragsgesetz, München 1992
(zitiert: Bearbeiter in: Löwisch/Rieble, TVG)

Löwisch, Manfred / Mikosch, Ernst Erhaltungsarbeiten im Arbeitskampf, ZfA 1978, S. 153

Loritz, Karl-Georg Tarifautonomie und Gestaltungsfreiheit des Arbeitgebers, Berlin 1990
(zitiert: Loritz, Tarifautonomie)

Lotmar, Philipp Der Arbeitsvertrag nach dem Privatrecht des Deutschen Reiches, Erster Band, Leipzig 1902
(zitiert: Lotmar, Der Arbeitsvertrag)

Mangen, Kurt Günter Die Form des Tarifvertrages gemäß § 1 Abs. 2 Tarifvertragsgesetz, RdA 1982, S. 229

v. Mangoldt, Hermann/ Klein, Friedrich/ Starck, Christian Das Bonner Grundgesetz, Band 1, 4. Auflage, München 1999
(zitiert: Bearbeiter in: v.Mangoldt/Klein/Starck, GG I)

v. Mangoldt, Hermann / Klein, Friedrich Das Bonner Grundgesetz, Band I, 2. Auflage, Berlin, Frankfurt a.M. 1957

Matthes, Hans-Christoph Der Arbeitgeber als Tarifvertragspartei, in: Festschrift für Günter Schaub, München 1998, S. 477
(zitiert: Matthes, Festschrift Schaub)

Matthießen, Volker Antragsbefugnisse der Tarifparteien im arbeitsgerichtlichen Beschlußverfahren, DB 1988, S. 285

Maunz, Theodor / Dürig, Günter Grundgesetz, Band I, Loseblattsammlung, Stand: Oktober 1999, München
(zitiert: Bearbeiter in: Maunz/Dürig, Komm. z. GG)

Maus, Wilhelm Mindest- und Höchstarbeitsbedingungen in Tarifverträgen, RdA 1958, S. 241

Mayer-Maly, Theo Die negative Koalitionsfreiheit am Prüfstein, ZAS 1969, S. 81

derselbe Leistungsdifferenzierung und Tarifmachtbegrenzung, BB 1966, S. 1067

derselbe Gemeinsame Einrichtungen im Spannungsfeld von Tarifmacht und Organisationspolitik, BB 1965, S. 829

Meier-Krenz, Ulrich Die Erweiterung von Mitbestimmungsrechten des Betriebsrates durch Tarifvertrag, DB 1988, S. 2149

Misera, Karlheinz Tarifmacht und Individalbereich unter Berücksichtigung der Sparklausel, Berlin 1969

Molitor, Erich Entscheidungsanmerkung zu BAG, Urteil v. 31.10.1958 - 1 AZR 632/57, SAE 1959, S. 61

derselbe Höchstbegrenzung von Tarifnormen, BB 1957, S. 85

Molitor, Karl Außertarifliche Sozialpartnervereinbarungen, in: Festschrift für Eugen Stahlhacke, Neuwied, Kriftel, Berlin 1995, S. 339
(zitiert: Molitor, Festschrift Stahlhacke)

derselbe Auf dem Weg der Sozialpartnerschaft, in: Die soziale Verantwortung des Unternehmers, Festschrift für Dieter Schlemmer, Hrsg.: Roland Schulz, München 1990, S. 103
(zitiert: Molitor, Festschrift Schlemmer)

derselbe Jenseits vom Tarifvertrag, in: Sozialpartner-Forum - Arbeitsplatz Chemie - Dokumentation 10.-11.03.1994, (Hrsg.: BAVC/ IG Chemie-Papier-Keramik), Wiesbaden/Hannover 1994, S. 109

Müller, Christopher Europäische Betriebsräte-Gesetz (EBRG), Kommentar, Stuttgart, Berlin, Köln 1997
(zitiert: Müller, EBRG)

Müller, Gerhard Der Einsatz von Beamten auf Arbeitnehmerplätzen bei einem legitimen Tarifstreik im öffentlichen Dienst, RdA 1982, S. 86

von Münch, Ingo / Kunig, Philip (Hrsg.) Gundgesetz-Kommentar, Band 1, 5. Auflage, München 2000
(zitiert: Bearbeiter in: von Münch/Kunig, GG-K)

Münchener Kommentar Münchener Kommentar zum Bürgerlichen Gesetzbuch, Band 1, 3. Auflage, München 1993
(zitiert: MüKo-Bearbeiter)

Musa, Wilhelm Der Ausschluß der Außenseiter von tariflichen Ansprüchen, BB 1966, S. 82

Nikisch, Arthur Arbeitsrecht, II. Band: Koalitionsrecht, Arbeitskampfrecht und Tarifvertragsrecht, 2. Auflage, Tübingen 1959
(zitiert: Nikisch, Bd. II)

derselbe Inhalt und Grenzen des tariflichen Günstigkeitsprinzips, DB 1963, S. 1254

derselbe Zur Tarifausschlußklausel, RdA 1967, S. 87

Oehmann, Werner / Dieterich, Thomas (Hrsg.) Arbeitsrecht-Blattei, Systematische Darstellung, Loseblattsammlung, Heidelberg, Stand: Oktober 1999
(zitiert: Bearbeiter in: AR-Blattei SD)

Oetker, Hartmut Die Durchführung von Not- und Erhaltungsarbeiten bei Arbeitskämpfen, Heidelberg 1984
(zitiert: Oetker, Not- und Erhaltungsarbeiten)

derselbe Entscheidungsanmerkung zu BAG, Urteil vom 5. November 1997 - AZR 872/95, AuA 1999, S. 233

Otto, Hansjörg/ Schwarze, Roland Tarifnormen über gemeinsame Einrichtungen und deren Allgemeinverbindlichkeitserklärung, ZfA 1995, S. 639

Otto, Hansjörg Einführung in das Arbeitsrecht, 2. Auflage, Berlin, New York 1997
(zitiert: Otto, Arbeitsrecht)

Palandt Bürgerliches Gesetzbuch, 59. Auflage, München 2000

Papier, Hans-Jürgen Der verfassungsrechtliche Rahmen für Privatautonomie im Arbeitsrecht, RdA 1989, S. 137

Peters, Hans / Ossenbühl, Fritz Die Übertragung von öffentlich rechtlichen Befugnissen auf die Sozialpartner unter Berücksichtigung des Arbeitszeitschutzes, Berlin, Frankfurt a.M. 1967

Pieker, Eduard Die Regelung der "Arbeits- und Wirtschaftsbedingungen" – Vertragsprinzip oder Kampfprinzip?, ZfA 1986, S. 199

Pieroth, Bodo / Schlink, Bernhard Grundrechte, Staatsrecht II, 15. Auflage, Heidelberg 1999

Plander, Harro Nichttarifliche Übereinkünfte zwischen Gewerkschaften und Trägern öffentlicher Gewalt, in: Arbeitsrecht in der Bewährung, Festschrift für Karl Kehrmann, Hrsg.: Engelen-Kefer/ Schoden/ Zachert, Köln 1997, S. 295.
(zitiert: Plander, Festschrift Kehrmann)

derselbe Flucht aus dem Normalarbeitsverhältnis: An den Betriebs- und Personalräten vorbei?, Rechtsgutachten für die Hans-Böckler-Stiftung, Baden-Baden 1990
(zitiert: Plander, Flucht aus dem Normalarbeitsverhältnis)

derselbe Was sind Tarifverträge?, ZTR 1997, S. 145

derselbe Rechtsgutachten betr. die Entscheidung des Arbeitsgerichts Dresden - 2 Ca 8434/ 93 - vom 12.9.1995; erstattet für den Vorstand des Landesverbands Sachsen der Gewerkschaft Erziehung und Wissenschaft; Hamburg, September 1995; unveröffentlicht (zitiert: Plander, Rechtsgutachten)

derselbe Gesetzliche Fixierung oder Beeinflussung des Inhalts von Tarifverträgen?, DB 1986, S. 2180

Ramm, Thilo Die Parteien des Tarifvertrags, Stuttgart 1961 (zitiert: Ramm, Die Parteien des Tarifvertrags)

derselbe Die Freiheit der Willensbildung, Stuttgart 1960 (zitiert: Ramm, Willensbildung)

Reuß, Wilhelm Zu Franz Gamillscheg: Die Differenzierung nach der Gewerkschaftszugehörigkeit, AcP 1966, S. 518

derselbe Kollektive oder kollektiv-rechtliche Arbeitskampfziele?, ArbuR 1965, S. 97

derselbe Die Stellung der Koalitionen in der geltenden Rechtsordnung, JbAR Band 1 (1963), S. 144

Reuter, Dieter Entscheidungsanmerkung zu BAG Urteil v. 7.11.1995 – 3 AZR 676/94, JuS 1997, S. 184.

derselbe Die Mitgliedschaft ohne Tarifbindung im Arbeitgeberverband, RdA 1996, S. 201

derselbe Möglichkeiten und Grenzen einer Auflockerung des Tarifkartells, ZfA 1995, S. 1

derselbe Zulässigkeit und Grenzen tarifvertraglicher Besetzungsregelungen, ZfA 1978, S. 1

Richardi, Reinhard Kollektivgewalt und Individualwille bei der Gestaltung des Arbeitsverhältnisses, München 1968 (zitiert: Richardi, Kollektivgewalt)

derselbe Arbeitszeitverlängerung nach der Tarifvertragsregelung in der Metallindustrie, DB 1990, S. 1613

derselbe Gewerkschaften und Betrieb – ein Gegenstand der Tarifautonomie, RdA 1968, S. 427

derselbe Prinzipien des Grundrechtsschutzes im Arbeitsverhältnis nach deutschem Recht, in: Festschrift für Walter Schwarz, Wien 1991
(zitiert: Richardi, Festschrift Schwarz)

Richardi, Reinhard/ Wlotzke, Otfried (Hrsg.) Münchener Handbuch zum Arbeitsrecht,
Band 1, Individualarbeitsrecht I, München 1992
Band 3, Kollektives Arbeitsrecht, München 1993
(zitiert: MünchArbR/Bearbeiter)

Rieble, Volker Bündnis für Arbeit - "Dritter Weg" oder Sackgasse?, RdA 1999, S. 169

derselbe Entscheidungsanmerkung zu BAG, Urteil v. 29.4.1992 – 4 AZR 432/91, EzA § 1 TVG, Durchführungspflicht Nr. 2

derselbe Krise des Flächentarifvertrages?, RdA 1996, S. 151

derselbe Beschäftigungspolitik durch Tarifvertrag, ZTR 1993, S. 54

derselbe Die tarifvertragliche Schlichtungsstelle nach § 76 Abs. 8 BetrVG, RdA 1993, S. 140

Riesenhuber, Karl Tarifbindung und Ausgliederung von Unternehmensteilen, BB 1993, S. 1001

Rieth, Horst Die Steuerung unternehmerischen Handelns durch Tarifvertrag, Freiburg (Breisgau) 1980, zugleich: Dissertation Konstanz 1980

Rolfs, Christian / Bütefisch, Wylka Gewerkschaftliche Betätigung des Betriebsratsmitglieds im Arbeitskampf, NZA 1996, S. 17

Runggaldier, Ulrich Kollektivvertragliche Mitbestimmung bei Arbeitsorganisation und Rationalisierung, (Arbeiten zur Rechtsvergleichung; 117), Frankfurt a.M. 1983

Säcker, Franz-Jürgen Grundprobleme der kollektiven Koalitionsfreiheit – Rechtsquellen- und interpretationstheoretische Bemerkungen zur legislativen und judikativen Konkretisierung des Art. 9 Abs. 3 GG, Düsseldorf 1969 (zitiert: Säcker, Grundprobleme)

derselbe Gruppenautonomie und Übermachtkontrolle im Arbeitsrecht, Berlin 1972 (zitiert: Säcker, Gruppenautonomie)

derselbe Das neue Entgeltfortzahlungsgesetz und die individuelle und kollektive Vertragsfreiheit, ArbuR 1994, S. 1

derselbe Kollektivgewalt und Individualwille bei der Gestaltung des Arbeitsverhältnisses, RdA 1969, S. 291

derselbe Besprechung von Bötticher, Eduard: Die gemeinsamen Einrichtungen der Tarifvertragsparteien, BB 1966, S. 1031

Säcker, Franz Jürgen/ Oetker, Hartmut Grundlagen und Grenzen der Tarifautonomie, München 1992

dieselben Höchstnormenbeschlüsse der Koalitionen zwischen Freiheitsschutz und Verbandsautonomie, ZfA 1996, S. 85

Schack, Axel Gruppenarbeit in der chemischen Industrie: Gemeinsame Hinweise des Bundesarbeitgeberverbandes Chemie und der IG Chemie-Papier-Keramik, NZA 1996, S. 923

Schaub, Günter Arbeitsrechts-Handbuch, 9. Auflage, München 2000

derselbe Auslegung und Regelungsmacht von Tarifverträgen, NZA 1994, S. 597

derselbe Wege und Irrwege aus dem Flächentarifvertrag, NZA 1998, S. 617

derselbe Tarifrecht 2000, NZA 2000, S. 15

Schlaffke, Peter Regelungen zur Weiterbildung im Tarifvertrag - Eine Untersuchung von Sozialpartner-Vereinbarungen und ihrer Bedeutung unter Berücksichtigung gesetzlicher Vorgaben, Dissertation, Köln 1996

Schlemmer, Dieter Verantwortung und Partnerschaft – Markierungen der Tarifpolitik in der chemischen Industrie, in: Festschrift für Karl Molitor zum 60. Geburtstag, München 1988, S. 309
(zitiert: Schlemmer, Festschrift Molitor)

Schnorr, Gerhard Inhalt und Grenze der Tarifautonomie, JR 1966, S. 327

Schöllkopf, Susanne Tarifvertragliche Friedenspflicht, Diss., Regensburg 1984

Scholz, Rupert Die Koalitionsfreiheit als Verfassungsproblem, München 1971
(zitiert: Scholz, Koalitionsfreiheit als Verfassungsproblem)

derselbe Rechtsfragen zur Verweisung zwischen Gesetz und Tarifvertrag, in: Festschrift für Gerhard Müller, S. 509
(zitiert: Scholz, in Festschrift Müller)

Schüren, Peter Tarifgeltung für Außenseiter? – "No Taxation without Representation!", RdA 1988, S. 138

Schultze, Wolfgang Gefahrstoffe, Arbeitssicherheit und betrieblicher Umweltschutz, Die Mitbestimmung 1989, S. 642

Schwarze, Roland Der Betriebsrat im Dienst der Tarifvertragsparteien, Diss. Göttingen 1990, Berlin 1991
(zitiert: Schwarze, Betriebsrat)

derselbe Die Grundrechtsbindung der Tarifnormen aus der Sicht grundrechtlicher Schutzpflichten, ZTR 1996, S. 1

Schwendy, Klaus Dieter Abänderbarkeit betriebsverfassungsrechtlicher Rechtssätze durch Tarifvertrag und Betriebsvereinbarung, Hamburg 1969

Seiter, Hugo Streikrecht und Aussperrungsrecht, Tübingen 1975 (zitiert: Seiter, Streikrecht)

derselbe Diskussionsbeitrag zum Symposium zum zehnjährigen Bestehen der Zeitschrift für Arbeitsrecht, Die Rechtsstellung der Arbeitgeberverbände in der Arbeitsverfassung, ZfA 1980, S. 293, 347

Singer, Reinhard Tarifvertragliche Normenkontrolle am Maßstab der Grundrechte, ZfA 1995, S. 611

Sinzheimer, Hugo Der korporative Arbeitsnormenvertrag, Erster Teil, 1907, 2. Auflage (unveränderter Nachdruck), Berlin 1977

Söllner, Alfred Grenzen des Tarifvertrages, NZA 1996, S. 897

derselbe Das Begriffspaar der Arbeits- und Wirtschaftsbedingungen in Art. 9 Abs. 3 GG, JbAR Band 16 (1978), S. 19

derselbe Zu Sinn und Grenzen der Vereinbarungsbefugnis der Tarifvertragsparteien, ArbuR 1966, S. 257

Stahlhacke, Eugen Aktuelle Probleme tariflicher Friedenspflicht, in: Festschrift für Karl Molitor, München 1988, S. 351 ff.
(zitiert: Stahlhacke, Festschrift Karl Molitor (1988))

Stege, Dieter/ Schiefer, Bernd Die Anwendung des nordrhein-westfälischen Arbeitnehmerweiterbildungsgesetzes (AWbG), DB 1990, Beilage Nr. 12/90 zu Heft Nr. 41, S. 1

Stein, Axel Tarifvertragsrecht, 1. Auflage, Stuttgart, Berlin, Köln 1997

Stoffels, Markus Die Rechtsprechung des Bundesarbeitsgerichts im Jahre 1997, ZfA 1999, S. 49

Strasser, Rudolf	Die Rechtsgrundlage der tariflichen Friedenspflicht, RdA 1965, S. 401
Streckel, Siegmar	Entscheidungsanmerkung zu BAG, Beschluß vom 25.8.1982 – 4 AZN 305/82, SAE 1983, S. 103
Struck, Dieter	Die rechtliche Zulässigkeit von Tarifverträgen zugunsten gewerkschaftlicher Vertrauensleute, Frankfurt a.M., Bern 1981
Teichert, Volker / Küppers, Friedhelm	Umweltpolitik im Betrieb – Betriebsvereinbarungen zum Umweltschutz in der Chemischen Industrie, WSI Mitteilungen 1990, S. 755
Vollmer, Lothar	Die Entwicklung partnerschaftlicher Unternehmensverfassungen, Köln, Berlin, Bonn, München 1976 (zitiert: Vollmer, Partnerschaftliche Unternehmensverfassungen)
Walker, Wolf-Dietrich	Zur Zulässigkeit von Betriebsbußen, in: Festschrift für Otto Rudolf Kissel, München 1994, S. 1205 (zitiert: Walker, Festschrift Kissel)
Wallisch, Jochen	Die tarifvertraglichen Einwirkungspflichten: Grundlagen, Grenzen und gerichtliche Geltendmachung, Baden-Baden 1998; zugleich Dissertation, Freiburg 1997
Waltermann, Raimund	Rechtsetzung durch Betriebsvereinbarung zwischen Privatautonomie und Tarifautonomie, Tübingen 1996 (zitiert: Waltermann, Rechtsetzung)
derselbe	Zuständigkeiten und Regelungsbefugnisse im Spannungsfeld von Tarifautonomie und Betriebsautonomie, RdA 1996, S. 131
derselbe	Beschäftigungspolitik durch Tarifvertrag?, NZA 1991, S.754
derselbe	Kollektivvertrag und Grundrechte, RdA 1990, S. 138

Wank, Rolf Die Auslegung von Tarifverträgen, RdA 1998, S. 71

Weber, Werner Koalitionsfreiheit und Tarifautonomie als Verfassungsproblem, Berlin 1965
(zitiert: Weber, Koalitionsfreiheit)

derselbe Die Sozialpartner in der Verfassungsordnung, in: Göttinger Festschrift für das OLG Celle, Göttingen 1961, S. 239
(zitiert: Weber, Gött. Festschrift OLG Celle)

Weinspach, Friedrich Karl Das "Friedenspapier" zur Abgrenzung der leitenden Angestellten, in: Festschrift für Dieter Schlemmer, München 1990, S. 117
(zitiert: Weinspach, Festschrift Schlemmer)

Weller, Bernhard Zur Frage der Differenzierungsklausel, ArbuR 1970, S. 161

Weyand, Joachim Die tarifvertragliche Mitbestimmung unternehmerischer Personal- und Sachentscheidungen, Baden-Baden 1989
(zitiert: Weyand, Mitbestimmung)

Wiedemann, Herbert Tarifvertragsgesetz, 6. Auflage, München 1999
(zitiert: Wiedemann/Bearbeiter, TVG)

derselbe Tarifautonomie und staatliches Gesetz, in: Festschrift für Eugen Stahlhacke, München 1995, S. 675
(zitiert: Wiedemann, Festschrift Stahlhacke)

derselbe 100 Jahre Koalitionsfreiheit: Die deutschen Gewerkschaften – Mitgliederverband oder Berufsorgan?, RdA 1969, S. 321

derselbe Rationalisierungsschutz, Tarifmacht und Gemeinsame Einrichtung, RdA 1968, S. 420

derselbe Entscheidungsanmerkung zu BAG Urteil vom 26.1.1983 – 4 AZR 224/80, AP Nr. 20 zu § 1 TVG

derselbe Entscheidungsanmerkung zu BAG Urteil vom 11.6.1975 - 4 AZR 395/74, AP Nr. 29 zu § 2 TVG

Wirmer, Anton Die Richtlinie Europäische Betriebsräte – Ein zentraler Baustein europäischer Sozialpolitik, DB 1994, S. 2134

Wohlfarth, Hans-Dieter Stärkung der Koalitionsfreiheit durch das BAG, NZA 1999, S. 962

Wohlgemuth, Hans Hermann Staatseingriff und Arbeitskampf, Köln 1977 (zitiert: Wohlgemuth, Staatseingriff)

derselbe Rechtsfragen des Solidaritätsstreiks, ArbuR 1980, S. 33

Wolter, Henner Die Rechtsnormqualität von Vereinbarungen der Tarifparteien, DB 1993, S. 934

Zachert, Ulrich Firmentarifvertrag und Arbeitskampfrecht gegenüber dem Verbandsaußenseiter, in: Festschrift für Karl Kehrmann, Köln 1997, S. 335 (zitiert: Zachert, Festschrift Kehrmann)

derselbe Sozialpartnervereinbarungen - ein Modell für die Zukunft?, in: Festschrift für Peter Hanau, Köln 1999, S. 137 (zitiert: Zachert, Festschrift Hanau)

derselbe Tarifverträge in globalisierter Wirtschaft, NZA 2000, S. 121

derselbe Grenzen für eine gesetzliche Absenkung tariflicher Schutzstandards, NZA 1998, S. 529

derselbe Krise des Flächentarifvertrages?, RdA 1996, S. 140

derselbe Rechtsfragen zu den aktuellen Tarifverträgen über Arbeitszeitverkürzung und Beschäftigungssicherung, ArbuR 1995, S. 1

derselbe Entscheidungsanmerkung zu BAG, Urteil v. 29.4.1992 – 4 AZR 432/91, AiB 1992, S. 646

derselbe Zur Erweiterung der Mitbestimmung durch Tarifvertrag, ArbuR 1985, S. 201

derselbe	Rechtsfragen bei Tarifverträgen zum Schutz der Tätigkeit gewerkschaftlicher Vertrauensleute, BB 1976, S. 514
Zeuner, Albrecht	Entscheidungsanmerkung zu BAG, Urteil v. 25.1.1989 – 5 AZR 43/88, AP Nr. 5 zu § 1 GesamthafenbetriebsG
Zöllner, Wolfgang / Loritz, Karl-Georg	Arbeitsrecht, 5. Auflage, München 1998
Zöllner, Wolfgang	Empfiehlt es sich das Recht der gemeinsamen Einrichtungen der Tarifvertragsparteien (§ 4 Abs. 2 TVG) gesetzlich näher zu regeln?, Gutachten für den 48. Deutschen Juristentag, Mainz 1970, in: Verhandlungen des achtundvierzigsten Deutschen Juristentages, Band I (Gutachten), Teil G, München 1970, S. 1 ff. (zitiert: Zöllner, Gutachten zum 48. DJT)
derselbe	Tarifvertragliche Differenzierungsklauseln, Düsseldorf 1967
derselbe	Tarifmacht und Außenseiter, RdA 1962, S. 453

Abkürzungsverzeichnis

AcP	Archiv für die civilistische Praxis
AK	Alternativkommentar
AktG	Aktiengesetz
AP	Arbeitsrechtliche Praxis (Nachschlagewerk des Bundesarbeitsgerichts)
ArbGG	Arbeitsgerichtsgesetz
AR-Blattei	Arbeitsrecht – Blattei (Handbuch für die Arbeitsrechtspraxis)
ArbuR	Arbeit und Recht
ArbZG	Arbeitszeitgesetz
ATZG	Altersteilzeitgesetz
AuA	Arbeit und Arbeitsrecht
AÜG	Arbeitnehmerüberlassungsgesetz
BAG	Bundesarbeitsgericht
BAGE	Amtliche Entscheidungssammlung des Bundesarbeitsgerichts
BAVC	Bundesarbeitgeberverband Chemie e.V.
BB	Der Betriebsberater
BeschFG	Beschäftigungsförderungsgesetz
BertrAVG	Gesetz zur Verbesserung der betrieblichen Altersversorgung
BetrVG	Betriebsverfassungsgesetz
BGB	Bürgerliches Gesetzbuch
BG Chemie	Berufsgenossenschaft der chemischen Industrie
BGH	Bundesgerichtshof
BGHZ	Amtliche Entscheidungssammlung des Bundesgerichtshofs in Zivilsachen
BUrlG	Bundesurlaubsgesetz
BVerfG	Bundesverfassungsgericht
BVerfGE	Amtliche Sammlung der Entscheidungen des Bundesverfassungsgerichts
DAG	Deutsche Angestelltengewerkschaft
DB	Der Betrieb
DDR	Deutsche Demokratische Republik
Die AG	Die Aktiengesellschaft

Diss.	Dissertation
DJT	Deutscher Juristentag
DMitbest.	Die Mitbestimmung
EBRG	Gesetz über Europäische Betriebsräte
EFZG	Entgeltfortzahlungsgesetz
e.V.	eingetragener Verein
EzA	Entscheidungssammlung zum Arbeitsrecht
GenG	Gesetz betreffend die Erwerbs- und Wirtschaftsgenossenschaften
GG	Grundgesetz
GIBUCI	Gesellschaft für Information von Betriebsräten über Umweltschutz in der chemischen Industrie
GmbHG	Gesetz betreffend die Gesellschaft mit beschränkter Haftung
Grundl.	Grundlagen
GS	Großer Senat
HGB	Handelsgesetzbuch
IG BCE	Industriegewerkschaft Bergbau, Chemie, Energie
IG Chemie	Industriegewerkschaft Chemie-Papier-Keramik
ILO	Internationale Arbeitsorganisation
JArbSchG	Jugendarbeitsschutzgesetz
JbAR	Jahrbuch des Arbeitsrecht, vormals: Das Arbeitsrecht der Gegenwart
JhJb	Jheringsche Jahrbücher
JuS	Juristische Schulung
LAG	Landesarbeitsgericht
LAGE	Entscheidungen der Landesarbeitsgerichte
NJW	Neue Juristische Wochenschrift
Nr.	Nummer
NZA	Neue Zeitschrift für Arbeits- und Sozialrecht
RdA	Recht der Arbeit
RGBl.	Reichsgesetzblatt
RGZ	Amtliche Sammlung der Entscheidungen des Reichsgerichts
SAE	Sammlung arbeitsrechtlicher Entscheidungen
SD	Systematische Darstellung
SGB VII	Sozialgesetzbuch VII

SprAuG	Sprecherausschußgesetz
TVG	Tarifvertragsgesetz
TV VO	Tarifvertragsverordnung (Verordnung über Tarifverträge, Arbeiter- und Angestelltenausschüsse und Schlichtung von Arbeitsstreitigkeiten)
Urt.	Urteil
VAA	Verband angestellter Akademiker und leitender Angestellter
VCI	Verband der Chemischen Industrie
VermBG	Vermögensbildungsgesetz
VU	Versäumnisurteil
WRV	Weimarer Reichsverfassung
WSI-Mitteilungen	Monatszeitschrift des Wirtschafts- und Sozialwissenschaftlichen Instituts des Deutschen Gewerkschaftsbundes
ZAS	Zeitschrift für Arbeitsrecht und Sozialrecht
ZfA	Zeitschrift für Arbeitsrecht
ZIP	Zeitschrift für Wirtschaftsrecht und Insolvenzpraxis
ZPO	Zivilprozeßordnung
ZTR	Zeitschrift für Tarifrecht

RECHT DER ARBEIT UND DER SOZIALEN SICHERHEIT

Band 1 Ulrike Wagner: Mitbestimmung bei Bildschirmtechnologien. 1985.

Band 2 Karin Dierks: Zwischen Arbeits- und Sozialrecht. Beschäftigungsverhältnisse in der Werkstatt für Behinderte. 1986.

Band 3 Inge Böttcher: Gemeinsame Ausübung eines Zurückbehaltungsrechts. 1986.

Band 4 Gabriele Peter: Frauendiskriminierung durch Teilzeitbeschäftigung. Insbesondere bei betrieblichen Sozialleistungen und der Vergütung von Überstunden. 1988.

Band 5 Uwe Schumacher: Rechtsfragen der Teleprogrammierung. Statusrechtliche Einordnung und urheberrechtlicher Schutz. 1989.

Band 6 Nashrine Ismail: Recht und Praxis bei der Bekämpfung illegaler Arbeitnehmerüberlassung. 1991.

Band 7 Karen Klöver: Der Sozialplan im Konkurs. Schutz der Sozialplangläubiger im Konkurs und alternative Regelungsmöglichkeiten in einem neuen Insolvenzrecht. 1993.

Band 8 Andrea Rudolph: Die Kooperation von Strafrecht und Sozialhilferecht bei der Disziplinierung von Armen mittels Arbeit. Vom Arbeitshaus bis zur gemeinnützigen Arbeit. 1995.

Band 9 Wolfgang Däubler: Rechtsexport. Die Einführung des bundesdeutschen Arbeitsrechts im Gebiet der früheren DDR. 1996.

Band 10 Ines Kalisch: Die Entwicklung des Verbots der mittelbaren Diskriminierung wegen des Geschlechts im Sozialrecht. Grundlagen, Analyse und exemplarische Anwendung auf Gesetze im Rentenrecht. 1999.

Band 11 Matthias Hirschfeld: Die Dienstgemeinschaft im Arbeitsrecht der evangelischen Kirche. Zur Legitimitätsproblematik eines Rechtsbegriffs. 1999.

Band 12 Véronique Demarne: Anwendung nationaler Tarifverträge bei grenzüberschreitenden Arbeitsverhältnissen. Ein deutsch-französischer Vergleich (Avec résumé et conclusions en français). 1999.

Band 13 Alexander Scharf: Das Arbeitsrecht der Russischen Föderation und der Republik Belarus. 1999.

Band 14 José João Abrantes: Contrat de travail et droits fondamentaux. Contribution à une dogmatique commune européenne, avec référence spéciale au droit allemand et au droit portugais. 2000.

Band 15 Oliver Tieste: Karôshi, ein japanisches Phänomen? Ursachen und rechtliche Hintergründe für den Tod am Arbeitsplatz. Eine rechtsvergleichende Studie. 2000.

Band 16 Detlev Reichelt: Die arbeitsrechtliche Stellung der Rote-Kreuz-Schwestern. Eine Untersuchung zur Arbeitnehmereigenschaft mitarbeitender Vereinsmitglieder und Gesellschafter am Beispiel der Krankenschwestern der Schwesternschaften vom Deutschen Roten Kreuz e.V. 2000.

Band 17 Herbert Böker: Tarifunterschreitung durch Betriebsvereinbarung und Arbeitsvertrag. 2001.

Band 18 Tatjana Aigner: Antworten auf Arbeitnehmerfehlverhalten. Reaktionen, Interventionen und Sanktionen in Österreich und Deutschland. 2002.

Band 19 Alexandra Nöth: Materieller und prozessualer Rechtsschutz gegen sexuelle Belästigung am Arbeitsplatz in den USA, Europa und Deutschland. 2003.

Band 20 Oliver Tieste: Der Tod durch Überarbeitung. Arbeits- und sozialversicherungsrechtliche Hintergründe. Materiellrechtliche, epidemiologische und betriebliche Rahmenbedingungen des Karôshi-Phänomens in Japan und Deutschland. 2003.

Band 21 Bettina Graue: Der deutsche und europäische öffentliche Dienst zwischen rechtlicher und faktischer Gleichberechtigung der Geschlechter. Ein rechtssystematischer Vergleich zur Frauenförderung in beiden öffentlichen Diensten unter besonderer Berücksichtigung des Gemeinschaftsgrundrechts der Gleichberechtigung von Männern und Frauen. 2004.

Band 22 Timo Karsten: Schuldrechtliche Tarifverträge und außertarifliche Sozialpartner-Vereinbarungen. Eine Untersuchung am Beispiel von Vereinbarungen der Tarifparteien der Chemischen Industrie. 2004.